Bernhard Kahle

Die Sprache der Skalden auf Grund der Binnen und Endreime

verbunden

mit einem Rimarium

Bernhard Kahle

Die Sprache der Skalden auf Grund der Binnen und Endreime verbunden
mit einem Rimarium

ISBN/EAN: 9783744600644

Hergestellt in Europa, USA, Kanada, Australien, Japan

Cover: Foto ©ninafisch / pixelio.de

Weitere Bücher finden Sie auf **www.hansebooks.com**

DIE

SPRACHE DER SKALDEN

AUF GRUND DER

BINNEN- UND ENDREIME

VERBUNDEN

MIT EINEM RIMARIUM

VON

BERNHARD KAHLE.

―――――

STRASSBURG.

VERLAG VON KARL J. TRÜBNER.

1892.

Verzeichniss der Abkürzungen.

Aarb. = Aarbøger for nordisk oldkyndighed og historie.

A(nz). f. d. A. = Anzeiger für deutsches Altertum und deutsche Litteratur.

Ark. = Arkiv for nordisk Filologi.

Beitr. = Beiträge zur Geschichte der deutschen Sprache und Litteratur.

Bp. = Biskupa sögur. Kopenh. 1858. 1878.

Fgrsk. = Fagrskinna, edidd. Munch & Unger. Christ. 1847.

F. Jónss. stud. = Finnur Jónsson, kritiske studier over en del af de ældste norske og islandske skjaldekvad. (Akad. avh.) Kopenh. 1884.

Flb. = Flateyjarbók, edidd. Vigfusson & Unger. Christ. 1860—68.

Fms. = Fornmanna sögur. Kopenh. 1825—37.

Forns. = Fornsögur, edidd. Vigfusson & Möbius. Lpzg. 1860.

(Cod.) Fris. = Codex Frisianus, ed. Unger. Christ. 1871.

Ger. = Kvæþabrot Braga ens gamla, ed. Gering. Halle a. S. 1886.

Gisl. Njál. = Njála, ed. Gislason. Kopenh. 1875 ff.

Gisl. om helr. = Gislason, om helrim i första og tredje linie af regelmæssigt 'drottkvætt' og 'hrynhenda'. Indbydelsesskrift til Kjøbenhavns universitets aarsfest til erindring om kirkens reformation. Kopenh. 1877.

Heil. = Heilagra manna sögur, ed. Unger. Christ. 1877.

Hkr. = Heimskringla eller Norges kongesagaer, ed. Unger. Christ. 1868.

Kgs. = Konunga sögur, ed. Unger. Christ. 1873.

Kph. = Heimskringla, edidd. Schöning, Sk. & B. Thorlacius, Werlauff. Kopenh. 1777—1826.

Mork. = Morkinskinna, ed. Unger. Christ. 1867.

NGL = Norges gamle love indtil 1387, edidd. Keyser & Munch. Christ. 1846. ff.

OHS = Saga Olafs konungs en helga. Udförligere saga . . ., edidd. Munch & Unger. Christ. 1853.

Ohs. = Olafs saga hins helga. En kort saga . . ., edidd. Keyser
       & Unger. Christ. 1849.
Pering. = Heimskringla, ed. Peringskjöld. Stockh. 1697.
Plac. = Brot af Placidusdrâpa, ed. Egilsson (Prgr. schol. Bessastad).
       Videyar Klaustri. 1833.
Post. = Postola sögur, ed. Unger. Christ. 1874.
SnE. = Edda Snorra Sturlusonar. Sumptibus legati Arna Magnæani.
       Hafniæ 1848 ff.
TfPh = Tidskrift for Philologie og Pædagogik.
Thork. = Thorkelsson. Bemærkningar til vers i Heimskringla.
Wis. = Carmina norræna I, ed. Wisén. Lund 1886.
Wis. II = Carmina norræna II, Glossarium, ed. Wisén. Lund 1889.
ZfdA = Zeitschrift für deutsches Altertum.

     Bei den aus den *Carmina norræna* genommenen Texten sind
im Allgemeinen die von *Wisén* für die Handschriften und Ausgaben
gebrauchten Abkürzungen zur Verwendung gekommen.

Verzeichniss der Skalden.

(¹⁄₂ — erste Hälfte; ²⁄₂ = zweite Hälfte; ¹⁄₄ = erstes Viertel; ³⁄₄ = drittes Viertel.
Die Zahl bezeichnet das Jahrhundert.)

Arnórr jarlaskald ca. 1011 —
    nach 1073.
Bersi skald Torfuson ¹⁄₂ 11.
Bjarni gullbrárskald ¹⁄₄ 11.
Bjarni Kalfsson ²⁄₂ 12.
Bjarni Kolbeinsson 1188 — 1222
    (Bischof der Orkneys).
Bjǫrn h. krepphendi ³⁄₄ 11.
Blakkr ³⁄₄ 12.
Brage h. gamle ca. 800.
Bǫlverkr ca. 1150.
Egill Skallagrimsson ca. 904—990.
Eilífr Guþrúnarson ²⁄₂ 10.
Einarr jarl (Torf-Einarr) ²⁄₂ 9
    (Jarl der Orkneys).
Einarr skálaglam ²⁄₂ 10.
Einarr Skúlason ca. 1150.
Eldjarn ³⁄₄ 11.
Eyjólfr dáþaskald ca. 1000.
Eysteinn Ásgrimsson † 1361.
Eyvindr skaldaspillir ca. 920—
    ca. 995.
Gizurr gullbrá † 1030.
Gizurr Þorvaldsson 1209—1268.
Glúmr Geirason † ca. 970.
Grani ca. 1050.
Gunnlaugr Ormstunga ca. 983—
    1008.
Guthormr sindri † nach 955.
Guþmundr Oddson ¹⁄₂ 13.

Hallarsteinn 12.
Halldórr skvaldri ¹⁄₂ 12.
Halldór úkristni ¹⁄₂ 11.
Hallfreþr vandræþaskald ca. 968
    — ca. 1014.
Hallr Snorrason ²⁄₂ 12.
Hallvarþr Háreksblesi ¹⁄₂ 11.
Haraldr konungr harþráþi 1015
    —1066.
Haraldr konungr hárfagri 850
    —933.
Hárekr ór Þjóttu ¹⁄₂ 11.
Haukr Valdisarson ¹⁄₂ 13.
Hildr Hrólfsdóttir ca. 900.
Hofgarþarefr 11.
Jatgeirr ¹⁄₂ 13.
Illugi Bryndœlaskald ca. 1050.
Jórunn skaldmœr 10.
Jǫkull Barþarson ¹⁄₄ 11.
Kolli skald ¹⁄₂ 12.
Kormakr Ǫgmundarson ca. 937—
    ca. 967.
Magnús konungr berfóttr 1073—
    1103.
Markús Skeggjason ²⁄₂ 11.—1107.
Nefari ³⁄₄ 12.
Oddr Kikinaskald 11.
Ólafr konungr helgi 995—1030.
Ólafr Þórþarson hvitaskald ca.
    1212—1259.

I. Kapitel.

Die Reimtechnik der Skalden.

Wenn ich es versuche, eine Darstellung des lautlichen Standes der Sprache der Skalden aus ihren Reimen zu geben, so dürfte es angebracht sein, bevor ich mich meiner eigentlichen Aufgabe unterziehe, die Reimtechnik der Skalden zu schildern. Das von mir benutzte Material umfasst ca. 7613 Verse, von denen 3840 *aþalhendingar*, 3504 *skothendingar* und 269 *rúnhendingar* sind. Es sind die Verse der *Heimskringla* und der *konunga sǫgur*, die ich nach den *Unger*schen Ausgaben citire, sowie die von *Wisén* in seinen *carmina norræna* gesammelten. Von diesen habe ich die *Skíþarímur* ausgeschlossen sowie das vom *Háttatal* angeführte Stück, dagegen die dem *Brage Boddason* ausser der *Ragnarsdrápa* noch zugeschriebenen Verse hinzugefügt, die ich nach *Gering* citire. Dass die dem *Brage* zugeschriebenen Verse ihm tatsächlich angehören, oder doch zum Wenigsten zu den ältesten uns erhaltenen Skaldenversen zu rechnen sind, unterliegt wol heute keinem Zweifel mehr[1]. Nach einer genauen Untersuchung der Verse *Brages* kommt *Gering* a. a. O. 11 zu folgendem Ergebniss: In der Vermessung seiner *dróttkvætt*strophen folgt *Brage* schon durchaus den strengen Regeln der späteren Kunst; in der Stellung des *hofuþstafr* erlaubt er sich eine kleine Licenz — es können nämlich unbetonte einsilbige Wörter wie Conjunctionen und Praepositionen dem-

---

[1] Vgl. *Sn. E.* III, S. 307 f., *G. Þorláksson Udsigt over de norsk-islandske skjalde*, S. 9 ff., *Gering Krœpabrot Brage ens gamla* 1 f., *Mogk* Beitr. XII, S. 383—391 f., *F. Jónsson Ark.* VI, 141 ff.

selben vorausgehen, vgl. S. 9. —; in den geraden Zeilen
verwendet er fast durchweg Silbenreim, lässt aber an allen
Stellen neben der *aþalhending skothending* zu; in den
ungeraden Zeilen kommt neben der *skothending* selten *aþal-
hending*, häufig *háttlausa* vor, die *skothending* ist in Bezug
auf die auslautenden Consonanten weniger streng als die
aþalhending; in den *Skothentzeilen* darf die *viþrhending*
auch auf der dritten Silbe stehen. Vergleicht man mit diesem
Bilde der Verstechnik *Brages* die *dróttkvættstrophen* der
späteren Skalden, bei welchen das Gesetz herrscht, dass den
geraden Zeilen ohne Ausnahme *aþalhending* eignet, den
ungeraden aber im Allgemeinen *skothending* zukommt und
nur vereinzelt hier *aþalhending* steht, so wird man zugeben
müssen, dass zwar in jener frühen Zeit, im Beginn des
9. Jahrhunderts, die Dichtkunst *Brages* noch nicht die Form-
vollendung der jüngeren erreicht hat, dass aber doch in ihr
schon all die Keime der späteren Entwicklung liegen. Dass
es unwahrscheinlich ist, dass die Technik der späteren
Skalden, gewissermassen aus dem Nichts geschaffen, von
Beginn ihres Auftretens in ihrer Vollendung erschienen, hat
schon *K. Gíslason*, der beste Kenner der Skaldenpoesie, in
Njál. II, 20 ausgesprochen, wenn er sagt: „Zum Mindesten
ist das für mich klar, dass (wenn man von der Alliteration
absieht) die Periode der reimlosen Dichtung von einer andern
abgelöst wurde, in welcher man hier und da den Reim als
hinzukommenden Schmuck anwandte und so die dritte Periode
vorbereitete mit ihrer regelmässigen Verwendung des Reims,
neben welcher natürlich die Dichtkunst in freierer Form
auch hier und da hervortreten konnte". Ähnlich äussert sich
Edzardi Beitr. V, 575. „Doch können wir eine stufenweise
fortschreitende Vervollkommnung in der Reimtechnik beim
dróttkv. verfolgen." „Überhaupt tritt eine grundsätzliche
Unterscheidung zwischen *skothending* und *aþalhending* erst
mit der Zeit hervor und wird erst allmählich durchgeführt;
offenbar war sie zunächst nicht beabsichtigt: man reimte so
gut es gieng, genau oder ungenau, und erst die späteren
Skalden liessen sich diese Gelegenheit, ihr metrisches System

noch künstlicher zu gestalten, nicht entgehen‐. Die Bemerkung
Edzardis, dass eine grundsätzliche Scheidung zwischen
apalhending und *skothending* erst später eintritt, darf wol
als Annahme für eine vorhistorische Zeit gelten, aus dem uns
vorliegenden Material kann man diesen Schluss nicht ziehen.
Schon bei *Brage* steht die *apalhending*, wofern sie überhaupt zur
Verwendung kommt, fasst ausschliesslich in den geraden Versen,
während sie an ungerader Stelle nur zweimal, 4^3 und 11^{7} [1]),
vorkommt. Nach *Gering* begegnet *apalhending* im Ganzen
35 mal [2]), ich zähle 36, da ich mit *Wisén* in 10^8 *hringu:
fingu* lese, wie die Codd. haben. *F. Jónsson* in *krit. stud.* 16,
der *fengi* liest und dem sich *Gering* anschliesst, hält es
nicht für wahrscheinlich, dass in so früher Zeit die Form
mit *i* vorgekommen sei und beruft sich dabei auf *Glsl. om
helr.* S. 12 f. Allerdings fallen die dort angeführten Beispiele
in eine späte Zeit: *hróþr finginn gǫþingi Kolb. Tumason*
(† 1208) in *Sturl.* I, 175; *herfinguum lét stinga Þjóþ. Arn.
Sn.* E. I, 514; *naþrbings tǫpuþ finginn Bjǫrn h. krepph.
Hkr.* 647,2a; *hringþollr skaþa fingit Plac.* 15; *dǫþfinginn
hofþingja Sturla Þórþars. Fms.* IX, 39, (*Kgs.* 320,14a).
Der Vers des *Bjarni gullbr. Hkr.* 447,2a *Erlingr var þar
finginn* beweist nichts für ein früheres Vorkommen der Form
(Anf. 11. Jahrh.), da hier sehr wol auch gelesen werden kann
Erlengr: fenginn wie bei *Sighe. sk. Hkr.* 445,4a *Erlengr
sd es vel lengi* [3]). Man wird die *i*-Formen von *ganga* zur
Vergleichung heranziehen können. Hier treffen wir sichere Bei-
spiele aus früherer Zeit: *hringskyrtur fram gingu Hallfr. v.*
(ca. 968—ca. 1014) *hringbǫlkar fram gingu Eil. Guþr.* (ein
Norweger des 10. Jahrh.) *Wis.* 32; 13,4; *fylking Haralds gingu
Þjóþ. sk.* († ca. 1066) *Hkr.* 606,21a; *heiþingja liþ gingi Ein.
Skúl.* (*Geisli* gedichtet 1152) *Wis.* 60; 55,4; *erfingja fram gingu*

---

[1]) Ich citire hier nach *Gering*.

[2]) Nach Berichtigung des Fehlers, der dadurch entstanden,
dass G. 4^8 *laufe : hǫfþe* zu den *apalh.* gerechnet hatte, da er
ursprünglich *haufþe* las.

[3]) Ohne Zweifel mit *i* heisst es bei *Þorbj. skakkarsk. Hkr.* 795,6a
Erlingr at rikingum (12. Jahrh.).

Haukr Vald. (13. Jahrh.) *Wis.* 80; 13,8 und *hrings öfdir*
gingu Wis. 80; 14,6. Ich meine nun, aus dem Vorkommen
einer Form wie *gingu* ums Jahr 1000 wird man auch auf
Gleichzeitigkeit eines *fingu* schliessen können, und wenn uns
handschriftlich die Form *fingu* fürs Jahr 800 überliefert ist
an einer geraden Stelle im Vers im Reim auf *hringu*, so meine
ich ferner, dass man wol berechtigt ist diese Lesart für die
ursprüngliche zu halten; denn sogut wie die Form vom
Jahre 1000—1300 im Gebrauch war, konnte sie dieses auch
schon von 800 an sein. Statt des Verses 2² *gjold baugnafaþs*
vildi, in welchem *Gering gilde* für *gjold* setzen will, rechne
ich sodann mit *Wis.* 117,11² zu den *apalhendingar: ráþálfs*
af mar bráþum, während *Ger. rapuráifs* im Anschluss an
F. Jónsson a. a. O. 18 liest. Auch bei den *skothendingar*
ist meine Zählung etwas anders. Zunächst kommt wie
erwähnt 2² hinzu. Alsdann rechne ich hierher: *meyjar*
hjóls enn mære 2³, wo *Ger. meyjar hjóls ef merkþak* liest
und somit den Vers zu den reimlosen rechnet. Dass langer
Vocal zu langem Vocal in der *skothending* reimt, begegnet bei
Brage noch 22³ *hinn's mjótygel mára.* Weitere Beispiele
vgl. man später. Auch 5³ rechnet *Ger.* zu den *háttlausar*,
während doch nichts im Wege steht, hier eine regelrechte
skothending r : r zu sehen: *urþu snemst ok Sorle.* Schliesslich
glaube ich, dass man auch in 15¹ *þat esomk synt at snimma*
unbedenklich den Reim *m : mm* annehmen darf, denn es ist
keineswegs ohne Beispiel, dass der Reim auf schwachtonigen
Endungen und suffigirten Elementen ruhen kann, wie z. B.
frâkat flótta ráikut Eldjárn Hkr. 652,12 a. Ich zähle also,
statt *Gerings* 58,62 *skothendingar*, während für die *háttlausar*
nur 31 bleiben, von denen nur 2 (3⁶, 9⁶) an geraden Stellen
stehen.

Das Resultat, das wir für die Technik *Brages* erhalten,
ist also: in den geraden Zeilen steht fast ausnahmslos Binnen-
reim, *apalhending* wird fast nur in ihnen angewendet. Die
Fülle der Verse ohne *hending* mag zum Teil auf schlechter
Überlieferung beruhen, ganz werden sich dieselben aber
auch bei dieser Annahme nicht aus der Welt schaffen lassen.

Edzardi hat nun in Beitr. V. 577 f. eine Tabelle aufgestellt,
in welcher er neben einer Übersicht über die Verwendung
der *skoth.* und *apalhending* auch das allmähliche Verschwinden
der reimlosen Verse zu zeigen sucht. Hierbei hat er aber
gar nicht darauf Rücksicht genommen, dass ein grosser Teil
der als reimlos angeführten Verse auf schlechter Überlieferung
beruhen muss. Es soll keineswegs geleugnet werden, dass auch
bei späteren als *Brage* hier und da ein reimloser Vers vor-
kommen könne, besonders auch in den *lausavísur*, aber
schon *Þjóþ. hr.* wendet doch, wie *Wisén* I, S. 182 f. und
F. Jónss. a. a. O. 29 ff. zeigen, die Hauptgesetze des strengen
dróttkvætt genau ebenso wie die späteren Skalden an und
nur wenige Verse der *Haustlǫng*, nach *Wis.* 3¹, 11³, 13⁴,
13⁷ (20⁷), 18⁷ widerstehen einer Besserung, die den Reim
ergeben würde, vgl. auch *F. Jónss.* a. a. O. S. 59.

Man wird also fast ausnahmslos im *dróttkvætt* Verse
ohne Binnenreim oder gerade Zeilen mit *skothending* als ver-
derbte ansehen müssen und *Gísl.* hat, besonders in seiner
Abhandlung *om helrim* und in *Njál.* II den Weg gezeigt,
wie durch Einsetzen alter Lautformen gar oft das Ursprüng-
liche zu Tage tritt.

Im Eingang ist auf die Äusserung *Edzardis* hinge-
wiesen, dass der Bau des *dróttkvætt* immer strenger wurde,
und dass wiederum die geraden Zeilen, die *apalhendingar*,
strenger gebaut sind als die ungeraden. Diese Beobachtung
wird sich im Folgenden in den meisten Beziehungen bestätigen.
Edzardi selbst hat schon gezeigt, dass bei Jüngeren das
Vorkommen der *apalhending* in den ungeraden Zeilen seltener
ist als bei Aelteren. Ich komme, zum Teil auf Grund anderen
Apparates, zu demselben Ergebniss. Um die Entwicklung
einer Erscheinung durch die Jahrhunderte hindurch zu ver-
folgen, habe ich eine Auswahl getroffen, indem ich die Zahlen
für ihr Auftreten zunächst bei 10 Skalden von *Brage* bis zur
Wende des Jahrtausends gebe, die ich dann wieder als erste
Gruppe mit insgesammt 1312 Versen zusammenfasse. Sodann
führe ich aus den folgenden Jahrhunderten einzelne Dichter an,
deren Versanzahl genügen wird, um über das Vorkommen einer

Erscheinung Aufschluss zu geben; aus dem 11. Jahrhundert, *Sig-hvatr skald Þórþarson* mit 992 und *Þjóþolfr skald Árnórsson* mit 456, aus dem 12. *Einarr Skúlason* mit 532, aus dem 13. *Óláfr hvítaskald* mit 374 und aus dem 14. *Eysteinn Ásgrímsson* mit 768 Versen. Bei der nun folgenden Übersicht über das Vorkommen der *aþalhending* in ungeraden Versen lasse ich die Verse *Brages* fort, weil, wie wir sahen, bei ihm die Anwendung der *hendingar* noch nicht in so feste Regeln gekleidet ist, wie bei den späteren Skalden. In ( ) setze ich die Anzahl der an ungerader Stelle vorkommenden Verse und berechne die Anzahl der hier stehenden *aþalhendingar* nach Procenten.

I. *Aþalhendingar* an ungeraden Stellen:

Þjóþ. hv.	9	(65)	= 13,85
Þorbj. hornkl.	0	(32)	= 0,00
Eyv. skaldasp.	2	(50)	= 4,00
Guth. sindri	2	(29)	= 6,90
Glúmr Geir.	3	(34)	= 8,82
Ein. Skál.	6	(90)	= 9,37
Ulfr Ugg.	4	(26)	= 15,38
Eil. Guþr.	9	(79)	= 11,39
Hallfr. v.	25	(149)	= 16,78
1)	60	(560)	= 10,71
2) Sighv. sk.	43	(497)	= 8,65
3) Þjóþ. sk.	6	(228)	= 2,63
4) Ein. Skúl.	9	(311)	= 2,89
5) Sturla Þórþ.	10	(187)	= 5,37
6) Eyst. Ásgr.	3	(384)	= 0,78

a) *Sko*

	f	*g*	*k*	*l*	*m*
Brage 14	f : fr f : fs f : fþ fr : fþ	g : gr g : gþ g : gn	ks : kn	ls : ld lf : ld	m : ms
Þjóþ. hv. 13		g : gn g : gþ gr : gn		l : lr l : ld	m : ms

n	p	r	s	t	þ
		rþ : rsk	s : sn		3 þ : þr þ : þs
				4 t : tr	
				t : tr	
				t : tr	þ : þr
n : nd		r : rs r : rþ rg : rf		t : tr t : ts	
n : ns					þ : þr
				ts : tr	2 þ : þr 2 þ : þn
n : ns		r : rs		t : tr t : tn tr : tn	6 þ : þr
n : nr 4 n : ns n : nd		r : rk r : rl r : rs r : rg	s : st	t : tk 4 t : tr t : tl	þ : þk 7 þ : þs 11 þ : þr
n : ns				2 t : ts 5 t : tr t : tn tst : tl (tz)	5 þ : þr þ : þr þr : þl
4 n : ns 2 nr : nþ n : nd		5 r : rs	s : sl 3 s : sn sk : sl	st : tr 2 t : tk	13 þ : þr þ : þs

	f	g	k	l	m
5) Sturla Þórþ. 14		g : gѕ	k : kr		m : mn m : ınѕ
6), Eyst. Asgr. 19		2 g : gþ	k : kr		2 m : mr

b) *Aþa*

	f	g	k	l	m
Brage 6		g : gþ gr : gn	kr : kþ		m : mþ
Þjóþ. hv. 10		g : gѕ	k : kѕ	l : ltr	
Þorbj. hornkl. 1		g : gr			
Eyv. sk. 6		g : gr	k : kѕ		m : ınѕ
Guth. s. 6	f : fѕ		k : kѕ		
Glúmr Geir. 2					
Ein. Skál. 9	f : fѕ		2 k : kr		m : nıѕ
Ulfr Ugg. 4					
Eil. Guþr. 7		g : gr			m : nıѕ
Hallfr. vandr. 24	fѕ : fþ	g : gr g : gѕ	k : kr 2 k : kѕ k : kl kn : kr		m : ınr ınr : mn

		2 r : rs rþ : rgr	s : sl	2 t : tr	4 þ : þr
				2 t : tr	ʜ þ : þr 2 þ : þɴ þ : þg þ : þn

hending.

n	*p*	*r*	*ɴ*	*t*	*þ*
					þ : þr þ : þl
n : nɴ nr : nþ	p : pr	r : rs		t : tr	4 þ : þr þ : þn þɴ : þr
	p : pn	r : rþ			þ : þr
n : ns					3 þ : þr
		r : rs			þ : þr
		2 r : rs			2 þ : þr þ : þɴ
					2 þ : þr þ : þɴ þɴ : þr
				2 t : ts t : tr	2 þ : þr
	p : pn	2 r : rs r : rþ rs : rþ		t : ts	6 þ : þr 2 þ : þɴ

1) 80					
2) Sighv. sk. 58	2 f:fþ f:fs f:fsk	g:gþ g:gn g:gl	2 k:kr k:kl		m:mr 4 m:ms m:nn mr:ml m:msk
3) Þjóþ. sk. 18		g:gr gn:gm		l:ls	
4) Ein. Skúl. 50	2 f:fr f:fþ	g:gþ g:gs gs:gþ	2 k:kr k:kn k:kl 2 k:ks ks:kl	2 l:ls	5 m:ms m:mr m:mn mr:mn
5) Sturla Þórþ. 21	3 f:fr f:fs	g:gr j:gs j:gr		2 l:ls	ms:mn
6) Eyst. Ásgr. 40	f:fþ	g:gr	2 k:kr		m:mn

Von Reimen der erwähnten Art kommen also aufs Hundert:

III.	a) Skothending	b) Aþalhending	c) Skoth. + Aþalh.
Brage	21,05 (62)	16,67 (36)	20,41 (98)
Þjóþ. hv.	23,21 (56)	15,00 (88)	18,75 (144)
Þorbj.hornkl.	31,25 (32)	3,23 (31)	19,05 (63)
Eyv. skald.	12,50 (48)	11,53 (52)	12,00 (100)
Guth. s.	7,41 (27)	20,70 (29)	14,28 (56)
Glúmr Geir.	9,68 (31)	5,40 (37)	7,35 (68)
Ein. Skál.	13,33 (90)	9,18 (98)	11,17 (188)
Ulfr Ugg.	22,72 (22)	13,79 (29)	17,64 (51)
Eil. Guþr.	10,00 (70)	7,95 (88)	8,86 (158)
Hallfr. v.	13,35 (124)	15,43 (162)	17,13 (286)
1)	16,87 (562)	12,46 (650)	14,36 (1212)
2) Sighv. sk.	12,99 (454)	10,78 (538)	11,29 (992)
3) Þjóþ. sk.	11,26 (222)	7,69 (234)	9,43 (456)
4) Ein. Skúl.	19,07 (302)	15,63 (320)	17,20 (622)
5) Sturla Þórþ.	7,91 (177)	10,66 (197)	9,36 (374)
6) Eyst. Ásgr.	4,99 (381)	5,43 (387)	5,21 (768)

n	p	r	s	t	þ
3 n : ns n : ur		3 r : rs	s : sn	2 t : tn 2 t : tr	15 þ : þr 6 þ : þs 2 þ : þn 4 þs : þl
n : ur n : ns	p : pn	r : rs		t : tr	8 þ : þr 2 þ : þs
2 n : ns		r : rs		t : tn 2 t : tr t : tl t : tk	14 þ : þr 5 þ : þs
n : ur				t : tr 2 t : tr tr : tl	5 þ : þr þ : þs
		r : rg		4 t : tr	11 þ : þr

Vorstehende Tabelle[1]) zeigt, wie das Reimen eines Consonanten mit dem ersten einer Gruppe immer seltener wird. Eine Ausnahme macht nur *Ein. Skúl.*, der, wie noch öfters zu bemerken sein wird, auch sonst manche Eigentümlichkeit aufweist. Auch bei diesen Reimen tritt hervor, dass die *aþalhending* strenger gebaut ist als die *skothending*, nur *Guth. s.* und *Sturla Þórþ.*, von denen der Erste mit seinen 56 Versen kaum in Betracht kommt, haben das umgekehrte Verhältniss; ausserdem ist noch *Eyst. Ásgr.* zu erwähnen, was bei der sonstigen strengen Art dieses Dichters allerdings auffallend ist; jedoch ist der Unterschied nur ein geringer.

In die Tabelle habe ich auch die Fälle aufgenommen, in welchen von zwei Gruppen die ersten Consonanten mit einander reimen. Ich führe dieselben noch besonders hier

---

[1]) Nicht aufgenommen habe ich die Reime von *ld : lþ, md : mþ, nd : nþ*. Über sie werde ich später handeln.

auf und berechne ihr Vorkommen im Verhältniss zur Gesammt-
zahl der Verse:

IV. Es reimen von 2 Consonantengruppen nur die
ersten Consonanten:

a) *Skothending*	b) *Apalhending*	c) *Skoth. + Apalh.*
1) 23 = 4,10	10 = 1,53	33 = 2,71
2) 1 = 0,22	6 = 0,74	7 = 0,71
3) 4 = 1,80	1 = 0,43	5 = 1,10
4) 10 = 3,31	3 = 0,94	13 = 2,03
5) 1 = 0,56	2 = 1,02	3 = 0,86
6) 0 = 0,00	0 = 0,00	0 = 0,00

Auch hier ist die wachsende Strenge in der Reimbildung
zu sehen, wofern man die erste Gruppe mit *Eyst. Ásgr.* ver-
gleicht, welcher diese Art des Reimes ganz verpönt; auch
hier ist mit einer Ausnahme, welche wieder *Sturla Þórþ.* bildet,
die *apalhend.* strenger gebaut als die *skothending*, auch hier
fällt wiederum *Ein. Skúl* mit seiner unverhältnissmässig
grossen Anzahl dieser Reime auf.

Es dürfte nun nicht ohne Interesse sein, zu sehen,
welcher Art die Consonantenverbindungen sind, welche mit
einfachen Consonanten reimen. Zunächst gebe ich ein Bild
von der lautlichen Art der Verbindungen, wobei ich wiederum
die Gesammtzahl dieser Reime — nach Abzug der Fälle, in
welchen von zwei Gruppen je die ersten Consonanten mit-
einander reimen — in Klammern setze und alsdann das
procentualische Verhältniss jeder einzelnen Art zu ihr gebe.

V. A. Es reimen *muta : muta + liquida.*[1])

a) *Skothending*	b) *Apalhending*	c) *Skoth. + Apalh.*
1) 42 (73) = 57,53	38 (70) = 54,29	80 (143) = 55,94
2) 30 (58) = 51,72	27 (52) = 51,92	57 (110) = 51,82
3) 12 (21) = 57,14	11 (17) = 64,71	23 (38) = 60,53
4) 30 (47) = 66,67	24 (47) = 51,06	54 (94) = 57,45
5) 8 (13) = 61,54	13 (19) = 68,45	21 (32) = 65,63
6) 12 (19) = 63,16	18 (21) = 85,71	30 (40) = 75,00

---

[1]) Die Ausdrücke *muta* u. *liquida* brauche ich hier der Kürze
halber. Unter *muta* verstehe ich: *f, g, k, p, s, t, þ,* unter *liquida*
m, n, r, l.

B. Es reimen *muta : muta + muta*

a) *Skothending*	b) *Apalhending*	c) *Scoth. + Apalh.*
1) 14 (73) = 19,18	17 (70) = 24,29	31 (143) = 21,67
2) 11 (58) = 20,34	11 (52) = 21,15	22 (110) = 20,00
3) 4 (21) = 19,05	2 (17) = 11,76	6 (38) = 15,79
4) 6 (47) = 13,89	11 (47) = 23,40	17 (94) = 18,09
5) 1 (13) = 7,69	3 (19) = 15,79	4 (32) = 12,50
6) 5 (19) = 26,32	1 (21) = 4,76	6 (40) = 15,00

C. Es reimen *liquida : liquida + muta*

1) 14 (73) = 19,18	14 (70) = 20,00	28 (143) = 19,86
2) 10 (58) = 17,27	11 (52) = 21,15	21 (110) = 19,09
3) 1 (21) = 4,76	3 (17) = 17,65	4 (38) = 10,53
4) 11 (47) = 23,40	10 (47) = 21,28	21 (94) = 22,34
5) 3 (13) = 23,08	2 (19) = 10,53	5 (32) = 15,63
6) 0 (19) = 0,00	1 (21) = 4,76	1 (40) = 2,50

D. Es reimen *liquida : liquida + liquida*

1) 3 (73) = 4,11	1 (70) = 1,43	4 (143) = 2,80
2) 7 (58) = 12,07	3 (52) = 5,77	10 (110) = 9,09
3) 4 (21) = 19,05	1 (17) = 5,88	5 (38) = 13,16
4) 0 (47) = 0,00	2 (47) = 4,26	2 (94) = 2,26
5) 1 (13) = 7,69	1 (19) = 5,26	2 (32) = 6,25
6) 2 (19) = 10,53	1 (21) = 4,76	3 (40) = 7,50

Die Reihenfolge der Verbindungen entspricht der Häufigkeit ihres Vorkommens. Am beliebtesten ist die Verbindung von *muta + liquida*, Eyst. Ásgr. bedient sich ihrer unter 40 Fällen 30 mal, am wenigsten beliebt die von *liquida + liquida*.

Gering a. a. O. S. 10 führt als ferneres Characteristicum dafür, dass schon bei *Brage* die *apalhending* strenger gebaut ist als die *skothending*, an, dass die zweiten nicht mitreimenden Consonanten sich in der *apalhending* auf die Fälle beschränken, in denen sie suffixal sind oder der Endung angehören, während in der *skothending* auch stammhafte Consonanten vom Reime ausgeschlossen werden. Ich will dahin gestellt sein lassen, ob nicht das absolute Fehlen des zweiten Falles in der *apalhending* nur durch Zufall bewirkt ist, jedenfalls schliessen auch die folgenden Skalden die *apalhending* in weiterem Umfang von der Teilnahme an dieser Erscheinung aus; doch

wird bei der Kleinheit des Materials kaum ein sicherer Schluss
gestattet sein. Ich vermag diese Art des Reims in folgenden
Fällen zu belegen:

VI.

Brage. a) *skoth. ség: føyrom* 7¹, *Eynefes: ọndre* 16³;
  b) *apath.* — vgl. *Ger. a. a. O.* S. 11.

Þjóþ. hv. a) *eþr: Óþins Wis.* 11; 19,5; *áþr: hneigihlíþum Wis.* 11; 20,1;
  b) *sliþrliga: siþan Wis* 9; 6,1.

Þorbj. hornkl. a) *áþr: eljunfróþum Wis.* 15; 5,8;
  b) *hnigu: sigri Wis.* 15; 5,8.

Eyr. sk. a) *nú tregr: gætiganta Hkr.* 102,27 b; *beit: bitri Hkr.* 106,15 a;
    akrmurur: jọkla Hkr. 123,26 b:
  b) *brums: sumri.*

Guth. s. a) —
  b) —

Glúmr Geir. a) —
  b) —

Ein Skál. a) *þat: snytri Wis.* 27; 5,7; *folkrerjandi: fyrþa Wis.* 28;
    13,3; *sporgéli: srarfa Wis.* 28; 14,3;
  b) —

Ulfr Ugg. a) —
  b) —

Eil. Guþr. a) *þrjóts: eitri Wis.* 31; 5,7; *áþr: hæþu Wis.* 31; 11,5;
  b) *hauþrs: nauþar Wis.* 31; 8,6; *jótrs: þrjótr Wis.* 32; 17,6.

Hallfr. r. a) *itra: láta Wis.* 33; 6,3; *áþr: næþi Wis.* 36; 15,5; *áþr:*
    gáþu Wis. 37; 28,5;
  b) —

_____

1) a) 16   b) 5

2) *Sighv. sk.* a) *áþr: gáþu Hkr.* 274,16 a; *lét: itri Hkr.* 310,11 a; *áþr:*
    meiþar Hkr. 499,12 a; *en þri: frænda Hkr.* 310,15 b;
    suþr: sæskiþum Hkr. 440,30 b; *snarir: srerþum Hkr.*
    443,3 b; *drjúg: dagri Hkr.* 491,30 b; *gáþi: hróþri*
    Hkr. 508,31 b; *drjúg: digri Wis.* 43; 16,3;
  b) *otrheims: flota Hkr.* 440,29 a; *áþr: ráþa Hkr.* 445,4 b;
    áþr: ráþit Hkr. 327,13 b; *áþr: ráþa Hkr.* 527,25 b:
    a) 8   b) 4

3) *Þjóþ. sk.* a) *suþr: sáþir Hkr.* 529,11 b:
  b) —
    a) 2   b) 0

4) *Ein. Skúl.* a) *ljós : geisli Wis.* 65; 1,5; *ágætan : ítrum Wis.* 54; 1,7;
nú skulum : geisla Wis. 54; 7,1; *ápr : vipu Wis.*
56; 25,5; *ápr : hlýpu Wis.* 56; 26,3; *ápr : heipi Wis.*
57; 28,5; *ápr : tépu Wis.* 57; 31,3; *dag : sigri Wis.*
57; 31,5; *hétu : ítran Wis.* 60; 54,1; *lúti : ítrum*
Wis. 61; 66,5;

    b) *hrópr : rópu;*

      a) 10   b) 1

5) *Sturla Þórþ.* a) —

    b) —

6) *Eyst. Ásgr.* a) *ápr : sipan Wis.* 88; 6,5; *ápr : prýpi Wis.* 88; 10,3;
ápr : hæpir Wis. 96; 67,7; *eigi : regla Wis.* 100; 97,7;

    b) *hlátr : gráta Wis.* 92; 42,2; *haupr : daupa Wis.*
95; 59,8; *dægranna : hægar Wis.* 96; 67,6; *slitinn :*
bitrum Wis. 98; 82,8;

      a) 4   b) 4

Einige Fälle, in welchen wurzelhaftes *r* mit suffixalem
zusammenstossend vereinfacht wurde, habe ich nicht eingereiht.
Es sind: *ítr : róta Eyr. sk. Hkr.* 123,27 b; *itr : skreytir*
Þjóþ. sk. Hkr. 560,33 b; *itr : heitir Ein. Skúl. Wis.* 54; 7,3.

In Tabelle II habe ich nicht alle Fälle mitgerechnet,
in denen der zweite Consonant einer Gruppe nicht mitreimt.
Unberücksichtigt sind nämlich diejenigen geblieben, in denen
die Gruppe in einer Compositionsfuge steht. Hier gilt ganz
allgemein die Regel, dass der das zweite Wort beginnende
Consonant nicht mitreimt. Es begegnen nur wenige Beispiele,
dass die durch Composition entstandene Gruppe zum Reim
benutzt worden ist. Ich führe im Folgenden die paar Fälle
an, die ich in dem gesammten von mir benutzten Material
gefunden habe.

Skothending.

ofrausn : jǫfri Sighv. sk. Wis. 42; 11,3; *torrek : verra Sighv. sk.*
Hkr. 521,5 b; *afreks : jǫfri Þórþr. Sjár. Hkr.* 107,5 b.
ofreiþi : jǫfra Anon. Hkr. 603,1 a; *hvergi : borgar Mark. Skeggj. Wis.*
53; 32,1; *stórrápr : knǫrru Hall. St. Herd. Wis.* 47; 12,5;
herrupr : harra Hallst. Herd. Wis. 48; 14,7; *þyrrǫmm : bera Þór.*
loft. Hkr. 441,7 a; *iflaust : efla Ein. Skúl. Wis.* 55; 4,7; *helvíti :*
bǫlvi Eyst. Ásgr. Wis. 89; 20,7; *hvergi : saurgan* a. a. O.
90; 21,3; *borgarmúrr : hvergi* a. a. O. 91; 30,3; *byrgþr : hvergi*
a. a. O. 99; 92,7.

Aþalhending.

hamljót: gamlar Þjóþ. *hv. Wis.* 10; 10,8; *farlands: jarla* Þórþr
Kolb. Hkr. 217,31*a*; *snarlyndr: jarli Ein. Skúl Hkr.* 662,27*b*;
hvatlyndum: Þorkatli *Hallarst. Herd. Wis.* 49; 29,6; *ǫrlyndr:
Sǫrla Haukr Vald. Wis.* 79; 3,8; *ǫrleiks: jǫrlum* Þjóþ. *sk. Hkr*
592,22*a*; *hjǫrlautar: Sǫrla Ein. Skúl.Wis.* 29; 22,4; *hjǫrveþrs:
fjǫrvi Ein. Skál. Wis.* 27; 6,4.

Auch hier stehen wieder 13 *skothendingar* nur 8 *aþal-
hendingar* gegenüber. In einer grossen Anzahl ist das eine
Compositionsglied eine Partikel wie *of-, af-, -gi, tor-, ǫr-,*
so dass hier die Composition als solche wol nicht allzu stark
empfunden worden ist.

Ich komme nun zum letzten der im Eingang genannten
Fälle, zu dem Reim einer Geminata zu einfachen Consonanten [1]).

VII.

a) *Skothending.*

	g : gg	*k : kk*	*l : ll*	*m:mm*	*n : nn*	*r : rr*	*s : ss*	*t : tt*
Brage		2	1	1		1		
Þjóþ. hv.	1	3						
Þorbj. hornkl.	2			1				
Eyv. sk.								1
Guth. s.		1						
Ein. Skál.							1	
Ulfr Ugg.							1	
Eil. Guþr.		1					1	1
Hallfr. v.				1	1	3		2
1)	27 (562) = 4,81 %							
2) Sighv. sk.	1	9			8	7	1	12
	38 (454) = 8,37 %							

---

[1]) Vgl. *Hoffory*, Anz. f. d. Altert. VII, 199.

	g : gg	k : kk	l : ll	m:mm	n : nn	r : rr	s : ss	t : tt
3) Þjóþ. sk.		4		p:pp	1	1		1
	7 (222) = 3,15 %							
4) Ein. Skál.				1		1	1	2
	5 (302) = 1,64 %							
5) Sturla Þórþ	1	1						1
	3 (177) = 1,69 %							
6) Eyst. Ásgr.		1			2	2		2
	7 (381) = 1,84 %							

b) *Apalhending.*

	g : gg	k : kk	l : ll	m:mm	n : nn	r : rr	s : ss	t : tt
Brage								
Þjóþ. hv.								
Þorbj. hornkl.		1						
Eyv. sk.								1
Guth. s.								
Glúmr Geir.		1						
Ein. Skál.								1
Ulfr Ugg.				1	1			
Eil. Guþr.								1
Hallfr. v.	1					4		
1)	12 (652) = 18,4 %							
2) Sighv. sk.		4		1	9	5	1	4
	24 (454) = 8,37 %							
3) Þjóþ. sk.		2		1	1			1
	5 (234) = 2,13 %							
4) Ein. Skúl.	1	1		1	1			
	4 (320) = 1,25 %							

	g : gg	k : kk	l : ll	m : mm	n : nn	r : rr	s : ss	t : tt
5) Sturla Þórþ.	2 4 (197) = 2,03 %				1			1
6) Eyst. Ásgr.	5 (387) = 1,29 %					3	1	1

Skothending und *aþalhending* zusammengenommen ergeben:

1) 39 (1212) = 3,22 % 　2) 62 (992) = 6,20 　3) 12 (456) = 2,63
4) 9 (622) = 1,44 　5) 7 (374) = 1,87 　6) 12 (768) = 1,56

Auffallend ist die plötzliche Zunahme dieser Reime im 11. Jahrhundert, besonders bei *Sighv. sk.*, sonst tritt auch hier wieder, mit Ausnahme von *Sturla Þorþ.*, die strengere Form der *aþalhending* in Erscheinung.

In einigen Fällen wird der Binnenreim dadurch gebildet, dass der Endvocal eines Wortes mit dem Anfangsconsonanten des Folgenden zusammentritt, eine Erscheinung, die wiederum in der *skothending* häufiger ist, als in der *aþalhending*. Ich finde folgende Beispiele.

VIII.

a) *Skothending.*

nú tregr : gœtigauta Glúmr Geir. Hkr. 120,27 b; *svá þat : siþan Þjóþ. hv. Wis.* 10; 12,1; *svá þykt : siþan Þjóþ. sk. Hkr.* 538,5 b; *sé þú : reiþir Steinn Herd. Hkr.* 635,17 a; *nú rœpr : þeiri Ótt. sv. Hkr.* 284,26 b[1]); *þó réþ : hváru Ein. Skúl. Wis.* 57; 32,5; *hvl sannr : dúsa Eldjárn Hkr.* 652,1 a; *svá fór : Eva Eyst. Ásgr. Wis.* 87; 1,7[2]); *þó var : reifa* n. a. O. 91; 35,1; *þú fyrdœmdir : Evam* n. a. O. 96; 66,1; *því var : heyvi* n. a. O. 91; 35,3; *sé þér : prýþi* n. a. O. 90; 26,5 u. ö.; *er þvit : varpa* n. a. O. 100; 96,7; *þá rauþ : dreyra Haukr Vald. Wis.* 80; 13,5; *sá réþ : hlýra* n. a. O. 80; 17,5; *þá vas : tivum Þjóþ. hv. Wis.* 9; 3,1; vgl. *Wis.* II, 343.

---

1) Der Vers lautet *nú rœpr þú fyr þeiri*; dass *fyr* den Reim trägt, ist kaum anzunehmen.

2) Über den Reim *f : v* S. 68 f.

b) *Apalhending.*

svá frák : háva Hallfr. v. Wis.   œ minnilig : eptirdœmi Eyst. Ásgr.
34; 3,1.   Wis. 94; 52,1.
þi vá : hávan Haukr Vald. Wis.   sá vas : háva Ein. Skúl. Wis. 59;
81; 23,7.   44,5.

Sämmtliche *apalhendingar* stehen, was vielleicht nicht zu-
fällig ist, an ungerader Stelle. Sind sie wirklich hier einzureihen,
so ist also bei den drei ersten das *v* der *víþrhending* zur ersten
Silbe zu rechnen, was im Allgemeinen sonst bei ihm ebenso
wie beim *j* nicht der Fall ist. Man kann aber auch ganz
gut annehmen, dass hier nur *d : d* reimt, eine Art des Reims,
die, wie wir sogleich sehen werden, des Öfteren vorkommt.

Ähnlich, wie die eben erwähnten, sind auch die Fälle,
in welchen der Schlussconsonant eines Wortes mit dem
Anfangsconsonanten des Folgenden zu einer reimenden Gruppe
verbunden wird. Allerdings ist man nicht gezwungen diesen
Reim gelten zu lassen, da, wie wir oben sahen, häufig nur
der erste Consonant einer Gruppe reimt.

Von dieser Art habe ich folgende Beispiele gefunden:

IX.

a) *Skothending.*

af þvtt : lofþa Sighv. sk. Wis. 42; 5,3; af þvi : hofþu Þjóþ. sk. Hkr.
529,13a; en þri : frœnda Sighv. sk. Hkr. 510,15b; en þvi :
reyndisk Þjóþ. sk. Hkr. 605,12b; þar réþ : sverja Þjóþ. sk.
Hkr. 532,2a; ok þeim : rakþi Ein. Skúl. Wis. 59; 41,5; og þar :
teygþi Eyst. Ásgr. Wis. 89; 18,3[1]); og þvílikt : segþi a. a. O.
59; 41,5[1]).

b) *Apalhending.*

gram þanns : framþi Hallfr. v. Wis. 35; 3,3; landher þar : verþa
Hallfr. v. Wis. 37; 23,4[2]).

Apalhendingar dieser Art scheinen also streng verpönt
zu sein und nur *Hallfr. v.* erlaubt sich eine solche ein-, resp.,

---

[1]) Vgl. Wis. II, 219 „*propter concentum syllabarum*". Wir
sehen also, dass die moderne Form *og*, welche nach *Cl.-Vigf.* 465
erst in Handschriften des 15. Jahrhunderts erscheint, schon im
14. Jahrhundert vorkommt.

[2]) *land herþar* Fms. III, 8; *landherþer* Forns. 37, *Thorkelss.* 27.

wenn die Lesart *Wisdus* richtig ist, zweimal. Häufig ist auch das Reimen zweier Consonanten mit den beiden ersten einer Gruppe von dreien, zuweilen auch vieren in *skothending* wie in *apalhending*. Auch hier sind die nicht mitreimenden Consonanten fast ausschliesslich derselben Art wie in Tabelle II. Die vorkommenden Consonantenverbindungen sind folgende:

X.

a) In *skothending* und *apalhending*.

dd : ddr, gg : ggr, gg : ggs, ld : ldr, ld : lds, lg : lgþ, ll : llr, ll : lls, lm : lms, lm : lmr, nd : ndr, nd : nds, ng : ngn, ng : ngl, ng : ngr, ng : ngs, nn : nnr, nn : nns, pt : ptr, rf : rfþ, rg : rgr, rk : rkr, rm : rms, rp : rpr, rp : rps, st : str, tr : trs, tt : ttr, tt : tts, tt : ttn, tt : ttl, kk : kkr.

b) In *skothending*.

gl : gls, gn : gnk, kk : kks, lf : lfs, lk : lks, lts : ltr, ngs : ngr, ngr : ngl, pp : ppn, pt : ps, rg : rgþr, rm : rmþ, sts : str, st : sts, st : stl.

c) In *apalhending*.

dd : dds, fl : fls, fn : fns, gl : gls, gn : gns, gg : gl, gg : ggn, gþ : gþs, ldr : lds, lf : lfr, lp : lpr, lg : lgs, lg : lgþ, mm : mmr, nn : nnk, rf : rfr, rf : rfs, rg : rgs, rl : rls, rm : rmr, rt : rtr, rk : rks, st : stn.

Man sieht, es kommen fast alle nur möglichen Reime vor. Eine Regel aufstellen zu wollen, welche die bevorzugteste Art der Verbindung ist, wäre hier zwecklos, auch scheint man die Verwendung dieses Reims nicht als etwas ungewöhnliches empfunden zu haben, ja das Verhältniss der *apalhending* zur *skothending* ist hier gerade umgekehrt als wir es erwarten sollten und eine merkliche Abnahme dieser Reime überhaupt ist auch nicht zu spüren, wie die folgenden Zahlen lehren werden.

Skothending	Apalhending	Skoth. + Apalh.
1) 43 = 7,65 %	84 = 12,92 %	127 = 10,48 %
2) 59 = 13,00 „	58 = 10,78 „	117 = 13,27 „
3) 14 = 6,31 „	27 = 11,54 „	41 = 8,90 „
4) 31 = 10,40 „	50 = 31,25 „	81 = 13,02 „
5) 8 = 4,52 „	26 = 14,72 „	34 = 9,09 „
6) 19 = 4,99 „	30 = 7,75 „	59 = 8,63 „

Vorhin schon wurde gelegentlich eine Art des Binnen-
reims erwähnt, welche nur durch Vocale gebildet wird.
Selbstverständlich müssen dies lange Vocale sein und diese
Art des Reims kommt hauptsächlich in der *apalhending* vor,
begegnet jedoch auch in der *skothending* und zwar schon
bei *Brage*.

XI.

a) Skothending.

flô|ja : frý|ju Sighv. sk. Hkr. 437,30 a[1]); *þds t|Qngulsey|jar Ein.
Skál. Wis.* 57; 31,7; *miô|tygel : má|ra Brage Ger.* 26; 22,3;
mey|jar : mæ|re Brage Wis. 2; 2,3; *flo|:tl|ra Þjôþ hv. Wis.*
19; 8,1[2]); *lei|þiþir : læ|ra Þjôþ. hv. Wis.* 10; 11,3; *há|:hlœ|ja
Sighv. sk. Hkr.* 521,33 a; *nú|:kný|ja Þjôþ. sk. Hkr.* 542,15 a;
hvé|:Heiþabô|jar Þorl. f. Hkr. 572,28 a; *þá|:bæ!jar Þorl. f.
Hkr.* 572,28 b; *há|:hlý|ja Þjôþ. sk. Hkr.* 592,27 b; *Illésey|jar :
há|van Þjôþ. sk. Hkr.* 592,31 a; *srá|:æ|ri Þjôþ. sk. Hkr.*
621,17 b; *srá:æ|ri Þjôþ. sk. Hkr.* 621,17 b; *Jô|an:frý|ja
Anon. Hkr.* 640,1 b; *þrl|:ný|ju Þorbj. Skakk. Hkr.* 704,13 a.

b) Apalhending.

má:srá Ótt. sv. Wis. 141; 6,2; *á:há Sighv. sk. Wis.* 40; 3,7; *grá :
hjálmunla Sighv. sk. Wis.* 40; 4,6; *blá:rá Sighv. sk. Wis.*
41; 7,2; *frá ek hvar fleina sjá|var Eyj. Daþ. Hkr.* 200,1 a[3]).

mjô:sjô Ótt. sv. Wis. 44; 4,4; *slô:þô Sighv. sk. Wis.* 40; 1,2; *gný|s :
ský|jum Hallfr. v. Wis.* 33; 1,6; *gný|s : frý|ju Sighv.
sk. Hkr. skýlauss:hlýja Sighv. sk. Hkr.* 491,33 a; *boþský :
hnýjá Þjôþ. sk. Hkr.* 538,17 b; *bý:skýja Anon. Hkr.* 640,4 b;
sranglýjaþi : frýja Ein. Skál. Wis. 26; 2,4; *fáglýjaþa : þýja*

---

[1] *fleira D. F. Ol. S. memb.,* Flb II, 304, *flera OHS* 178; *flyia :
fryo Pering.* 1, 709.

[2] Vgl. *Wis.* 183.

[3] Ich bin zweifelhaft, ob der Vers hierherzusetzen ist. Zunächst
ist der Vocal von *sjávar* nicht gesichert; da der Vers an ungerader
Stelle steht, könnte auch die Lesart der *Kph. Hkr.* I, 297 mit *sævar*
das Richtige treffen. Zweitens könnte man auch vielleicht, worauf
Prof. *Hoffory* mich aufmerksam macht, unter Streichung des *ek
frá hvar:sjávar* lesen und auf einen Reim *á (h) v:áv* schliessen.
Alsdann wäre der Vers oben unter VIII einzureihen; vgl. über ähn-
liche Verse *Sievers*, Beitr. V, 512.

Eyr. sk. Hkr. 111,22*b*; *lébrautar*:*fléja* Þorbj. hornkl. *Wis.*
14; 8,8[1]).

mæ:*sævar Eyr. sk. Hkr.* 123,32*b*[2]); *hræ*:*æri Sighv. sk. Wis.* 41; 1,4;
fræ:*æri Eyr. sk. Hkr.* 111,24*a*; *glæheims*:*mævar Þórþr. Kolb.*
Hkr. 157,13*a*; *læ*:*ævi Þórþr. Kolb. Hkr.* 170,28*a*; *slær*:*hrævi*
Þórþr. Sjdr. Hkr. 422,28*b*; *Þórþr Sjdr. Hkr.* 422,28*b*[3]); *læbaugs*:
hlæja Hdr. Hkr. 428,29*a*.

Auffallend sind hier die Reime *gnýs*:*skýjum*, *gnýs*:
frýja, *slær*:*hrævi*, bei welchen die eine Silbe nicht mit dem
langen Vocal endet. Die letzte *skothending* mit langem
Vocal ist die des *Ein. Skúl.* aus der Mitte des 12. Jahrh.,
die letzte *aþalhending* die des *Anon.* um die Wende des
11. Jahrhunderts.

Zum Schluss dieses Kapitels will ich noch auf die Frage
eingehen, reimen die Skalden tönenden mit tonlosem Con-
sonanten? *Hoffory* hat in *Bezzenb.* Beitr. IX, I ff. das Wesen
der Spiranten *f*, *g*, *þ* klargelegt, in Z. f. d. A. XXII, 375 ff.
auch tonloses *l* und *n* neben tönendem nachgewiesen, vgl.
dazu *Mogk* Anz. f. d. A. X, 64. Diese Unterschiede sind
nun den Skalden entweder nicht zum Bewusstsein gekommen
oder sie waren so gering, dass sie als unwesentlich für die
Reimtechnik erachtet wurden[4]). Für *f* lautet die *Hoffory*'sche
Regel a. a. O. 14: „das altnordische *f* bezeichnete überall eine
labiolabiale Spirans. Es war tonlos im Anlaut und Inlaut vor
tonlosen Consonanten, aber sonst immer tönend". Ich führe
die folgenden Beispiele mit der *Hoffory*'schen Bezeichnung für

---

[1]) So lese ich im Anschluss an *Gisl. Njál.* II, 387, vgl. auch
F. Jónns. S. 78 f., *lebrautar*:*fléja Hkr.* 64,24*b* (*láþbrautar*:*fléja*
Fms. I, 194; *lébrautar*:*fléia* Cod. *Frix.* 50,26*b*; *lý brautar*:*flýja*
Wis. 124).

[2]) Doch kann der Reim vielleicht auch *mæ rið*:*sævar* sein,
wäre dann aber die einzige *aþalh.* dieser Art an gerader Stelle.

[3]) So alle Lesarten, nur *Flb.* II, 281 *slægr*; *slæfr*:*hræfi*
Kph. II, 273.

[4]) Vgl. *Hoffory*, *nord. Tidskr. f. Fil. ny række* III, 294: „wir
haben nicht den mindesten Beweis dafür, dass die Isländer der
Vorzeit überhaupt den Unterschied der Laute *þ* und *ð* hören konnten".

die Spiranten auf: ꝥ zunächst also ist tonlose rein labiale Spirans, ꝥ der entsprechende tönende Laut.

XII.

Es reimen ꝥ : ꝥ:

a) Skothending

haꝥrita : hoꝥ | xu Halld. ökr. Hkr. 215,5b; hliꝥþut : xræꝥi Arn jarl. Hkr. 621,29a; þjóꝥx : leyꝥa Brage Wis. 2; 1,4; lauꝥi : hoꝥþi Brage Wis. 2; 48; hefk : joꝥri Hallfr. r. Wis. 37; 27,1; Oldꝥx : joꝥri Ein. Skúl. Wis. 62; 70,1; Hoꝥx : haꝥa Sighr. Hkr. 308,5a; liꝥspelli : lauꝥa Bjǫrn krepph. Hkr. 648,10a; hliꝥxkjoldr : haꝥa Sighr. sk. Wis. 41; 8,7; sundrkliuꝥr : hoꝥþu Brage Ger. 24; 19,4.

b) Aðalhending

haꝥa : kraꝥþir Sighr. sk. Wis. 42; 6,6; lóþstaꝥr : haꝥþi Þórþr. Kolb. Hkr. 170,26b; óstaꝥrfoꝥur : haꝥþi Ein. Skúl. Wis. 27; 6,2; geꝥit : heꝥþi Eyst. Ásgr. Wis. 90; 22,8; heꝥk. : steꝥjum Hallarst. Wis. 49; 24,4; foꝥurleiꝥþ : greiꝥum Sighr. sk. Wis. 43; 14,8; þreiꝥxk : Óleiꝥi Sighr. sk. Hkr. 480,21a; kliꝥ : liꝥþi Sighr. sk. Hkr. 521,36a; driꝥu : liꝥþi Valg. Hkr. 580,13a; stafukliꝥx : driꝥu Þór. loft. Hkr. 441,2a; oddariꝥx : driꝥu Ein. Skúl. Wis. 26; 2,2; riꝥx : driꝥu Guth. x. Hkr. 102,4b; yꝥx : tiꝥar Sighr. sk. Hkr. 508,30a; þjoꝥx : hóꝥi Sighr. sk. Wis. 43; 12,3; óꝥx : gróꝥu Sturla Kgs. 482,16a; joꝥnrx : hoꝥþi Ein. Skúl. Wis. 56; 23,4; goꝥug : hoꝥþi Ein. Skúl. Wis. 58; 37,1.

Für das g stellt Hoffory a. a. O. 21 f. folgende Regel auf: „das spirantische g war tonlos vor tonlosen Consonanten (χ), sonst tönend (γ)".

XIII.

Es reimt γ : χ:

a) Skothending.

róꝥx : æge Brage Ger. 26; 22,2; loꝥx : loꝥþu Ein. Skúl. Wis. 20; 20,1[1]); róꝥx : lægir Hallfr. r. Wis. 34; 7,1; bauꝥx : ræꝥjask Hallfr. r. Wis. 35; 10,3; Siꝥhratr : seꝥþi Ein. Skúl. Wis. 55; 12,1; bauꝥx : lóꝥu Þjóþ. sk. Hkr. 538,7a; fræꝥt : fuꝥran Þjóþ sk. 538,28a; róꝥx : frægi Arn. jarl. Hkr. 541,12a; leꝥþrati : lauꝥask. Ein.

---

1) Hier findet sich in Cod. Fris. 112,20a die Lesart loks, für deren k ein χ Vorbedingung ist, vgl. Hoffory a. a. O. 78 ff., der Formen wie sakt, lakt, fylksnom, Norcks, lóksk belegt, in denen allen k für g steht.

Skúl. Hkr. 667,8*b*; *gnǫtt : gýtjar Ein. Skúl. Hkr.* 766,14*a*;
frœys : lætu Sturla Kgs. 441,18*a*; *harþleyss : frœqum Hallst.*
Wis. 49; 29,5.

b) *Aþalhending.*

orþhays : sœrþar Ein. Skúl. Wis. 62; 70,2; *hauys : bauqi Þjóþ. hr.*
Wis. 10; 14,4; *reys : seqja Ein. Skúl. Wis.* 61; 64,2; *ralteiys :*
eiqi Har. harþr. Hkr. 620,12*a*; *báleyys : teytja Hallfr. v.*
Wis. 33; 4,2; *(leyys : Suþreyjar Sturla Kgs.* 469,8*a¹*); *Siytún :*
hniqþu Valgarþr Hkr. 559,10*b*; *stiys : viqi Haukr Vald. Wis.*
79; 8,6; *viys : stiqum Þorl. f. Hkr.* 572,2*a*; *riys : stiqa Halld.*
skr. Hkr. 707,16*a*; *róysegl : bóqa Ein. Skúl. Wis.* 26; 1,6.

Die Regel für *þ* lautet a. a. O. 33., „die interdentale
Spirans *þ* war tonlos (*ð*) im Anlaut . . . ., ebenso im Inlaut in
tonlosen Consonantenverbindungen, sonst aber stets tönend (*ð*)".

XIV.

Es reimt *ð : ð*:

a) *Skothending.*

seiðs : láði Þorbj. hornkl. Wis. 15; 8,7; *biðk : snúðar Sighv. sk. Wis.*
43; 15,1; *auðskýfanda : óðar Ein. Skúl. Wis.* 58; 40,7; *skiðs :*
báðum Eyr. sk. Hkr. 106,17*a*; *auðs : krœði Þórþr. Kolb. Hkr.*
170,32*a*; *gjöðs : hriðir Sighv. sk. Hkr.* 252,21*a*; *blöðs : slœðusk*
Sighv. sk. Hkr. 253,27*b*; *góðs : gjöði Sighv. sk. Hkr.* 253,27*b*;
góðs : róða Sighv. sk. Hkr. 274,16*b*; *Eiðs : óðumk Sighv. sk.*
Hkr. 307,27*a*; *blöðstara : brœðir Stúfr. sk. Hkr.* 630,22*b*; *guðs :*
siðan Eyst. Ásgr. Wis. 88; 8,3; *leiðkunnandi : œðar Eyst.*
Ásgr. Wis. 88; 11,7; *hljóðs : prýði Bjarni Kolb. Wis.* 68; 1,4;
hjálmskiðs : riðum Bjarni Kolb. Wis. 70; 20,6; *haukjöðs : riða*
Hallarst. Wis. 47; 8,1; *hjorflöðs : hnykkimeiðum Wis* 49; 24,1;
gnýhjöðs : geysilðar 24,7; *skýböðs : skelfihriðar* 29,3; *hring-*
sköðs : herþimeiðar Wis. 50; 32,1.

b) *Aþalhending.*

leikblaðs : fjaðrar Þjóþ. hr. Wis. 10; 12,6; *raðs : naðri Ulfr. Uggs.*
Wis. 29; 4,6; *Auðs : trauðan Hallfr. v. Wis.* 33; 6,4; *auðsœtt :*
ranða Sighv. sk. Hkr. 253,16*a*; *randliðs : kráðu Hallfr. v.*
Wis. 36; 17,6; *söðnbraðs : dáðir Ein. Skúl. Wis.* 55; 12,2; *orm-*
liðs : báða Sighv. sk. Hkr. 343,2*b*; *snarriðs : báða Þjóþ. sk.*
Hkr. 620,17*b*; *ögnarbraðs : láði Sturla Kgs.* 433,4*a*; *heiðsœr :*
reiði Jǫk. Hkr. 455,4*b*; *breiðskyggs : leiði Blakkr Kgs.* 120,32*a*;

---

¹) Über den Reim *g : j* siehe S. 69 f.

itrgeðs : kveðja Ein. Skúl. Wis. 54; 10,4; *niðs : þriðja Sighr. sk. Wis.* 38; 3,4; *liðs : miðli Sighr. sk. Wis.* 39; 4,6; *biðk : þriðja Eyr. sk. Hkr.* 112,4 a; *liðs : þriðja Tindr Hallk. Hkr.* 160,22 b; *friðkaup : miðju Sighr. sk. Hkr.* 378,4 a; *liðs : miðli Sighr. sk. Hkr.* 510,23 a; *niðs : miðli Sighr. sk. Hkr.* 522,12 b; *liðs : miðli Þjóþ. sk. Hkr.* 542,32 a; *liðs : miðju Þjóþ. sk. Hkr.* 593,32 b; *liðs : miðli Steinn Herd. Hkr.* 595,8 a; *fólksliðs : siðan Ein. Skúl. Wis.* 27; 6,6; *fjolbliðs : siðan Sighr. sk. Wis.* 42; 4,6; *logskiðs : siðan Ein. Skúl. Wis.* 56; 20,6; *friðs : siðan Sighr. sk. Hkr.* 308,26 a; *riðs : siðan Bjorn krepph. Hkr.* 638,13 b; *bliðs : friðum Ol. hvit. Kgs.* 349,10 b; *goðs : boðnum Halld. skr. Hkr.* 663,21 b; *kynfroðs : hloðu Ulfr Ugg. Wis.* 30; 6,2; *goðs : Þjóðar Hallfr. v. Wis.* 37; 25,6; *jóðs : goði Ein. Skúl. Wis.* 57; 29,2; *þjóðskjoldungr : goðra Ott. sv. Hkr.* 334,22 a; *fljóðs : rjóða Þjóþ. sk. Hkr.* 540,24 b; *sárfljóðs : bloði Ein. Skúl. Hkr.* 744,4 a; *hljóðs : oði Hallarst. Wis.* 46; 1,2.

Die Grundsätze, welche für die Beurteilung der Reime im *dróttkvætt* massgebend sind, dürften somit gegeben sein. Zu erwähnen wäre vielleicht noch, dass *Sighr. sk.* in den in *toglag* gedichteten, von *Wisén* sogenannten, *Vikingarvisur*, in der *aþalhending* auch den Reim eines kurzen Vocals + Consonanten zu einem langen + Consonanten zu gestatten scheint, wie folgende Reime zeigen: *drsæll : fara Wis.* 40; 2,8; *Skdney : Dana* 5,6; *hér : ferr* 6,2; *frdneygr : Dana* 6,3; *fæstrdn : Dana Wis.* 41; 8,6; *Rúmsreg : suman* 9,6; *Jórvík : skorit* 11,4, doch liegt in diesem Reim vielleicht auch eine Verkürzung des *ó* vor, auf Grund von Position und Zusammensetzung, wie *Gislason Arb.* 1866, 279 meint. Hierher wäre alsdann vielleicht auch der Vers *Eysteins Ásgr.* zu stellen: *ldgraustaþr : fagri Wis.* 94; 52,6, während bei demselben Dichter in *linhjartaþr : þinum Wis.* 95; 59,4 Verlängerung des *i* anzunehmen ist.

Von den Endreimen ist wenig zu sagen. Sie bieten überhaupt nur eine geringe Ausbeute. Erforderlich ist unbedingte Gleichheit der reimenden Vocale und Consonanten, der Reim ist entweder männlich oder weiblich.

II. Kapitel.

Der Vocalismus.

Der *u(r)*-Umlaut.

Die Wirkung des *u*-Umlauts erstreckt sich wie bekannt auf *a*, und zwar wird dieses, wie die allgemeine Regel lautet, durch ein *u* der folgenden Silbe zu *ǫ*. Da auch ein *r* dieselbe Wirkung ausübt, so werden beide Umlaute hier gemeinsam behandelt. Für die historische Zeit haben wir nun zu unterscheiden, ob das folgende *u(r)* noch erhalten ist oder nicht. Wir betrachten zunächst den *u*-Umlaut des *a*, und zwar führe ich, bevor ich zu einer Besprechung dieses Umlauts übergehe, zunächst diejenigen Verse der Skalden vor, in welchen der Reim im Gegensatz zu dem von der späteren Regel verlangten *ǫ* ein *a* fordert[1]).

A. *U(r)*-Umlaut des *a*.

I. *a*-Formen.

a) bei geschwundenem *u*.

1) Nom. Neutr. Plur. von *a*-Stämmen:

Þjóþ. hv. band : randa Wis. 11; 17,2; Ein. Skál. austrland : banda Wis. 26; 3,2; land : banda Wis. 27; 8,4; ragn : magna Wis. 29; 23,84); Óttarr sv. áttland : standa Hkr. 235,19b; Steinn Herd. all : falla Hkr. 593,27b; Þormóþr Kolbr. kald : valda Hkr. 474,9b; rann : manna Arn. jarl. Hkr. 364,26a[2]).

2) Acc. Sg. Masc. von *u*-Stämmen:

Þjóþ. sk. skjald : sjaldan Hkr. 542,18a; Trollk. skjald : hjaldri Hkr. 613,13a.

---

[1]) *Unger* setzt hier fast immer *ǫ*.

[2]) Vgl. *Gísl. helr.* 9; *Thorkelss.* 52.

3) Nom. Sg. Fem. von *ā*-Stämmen:

Eyj. Dáp. harþ : *Garþa Hkr.* 199,32*b*; *Þórþr Kolbr.* /*hall* : *fjalla Hkr.* 214,25*b (?)/* ; *Ótt. sv. rand* : *Tuskalandi Hkr.* 229,2*b*; *Sighv. sk. hall* : *allan Hkr.* 521,34*a*; *hand* : *standa Hkr.* 510,23*b*; *Haraldr Sig. rand* : *standa*; *Þorl. f. rand* : *landi Hkr.* 572,7*a*; *Þorm. Kolbr. grann* : *manni Hkr.* 497,34*a*; *Ulfr stall. þarf* : *hvarfa Hkr.* 612,4*a*; *Þjóþ. sk. jarþ* : *varþa Hkr.* 539,16*b*.

4) Im Wortinnern ist *u* geschwunden:

Tindr Hallk. Sarla : *jarli Hkr.* 157,35*a*.

5) In der Compositionsfuge:

Sighv. sk. andþrútt : *landi Hkr.* 510,16*a*; *Eil. Guþr. Njarþ-* : *gjarþar Wis.* 31; 7,4[1]).

b) bei erhaltenem *u*.

1) Dat. Sing. Masc. Adjectiv. von *a*-Stämmen:

Þorm. Kolbr. magni : *gagnum Hkr.* 498,10*b*; *Ótt. sv. hratt* : *brattum Hkr.* 284,18*b*; *Sighv. sk. dagr* : *fagrum Hkr.* 491,3*b*; *Þjóþ. sk. grand* : *vandum Hkr.* 621,20*b*; *Hárekr langum* : *ganga Hkr.* 427,28*a*; *Þjóþ. sk. sjáfang* : *strangum Hkr.* 592,17*a*[2]); *Anon. glaþr* : *aþrum Hkr.* 603,17*a*; *Ein. Skúl. alls* : *snjallum Wis.* 55; 16,8; *Mark. Skeggj. hálfa* : *sjálfum Wis.* 53; 30,3 *(?)*.

2) Dat. Sg. Neutr. Adject. von *a*-Stämmen:

Þjóþ. hv. glamma : *óskammu Wis.* 9; 2,4; *svangr* : *langu Wis.* 9; 6,2; *Eil. Guþr. gammleiþ* : *skammu Wis.* 30; 2,2; *Þjóþ. sk. gramr* : *skammu Hkr.* 537,27*a*; *Magn. berf. dagr* : *fagru Hkr.* 654,28*a*.

3) Dat. Sg. Fem. von *ā*-Stämmen:

Þjóþ. hv. herfangs : *stangu Wis.* 9; 8,6; *Eil. Guþr. angrþjóf* : *tangu Wis.* 32; 15,6; *Hallfr. v. barklaust* : *Danmarku Wis.* 34; 5,2; *Hallv. Hár. barkrjóþr* : *Danmarku Hkr.* 442,4*a*; *Þjóþ. sk. skark* : *Danmarku Hkr.* 542,10*b*; *geþrarþr* : *jarþu Þorbj. hornkl. Wis.* 15; 6,4[3]).

4) Gen. Sg. Fem. von *ōn*-Stämmen:

Eil. Guþr. vargs : *himintargu Wis.* 30; 4,2; *rann* : *Nannu Wis.* 31; 5,2.

---

[1]) *Njarþgjarþar* ein Wort.

[2]) *sjáfǫng* : *strǫngum* Cod. *Fris.* 226,15*b*.

[3]) Vgl. *Wis.* 124, *Kringla-Jofraskinna* lesen *goþvarþr*, welches nach *Thorkels.* 42 f. *goþ* + *varþr*, Part. Præt. von *verja* ist, *F. Jóns. stud.* 76 will fälschlich, wie ich meine, *geþharþr* lesen.

5) Acc. Plur. Masc. von *u*-Stämmen:

Þjóþ. sk. hjaldr : skjaldu Hkr. 538,4*a*; *hjaldrs : skjaldu Hkr.* 542,26*b*.

6) Dative Pluralis:

Þorbj. hornkl. harþráþr : barþum Wis. 14; 1,2; *Eyr. sk. skjaldum : aldri Hkr.* 112,2*b*; *aldr : skaldum Hkr.* 111,29*a*; *Glúmr Geir. allvaldr : skaldum Hkr.* 89,29*a*; *Ein. Skál. folklandum : branda Wis.* 28; 13,6; *Anon. bandum : landi Hkr.* 151,21*b*; *Þórþr Kolb. hann : mannum Hkr.* 217,31*b*; *Sighv. sk. landfolk : handum Wis.* 42; 6,8; *Guþbrandr : landum Hkr.* 343,4*a*; *fjorbann : mannum Wis.* 39; 12,4; *þann : mannum Hkr.* 307,35*b*; *friþbann : mannum Hkr.* 307,35*b*; *hann : mannum Hkr.* 493,19*b*; *Þormóþr Kolb. allvaldr : skaldum Hkr.* 478,2*a*; *Steinn Herd. þat : skatnum Hkr.* 629,13*a*; *annarr : mannum Hkr.* 635,16*a*; *Anon. hrafngrennir : stafnum Hkr.* 602,20*b*; *glaþr : aprum Hkr.* 603,17*a*; *Mark. Skeggj. annarr : mannum Wis.* 51; 14,2[1]; *Valgarþr fjalmennr : hjalmum Hkr.* 560,9*a*[2]).

7) 1. Plur. Præs.:

Sighv. sk. Magnús : fagnum Hkr. 516,27*a*; *Þjóþ. sk. allitt : kallum Hkr.* 543,2*b*.

8) 3. Plur. Præt.:

Þjóþ. sk. harþéls : barþusk Hkr. 538,35*a*.

9) Composition und Wortbildung:

Ulfr Ugg. andóttr : banda Wis. 29; 3,2; *Ein. Skál. andur- (Jálks) : landi*; *Bersi andur : handa Hkr.* 254,15*b*; *Sighv. sk. andurt : landi Hkr.* 274,22*b*.

II. ǫ-Formen.

Ich scheide hier nicht die Fälle, in welchen das Umlautwirkende *u(r)* geschwunden ist, von denen mit erhaltenem, da natürlich in den Versen häufig Wörter der einen Art mit solchen der andern reimen[3]). Auch führe ich hier nur Verse an von denjenigen Dichtern, welche nicht umgelautete Formen darbieten.

(Norw.) *Þjóþ. hv. ǫndurgoþs : hǫndum Wis.* 9; 7,4; *okbjǫrn : Mǫrna Wis.* 9; 6,4.

(Norw.) *Þorbj. hornkl. rǫdd : krǫddusk Wis.* 14; 4,8; *bryngǫyl : Skǫylar Wis.* 15; 5,4.

---

[1]) *Wis.* hat hier, in Widerspruch mit seinem sonstigen Verfahren, *mǫnnum*.

[2]) Vgl. *Gislason Aarb.* 1866, 252 f.

[3]) Vgl. *Nor. aisl. Gr.*[2] § 72, 2. (Die Correcturbogen wurden mir gütigst von Herrn Prof. *Braune* zur Verfügung gestellt.)

(Norw.) *Eyv. skaldasp.* benrǫndr : hǫndum Hkr. 106,18a; fjǫrþ : hjǫrþu Hkr. 123,32a; landrǫrþr : Hǫrþu Hkr. 111,6a.

Glúmr Geir. gunnhǫrga : mǫrgum Hkr. 89,31a; hjǫrs : fjǫrvi Hkr. 110,19a.

Ein. Skál. ralfǫllum : rǫllu Wis. 29; 23,1; hjǫrs : fjǫrvi Wis. 26; 2,8; sǫnn : mǫnnum Wis. 27; 8,2; fǫr : gǫrva Wis. 28; 13,4; hjǫrveþrs : fjǫrvi Wis. 27; 6,4.

Ulfr Ugg. mǫgr : fǫgru Wis. 29; 2,6.

Eil. Guþr. —

[Anon. ǫld : jǫldu Hkr. 151,22b (?)].

Hallfr. vandr. ǫnd : lǫndum Wis. 37; 28,8; fjǫrrǫnn : mǫnnum Wis. 36; 17,4; hǫrgbrjótr : mǫrgum Wis. 34; 3,2; Hǫrþarinr : Gǫrþum Wis. 33; 1,4 (Ódr.); hǫrþ : Gǫrþum Wis. 34; 2,4 (Ódr.); gǫrla : Sǫrla Wis. 33; 8,6; hjǫrdjarfr : fjǫrvi Wis. 34; 4,6.

Bersi Skáldtorf. —

Sighv. sk. laukjǫfn : nǫfnum Wis. 42; 5,8; Qnundr : Dǫnum Wis. 40; 3,6; rǫnd : hǫndum Hkr. 491,8a; ǫndverþan : lǫndum Hkr 520,29b; hǫnd : lǫndum Hkr. 522,18a; ǫnnur : mǫnnum Wis 42; 8,8; Rǫgnvalds : gǫgnum Hkr. 275,4a; gǫrt : svǫrtum Hkr. 252,28b; bjǫrtum : svǫrtu Hkr. 309,15a; hǫll : ǫllu Hkr. 310,4b; [gjǫlnar : mǫlnu Hkr. 414,10a (?)]; flǫgþ : sǫgþu Hkr. 308,6b; strǫng : gǫngu Wis. 38; 3,2; mǫrg : neflhjǫrgum Wis. 40; 4,4; rǫrþs : gǫrþum Hkr. 310,16a; svǫrþr : Gǫrþum Hkr. 508,30b; Hǫrþa : Gǫrþum Hkr. 515,10b; spǫrþ : Gǫrþum Hkr. 522,10a; ǫld : skjǫldu Hkr. 499,8b; 253,15a; landvǫrn : ǫrnu Hkr. 445,6a; gǫrt : hjǫrtu Hkr. 480,23a; hǫfuþ : jǫfurr Wis. 40; 5,8 (41; 8,8; 10,4); skjǫldungs : tjǫlduþ Hkr. 274,20b; sǫnn : ǫnnurr Hkr. 516,27b; svǫrtskǫr : gǫrva Hkr. 252,30b; vǫrþr : Hǫrþr Hkr. 446,9a; ǫrþigt : fjǫrþum Hkr. 274,20a; fǫng : gǫngur Hkr. 309,6a [ǫld : skjǫldu Hkr. 253,15a (?)]; dǫglingr : bersǫgli Wis. 42; 8,4 [skǫr : fjǫrvi Hkr. 453,13b (?)].

Óttarr svarti. ǫld : gjǫldum Hkr. 227,17a; reþrǫrr : knǫrru Hkr. 234,13a; fǫr : gǫrva Hkr. 220,4b; ættlǫnd : gǫndlar Hkr. 284,31b

Þjóþ. sk. skjǫld : gjǫldum Hkr. 544,10b; gjǫld : skjǫldum Hkr. 595,17b; lǫnd : brǫndum Hkr. 592,28a; gǫngum : stǫngum Hkr. 542,16a [hǫrþ : bǫrþusk Hkr. 538,16b (?)]; ǫrleiks : jǫrtum Hkr. 596,22a; ǫrr : dǫrrum Hkr. 541,20b; ǫrþigt : Gǫrþum Hkr. 559,23a; ǫld : skjǫldu Hkr. 539,26a; mǫgr : fǫgru.

Hallarstein. vǫrþr : Gǫrþum Wis. 46; 2,2; snekkjubǫrþ : Gǫrþum Wis. 46; 4,2 [hermǫrg : tjǫrguþ Wis. 46; 4,31 (?)]; mǫrg : hǫrga Wis. 47; 9,2; hǫll : ǫllu Wis. 48; 14,8 (17,8; 20,8; 49; 23,8); dǫglingum : Skǫgla Wis. 48; 20,6.

Steinn Herd. ǫrr : knǫrru Hkr. 635,12a

Þormóþr Kolbr. stǫþum : bǫþrar Hkr. 497.22a.

Eyj. Dabask. svǫrþ : hǫrþu Hkr. 199,15b.

Þórþr Kolb. ǫrr : knǫrru Hkr. 155,9a; *lǫnd : rǫndum Hkr.* 155,11b
  vǫr : hjǫrvi Hkr. 214,24b; *rǫnn : þingamǫnnum Hkr.* 232,25b

Haraldr harþr. —

Hárekr. —

Anonymus. hǫfn : stǫfnum Hkr. 602,16a.

Magn. berf. lǫnd : rǫndu Hkr. 654,21b.

Mark. Skeggj. vǫrþu : Gǫrþum Wis. 50; 4,2; *ǫrr : knǫrru Wis.* 51; 7,2;
  hǫfuþskjǫldunga : gjǫldum Wis. 51; 14,4; *bǫrþ : gǫrþum Wis.*
  52; 16,4; *hǫmlu : gǫmlu Wis.* 52; 21,2 *[gjǫld : hǫlþar Wis.* 52;
  23,3 *(!)]; strǫnd : rǫndu Wis.* 52; 24,4.

Halle. Hár. —

Þorl. fagri. ǫndu : lǫndum Hkr. 572,2b.

Valgarþr. —

Ein. Skúl. fǫrnuþr : stjǫrnu Wis. 54; 2,8; *meginfjǫlþi : hǫlþa Wis.*
  54; 4,6 *[skjǫldungr : hǫlþum Wis.* 54; 6,7 *(!)]; hǫfuþskald : jǫfri*
  Wis. 55; 12,8; *Hǫrþa : jǫrþu Wis.* 55; 15,8; *brǫgþ : lǫgþu Wis.*
  55; 22,8; *jǫfurs : hǫfþu Wis.* 55; 23,4 *[gǫfug : hǫfþi Wis.* 58;
  37,1 *(!)]; stǫþum : rǫþli Wis.* 58; 43,8; *brǫgþ : sǫgþu Wis.* 59;
  49,8; *gǫll : Prizinarǫllum Wis.* 59; 52,4; *liknarkrǫfþ : hǫfþi*
  Wis. 60; 59,6; *ǫnd : strǫndu Wis.* 60; 60,6; *þreksnjǫll : ǫllum*
  Wis. 61; 66,4; *hǫfuþ : jǫfri Hkr.* 742,6b.

B. U(v)-Umlaut des a.

Von diesem Umlaut sind in dem uns vorliegenden Material
nur geringe Spuren erhalten. Die Skaldenreime bieten fast
ausschliesslich *á*. Eine Spur dieses Umlauts finde ich bei
ca. 85 Fällen mit *á* nur bei *Eil. Gupr. hóf : sófu Wis.* 31; 6,4;
bei *Hallarst.*, in der *Rekstfja, Wis.* 47; 8,2 u. 50; 35,4 *hótt :*
dróttir u. *hóps : dropo.* Ob *Gisl., Ark.* VIII, 75 Recht hat,
wenn er meint, dass in diesem Gedicht der *u(v)*-Umlaut des *á*
vollständig durchgeführt ist und daher an allen betreffenden
Stellen einzusetzen sei, mag gleichwol zweifelhaft erscheinen.
Ferner in einer anonym überlieferten und Norwegern zuge-
schriebenen *risa* aus dem Jahre 1051 *nótt : ótto*, vgl. *Gisl.*
Ark. VIII, 69, und in einer an ungerader Stelle stehenden
aþalhending Sighv. sk.'s hljóms : kómu. In dem Namen *Óláfr*
ist *ó* aus *ǫ́* entstanden, welches wiederum Verlängerung aus *ǫ*

ist, bewirkt durch Ersatzdehnung bei Ausfall des *n*, vgl. *Nor. aisl. Gr.* § 74,2; 105,2, ebd.[2] § 73,2. Wir finden dies *ó* in folgenden Versen:

Ein. Skúl. Óláfr : bragsólar Wis. 54; 1,8; *Óláfr : sólar Wis.* 55; 18,8 u. ö.; *Óláfs : bóli Wis.* 58; 41,4; *Óláfr : tölum Wis.* 59; 50,4; *Óláfs : bragarstóli Wis.* 61; 67,4.

Steinn. Herd. Óláfr : sölu Hkr. 629,15b; 635,18b.

Hallarst. Óláfr : stóli Wis. 46; 2,8; *Óláfr : sólar Wis.* 47; 10,8 u. ö.

Ob auch ein *r*-Umlaut des *á* existirt, ist unsicher, vgl. *Nor. aisl. Gr.* S. 209 Nachträge u. Berichtigungen zu § 71 Anm. 2. Sind, wie *Nor.* zweifelnd sagt, die Nebenformen einiger *wa*-Stämme hierher zu rechnen, so dürfte der Reim des *Ótt. sv. mjó : sjó Wis.* 44; 4,4 angeführt werden[1]). Derselbe beweist jedoch für ein Vorkommen des *ó* nichts, da die beiden *ó*, aufeinander reimend, nicht durch ein *ó* anderen Ursprungs gestützt werden.

In welchem Umfang nun und wann hat der Umlaut eines *a*, bewirkt durch folgendes *u(v)*, im Nordischen stattgefunden? *Paul* in Beitr. VI, 16 ff. nimmt an, dieser Umlaut sei im gesammten Gebiet des Nordischen eingetreten und erklärt alle *a*-Formen für Analogiebildungen, hervorgerufen durch in der Flexion wechselnde *a*- und *ǫ*-Formen. *Kock* im *Ark. f. nord. Fil.* IV, 141 ff. und Beitr. XIV, 53 ff. kommt zu folgendem Ergebniss: „Man hat also zwei verschiedene *u*-Umlautsperioden gehabt: eine ältere und eine jüngere. 1. In der älteren Periode wurde der Umlaut vom Wegfalle eines folgenden *u* bedingt: *saku* wurde *sǫk*, aber *sakum* blieb, weil *u* nicht wegfiel. Dieser Umlaut ist dem ganzen Norden gemeinsam gewesen, aber er kommt am deutlichsten in (gewissen) altnorwegischen Handschriften zum Vorschein, während die ursprüngliche Regel in den ostnordischen Sprachen arg durch analogische Störungen verdunkelt worden ist. 2. In der jüngeren Periode wurde der *u*-Umlaut von einem noch da stehenden *u* bewirkt: *sakum* wurde *sǫkum* etc. Dieser Umlaut gehört Island und wenigstens gewissen Gegenden

---

[1]) Vgl. jetzt *Nor. aisl. Gr.*[2] § 72,2.

Norwegens an." Gegen beide Auffassungen des *u*-Umlautes
nun wendet sich *Wadstein* in *Fornnorska homiliebokens ljud-
lära* 42 ff. Zunächst zeigt er, dass in *Ollm*, der kleineren
legendarischen *Ólafssage*, Christiania 1849 (= *Ohs*), Umlaut
des *a* immer durch folgendes *r* bewirkt wird, gleichgiltig ob
es zur Zeit der Niederschrift noch bestand oder nicht. Bei
folgendem *u* sind neben der überwiegenden Zahl von Fällen,
in welchen in dieser norwegischen Handschrift *a* steht, auch
einige mit *ǫ* zu finden: Dass *ǫðru*, die einzige Form, die
Keyser und *Unger* und nach ihnen *Kock* als umgelautete Form
aus *Ollm* anführen, eine isländische und keine norwegische
sein soll, weist *Wadstein* mit Recht zurück. Diese Polemik
war eigentlich unnötig, da *Kock* selber in der deutschen Fassung
seine frühere Ansicht von dem Wirken eines *r*-Umlauts für
die ältere Periode hatte fallen lassen; vgl. auch *Söderberg,
några anmärkn. om u-omljud. i fornsvenskan*, S. 3 Anm. 1.
Im weiteren Verlauf seiner Ausführungen zeigt nun *W.* zunächst
noch fürs Norwegische an einer Anzahl moderner Ortsnamen
das Vorkommen des *u*-Umlauts bei erhaltenem *u*, sodann
wendet er sich zum Ostnordischen, in welchem nach *Kock*
dieser Umlaut fehlen soll. Auch hier weist er nach[1], dass
sowol im Schwedischen wie im Dänischen Fälle solchen Umlauts
vorkamen. *W.* erbringt, wie mir scheint, den Beweis, dass der
von *Kock* nur fürs Isländische und westliche Dialecte des Nor-
wegischen zugestandene sogenannte jüngere Umlaut, in welchem
der durch *u* und *r* bewirkte zusammengefasst sind, im Gebiet
des gesammten Nordischen einmal stattgehabt hat. Er wirft
nun die Frage auf, ob man nunmehr, von der bis jetzt wol
allgemein als richtig angenommenen Ansicht *Kocks* abweichend,
wiederum zur Erklärung der *a*-Formen zur Auffassung *Pauls*
zurückkehren solle, dass alle diese Analogieschöpfungen seien.
Er erklärt sich dagegen, indem er auf folgenden Umstand
hinweist: in Dänemark treffen wir ganz wenige umgelautete
Formen an, im Schwedischen etwas mehr, im Ostnorwegischen[2]
schon zahlreicher, im Westnorwegischen endlich oder doch

[1] Vgl. auch S. 142 ff.
[2] Dem *Wadstein* das norw. Homilienbuch S. 3 zuweist.

wenigstens im Isländischen ist der Umlaut so gut wie durch-
geführt. Für diese ungleiche Art des Auftretens von umge-
lauteten Formen, meint W., reiche die Erklärung durch Ana-
logiebildung nicht aus. Hätte Analogie gewirkt in dem an-
genommenen Maasse, so hätte das sich ergebende Resultat
ein gleichmässigeres sein müssen. Zur Erklärung nun dieser
ganzen sprachlichen Erscheinung weist W. auf das Verhalten
der althochdeutschen Dialecte gegenüber dem *i*-Umlaut hin.
Dieser Umlaut beruht nicht nur auf dem folgenden *i j*, sondern
ist auch abhängig von den Consonanten, welche zwischen *i j*
und dem vorgehenden Vocal stehen. Gewisse Consonanten-
verbindungen hindern den *i*-Umlaut auf dem gesammten Gebiet
des Ahd., während dies in einzelnen Dialecten bei gewissen Ver-
bindungen nicht der Fall ist, die wieder in andern hindernd wirken.

Ähnliches, meint W., müsse im Nordischen beim *u*-Umlaut
stattgefunden haben, wenngleich er nicht in der Lage ist, die
Umlaut hindernden Consonanten oder Verbindungen anzugeben;
nur soviel führt er an, dass im Altschwedischen bei den Fällen,
in welchen Umlaut eingetreten ist, entweder ein Consonant
(kurz oder lang) oder *g, l, n, r +* Consonant zwischen
beiden Vocalen steht.

Ich halte die Darstellung W.'s für im Wesentlichen richtig,
sie gründet sich auf die Verhältnisse der litterarischen Zeit.
Die ältesten Handschriften des Isländischen, welche wir be-
sitzen, sind um die Wende des 12. Jahrhunderts geschrieben
und in ihnen ist in der Tat Umlaut des *a* bei folgendem *u*
fast ganz durchgeführt. Nur zuweilen finden sich Beispiele
mit *a*, wie z. B. im Stockholmer Homilienbuch (Ed. *Wisén*)
margfaldom 60³⁴, *dasomobr* 130³⁶, im ältesten Teil des Cod.
1812,4⁰ der alten königl. Saml. zu Kopenhagen (Ed. *Larsson*)
gango 8²³, *fardagom* 19¹¹, *suprlandom* 34¹⁴. Dass anderer-
seits in norwegischen Handschriften umgelautete Formen bei
erhaltenem *u* vorkommen, ist erwähnt. W. führt aus *OHm*
folgende an: *odru* 3²⁰, *mæfbiorgum* 49¹⁵, *gullspono* 51²²,
sponom 80¹⁹, *spononom* 80³⁴, *cono* 13⁹, *condo* 81⁸ [1]).

------

[1]) Vgl. jedoch über die beiden letzten *Kock Ark.* V, 49.

Ich füge noch hinzu: in dem von *Unger*, vor 1200 ge-
schriebenen, in den *Heilagra manna sögur* I, 269—71 und
II, 207—9 und *Postola sögur*[1]) 823—25 herausgegebenen
Cod. *AM* 655,4[to], Fragm. IX*a, b, c* finden sich neben (*jarðu
Heil.* I, 269[ss]), *sialfum* 270[s], *allum* 270[ss], *allu Heil.* II, 207st,
(*iarðu* 208to), *mannum* 208[ss], *barnum* 208to, *farum* 208[ss],
faður 209[tt], *allum*. *Post.* 823[ss] [st], *mannum* 828[ss] [ss] [st],
samnaðosc 824[tt], *margum* 824[so] [ss], *hundraðom* 824[so],
(*hiartum* 824[ss]), *lahgum* 824[so] [s], *almuxu* 825[s], *faxtu* 825[s],
auch die Formen *dioflum Heil.* I, 270[s], *hondom* 270[ss],
olmuxur Heil. II, 207[ss], *dioflum* 207[ss]. Als alte nor-
wegische Handschriften von ca. 1200 gelten auch Cod.
AM 315 *f, fol.* und Fragment 1*B* im Reichsarchiv zu
Christiania in *Norges gamle love* IV, 3—13 und ib. photo-
lithographisch. Facsimile XIII—XV, vgl. II, 495 ff. Doch will
es mir zweifelhaft erscheinen, ob man es hier wirklich mit
rein norwegischen Handschriften zu tun hat, oder ob nicht
vielmehr zum Mindesten bedeutender isländischer Einfluss an-
zunehmen ist. In der ersten Handschrift begegnen nämlich
neben 32 Formen mit ungelauteten *a* nur 3 ohne Umlaut:
kallum NGL IV, 3, *marcum* 4, *matunœyti* 5; in der zweiten
findet sich sogar bei 15 Fällen mit Umlaut kein einziger ohne
solchen. Für die spätere Zeit sind für uns vor Allem die im
diplomatarium norvegicum gesammelten Actenstücke von Wich-
tigkeit. Diese, meist nicht erst durch die Hände von Ab-
schreibern gegangenen, Urkunden sind für die wirklich ge-
sprochene Sprache von grosser Bedeutung, unter ihnen vor
Allem, nicht die aus der Kanzlei eines Königs, Herzogs oder
Bischofs hervorgegangenen, denn in ihnen konnte sich eher
eine feste Tradition bilden, die vielleicht von Isländern beein-
flusst war, sondern die in den Geschäften des täglichen Lebens
entstandenen, wie Testamente, Schenkungsurkunden, Kaufver-
träge etc. In fast allen uns erhaltenen Actenstücken des
13. Jahrhunderts treffen wir Formen mit Umlaut bei er-

---

[1]) Im *Grdr. d. germ. Phil.* I, 429 ist in Anm. 7 vor 823—5 ver-
sehentlich *Postola sögur* fortgelassen worden.

haltenem *u* neben solchen ohne Umlaut in buntem Gemisch.
Besonders fällt es auf, wenn in zwei eng mit einander ver-
bundenen Wörtern das dem Einfluss des *u* unterworfene *a*
verschiedenartig behandelt ist. Dies begegnet besonders in
der Verbindung *ǫllum mannum* in den Einleitungsformeln der
Urkunden. Aus dem 13. Jahrh. habe ich sie an folgenden
7 Stellen notiert: *Dipl. norr.* I, Nr. 60, 88; II, 12. 23, 25, 27, 29;
dazu noch II, 22: *ǫllum kirkiu formannum*. Nicht so häufig
begegnet umgekehrt *allum mǫnnum*, 4 mal: I. 89; II, 16*a*;
III. 35, 37. Gleich sind beide Wörter behandelt, und zwar
steht *ǫllum mǫnnum* 7 mal: II. 20 (2 mal), 24, 26, 44,
47, 55; *allum mannum* dagegen auch 7 mal: I, 80; II, 5, 33,
42, 45; III. 1, 33. Ähnlichen Wechsel wie in den erst an-
gegebenen Fällen finden wir z. B. in I. 80: *firir allum tollum
ok alaugum*; II, 19: *ollom aðrom*; III, 1: *ollum adrum*.
Nur *ǫ* enthalten I. 3. 83; II, 44. 46, 55; III, 7, 28; nur
a I, 59, 84, 87, 90; II, 10, 18, 34, 40, 52, 56; III, 28,
36, 39. In allen andern Stücken wechseln umgelautete
Formen mit nicht umgelauteten. Diese Actenstücke ent-
stammen fast alle dem westlichen Norwegen, sie sind datiert
aus *Oslo*, *Nidaros*, *Bergen*, *Staranger* etc., nicht nur die von
Königen, Bischöfen erlassenen, sondern auch die Urkunden
von Privaten. In der Sprache ist kein wesentlicher Unter-
schied zwischen beiden Arten zu merken. Eine bestimmte
Regel über die Anwendung des Umlauts bei erhaltenem *u*
kann ich nicht erkennen.

Wie steht es nun um die Sprache der ältesten Skalden?
Die ältesten uns erhaltenen schriftlichen Denkmäler sind fürs
Isländische wie fürs Norwegische aus dem ausgehenden 12. Jahr-
hundert, der Sang der Skalden hebt ums Jahr 800 an, also
fast 400 Jahre früher.

Dass der Umlaut bei apokopiertem *u* ein gemeinnordischer
ist, ist allgemeine Annahme und darf wol als bewiesen ange-
sehen werden. Wenn wir also bei den ältesten norwegischen
und auch isländischen Skalden auch hier Formen ohne Um-
laute finden, so müssen wir diese wol als analogische Neu-
schöpfungen auffassen. *Brenner* meinte, *anord. Handb.* 55,

„dass ǫ (zumal im Norwegischen) überall da geblieben ist,
wo die Ursache des Umlautes wegfiel, mag seinen Grund
darin haben, dass in diesem Falle der Unterschied von *a*
und ǫ sich schärfer markierte, weil es das einzige Flexionsmittel
war; *land* Plur. *lǫnd* aber *landum*; ferner ist ǫ gewöhnlich
beibehalten, wo es nicht mit *a* wechselte, wo das umlaut-
wirkende Element zum Stamm gehört, also in Worten wie
hǫrr (< *hǫrrar*), *hǫrs* (< *hǫrres*), *hǫrre* u. s. w. Hier blieb ǫ,
weil in keiner Form des Wortes ein *a* vorkam, das zum
Schwanken Anlass geben konnte".

Dieser Erklärung schliesst sich *Wadstein* S. 45 im Wesent-
lichen an, indem er noch die Fälle hinzufügt, in denen bei
Adjectiven auf -*n*, -*r*, -*s* mit vorhergehendem Consonanten wie
bei *jafn*, Fem. *jǫfn* das ǫ Kennzeichen des Femininums war.
Die tatsächlichen Verhältnisse bei den Skalden entsprechen
dem nicht ganz, da wir Nom. Plur. (Acc.) haben, welche sich
vom Sing. in nichts unterscheiden wie *band*, *land*, *ragn*;
das eine Adjectivum Fem. *harþ* unterscheidet sich dagegen
genügend vom Masc. *harþr*. *Lyngby* spricht sich nun über
das *a*, welches in isländischen Handschriften an Stelle eines
von der Regel geforderten ǫ steht, in *Nord. Tidskr. f. Phil.
og Paed* II, 296 folgendermaassen aus: „...*a*, eine Bezeichnung,
die man nicht so verstehen darf, als ob man, wenn man hier
a geschrieben hat, auch wirklich dies *a* ausgesprochen hat;
dass dies nur eine Bezeichnungsart ist, kann man daraus sehen,
dass 619 schreibt *háoldum* 64[18], *holdum* 67[4,5], *haldom* 47[18],
von welchen drei Bezeichnungsarten *háoldum* das genauere
Mittel ist, um dieselbe Aussprache zu bezeichnen; es würde
ungereimt sein, alle drei für verschiedene Ausdrucksarten
anzusehen, um so mehr, als *áo* durch sein Aussehen als die
genauere Bezeichnung sich zu erkennen giebt". Ähnlich urteilt
Brenner, wenn er *an. Hdb.* 54f. sagt: „Für ǫ begegnet öfter *a*,
nämlich in sehr alten isländischen und in allen norwegischen
Handschriften. Die Bezeichnung schwankt hier wie dort bei
denselben Worten und Formen. Da der *u*-Umlaut eintrat, als
alle *u* im Auslaut noch erhalten waren, also lange vor den
ältesten Litteraturdenkmälern, so können die *a* statt ǫ nicht

letzte Reste der alten *a* sein; wir sehen aus der alten
Schreibung *a* auf Island nur, dass *ǫ* sich erst allmählich so
scharf von *a* abschied, als es in späterer Zeit und jetzt auf
Island geschieden ist; in Norwegen dagegen beginnt der
Unterschied von *a* und *ǫ* im 13. Jahrhundert, kaum dass er
in der Schrift zum Ausdruck gekommen war, sich vielfach
wieder zu verwischen, und es bezeichnet *a* auch das mehr
und mehr dem *a* sich nähernde *ā* . . . .“

Der Annahme *Brenners* nun, der Umlaut sei eingetreten,
als alle *u* im Auslaut noch vorhanden waren, steht zunächst
die Theorie *Kocks* von einem älteren und jüngeren Umlaut
entgegen, eine Annahme, welche nur bei geschwundenem *u*
die Existenz eines alten *a* ausschliessen würde; nimmt man
aber die Hypothese *Wadsteins* von einer nur teilweisen Wirkung
des *u*-Umlauts bei erhaltenem *u* im Nordischen an — man
könnte diese Hypothese event. auch auf die Fälle mit apo-
kopiertem *u* anwenden — so steht erst recht theoretisch nichts
im Wege, in den Wörtern mit *a* und erhaltenem *u* altes *a* zu
sehen. Es soll dabei das Wirken der Analogie keineswegs
geleugnet werden. Dass wir aber, mag man sich nun für
altes oder analogisch wieder hergestelltes *a* entscheiden, tat-
sächlich ein reines *a* in den Handschriften anzunehmen haben
und nicht eine graphische Bezeichnung für ein dem *a* nahe
stehendes *ǫ*, dazu zwingen uns, wie ich meine, die Reime, in
welchen dieses für erwartetes *ǫ* stehende *a* mit altem ur-
sprünglichem *a* reimt. Wir haben kein Recht, bei der Fülle
der Beispiele hier an unreine Reime zu denken, wie sie wol
gelegentlich in *lausavísur* vorkommen mögen, zumal wenn
wir solche Reime auch mehrfach bei einem so formstrengen
Dichter wie *Þjóþólfr skáld* finden.

Wir kommen also zu dem Resultat: in allen Fällen, in
welchen wir den scheinbaren Reim *ǫ* zu *a* finden, repräsentiert
das *ǫ* ein reines *a*. Reines *a* kommt, wenn auch seltener,
auch bei apokopiertem *u* vor; in Wörtern, in welchen bei
apokopiertem *u ǫ* steht und dieses mit einem anderen *ǫ* reimt,
berechtigt uns nichts, auch nicht bei Dichtern, die auch *a*-Formen
aufweisen, solche einzusetzen, in der Meinung, dass etwa bei

einem Reim wie dem des Norwegers Þorbj. *hornkl. rǫdd*:
krǫddusk, ein *kraddusk* gefordert werden müsste und demnach
auch ein *radd* zu postuliren wäre. Gerade hier ist die grössere
Wahrscheinlichkeit dafür, dass in beiden Wörtern ǫ zu stehen
hat, da eine Form wie *rǫdd* als die echte gelten muss. Durch
dieses Verfahren kommen wir dazu, festzustellen, dass bei den
älteren Skalden auch bei erhaltenem *u* nicht etwa nur *a*-Formen
anzutreffen sind, sondern dass *a*- und ǫ-Formen neben ein-
ander hergehen. Eine weitere Folge ist, dass man also auch
bei Reimen, wie bei dem des *Ein. Skál. ralfǫllum* : *rǫllu*,
nicht ohne Weiteres *a* einsetzen darf, obwol ein Reim *ral-
fallum* : *rallu* sonst ohne Anstoss wäre. Wir erhalten also für
die Skalden dasselbe Verhältniss, welches uns in beschränkterem
Maasse alte isländische, in weiterem Umfang dagegen nor-
wegische Handschriften zeigen.

Besteht nun ein Unterschied in der Anwendung des Um-
lauts zwischen norwegischen und isländischen Skalden der
älteren Zeit? Die ältesten Skalden waren Norweger aus dem
Westen des Landes, dann verstummt dort im 11. Jahrhundert
der einheimische Skaldengesang und nur vereinzelt treffen wir
noch auf norwegische Dichter wie den König *Magnus berføtr*
ums Jahr 1100 und am Ende des 12. und Anfang des 13. Jahrh.
den Bischof der Orkneys *Bjarni Kolbeinsson*. Zwischen Nor-
wegern und Isländern ist, wie die oben angeführten Reime
zeigen, in dieser Zeit kein Unterschied. Die Isländer brauchen
gerade so wie die ältesten Skalden umgelautete neben nicht
umgelauteten Formen, ja noch bei *Ein. Skúlason* in der
Mitte des 12. Jahrhunderts finden wir Reime wie *dagr* : *fagru*[1]).
Später schwinden die nicht umgelauteten Formen gänzlich.

Wie ist dieses Verhältniss nun zu erklären? Die meisten
der angeführten Isländer dichteten in Norwegen an den Höfen
der Könige und Jarle. Wir sahen, dass in den isländischen
Handschriften um 1200 nur in verschwindendem Maasse sich
a-Formen vorfinden. Darf man nun für die ältere isländische

---

[1]) Vgl. *Nor. aisl. Gr.*[2] § 78,4.

Sprache das Auftreten solcher Formen in grösserem Umfang annehmen oder soll man auf Einfluss der norwegischen Sprache schliessen? Ich glaube, man wird das letztere nicht dürfen. Wenn auch ein solcher Einfluss nicht auszuschliessen ist, wie will man es erklären, dass später, also etwa von der zweiten Hälfte des 12. Jahrhunderts an, die *a*-Formen gänzlich schwinden, während doch nach wie vor isländische Skalden in Norwegen dichteten, ja während doch gerade im Norwegischen die *a*-Formen jene mit *ǫ* immer mehr verdrängten? Woher mit einemmal ein solches Aufhören des Einflusses? Ich meine, man wird zu dem Schluss gedrängt, dass in der isländischen Sprache der alten Zeit *a*-Formen häufiger vorkamen als uns die Handschriften ahnen lassen. Nimmt man nun mit *Wadstein* an, dass der Umlaut bei erhaltenem *u* in Island am stärksten war, also nur verhältnissmässig wenige Formen mit *a* stehen blieben, so erklärt es sich auch leicht, wie diese anfänglich noch gebräuchlichen Formen im Laufe der Zeit schwinden mussten, während sie in Norwegen, in grösserer Anzahl vorhanden, schliesslich zum Siege gelangten. Erinnern will ich noch an die auf Island ums Jahr 1000 entstandenen, von *Gisl.* um *frumparta* 21, angeführten Verse aus der *Kristnisaga*, bei welchem man norwegischen Einfluss wol mit Bestimmtheit abweisen darf: *Þangbrands : langu, barþs : jarþu, rafn : stafnum, rang : gangi, band : strandar.*

Da ein *r* dieselbe Wirkung auf ein *a* der vorhergehenden Silbe ausübt, wie *u*, so ist der *r*-Umlaut des *a*, wie schon erwähnt, hier gleich mit behandelt worden. Gleichwol scheint, worauf gleichfalls schon oben hingewiesen wurde, insofern ein Unterschied zu bestehen, als der *r*-Umlaut überall durchgeführt scheint, so in den norwegischen Handschriften von *OHm* und *Hom.*, gleichgiltig, ob *r* erhalten ist oder nicht, vgl. *Wadstein* a. a. O. 42. Immerhin finden wir in unserem Material zwei Fälle mit nichtumgelautetem *a* bei erhaltenem *r* aus dem Ende des 9. und dem 10. Jahrhundert bei zwei Norwegern. Fälle, welche sich, wenigstens der erste, schwerlich als analogische Wiederherstellungen werden erklären lassen, da das *r* in allen

Formen des Wortes vorkam; es sind dies: *rak*; *nakkra*[1]) *Þorbj. hornkl. Wis.* 14; 3,8 und *langvinr*: *Þrangrar Eil. Gupr. Wis.* 32; 16,4; bei *Þrangrar* könnte man schon eher daran denken, dass man nach dem Muster der zahlreichen Fälle wie *søk*: *sakar* auch *Þrøng*: *Þrangrar* gebildet hätte.

Schliesslich sei noch bemerkt, dass eine Untersuchung, welches etwa die ursprünglich Umlaut hindernden Consonanten oder Consonantenverbindungen gewesen, zu keinem Resultat geführt hat. Ein solches wird sich, wenn es überhaupt möglich ist, nur bei einer Durchforschung der gesammten Überlieferung erreichen lassen.

C. r-Umlaut des e.

Zuerst auf den Unterschied von *r-* und *u-*Umlaut nachdrücklich aufmerksam gemacht zu haben, ist wol das Verdienst *Lefflers* in seiner Abhandlung *om r-umljudet af i, ī och ei i de nordiska språken* I, S. 14. Er weist darauf hin, dass der sogenannte *u-*Umlaut nur in zwei Fällen wirkt und in diesen zweien ebenso wie der *r-*Umlaut, nämlich bei *a* und *ä*, sonst aber nur durch *r* bewirkt wird, nämlich bei vorhergehendem *i, ī, ei, e, ę.*

e und das durch *i-*Umlaut aus *a* entstandene *ę* werden zu *ø*. Man war früher (*Lynby TfPh.* II, 304, 321 und *Wimmer altnord. Gr.* § 13) der Ansicht, wenn ein *a* zu *ø* geworden ist, so wäre dies durch gleichzeitiges Wirken des *u-* sowol als des *i-*Umlauts, nämlich durch ein in der Endung stehendes *ri* oder *rj* erfolgt. *Leffler* hat nun a. a. O. S. 13 gezeigt, dass dies nicht richtig ist, sondern dass erst der *i-*Umlaut das *a* zu *e* macht und alsdann erst durch Einfluss des *r* ein *ø* entsteht. *Leffler* beweist dies durch Formen, welche noch nicht durch *r* zu *ø* gewordenes aus *a* entstandenes *e* zeigen in *apalhendingar* aus der Sprache ums Jahr 1000 und aus alten isländischen und norwegischen Handschriften. Solche Formen sind: *gerra, gerþu, þrengrir* (*Fms.* XI, 188, 189)[2]),

---

[1]) Von *nakkri* „das Schiff" für zu erwartendes *nøkkri*.

[2]) Die Reime sind: *Ott. sr. her*: *gjörva*; *engst*: *þröngva*; *Þórþr Kolb. herferþ*: *gjörþu.*

gera, gæra, norsk. Hom. (31^16, 58^13; 42^2, 80^19), ængdo (Barl.
102^1, 65^19), æri (OHm 54^11, 54^21), necgre:þ, necþer (Eluc.
S. 26 2mal, 27; 46). Aus meinem Material gehören folgende
Reime hierher:

sverþs:gerþu Eil. Guþr. Wis. 31; 11,2; sverþ:gerþu Sighr. sk.
Hkr. 253,18b (garþu OHS 40); gerþuzk:verþir Bjarni gullbr.
Hkr. 526,5a; gerþom:þverþi Þjóþ. sk. Hkr. 538,26b (!); ver-
þungar:gerþi Sighr. sk. Wis. 39; 8,4; fúrherþir:gerþi Eyj.
Dap. Hkr. 200,2a; sverþ:gerþi Hallfr. v. Hkr. 194,27a; eld-
gerþr:verþi Eyr. sk. Hkr. 123,26b; gerþr:herþa Tindr Hallk.
Hkr. 157,31a; verþung:gerþak Sighr. sk. Hkr. 310,9a; odd-
herþir:gerþa Þórþr Kolb. Hkr. 155,9b; verþung:gerþar
Steinn Herd. Hkr. 635,22b; ferþ:heimangerþum Sturla Kgs.
438,19a (heimangiordum Flb. III, 197); herþi:boþgerþar
Sturla Kgs. 467,10b; umgerþ:sverþi Hallfr. v. Hkr. 194,29b
(umgiorð cod. Fris. 150,19b)[1]).

---

[1]) In der Flexion des Verbums gerra wechseln Formen mit
erhaltenem r mit solchen, in welchen dieses fortgefallen ist. Sievers
in Gött. gel. Anz. 1883 S. 55 zieht zur Vergleichung die ags. verba
auf rw, lw heran, in welchen das w fortfällt, wo der Themavocal
als i erscheint, d. h. in der 2., 3. Sg. Ind. Præs., Sg. Imp., Præt.
und Part. Præt. (Sievers ags. gr. § 405,5 und Anm. 2.) Da das
Nordische dieselbe Eigentümlichkeit zeige, stellt er eine germanische
Grundform auf:

Præs. Ind. Sg. 1. garwio	=	ags.	gierwe
2. garizi	=	„	gieres
3. gariði	=	„	giered
Plur. 3. garwiondi	=	„	gierwað
Imper. Sg. gari	=	„	giere
Præt. Ind. Sg. gariðo	=	„	gierede
gariðôz	=	„	giered

Im Nordischen entsteht daraus Inf. garra, 1. Sg. garri, 2. Sg.
gerr, 3. Plur. garra, Imp. ger.

Verhält sich dies so, d. h. fiel wirklich in der angegebenen
Stellung das w schon in urgermanischer Zeit aus, so kann natürlich
in den meisten der oben angeführten Beispiele, die besonders Præ-
teritalformen sind, nicht mehr die Rede von einem r-Umlaut des e
sein. Zu betrachten bleiben dann nur der Inf. etc. Dass aber hier
nicht schon in urnordischer Zeit ø entstanden ist, zeigt der an-
geführte Vers des Ott. sv. und die Form aus dem Stockh. Homilien-

gekk : stekkva Bjǫrn h. krepphendi Hkr. 646,33b.

ekkju : nekkvat Hár. Sig. Hkr. 479,4a; *Frireks : nekkvi Þorbj. skakk.*
 Hkr. 795,6b[1]).

buch, sowie die andern Formen mit erhaltenem *r* und nicht um-
gelautetem *e*, vgl. auch *Söderberg, nágra anmärkn.* S. 28 ff.

Erst in der zweiten Hälfte des 13. Jahrhunderts oder noch
später treten im Vollreim Verbalformen mit ǫ in der Wurzelsilbe
auf, wie *Gísl. Njál.* II, 188 ff. nachweist. Zu seinen Beispielen gehört
auch der in meinem Material vorkommende Reim der *Lilja*:

> *jǫrþ : gǫrþi Eyst. Ásgr. Wis.* 88; 6,2 u. 10,4.

Der Singularis *gǫrþa* ist eine Analogiebildung nach dem
Plur. *gǫrþum*. Dass aber in diesem eine uralte lautgesetzliche
Form verborgen, worauf das auf alten Runeninschriften vorkommende
karþa, Plur. *karþum* hinweist, hat *Sievers, Gött. gel. Anz.* 1883,
S. 55 ff., gezeigt. Über die ganze Flexion des Verbums vgl. *Nor.
aisl. Gr.* § 226 Anm. 4; § 428 Anm. 1; § 433; § 447,5. Vom Adjectiv-
stamm *garra* finden sich bei den Skalden ausschliesslich die laut-
gesetzlichen Formen mit ǫ:

> *gǫrt : svǫrtum Sighv. sk. Hkr.* 253,28b.
>
> *gǫrt : hjǫrtu Sighv. sk. Hkr.* 480,23a.
>
> *ǫrrar : gǫrvar Hallfr. v. Wis.* 35; 4,2.
>
> *ǫrva : gǫrvar Arn. jarl. Wis.* 46; 15,8.
>
> *þreksgǫrr : vigǫrr Ott. sv. Wis.* 44; 2,2.
>
> *gǫrla : Sǫrla Hallfr. v. Wis.* 33; 8,6.
>
> *fǫr : gǫrva Ein. Skál. Wis.* 28; 13,4.
>
> *fǫr : gǫrva Sighv. sk. Ott. sv. Hkr.* 252,30b.
>
> *rógǫrs : gǫrva Arn. jarl. Hkr.* 515,8a.
>
> *úfǫr : gǫrva Trǫllk. Hkr.* 613,15a.
>
> *mǫrstrútr : gǫrva Þór. stuttf. Hkr.* 686,21b.

Dazu kommen die Endreime:

> *hjǫr : gjǫr Egill. Skall. Wis.* 21; 10,1f.
>
> *hjǫrrar : gǫrrar Þork. Gísl. Wis.* 67; 6,7f.

Formen des postulierten Femininstammes *garvja* fehlen
gänzlich, so dass ich glaube, dass ein solcher überhaupt nicht
existiert, sondern dass die späteren *a*-Formen des Adjectivs aus
den *a*-Formen des Verbums übertragen sind, welche, wie wir sehen
werden, auch erst in der 2. Hälfte des 12. Jahrhunderts eintreten,
vgl. auch *Söderberg* a. a. O. S. 542, der *gǫrr* von einem Stamm
garru ableitet.

[1]) Die einzige sonst noch vorkommende Form dieses Pro-
nomens ist *nakkvat* im Reim auf *folkrakkr* bei *Þór. stuttf.* Hkr.
686,21a. Über ihre Entstehung durch Wirkung des *a* auf *e*, wie
umgekehrt bei *hvetvetna* aus *hvatvetna*, vgl. *Wimmer Læseb.*[3] XVII,
XXIX. Anders *Söderberg* a. a. O. S. 37 ff.

Man sieht, die vom *c*-Umlaut nicht berührten *e*-Formen kommen nicht nur, wie *Gisl. Njál.* II, 179 meinte, bei den älteren Skalden vor, sondern reichen, wie ja auch die Handschriften vermuten lassen, bis in die zweite Hälfte des 13. Jahrhunderts, bis auf *Sturla Þórþarson.* Weitere Belege findet man bei *Gisl.* a. a. O. 179 ff.

ø ist überhaupt ein selten vorkommender Laut. In meinem Material vermag ich ihn aus den Reimen nur einmal zu belegen, und zwar in dem Verse des *Ein. Skál.* aus dem 12. Jahrh. *hrøkkvibaugs ens døkkva Wis.* 55; 16,2. Die Lesarten haben: *hrøkkinseips : dokkva Flb* 1, 2; *døkkva Fms* V, 354. Dass das *ø* in *døkkr* älter ist als das *ø*, unterliegt keinem Zweifel, es ist aus ursprünglichem *e* entstanden, als vorgermanische Form setzt *Kluge etym. Wtb.'* 62 *dhengwos* = got. **diggs* an. Der erste Teil des Wortes *hrøkkvibaugr*, welches *Wis.* II, 146 mit *annulus in spiram retortus* übersetzt, stammt von *hrøkkva* „weichen“ her, welches *hrøkk, hrukkom, hrokken* flectiert, vgl. *Nor. aisl. Gr.* § 407,2; urgermanisch heisst es **hrenkvan*, welches zu **hrekkva* werden musste, woraus dann *hrøkkva*, vgl. *Leffler om v-omlj.* S. 63.

Gleichwol erscheint es mir zweifelhaft, ob *Wisén* mit Recht hier in beiden Wörtern *ø* liest. Die Pronominalformen *nekkverr, nekkver, nekkvat*, welche die ältesten dieses Pronomens sind, halten sich noch in Handschriften, isländischen wie norwegischen, bis zum Anfang des 13. Jahrhunderts, vgl. *Wimmer Læseb.'* XVII f., ferner die von *Gisl. Njál.* II, 160 f. und von mir angeführten Beispiele. Man wird daher unbedenklich annehmen können, dass *Gisl.* das Richtige getroffen hat, wenn er den Vers des *Ein. Skál. (Sn. E.* I, 444; II, 332 u. 443) a. a. O. 184 *friðstekkrir þri nekkvat* liest, während die Lesarten *friðstökkrir : nakkva* oder *nøkkut* haben und auch *Þ. Jónsson* in seiner Ausgabe S. 149 *friðstökkrir : nøkkut* liest. Darüber, dass *støkkva* resp. *stekkva* zu lesen ist, kann auch kein Zweifel sein, da es aus altem **stenkvan* entstanden ist, was zunächst *stekkva*, dann *støkkva* geben musste, vgl. *Leffler* a. a. O. S. 50. Somit wäre bei Einsetzen von *stekkva* der verlangte Vollreim hergestellt. Nimmt man

diese Besserung an, so wird man des Weiteren auch kein
Bedenken tragen, mit *Gisl.* a. a. O. den Vers des *Ein. Skál.*
Wís. 60; 56,6, *engr brimloga slongvir engr:slengvir* zu
lesen. Dass eine Form *engr* wirklich vorkommt, zeigt der
von *Gisl.* a. a. O. 165 angeführte Vers der *Ólafsdrápa Tryggva-
sonar* 5, *engr enn Nóreg fengi.* Dürfen wir somach in der
Sprache *Einars* Formen wie *stekkra*, *slengra* als gesichert
annehmen, so wird eine Form *hrekkra* nichts Auffallendes
haben und es wird keinen Anstoss erregen, wenn wir auch
für das Adjectivum die alte Form *dekkr* annehmen und somit
den in Frage stehenden Vers *Einars hrekkribaugs ens dekkra*
lesen. Ob aber auch noch in der im *munnvorp* gedichteten
Jómsvíkinga drápa des 1223 als Bischof der Orkneys
gestorbenen *Bjarni Kolbeinson* (*Wís.* 71; 30,4) in dem Verse
hrøkkra gunnar røkkum etwa *hrekkra* zu lesen ist, wage
ich nicht zu entscheiden, jedenfalls zeigt der Vers — im
munnvorp wird für die an gerader Stelle stehenden Verse
skothending verlangt —, dass nicht *hrøkkra* stehen kann.
Man wird also, treffen die obigen Ausführungen das Richtige,
das Wirken des *e*-Umlauts auf *e* erst nach dem Jahre 1152
datieren dürfen[1]).

------

[1]) Erst nachdem ich obige Ausführungen niedergeschrieben,
war ich in der Lage, die Abhandlung von *Söderberg „några anmärk-
ningar om u-omljudet i fornsvenskan"* (*aftryk ur Lunds uni-
versitets årsskrift, tom.* XXV) und von *A. Kock „till frågon om
u-omljudet i fornsvenskan"* (*nyare bidrag till kännedom om de
svenska landsmålen ock svenskt folklif* 1891, 43 *de h.*) benutzen zu
können. *Söderberg* versucht nachzuweisen, dass im Schwedischen
der *u*-Umlaut nur bei fortgefallenem *u* stattgehabt hat. Darin sah
er eine starke Stütze für die Theorie von einer zwiefachen Periode
des *u*-Umlauts im Westnordischen. Dagegen hatte sich *Wadstein*
S. 142 ff. in einem längeren Excurs gewandt, die von *Söderberg*
angeführten nicht umgelauteten Formen bei erhaltenem *u* zum
grössten Teil als Analogiebildungen erklärt und ausserdem eine
Anzahl Formen mit tatsächlichem Umlaut und *u* in der folgenden
Silbe beigebracht. Diesen wendet sich nun *Kock* zu, indem er
zeigt, wie unsicher das von *Wadstein* angeführte Material aus den
Ortsnamen ist. Sodann erklärt er die übrigen Formen als Fälle
eines kombinatorischen Lautwandels, d. h. es habe in diesen nicht
nur der folgende Vocal, sondern auch die Art der die Wurzelsilbe

D. *r*-Umlaut des *i*.

Auf S. 90 f. seiner Abhandlung fasst *Leffler* das Resultat seiner sich nur auf *i* vor Nasal beziehenden Untersuchung folgendermaassen zusammen: „Im Altnordischen mit den dazu gehörenden neueren Mundarten ist der *r*-Umlaut von *i* zu *y* vor *ng* durchgehends eingetreten, sofern *i* nicht die Wurzelsilbe beginnt, z. B. altnord. *syngva, slyngva, þryngva, lyng*. Möglicherweise finden sich ein paar alte

schliessenden oder einleitenden Consonanten mitgewirkt. Mit Recht sind von den von *Wadstein* angeführten Formen solche wie *byskuper, s(w)ystur, myklu(m), (w)ymumaþer* auszuschliessen. Hier hat zur Entwicklung des Umlauts der das Wort anfangende labiale Consonant wesentlich beigetragen. Das Gleiche ist der Fall im Præt. Pl. *voro* und im Adverb *h(w)oro*, worüber *Kock*, *Ark*. V, 46 ff. Der *o*-Laut in *honom*, *Omundus* (bei *Saxo*) und vielleicht auch in *Mogens* sei als directer Übergang eines nasalierten *ā* zu *ō* zu betrachten.

Falk, *Ark*. VI, 114 f. und *Wadstein* S. 70 ff. nehmen dagegen an, dass zunächst der Übergang in *ǫ́* eingetreten sei, worin sie, wie ich glaube, Recht haben. Darin dass *Moghens* vielleicht Lehnwort aus anorw. *Mognás* sei, mag man *Kock* beistimmen. Wenn ferner das *w* in der Lautverbindung *ggw* Umlaut wirkt, während es nach *K*. sonst, sofern es erhalten, einen solchen nicht ausübt, so erblicke ich darin, sowie in den Fällen mit Nasal nach dem Wurzelvocal, nur eine Bestätigung dessen, was *Wadstein* negativ ausdrückte, wenn er meinte, es könnten vielleicht gewisse Consonanten oder Consonantengruppen Umlaut hindernd sein, d. h. doch mit andern Worten, dass andere Consonanten in Verbindung mit *u, w* diesen befördern, wir also in solchen Fällen das haben, was *Kock* einen kombinatorischen Umlaut nennt, der nur regressiv seine Wirkung ausübt, während allerdings, in den davon zu unterscheidenden Fällen wie *byskupe(r)* ein regressiver und progressiver Umlaut vorliegt. Wie man sich aber auch entscheiden mag, will man mit *Wadstein* für das Schwedische einen Umlaut bei erhaltenem *u* annehmen oder nicht, für das Westnordische wird an dem Verhältniss, wie es *Wadstein* darstellt und wie es meine obigen Ausführungen dargestellt haben, nichts geändert. Auch das ist im Grunde für die h i e r vorliegende Aufgabe gleichgiltig, ob man für das Westnordische zwei oder eine Umlautsperiode annehmen will. Es kam hier vor Allem darauf an zu zeigen, dass in der älteren isländischen Sprache eine grosse Anzahl von nicht umgelauteten Formen sowol bei erhaltenem wie geschwundenem *u* vorkommen.

Die gelegentlichen Hinweise auf *Söderberg's* Arbeit sind später hinzugefügt worden.

Formen *singra* und *lingra* ohne r-Umlaut, jede einmal in Fragmenten ältester Schriften bewahrt. Ein wurzelbeginnendes *i* vor *ng* und *nk* hat in demselben Wort zuweilen Umlaut, zuweilen nicht, z. B. *Yngvi* und *Ingi*, *ykkarr* und **ikkar* (in den neunorwegischen Mundarten fortlebend). — Vor *nk* kann im Altnordischen in allen anderen Fällen als in dem zuletzt genannten ein r-Umlaut von *i* nicht in Frage kommen, da hier in der Wurzelsilbe ein älteres *e* erhalten bleibt und nie zu *i* übergeht, wie vor *ng*, z. B. *stokkva, søkkva, *skrøkkva, hrøkkva* und *kløkkva.* Gisl. om helr. 43 f. führt eine Anzahl Verse auf, in welchen, wie er meint, die Ausgaben und auch teilweise die Handschriften fälschlicherweise in der *aþalhending yyg : igg* haben. Von unserem Material gehören folgende Verse hierher: *Falstrbyggva : tiggi Arn. jarl. Hkr.* 543,15a; *Fjónbyggva : tiggi Arn. jarl. Hkr.* 586,17b; *glygg : tiggja Þjóþ. sk. Hkr.* 559,23b; *hnyggr : tiggi Valgarþr Hkr.* 560,5a.

In allen diesen, und den andern von ihm angeführten Fällen, ersetzt er, wie es *Egilss. lex. pœt.* 827a-b und 814a[5-11] vor ihm getan, vgl. auch *Cl. V.* 646a, um den Vollreim herzustellen, das *i* in *tiggi* durch *y*, indem er bemerkt, dass *Snorri Sturluson* der Erste gewesen sei, der *tiggi* gereimt habe, nämlich in *Háttatal* 74¹ *hlunnvigg : tiggja*; sodann führt er noch den Vers der 1345 gedichteten *Guðmundardrápa Arngríms þiggja : tiggi* an. Gegen die Einsetzung des *y* in *tiggi* wird man zunächst nichts einwenden können, wenn aber *Gisl. tyggi* für die ältere Form hält und S. 44 von einem Lautübergang von *tyggi* zu *tiggi* spricht, so dürfte er das Verhältniss gerade umkehren. Wie schon erwähnt führt *Leffler* die Formen *singra* und *lingra* an, die er nur zweifelnd als alte annimmt, während er dies bei *Ingi* und dem aus dem Neunorwegischen erschlossenen *ikkar* nicht tut, indem er ein Gesetz aufstellt, wonach die Erhaltung des *i* durch seine Stellung am Anfang des Wortes bedingt sei. Die Verse, denen *Leffler* seine Formen entnimmt, sind aus der *Eyrbyggjasaga* ein Vers des dem 10. Jahrh. angehörenden *Þórarinn svarti skáld þings : syngra*, aus *Fms* V, 234 vor dem 1030 gestorbenen

Þorfinnr munnr hringi:lyngra und aus der *Haustlǫng* des
Þjóþolfr ór Hvíni (*Wis.* 10,6) *Yngifreys:þingi.* Zu diesen, wie
ich glaube, zweifellos sicheren Beispielen füge ich noch hinzu
trygglaust:þrigga Þjóþ. hv. Wis. 9; 1,6, wofür schon *Gisl.*
Aarb. 1876, S. 329 *trigglaust* lesen will, *jarþbyggvi:liggja*
Ein. Skál. Wis. 29; 24,2 und den Vers *Sturlas Inga:ger-*
ningum Kgs. 472,37 a. Die sicheren Beispiele für *i*-Formen
reichen also vom 10. bis ins 14. Jahrh. Der Reim des dem
10.—11. Jahrh. angehörenden *Ein. Skál.* lässt nun ein *biggva*
erschliessen. Ein grosser Teil der Reime mit *tyggi* reimt
aber mit *byggva*, resp. davon abgeleiteten Wörtern; erwägt
man nun ferner, dass im 13. und 14. Jahrh. *tiggi*, durch
Reime gesichert, begegnet; sodann dass auch für *tyggi* einmal
früher eine Form *tiggi* bestanden haben muss, so wird man
es nicht für zu kühn halten, wenn ich die handschriftlich
gesicherte *i*-Form, die von *Gisl.* beseitigt war, wieder in
ihre Rechte setze.

Ob man auf Grund von *Ingi* und des von *Leffler* an-
genommenen **ikkarr* wirklich ein Gesetz aufstellen kann,
wonach wegen des anlautenden *i* der Umlaut zuweilen nicht
eingetreten sei, erscheint mir zweifelhaft, ein physiologischer
Grund, weshalb das *i* am Anfang anders behandelt sein sollte
als im Inlaut, ist mir nicht ersichtlich[1]). Von dem vor *o, u*
bei einem dem *i* unmittelbar vorhergehenden labialen Con-
sonanten eintretenden Umlaut (vgl. *Nor. aisl. Gr.* § 70,5),
also von Fällen wie *byskop, myklom* finde ich in meinem
Material keine Spur. Ebensowenig bieten meine Sammlungen
Anlass zu Bemerkungen zu den von *Nor.* a. a. O. 6 ff. an-
geführten weiteren Arten des *r*-Umlauts. Auch den schon in
urnordischer Zeit abgeschlossenen *i*- und *R*-Umlaut habe ich
hier nicht zu behandeln.

Die Brechung.

Ein *e* in starktoniger Silbe wird, ausser nach *w, r, l*
und vor intersonantischem *h*, durch ein *a, o* oder *u(w)* der

---

[1]) Vgl. *Söderberg, nágra anmärkn. om u-omlj. i fornsv.* S. 25
Anm. 2.

folgenden Silbe in resp. *eu, eo, eu*, woraus später *ia, io, iu*
wird, gebrochen. Im Anord., besonders im Aisl., jedoch nicht
in den allerältesten Handschriften, z. B. in der *Placitúsdrápa*, sind
indessen die Brechungsformen *io* und noch mehr *iu* ziemlich
selten in Folge häufiger Ausgleichung, wobei *io, iu* durch *ia*
oder dessen *u*-Umlaut *iǫ* ersetzt wurde[1]). So ungefähr stellt
Noreen Grdr. d. germ. Phil. I, 446 die Regel für die Brechung
dar. An Beispielen, dass tatsächlich *io* und nicht wie man
früher meinte *iǫ* die lautlich entwickelte Form gewesen ist,
führt er an westnord., aschwed. *miolk* aus **melok*, Nom. Acc.
Neutr. westnord. *fiogor*, aus **feɣor* aschwed. *aisl. fiol*. Für
iu westnord. *fiugur*, aschwed. *fiughur*, adän. *fiughær* aus
*feɣur; anorw. *þiukkr*, aschwed. *þiukker* aus **þekkw-*. Durch
Ausgleichung können ferner gebrochene Formen durch unge-
brochene ersetzt werden und umgekehrt, so dass z. B. zwei
Paradigmata neben einander entstehen. Für die Annahme
Noreens, dass *jo* das Ursprüngliche ist, bringt *Wadstein* § 8 *a*
einen starken Beweis bei aus der Orthographie des norweg.
Homilienbuches, indem er darauf hinweist, dass der gebrochene
Vocal nur einmal mit ω, *hiωrtum*, geschrieben wird, sonst
immer *io*, während, wo es sich um den *u*-Umlaut des *a* handelt,
ω fast ebenso oft vorkommt wie *o*.

Aus den Reimen vermag ich für *io, jo* nur den Vers
des *Sighv. sk. Wis.* 41; 2,8 *hers flokki viþ þjokkva* anzu-
führen.

Aus dem Umstand, dass zum Jahre 855 der Name des
Vikingerhäuptlings *Bjǫrn Eisenseite* als *Berno* erwähnt wird,
schliesst *Brate*, Beitr. X, 74, wol mit Recht, dass um diese
Zeit die Brechung noch nicht eingetreten war. Einen weiteren
Beweis dafür, dass erst ums Jahr 900 die Brechung auftritt,
haben wir in dem schönen Fund, den *Zimmer Z. f. d. A.*
35, 136 gemacht hat. Er weist nämlich aus den irischen Ulster-
annalen als anord. Lehnwörter nach: fürs Jahr 847 *erell*, 892 *ierll*,
917 *iarla*, also eine Form mit ungebrochenem *e*, eine solche,

---

[1]) Vgl. aus *Placitúsdrápa*, Ed. *F. Jónsson, opusc. philol.* 1887,
S. 210 ff., S. 222: *fiornes* 1,1, *hiortr* 2,20, *hiorþ* 3,40, *biorg* 5,4,
iorþ 5,10, *hiorva* 8,4 etc.

welche die Zwischenstufe zwischen *e* und *ia* aufweist, und zuletzt eine mit dem gewöhnlichen altnordischen Lautstand. Auch in unsern Reimen erscheint die Brechung schon für diese Zeit als gesichert. Aus den Versen *Brages* lässt sich weder für noch gegen das Vorkommen der Brechung ein Beispiel anführen, da derselbe wie bekannt keinen Vollreim verlangt, so dass selbst wenn ein *io* oder *iǫ* (resp. *ia*), welches durch Brechung entstanden ist, mit einem *o* resp. *ǫ* (resp. *a*) anderen Ursprungs reimte, dies noch kein Beweis für das Vorkommen des gebrochenen Vocals wäre, ebensowenig wie das Umgekehrte der Fall wäre, wenn ein sonst der Brechung unterliegendes *e* durch ein anderes gestützt würde.

Die ältesten sicheren Beispiele für gebrochenes *e* sind folgende:

Þjóþ. hv. leikblaþs : fjaþrar Wis. 10; 12,6.
Eyv. skaldasp. skjaldum¹) : aldri Hkr. 112,2b.
Þorbj. hornkl. hjaldrskips : galdra Wis. 14; 2,2.
Eilífr Guþr. djarfan : arfi Wis. 31; 10,5.
Glúmr Geir. garþs : Eylimafjarþar Hkr. 134,24a.
Þjóþ. hv. okbjǫrn : Mǫrna Wis. 9; 6,4.

Aus dem zuletzt angeführten Reim geht zugleich hervor, dass schon frühzeitig das *o* durch *ǫ* ersetzt worden ist.

Schon oben war darauf hingewiesen worden, dass durch Ausgleichung aus einem Paradigma, in welchem gebrochene mit ungebrochenen Formen wechselten, entweder deren zwei entstanden, von denen das eine gebrochenen, das andere ungebrochenen Vocal durchgehends hatten, oder nur ein Paradigma, in welchem einer der beiden Vocale den Sieg errungen hatte. Einen schönen Beweis für den ursprünglichen Wechsel innerhalb eines Paradigmas, welchen man früher leugnete (so *Paul*, Beitr. VI, S. 23 f.), hat *Hoffory* im *Ark. f. n. f.* I, 45 angeführt, indem er auf den Vers des *Þjóþ. hv. Hkr.* 75,29b hinwies, in welchem der Reim statt *reþr : Jaþri reþr : Eþri* zu lesen ist, eine Form, welche später ganz durch *jaþri* verdrängt worden ist. Beispiele, in denen das *e* analogisch wieder her-

---

¹) Wo *skjoldum* natürlich lautgesetzliche Form wäre, und das *a* nur, wie des Öfteren, Analogieschöpfung ist.

gestellt ist, s. *Nor. Grdr.* I, 446 und *aisl. Gr.* § 87. Aus den Reimen führe ich an: *Ellu* : *bella Eil. Guþr. Wis.* 32; 19,8; *hels* : *frelsi Valgarþr Hkr.* 560,9*b*; *dvergranns* : *Tunbergi Iatg. Kgs.* 286,20*b*; *gunnspelli* : *felli Sturla Kgs.* 472,9*b*. Ein Verbum *bjalla* neben *bella* kommt nicht vor, dagegen haben wir *frjalsi, hjarg, spjall.*

Haben nun, wie man früher meinte, die auf das ursprüngliche *e* folgenden Consonanten eine Wirkung auf das Eintreten der Brechung oder nicht[1]? Der richtigen Ansicht gibt wol *Noreen* Ausdruck, wenn er *aisl. Gr.* § 83 Anm. sagt: „wenn die Brechung am öftesten vor *r*, *l* auftritt, so beruht dies einfach darauf, dass das urgermanische *e* am häufigsten in dieser Stellung stand“, vgl. *Paul*, Beitr. VI, 16 ff. Noch richtiger hätte *Noreen* sagen sollen, wie schon die Bemerkung *Wimmers* es ausspricht, *r*, *l* + Consonanz.

Ich will im Folgenden für das Vorkommen der Brechung einige Zahlen anführen, zunächst für die durch *a*, dann für die durch *o*, *u* bewirkte. Zur ersten Klasse rechne ich auch die Beispiele, in welchen *ia* nur Analogieschöpfung ist, also z. B. eine Form wie *skjaldum* für lautgesetzliches, resp. aus lautgesetzlichem *skjoldum*, auch erst wieder analogisch entstandenes *skjǫldum*. Ich führe nur ganz sichere Fälle an, d. h. ich scheide aus alle *skothendingar*, sodann von den *aþalhendingar* diejenigen, in welchen gebrochener Vocal mit gebrochenem reimt, in ( ) führe ich die einzelnen Wörter auf, auf welche sich die Formen verteilen.

I. *ia* steht:
   1) vor *l* + Consonanz:
l + *d* 35 (3 mal *sjaldum*, 7 *tjald*, 10 *hjaldr*, 8 *gjalda*, 7 Formen v. *skjǫldr*)
l + *f* 8 (7 *sjálfr*, 1 *bjálfi*)
l + *m* 12 (11 *hjálmr*, 1 *jálmr*)
l + *p* 1 (1 *hjálpask*)
l + *l* 26 (23 *snjallr*, 1 *fjalla g. pl. v. fjǫll*; 2 *spjalli*)
82 (14 verschiedene Wörter).

---

[1] Vgl. *Wimmer anord. Gr.* § 15 Anm.: Brechung tritt selten anderswo ein als vor *r* u. *l* mit folgendem Consonanten (also *bera*, tragen, *stela*, stellen u. s. w.).

2) vor *r* + Consonanz:

$r + f$ 5 (5 *djarfr*)
$r + g$ 1 (1 *bjargar* von *bjǫrg*)
$r + l$ 17 (17 *jarl*)
$r + n$ 4 (2 *gjarn*, 2 *jarn*)
$r + r$ 3 (3 *fjarri*)
$r + t$ 4 (2 *bjartr*, 2 *hjarta*)
$r + þ$ 7 (1 *jarþ*, 3 *jarþar*, 3 *fjarþar* v. *fjǫrþ*)
$\overline{41\ (10)}$

l, *r* + Consonanz 124 (25).

3) vor andern Consonantengruppen:

$þ + r$ 4 (1 *fjaþrar*, 3 *jaþri*)
$f + n$ 5 (5 *jafn*)
$p + t$ 1 (1 *kjapta*, Acc. Pl. von *kjǫptr*)
$\overline{10\ (4).}$

4) vor einfacher Consonanz:

r 2 (1 *fjara*, Verb., 1 *skjarr*)
l 1 (1 *hjal*)
$\overline{3\ (3).}$

II. *iǫ (io)* steht:

1) vor *l* + Consonanz:

$l + d$ 5 (1 *gjǫldum*, Dat. Pl., 4 *skjǫldu*)
$l + l$ 5 (1 *snjǫll*, 1 *snjǫllum*, 3 *fjǫll*)
$l + þ$ 1 (1 *fjǫlþi*)
$\overline{11\ (5).}$

2) vor *r* und Consonanz:

$r + g$ 1 (1 *bjǫrgum*)
$r + l$ 1 (1 *jǫrlum*)
$r + n$ 2 (1 *bjǫrn*, 1 *stjǫrnu*)
$r + t$ 2 (1 *bjǫrtu*, 1 *hjǫrtu*)
$r + þ$ 6 (3 *jǫrþ*, 2 *jǫrþu*, 1 *fjǫrtum*)
$\overline{12\ (8)}$

l, *r* + Consonanz 23 (13).

3) vor anderer Doppelconsonanz:

$f + n$ 1 (1 *jǫfn*)
$k + k$ 1 (1 *þjokkva*)
$\overline{2\ (2).}$

4) vor einfacher Consonanz:

r   4 (1 *hjǫrlautar*, 1 *hjǫrri*)
f   6 (6 *jǫfurr*, resp. Formen davon)
k   1 (1 *mjǫk*)
────────
11 (3).

Nehmen wir nun beide Arten der Brechung zusammen, so erhalten wir:

1) *r*, *l* + Consonanz   147 (33) = 84,97 % (73,33 %)
2) andere Doppelcons.   12 (6) =   6,94 „ (13,33 „)
3) vor einfacher Cons.   14 (6) =   8,09 „ (13,33 „)
─────────────
173 (45).

Der Wechsel von *e* und *i* innerhalb eines Wortes.

Es ist bekannt, dass idg. *e* vor *n* + Cons. urgermanisch zu *i* wird. Eine ähnliche Neigung herrscht nun im Altnordischen (vgl. *Nor. aisl. Gr.* § 143 Anm.), und zwar hauptsächlich vor *ng*[1]). Der Vers *Brages, Wis.* 3; 10,8 *hringa þeir of fingu* böte uns das älteste Beispiel einer solchen *i*-Form, wenn er beweiskräftig wäre. Aber die Codices haben hier teils *fengu*, teils *fingu*, und wie wir wissen, ist *aþalhending* an gerader Stelle nicht durchaus notwendig für *Brage*. Ein zwingender Grund, hier *fingu* zu lesen, wie *Wisén* will, was ich allerdings auch für das Wahrscheinliche halte, liegt also nicht vor. Die ältesten sicheren Beispiele, die ich für eine *i*-Form gefunden habe, stammen aus dem 10. Jahrhundert.

Es sind die Reime:

hringbalkar : gingu Eil. Guþr. Wis. 32; 13,4.
afspring : þingat Korm. Ǫgm. Wis. 26; 5,2.
hringskyrtur : gingu Hallfr. vandr. Wis. 35; 9,8.
hringfirþi : þingat Sighv. sk. Wis. 39; 10,4.
hringmiþlǫndum : þingat Sighv. sk. Hkr. 253,18 a.
hrings : þingat Sighv. sk. Hkr. 523,14 b.
fylking : gingu Þjóþ. sk. Hkr. 606,21 a.
naþrhings : finginn Bjǫrn krepph. Hkr. 647,26 b.
þingat : hringum Arn. jarl. Hkr. 541,31 b.
ǫþlinga : þingat Ein. Skúl. Wis. 54; 5,6.
heiþingja : gingi Ein. Skúl. Wis. 60; 55,4.
hrings : gingu Haukr Vald. Wis. 80; 14,6.

─────────
[1]) Doch vgl. jetzt *Nor. Grdr.* I, § 221 b.

> *erfingi* : *fingin Haukr Vald. Wis.* 79; 7,6.
> *dæþfinginn* : *hofþingja Sturla Kgs.* 320,14 *a.*
> *gingu* : *drengir Bjarni Kolb. Wis.* 71; 29,4 (hier ist *skot-hending* erforderlich).

Nicht ganz sicher ist der Reim des *Bjorni gullbr.* *Erlingr* : *finginn Hkr.* 447,2 *a,* da wir bei seinem Zeitgenossen *Sighv. sk.* den Reim *Erlengr* : *lengi Hkr.* 445,4 finden, auf welchen sich berufend auch *Gisl. om helr.* 12 f. den Vers *Þórvarþs Þorgeirsson* aus dem 12. Jahrh., *Sturl.* I, 110 u. *Bp.* I, 411 *snarfingr* : *Erlinge* mit *e*-Formen lesen will. Aber dies ist keineswegs gesichert, denn von dem gleichfalls dem 12. Jahrhundert angehörenden *Þorbjörn skakkaldd* haben wir den Reim *Erlingr* : *víkingum,* an dem wol kein Zweifel gestattet ist. Jedesfalls haben wir in dem Verse *Sighvats* aus vorlitterarischer Zeit, aus dem 11. Jahrhundert, ein Beispiel für das *e* in der Ableitungssilbe *-engr* statt des später üblichen *-ingr.*

Dass aber ein Dichter, bei welchem sich *i*-Formen finden, daneben auch unbedenklich Formen mit *e* anwendet, mögen folgende Reime zeigen:

> *þengill* : *framgenginn Hallfr. vandr. Wis.* 27; 25,2.
> *þengils* : *gengi Sighv. sk. Hkr.* 437,31 *b.*
> *Englands* : *fengum Sighv. sk. Hkr.* 437,19 *a.*
> *þengils* : *fengit Þjóþ. sk. Hkr.* 607,8 *b.*
> *þengils* : *fengit Sturla Kgs.* 458,10 *a.*

Anders als mit den oben besprochenen verhält es sich mit einer Anzahl von Fällen, in welchen neben einer grossen Mehrheit von Formen mit *e* solche mit *i* auftreten, jedoch äusserst selten, es sind Formen wie *rinna, brinna, snimma* etc., vgl. *Noreen aisl. Gr.* § 140 Anm. In diesen Formen ist *i* das ältere, die Gründe zu dem Lautwandel sind noch nicht erkannt[1]). Aus meinem Material vermag ich nur zwei derartiger Formen zu belegen, nämlich bei *Þjóþ. hv. ginnregin* : *brinna Wis.* 10; 13,2 und *ginnungavé* : *brinna Wis.* 10; 15,4 und bei *Hallfr. vandr. régrimmr* : *snimma Wis.* 34; 4,4.

---

[1]) Doch vgl. jetzt *Nor. aisl. Gr.*² § 139,86.

In dem Verse des *Arnórr jarl. Venda : spendi Wis.* 45; 11,6 ist *Venda* Gen. Pl. von *Vindr*, wie *fóta* zu *fótr*, *gefanda*: *gefender*, vgl. *Bugge, Ark. f. n. f.* II, 229.

Kürzung eines langen Vocals.

Nach *Noreen, Grdr. d. g. Ph.* I, 451 tritt Kürzung eines langen Vocals ein: a) vor zwei Consonanten oder einer Geminata, und zwar sei hier ausserordentlich oft die lautgesetzliche Form mit kurzem Vocal zu Gunsten des langen Vocals durch Analogiebildung verdrängt worden; b) in schwachtoniger Silbe, sei es dass sie dies schon ursprünglich gewesen, oder erst durch Schwächung einer starktonigen Silbe geworden ist. Da die Verkürzung der unter b) angeführten Fälle im Allgemeinen schon im Urnordischen durchgeführt ist, und da ferner von den wenigen vorhandenen Doppelformen, wie aisl. *hána* neben *hana* unser Material, kein Beispiel darbietet, so beschäftigt uns nur die unter a) aufgeführte Regel. Es ist zweifelhaft, ob die Fassung eine ganz richtige ist; tatsächlich stellt sich das Verhältniss so, dass wir vor Geminata fast immer Verkürzung haben und nur selten analogische Neuschöpfungen, während vor Doppelconsonanz nur zuweilen Verkürzung erscheint, in den meisten Fällen aber Formen mit langem Vocal. Man wird aber die Regel vielleicht so fassen dürfen: Verkürzung eines langen Vocals tritt ein vor Geminata; zuweilen auch, unter uns noch unbekannten Bedingungen, vor Doppelconsonanz [1]). Ich gebe im Folgenden die Beispiele, zu denen man vgl. *Gísl.* in *Aarb.* 1866, 278 ff.

a) Verkürzung vor Geminata.

minn, Nom. Acc. Sg. Masc., erscheint durch folgende Reimwörter gesichert:

innan Arn. jarl. Wis. 45; 7,6; *þinnig Þór. loft. Hkr.* 440,24a; *finna Sighv. sk. Hkr.* 309,6b; *finna Magn. kon. berf. Hkr.* 654,28b. *minni*, Dat. Sg. Fem., reimt *Þjóþ. hr. Wis.* 10; 13,6 auf *Finns.* *þinn* ist gesichert durch *innan Sighv. sk. Hkr.* 429,30b und *finna* bei *Eyv. sk. Hkr.* 112,13a.

---

[1]) So trägt Prof. *Hoffory* die Regel in seiner Vorlesung vor.

þinnar : finnumk Sighv. sk. Hkr. 307,17a.
þinni : dólglinns bei Ótt. sv. Hkr. 220,13b : innan Sturla Kgs.
438,19b.
sinn : innan Sighv. sk. Hkr. 321,8b; Hkr. 431,6b.
sinni : stinnum Ól. helt. Kgs. 380,9b; : innan Sturla Kgs. 461,31a.
sinna : minnask Sighv. sk. Hkr. 521,22b.

Daneben begegnen folgende Formen mit í:

minn : sína Sighv. sk. Wis. 43; 14,2; : þínu Sighv. sk. Hkr. 248,35a;
: sínum Sighv. sk. Hkr. 490,30a.
þinn : sinn Sighv. sk. Wis. 42: 3,4; : mína Bersi Hkr. 254,19b.
sinn : Rínar Sighv. sk. Hkr. 310,20a.

Beispiele, sowol für -itt, wie für -ítt fehlen mir, auch
Gísl. Aarb. 66,300 ff. bringt neben 54 Beispielen auf -inn
nur das eine aus Líknarbraut 50 þitt : hitta, welches wol
ca. 1200 zu datieren ist; für -ítt führt er an aus dem 11. Jahrh.
den Vers des Bjǫrn hítdælakappi (Ausg. 1847, S. 63)
mítt : hvíti und den des Norwegers Rǫgnvaldr jarl aus dem
12. Jahrh. mítt : lítit. Die fünf übrigen angeführten Beispiele
sind nicht beweiskräftig, da Reime wie sitt : stritt natürlich
ebenso sítt : strítt gelesen werden können. Besonders liebt,
wie auch die Beispiele bei Gísl. zeigen, Sighv. sk. die Formen
der Pronomina mit langem í.

Weitere Beispiele einer Kürzung vor Geminata sind:

skirr : firrask Sighv. sk. Hkr. 521,31a[1]), vgl. Gísl. a. a. O. 291.
Þórroþr : forþum Sighv. sk. Hkr. 520,31b (es ergibt sich also ein
Þorroþr neben sonst gebräuchlichem Þórroþr, vgl. Grdr. d. g.
Þh. 1, 451)[2]).
dýrr : fyrri Eyv. sk. Hkr. 112,2a.
brýnn : mynni Hallarst. Herd. Wis. 49; 15,4.

b) Verkürzung vor Doppelconsonanz.

Dass dem anord. Verbum árna ein ð gebührt, hat schon
Gíslason, Aarb. 66,280 richtig erkannt, nur ruhte seine Beweis-
führung auf veralteter Grundlage. Er sah nämlich im Anschluss
an Pott und Bopp in dem gotischen airus „der Bote" und
airinon „Gesandter sein" eine Ableitung einer Vir, welche

---

[1]) Kph. III, 12 liest richtig skirr.
[2]) Beispiele für Þorþr statt Þórþr s. bei Gísl. Aarb. 66,292.

„Schwächung" von $\sqrt{ar}$ „gehen" sein sollte. Das *ai* in *airus*
war ihm also *ai*. Altnordisch *árr* sollte dagegen „Verstärkung"
der Wurzel *ar* enthalten. Heut besteht wol kein Zweifel
mehr darüber, dass im Gotischen alter Diphtong *ai* vorliegt
(vgl. *Braune* got. *Gr.* § 20,2), welchem regelrecht Altnordisch *á*
entspricht, und dass gotisch *airus*, *airinôn* ihre genauen Ent-
sprechungen in anord. *árr*, *árna* finden. Kürzung finden wir
nun bei diesem Verbum in einem Verse des *Þorleikr fagri*
Hkr. 572,29 *a heiptgjarn : árnat.*

Auch dem aus *ísarn* entstandenen *járn* gebührt *á*;
verkürzt hat es: *arnar : járni Þjóþ. sk. Hkr.* 592,19 *b*; *arnar :
járnum Þorbj. skakk. Hkr.* 470,12 *b*, wo *arnar*, Gen. Sg.
von *ǫrn*, keinen Zweifel über die Kürze des *a* zulässt.

Weitere Verkürzungen finden wir in folgenden Versen:

rask : háski Sighv. sk. Hkr. 521,29 *b*; *háski* „die Gefahr", vgl. *háttr*
Adj. gefährlich, hat sonst *á*, wie z. B. auch der Vers des
Þórþr Kolb. saisk : háska Hkr. 154,34 *a* zeigt, weitere Beispiele
s. *Gísl.* a. a. O. 288 u. *om helr.* 49.

rindrersk : gindu Ein. Skúl. Wís. 57; 29,8; *Vinda : gindu Halld. ókr.
Hkr.* 216,14 *a*; *ginda* ein schon früh vorkommendes schwaches
Præteritum zu dem starken Verbum *gína*, vgl. *Nor. aisl. Gr.*
§ 399, Anm. 2 u. *Cl.-Vgf.* S. 201.

jafnrist : Lista Sighv. sk. Hkr. 310,24 *a*; *rist* Neutr. von *ríss*; dass
aber *Listi* kurzes *i* hat, zeigt der Reim desselben *Sighv. Hkr.*
274,24 *a ristu : Lístu.*

borþs : fjörþa Haukr Vald. Wís. 81; 24,8; *borþs : fjörþu Hallarst.
Herd. Wís.* 49; 29,4; zu *fjörþi* vgl. *Gísl.* a. a. O. 285.

frost : brjósti Eyst. Ásgr. Wís. 97; 78,2; das *jó* in *brjósti* entspricht
altem *io* < urnord. *eo*, vgl. *ags. breóst*, *as. breost*; *Nor. aisl. Gr.*
§ 44; *Kluge etym. Wtb.⁴* § 44; vgl. *Gísl.* a. a. O. 282.

glyms : ýmsir Ólafr hvit. Kgs. 374,12 *b*. Über die in diesem Adjectivum
in den synkopierten Formen des Öfteren eintretende Kürzung
vgl. *Gísl.* a. a. O. 295; *Nor. aisl. Gr.* § 154,3 u. § 338 Anm. 1.

styrkan : dýrka Ein. Skúl. Wís. 54; 7,4; *styrks : dýrka Ein. Skúl.
Wís.* 60; 57,6.

dýrþ : fyrþum Ein. Skúl. Wís. 56; 24,2; *dýrþ : fyrþa Ein. Skúl. Wís.*
59; 45,2; *dýrþar : yrþi Sighv. sk. Hkr.* 522,24 *b*; *dýrþar : ryrþi
Eyst. Ásgr. Wís.* 89; 14,2; *dýrþar : fyrþa Eyst. Ásgr. Wís.*
96; 68,8; *Wís.* 97; 74,2.

dýrka und *dýrþ* sind abgeleitet von dem Adj. *dýrr*, welches seinerseits auch gelegentlich, wie wir oben sahen, in verkürzter Form gebraucht wird, vgl. *Gisl.* a. a. O. 283 f. Hierher gehört ferner wol auch der Vers des *Glúmr Geir. bdls : Hálsi. Gisl. Aarb.* 1866, 251 macht es wahrscheinlich, dass der Ortsname *Hals* identisch ist mit *hals*, welches kurzes *a* hat. Er ist nun im Zweifel, ob *bdls : Hálsi* zu schreiben ist, und wir demnach eine sehr frühe Vocaldehnung haben, oder ob *bals : Halsi* das Richtige ist und eine Verkürzung des *á* in *bdls* vor Doppelconsonanz anzunehmen ist. Ich glaube, man wird sich für das letzte entscheiden müssen. Wie wir sehen werden, haben wir Beweise dafür, dass wenigstens vor *l* + Cons. noch im 11. Jahrh. die Dehnung nicht eingetreten ist, ich sehe daher nicht ein, wie man dazu kommen sollte, in diesem einzelnen Fall schon fürs 10. Jahrh. „einen frühzeitigen Spross der Verlängerung" zu sehen, vgl. *Nor. aisl. Gr.²* § 111 Anm. 2.

Sodann ist hier auch die Verkürzung von urspr. *ei* in *e*, wie in *enge, mestr* etc., vgl. *Nor.* § 111, anzureihen. Doppelformen sind hier selten, ich vermag aus meinem Material nur den Vers des *Bjarni gullbr. Hkr.* 456,30*b frest : restan* anzuführen, während z. B. *Mark. Skeggj. Wis.* 53; 23,4 *reist : freista* hat. Ferner sei an den Reim *Brages* bei *Gering* 24,8 erinnert *rallrauf : haufoþ*, während wir sonst überall die aus den obliquen Casus eingedrungene Form *hofoþ* haben, vgl. *Nor.* § 111 Anm.

In einigen Fällen hat man früher unberechtigter Weise Kürzung eines langen Vocals angenommen, in denen man es tatsächlich mit urspr. kurzem Vocal zu tun hat. Dies geschah vor Allem, verführt durch die neuisländische Aussprache und Schreibung der Præterita reduplicierender Verba. Schon *Gisl.* zeigte *Ann. f. n. oldk.* 1860, S. 327 ff., dass diesen Præteriten den Reimen der Skalden nach kurzer Vocal zukäme und *Sievers* nahm dies *Beitr.* I, 504 ff. auf. Gleichwol nahm noch *Noreen, aisl. Gr.* § 110 in Formen wie *fekk, gekk, helt, fell* Kürzung eines urspr. langen *e* an, welches sich in *lét, blés* zeigen sollte. *Hoffory* schien nun in *Kuhn's* Zeitschr. XXVII, 599 überzeugend die völlige Lautgesetzlichkeit der Formen mit kurzem *e* nachgewiesen zu haben[1]).

Aus dem von mir benutzten Material gehören folgende Reime hierher, die für Kürze des *e* beweisend sind:

fell : *svell Ein. Skál. Hkr.* 742,11 *a* f.: *felli* : *svelli Eg. Skall. Vís.* 21; 8,5 *f.*
Englands : *fengum Sighv. sk. Hkr.* 437,19 *a.*
þengill : *fengo Þór. stuttf. Hkr.* 686,19 *a.*
gekk : *drekka Þórþr Sjár. Hkr.* 107,8 *b.*
„ : *snekkju Arn. jarl. Hkr.* 596,1 *a.*
„ : *drekka Stúfr sk. Hkr.* 630,25 *b.*
„ : *stekkvir Bjǫrn krepph. Hkr.* 646,33 *b.*
„ : *rekka Ól. hvít. Kgs.* 303,31 *a.*
fekk : *rekka Ól. hvít. Kgs.* 340,29 *b* [2]).

---

[1] *Noreen, Grdl. d. g. Ph.* I, 511 hält jetzt diese Bildungen für „Imperfectpraesentia".

[2] Wie ist in dem Verse des *Þorkell Skallason Hkr.* 624,19 *a* ff. zu lesen, *helt* : *reltan* oder *hélt* : *réltan.* Die *vísa* lautet im Ganzen:

Víst hefr Valþjóf hraustan
Vilhjalmr, sá's rauþ malma
hinn es haf skar sunnan
hélt í trygþ um réltan.

Dass da *é* in *réltan* zunächst als lang anzusetzen ist, unterliegt wol keinem Zweifel. *réltr* ist Particip Prætr. von *réla* „betrügen". Das Verbum *réla (væla)*, Præt. *rélta* ist abgeleitet von *rél f.*, welches nach *Cl.-V.* 692 die Bedeutungen hat: 1) *an artifice, craft, device;* 2) *an engine, machine.* Es selbst bedeutet: 1) *to defraud, trick;* 2) *um e-t to deal, manage;* 3) *recipr. have to deal with one another.* *Egilsson* im Lex. Poet. 868 gibt an: *rela (-i; -ta, -t)*: 1) *artificiose fabricare, id. qu. rela* 1; 2) *decipere, fallere* •• b) *perdere.* Neben diesem Verbum nimmt er also, wie ersichtlich, ein zweites an, welches die übrigen nicht kennen, *rela* ebenfalls mit *t*-Præteritum. Dies muss von vornherein Misstrauen erwecken. *Hoffory* hat in *Z. f. d. A.* XXII, 373 ff. gezeigt, dass das *t* im Præteritum eine Folge eines voraufgehenden tonlosen Lautes ist. So erklärt er, wird **órtiða* > **órLþa, órlta; *sýsliða* > **sýsLþa,* > *sýslta.* Ähnlich verhält sich die Sache bei dem Præteritum von *rœna, rœnta. rœna* entspricht einem germ. **rahnjan,* vgl. ahd. *birahanen; h* ist tonloser Reibelaut und hat, wie oben das anord. durch sein *t* zeigt, die Wirkung, auch das folgende *n* zum tonlosen zu machen. Nach Ausfall des *h* trat dann Ersatzdehnung ein. Ebenso sind zu beurteilen *stælta* von *stæla* aus germ. **stahljan,* vgl. ahd. *stahal, mælta* von *mæla,* vgl.

Mit langem *ó* ist fälschlicher Weise bei *Unger* geschrieben *topt*, *þopta* und *þopti*, vgl. *Gísl.* a. a. O. 258, in den Reimen:

> *Hropts* : *toptir Þórþr Kolb.* Hkr. 214,25*a*.
> *opt* : *toptum Sighv. sk.* Hkr. 521,23*b*.
> *opt* : *þopti Ott. sv.* Hkr. 234,15*a*.
> *opt* : *þopta Magn. berf.* Hkr. 654,34*b*.

Darauf, dass es in dem Verse des *Þjóþ. sk.* Hkr. 539,4*b* *skip* : *hnipnar* heissen muss, und nicht, wie *Unger* es tut, *hnipnar* zu lesen ist, hat *Thorkelss.* S. 75 aufmerksam gemacht. *hnipinn* ist Part. Præt. eines starken Verbums *hnipa*, *hneip*,

---

got. *maþljan*, wo das *þ* ausgefallen ist, wie in anord. *nál* gegenüber got. *nepla*. Das Substantivum *vél* stellt *Hoffory* zweifelnd zur Wurzel *vik* absondern; die Grundbedeutung wäre somit 'das Abgesonderte, Verborgene' und hieraus könnte sich die von 'List, Trug' leicht entwickeln (*i* musste vor *h* zu *e* werden, vgl. *Leffler, bidrag till läran om i-omljudet, Nord. Tidskr. f. Filologi, ny Række* II, 12 f.); zu derselben Wurzel gehört bekanntlich germ. *vlha*, s. *Fick vgl. Wtb.* III³, 303.

Fick stellt a. a. O. zu dem germ. *vihan* 'kämpfen', lit. *reikiu*, *reikti* 'bezwingen, bearbeiten', *veik* 'bald, geschwinde', *raikýti* 'herumjagen'; *gr. άίσσω*, welches nach *G. Meyer gr. Gramm.* § 64 aus *αίσσω*, **αιϝισσω*, **ϝαι-ϝικ-ϳω* entstanden ist, und lat. *vinco*. Ihm schliesst sich *Brugmann* im *Grdr. d. vgl. Gr.* § 439 an, indem er got. *veiha* 'kämpfe' mit *vinco* und lit. *veïkà* 'Kraft, Stärke', *ap-veikiù* 'bezwinge' zur Wurzel *ueiq-* stellt. Als Hauptbedeutung für sein Verbum *vela* gibt *Egilsson* an: '*arte facere, rem arte, callide, solerter instituere, tractare*', welche, wie er selbst sagt, dieselbe ist wie die erste für *véla* '*artificiose fabricare*'; aber auch die zweite '*fraude circumvenire, fallere, decipere*' stimmt mit der zweiten von *véla* überein. Erwägt man nun diese Übereinstimmung der Bedeutungen, sodann, dass ein *t*-Participum bei einem Verbum mit einfachem *l* der Wurzelsilbe und vorausgehendem kurzen Vocal sonst nicht bekannt ist, so liegt die Wahrscheinlichkeit schon nahe, dass das von *Egilsson* angeführte *vela* einfach als *véla* zu lesen ist. Gesichert wäre *vela* nur, wenn wir einen Reim mit kurzem *e* hätten. Nun führt allerdings *Egilss.* einen Vers aus dem *Geisli* an 65 (= *Wis.* 61; 68), in welchem es nach *Wis.* heisst:

> *vlgaskýs þars visa*
> *veljendr glaþir telja*
> *ǫflugs Krists af ástum*
> *alvennins brag þenna.*

Hier liest *Egilss. velendr* und übersetzt die Kenning *velendr vigaskýs* '*clipeum arte tractantes, clipei tractandi, utendi periti, præ-*

hnipum, *hnipinn*. Übrigens hat schon *Kph.* III, 40 die richtige Lesart.

Über andere falsche Quantitätsbezeichnungen wird das Folgende Aufklärung geben, einiges auch gelegentlich im Rimarium erwähnt werden.

Dehnung eines kurzen Vocals.

Im späteren Isländischen tritt vor *lf-*, *lg-*, *lk-*, *lm-*, *lp-* Dehnung eines in haupttoniger Silbe stehenden *a*, *o*, *ǫ*, *u* ein, vor *ld*, *ln* und *ls* nur in den Wörtern *skáld* und *ǫ́ln*, *óln*, *háls*. Im 14. Jahrhundert werden auch vor *ng* und *nk a*, *i*, *n*, *y* gedehnt, vgl. *Noreen aisl. Gr.* § 107; *Grdr. d. g. Ph.* I, 470.

---

liatores, *viri̅*. Diese Lesart stammt aus der bekanntlich, besonders was den Text der Verse anlangt, sehr verderbten *Flateyjarbók*, welche den Vers *velender framan telja* hat. Im Text des *Bergsbók* aber, welchen *Cederschiöld Lund* 1874 herausgegeben hat, findet sich *relivdr*, wofür *C.* sicherlich richtig die Besserung *veljendr* einsetzt. Ihm schliesst sich *Wisén* an und übersetzt *carm. norr.* II, 321, gegenüber der gekünstelten Deutung *Egilssons*, einfach den Ausdruck durch '*qui clipeum sumunt, præliatores*'. Ein anderer Fall, in welchem *rela* im Reime vorkäme und dadurch gesichert wäre, ist mir nicht bekannt. Ich denke also, es wird nunmehr keinem Bedenken mehr unterliegen, wenn wir das Verbum *rela* gänzlich streichen, und alle von *Egilsson* angeführten Fälle bei *réla* unter die beiden Hauptbedeutungen einreihen '*artificiose fabricare*' und '*decipere*'. Für die ganze Sippe aber, welche zur Wurzel *u̯eiq* gehört, möchte ich alsdann, zumal unter Berücksichtigung des Lit. und Anord., als Grundbedeutung etwa annehmen „sich kunstvoll, eifrig mit etwas beschäftigen", woraus sich, wie ich meine, ohne zu grossen Zwang auch die Begriffe des Kämpfens und des Betrügens, um etwas zu erlangen, ergeben können. Vgl. *Nor. aisl. Gr.³* § 56 *réla* „sich beschäftigen". *réttan* erscheint somit als gesichert und damit auch die Form *hélt*. An eine Dehnung ist natürlich hier nicht zu denken, da eine solche bei *e* sonst überhaupt nicht vorkommt, und ausserdem, wie wir unten sehen werden, der Eintritt der Dehnung vor Doppelconsonanz auch erst in die zweite Hälfte des 12. Jahrhunderts zu setzen ist, *Þorkell Gíslason* aber am Ende des 11. und Anfang des 12. dichtete. Mit dieser Form *hélt* aber fällt auch die von *Hoffory* gegebene Erklärung der reduplicierenden altnordischen Verba, wenngleich für die anderen Verba die Kürze des Vocals in der älteren Zeit feststeht.

Dass die erste Dehnung erst um 1250 im Isländischen
eingetreten ist, wie *Noreen* will, ist falsch, wie das Stockholmer
Homilienbuch, welches auch nach *Noreens* Annahme ca. 1200
geschrieben ist, uns zeigt. Bekanntlich bezeichnet diese wichtige
Handschrift auch die Längen; zwar ist dies nicht immer der
Fall, jedoch kann man, mit Ausnahme weniger Fälle, die als
Schreibfehler anzusehen sind, gewiss sein, dass wenn ein Wort
einmal ein Längezeichen trägt, ihm dies auch in den Fällen,
in welchen es fehlt, gebührt. Zum Beweise nun dafür, dass
zur Zeit der Niederschrift des St. Homilienbuchs die Dehnung
schon eingetreten ist, habe ich mir einige Wörter notiert:
sidlfr 20³¹, *sidlfan* 5¹⁰, *siólfom* 5³⁰, *siólf* 5³²; *fólke* 2¹, 2¹⁸,
fólget 13³⁴; *hidlpa* 8²⁴, *hidlpräps* 13¹⁻²; *hdlft* 13³⁹; *tólf* 35¹⁸;
miólc 30³⁴; *sdlma skaldet* 15¹⁷; *scdld* 37¹⁸; *fiándans* 42¹⁹.

Wann diese Dehnung eingetreten ist, aus den Skalden-
versen zu bestimmen, ist schwierig. Einen sichern Beweis
würden uns Verse liefern, in welchen gedehnter Vocal mit
ursprünglich langem reimt; solche habe ich nicht gefunden,
es reimt immer gedehnter Vocal mit gedehntem und dies
bietet natürlich keinen Beweis dafür, ob schon zur Zeit des
Dichters der Vocal ein langer war. Ich muss mich daher
darauf beschränken, zu zeigen, dass in einigen Fällen, in
welchen dehnbarer Vocal mit kurzem nicht dehnbarem reimt,
die Dehnung noch nicht eingetreten ist.

u vor *lf* ist noch nicht gedehnt im 11. Jahrhundert, wie
folgende Reime zeigen:

> *Ulfkell : skulfu Þórþr Kolb.* Hkr. 232,27 b.
> *Ulfr : skulfu Steinn Herdis.* Hkr. 594,9 a.

In *skalf, skulfom, skolfen* von *skjólfa* werden auch in
späterer Zeit die Vocale nie verlängert, ebensowenig wie in
svalg, sulgom zu *svelga*, vgl. *Nor. aisl. Gr.* § 107 Anm. 1 u. 2.
Für *lm* haben wir gleichfalls aus dem 11. Jahrhundert
einen Reim:

> *fialmennr : hjalmum Valgarþr* Hkr. 560,9 a, vgl. *Gisl. Aarb.*
> 1866, 252 f.

Dass in *skald* das *a* auch gelängt wird, ersehen wir
aus dem oben angeführten Beispiel aus dem Stockholmer

Homilienbuch, die Reime sprechen bis zum 12. Jahrhundert sicher für *a*:

> *allvaldr : skaldum Glúmr Geir. Hkr. 89,29 a.*
> *aldr : skaldum Eyv. skald. Hkr. 111,29 a.*
> *skald : tjalda Sighv. sk. Hkr. 248,28 a.*
> *allvaldr : skalda Sighv. sk. Hkr. 248,27 b.*
> *skald : haldi Sighv. sk. Hkr. 307,20 a.*
> *allvaldr : skaldi Sighv. sk. Hkr. 431,32 b.*
> *allvaldr : skaldum Þorm. Kolb. Hkr. 478,2 a.*
> *skald : sjaldan Magn. berf. Hkr. 654,26 a.*
> *hafkaldan : skaldi Ein. Skúl. Hkr. 667,4 a* [1]).

Warum *Noreen* in *aisl. Gr.* Nachträge u. Berichtigungen den Satz des § 101 *a* streicht, nach welchem auch in *fjánde*

---

[1]) Im *Grdr. d. g. Ph.* I, 470 erwähnt *Noreen*, entgegen seiner Ansicht in der *aisl. Gr.*, eine secundäre Dehnung vor *ld*, also in *skald*, überhaupt nicht, nimmt also wol für dieses Wort ursprüngliche Länge des Vocals an. Dasselbe tut *Lidén*, Beitr. XV, 506, welcher ein urgerm. *skē-ðlá-* voraussetzt, das er zur √ *seq* 'sagen' stellt. So ansprechend auch seine Ausführungen sind, so halte ich sie doch für falsch, da sie von falscher Voraussetzung ausgehen. Er meint nämlich, *Gislason* habe in *Njál.* II, 548 Länge des Vocals als ursprünglich nachgewiesen. Wie man dies aus den Worten *Gislasons* herauslesen kann, ist mir unerfindlich *). Auch widerspricht dies den tatsächlichen Verhältnissen durchaus, wie meine Beispiele zeigen. Die Reime weisen nur *a* auf, und zwar sicher bis in die Mitte des 12. Jahrhunderts. Es ist doch kaum anzunehmen, dass in allen diesen Fällen die vor anderer Doppelconsonanz als Geminata so selten auftretende Verkürzung eingetreten sei, ohne dass uns ein

*) *Gislasons* Worte lauten: *Som det fremgår af citaterne i Aarbøger for nord. Oldk.* 1866 *side* 255—257 *have skjaldene i det tiende og ellevte og tolvte árh. udtalt dette ord på denne måde, nemlig med en kort vocal (skald); uden at jeg er i stand til afgøre, om denne lydform er oprindelig eller en følge af positionen. I sidste tilfælde have begge udtalemåder (skáld og skald) formodentlig været i brug ved siden af hinanden. J* 1866 *havde jeg ikke lagt mærke til, at skáld (med lang vocal), som det synes i alt fald går tilbage til år* 1200. *Also:* *Gislason* ist nicht im Stande, zu entscheiden, ob die Kürze des *a* in *skald* eine Folge der Position, also eine unursprüngliche ist, die früheste Form mit langem *a* scheint ums Jahr 1200 vorzukommen!

Dehnung, und zwar wie er selbst anführt, im St. Hom. eingetreten sei, sehe ich nicht ein[1]). Wie ich oben zeigte, kommt solche Dehnung tatsächlich in der Handschrift vor. Unsere Reime zeigen uns allerdings immer Kürze:

fjandr : handa Sighv. sk. Hkr. 437,31*b*; *fjanda : strandar Grani Hkr.* 571,2*b*; *grandmeiþ : fjanda Halld. skv. Hkr.* 707,14*b*; *fjandans : standa Eyst. Ásgr. Wis.* 93; 48,8; *fjandr : standa Eyst. Ásgr. Wis.* 96; 73,4.

einziges Beispiel mit langem *d* erhalten wäre, also z. B. ein Reim wie: *skald : Áláfr.*

Ausserdem ist aber auch, worauf mich Herr Prof. *Osthoff* aufmerksam macht, ein germ. *skē-ðlá-* lautlich nicht gerechtfertigt. Eine idg. Grundform **sqē-tlo-m*, wie sie *Lidén* annimmt, also mit labialisiertem velaren *k*, musste germ. zu **skwē-ðlá-* werden. Darüber herrscht wol unter den Sprachforschern allgemeine Übereinstimmung, dass diese Labialisierung im Germanischen vor den hellen Vocalen, also *e*, *i* und ihren Längen erhalten bleibt. Gleichwol wird man *skald* bei der Wortsippe belassen können, zu welcher sie *Lidén* stellt, wenn man nur als Grundform ein idg. *sqo-tló-m* annimmt. Diese steht der von ihm aus den keltischen Formen erschlossenen idg. Grundform **sqe-tló-m* nicht ferner als seine Form **sqē-tlö-m*. Dass die labiale Affection vor *o* schwindet, scheint zwar *Brugmann* im *Grdr. d. vgl. Gr.* I, S. 332 nicht anzunehmen, da er nur Formen mit Schwund vor *u* anführt, doch vgl. die Ausführungen *Osthoff*'s in Beitr. VIII, 256 ff.; ferner darf als sicheres Beispiel des Schwundes der velaren Affection vor *o* das von *Osthoff*, Beitr. XIII, 451 auf idg. **qoi̯-tā* zurückgeführte anord. *heiþ f.* „Bezahlung, Besoldung, Lohn" angesehen werden. Auch das germ. **kō-* gleich griech. βω- spricht für die Gesetzmässigkeit dieses Wegfalles. In dem *w* des Pronominalstammes **hwa-* sieht man wol mit Recht Übertragung aus den Formen mit hellem Vocal. Vgl. jetzt auch *Bechtel*, Die Hauptprobleme der idg. Lautlehre seit *Schleicher*, S. 341 f. Bedenken könnte nur bei der Suffixbetonung der Hochstufenvocal *o* erregen. Doch steht hier Ähnliches bei einem anderen Suffix zur Seite, z. B. gr. βίο-το-ς, βιο-τή, air. *biad n.*, lit. *gyva-tà*, abulg. *živo-tŭ*; got. *naquaþ-s*, *liuhaþ*. Hierzu kommen noch einige Beispiele aus dem balt.-slav., die alle, wie die angeführten, auf idg. *-o-tó* hinweisen, vgl. *Brugmann, Grdr. d. vgl. Gr.* II, S. 260, 221, 223.

[1]) Doch vgl. jetzt *Nor. aisl. Gr.²* § 114,1, wo er in *fiánde* die Länge des *á* für ursprünglich hält, abgeleitet von *fiá* „hassen" und demnach in *fiande* Kürzung vor Doppelconsonanz sieht. Sollte nicht vielleicht doch durch secundäre Dehnung der früher verkürzte Vocal auf den ursprünglichen Stand zurückgebracht sein?

Erwägt man nun, dass wir bis zur Mitte des 12. Jahrh. *(Ein. Skúl.)* ein sicheres Beispiel von nicht eingetretener Dehnung in dem Worte *skald* haben, dass andererseits in dem um 1200 geschriebenen isländischen Homilienbuch die Dehnung durchgeführt erscheint, so wird man annehmen dürfen, dass sie in der zweiten Hälfte des 12. Jahrhunderts eingetreten ist, also fast ein Jahrhundert früher, als *Noreen* annahm.

Der Wandel von ó zu œ.

Etwa um die Mitte des 13. Jahrhunderts geht im Altnordischen *ó* in *œ* über. *Vigfusson* äussert sich in seiner Ausgabe der *Eyrbyggja* S. XLVIII darüber: „das früheste Beispiel, das ich von einer Vermischung des œ und æ in der *aþalhending* kenne, findet sich im *Brandsflokkr* des *Ingjaldr skáld*, ged. ca. 1246, in *Sturl.* II, 1,89: *tirœtt* (statt *tirœtt*) — *fœtta* und *œzter* (statt *œzter*) — *nœstr*.“ „*Snorre Sturl.* muss wol, mindestens nach seiner Dichtweise zu urteilen, noch geschieden haben, während *Ól. hvítask.* und *Sturla lǫgmaþr*, als einer jüngeren Generation angehörig, sich der neueren Sprachweise (*œ* statt *œ*) anschlossen.“ Die von mir angeführten Beispiele ergeben das gleiche Resultat, auch ich finde bei *Snorre* kein œ für *ó*, von *Óláfr hvít.* fehlt, wol nur zufällig, in *Kgs.* ein Vers, der dagegen œ für *ó* hätte:

Sturla ógiligt:frœgi Kgs. 442,7a; *ógr:frœyi Kgs.* 458,5a; *kœris:* Norþmœra *Kgs.* 474,31a.

Eysteinn Ásgr. fóddr:hvœddumst Wis. 92; 41,8; *fóddr:klœddist* 92; 42,4; *fóddan:klœddi* 94; 55,4; *dógranna:hœgar* 96; 67,6; *nógjandi:rœgja* 88; 8,4; *rœyþ:nógþist* 98; 82,4; *ódlómin:* *kœmi* 95; 61,4; *bón:tœnaþ* 98; 82,2; *óþra:bœþi* 88; 7,8; *vœrik:fóra* 87; 3,8; *órinn:vœri* 88; 6,6; *fóraglǫggr:vœri* 95; 60,4; *suthrórandi:pislarfœri* 96; 71,4; *fórir:skœrir* 97; 74,6; *fórast:kœriu* 98; 84,6.

Dazu kommt noch der Endreim der *Lilja*:

fóddi:klœddi 94; 55,3f.

III. Kapitel.

Der Consonantismus.

f.

Schon in den ältesten isländischen wie norwegischen Handschriften findet sich der Übergang von *ft* zu *pt*, vgl. *Hoffory Bezz.* Beitr. X, 5. Dieser Übergang ist aber weit älter. Die isländischen Handschriften schreiben in späterer Zeit meist *pt*, die norwegischen *ft*. Wenn wir also z. B. in den Handschriften der *Heimskringla* einen Vers des *Sight. sk.* finden mit *pt*: *hǫfþum keypt en heiptir Hkr.* 417,5*b*, dagegen in der *Flateyjarbók* II, 277 denselben mit *ft*: *hǫfþum keyft en heiftir*, so haben wir natürlich weder einen Beweis dafür, dass zur Zeit *Sighvats ft* noch bestand, noch einen solchen für etwa schon eingetretenen Wandel in *pt*. Beweiskräftig können für uns nur die Fälle sein, in welchen altes *f* mit altem *p* reimt. Folgende Reime legen Zeugniss von diesem Übergang ab[1]):

1) *skothendingar.*

hafts: *svipti Eil. Guþr. Wis.* 32; 3,3; *haft* n. 'die Fessel' von *hafa*, zu *sripta* vgl. *svipr* m. 'a swoop', *svipa* 'to swoop', altengl. *swippan.*
sviptir: *kjafta Trollkona Hkr.* 613,12*b*.
oft: *svipta Haukr Vald. Wis.* 79; 6,1.

2) *apalhendingar.*

sviptilundr: *giftu Sturla Kgs.* 439,16*a*.
gullsviptir: *giftu Sturla Kgs.* 443,3*a*.

---

[1]) Der Deutlichkeit halber schreibe ich *ft* für vom Reim gefordertes *pt*.

Der sicheren Beispiele für den Übergang von *ft* in *pt*
sind also nur wenige. Das älteste stammt aus der 2. Hälfte
des 10. Jahrhunderts von *Eilífr Gupr.*[1]), über dessen Leben
wir nichts wissen, ja nicht einmal, ob er Norweger oder
Isländer gewesen ist. Der zweite Vers wird einer *Trollkona*
in den Mund gelegt, welche uns Jahr 1066 einem wahr-
scheinlich norwegischen Manne im Traum erscheint, besitzt
also keinen Anspruch auf Authenticität. Von sicheren Isländern
erscheinen Beispiele erst im 13. Jahrhundert. Vielleicht darf
man annehmen, dass *Eil. Gupr.* ein Norweger gewesen sei
und dass also im Norwegischen der Wandel schon früher ein-
getreten sei als im Isländischen. Dagegen scheint allerdings
zu sprechen, dass, wie wir oben anführten, später die nor-
wegischen Handschriften den Formen mit *ft* den Vorzug geben
gegenüber denen mit *pt*, während die isländischen das um-
gekehrte Verfahren befolgen. Nur soviel steht also fest, dass
im 13. Jahrhundert dieser Übergang im Isländischen ein-
getreten ist.

Der Übergang von *fs* in *ps*, wie ihn *repsa* für *refsa*
aufweist, vgl. *Hoffory* a. a. O., findet sich in den Reimen nicht;
es begegnet, wie das Rimarium zeigt, durchweg *fs*.

v.

Dass das urgermanische *u*, geschrieben nordisch *v*, zur
Zeit der Entstehung der Eddalieder und auch im 10. Jahr-
hundert sicher bei den Skalden noch die Geltung eines con-
sonantischen *u* hatte, hat *Gering* in den Beitr. XIII, 212 ff.
aus Alliterationen mit Vocalen gezeigt. Gegen das Ende der
Vikingerzeit geht dann dieses *u*, wie *Noreen* Grdr. I, 458
ausführt, ausser nach tautosyllabischem Consonanten, durch
die Mittelstufe eines bilabialen in ein dentilabiales *v* über,
wie aus runischen Schreibungen wie *faR* für *uaR* hervorgeht.
Neben den Alliterationen *u : v* finden wir aber auch schon im
10. Jahrhundert bei *Þorbjǫrn Disarskald* den Binnenreim
Suívor : life, welcher auf spirantisches *v* hinweist. Auch in den

---

[1]) *Noreen*, Grdr. I, 460 nimmt an, der Übergang von *f* vor *t, s*
sei erst nach der Vikingerzeit eingetreten.

ältesten Handschriften kommt dies Verhältniss zum Ausdruck, denn wir finden hier häufig für tönendes *f* *r(u)* geschrieben, vgl. *Hoffory Bezzenb.* Beitr. IX, 13 Anm. 1.

Auch in meinem Material reichen die Beispiele für Reime von *f : v* bis ins 10. Jahrhundert zurück:

> *týframra : tiva Þjóþ. hv. Wis.* 9; 1,5.
> *ofrak : sævar Ulfr Ugg. Wis.* 30; 9,3.
> *ýfs : tivar Sighv. sk. Hkr.* 508,30a.
> *svá frak : háva Hallfr. v. Wis.* 34; 3,1 (?).

Besonders häufig scheint diese Art des Reimes allerdings nicht gewesen zu sein. Auffallend oft aber finden wir ihn bei *Eysteinn Asgrimsson*, der ihn in folgenden Versen der *Lilja* anwendet:

> *lof : ævi Wis.* 87; 1,7; *prófandi : Eva* 89; 16,1; *svá fór : Eva* 89; 16,5; *rif : are* 90; 28,3; *þó var : reifa* 91; 35,1; *ævinliga : lófum* 94; 51,5 u. ö.; *lifit : ævi* 98; 83,1; *þú fyrdæmdir : Evam* 96; 66,1; *óvarliga : prófar* 88; 8,6; *ævinliga : gæfi* 89; 13,8.

j.

Auch das *j* ist ebenso wie das *v* ursprünglich kein Spirant und man nimmt im Allgemeinen an, dass es durchgehend die Geltung eines consonantischen *i* gehabt habe. Einen Übergang zu wirklich spirantischem *j* im Altnordischen erwähnt z. B. *Noreen* im *Grdr.* gar nicht, soweit ich sehe, und in der *aisl. Gr.* § 39 sagt er ausdrücklich „*j*, bez. mitlautendes (consonantisches) *i*, nicht spirantisches *jᵘ*. Gleichwol glaube ich, nötigen uns die Verse zweier Dichter aus dem 13. und 14. Jahrhundert, unter Umständen auch für *i* einen Übergang in *j* anzunehmen. In diesen Versen hat nämlich die eine *hending* ein spirantisches *g*; würden wir nun nicht dem *j* auch spirantische Geltung zuerkennen, so ergäbe sich eine durch nichts gerechtfertigte *lausahending*. Die Reime sind:

> *leygs : Suþreyjar Sturla Kgs.* 469,8a.
> *fleygr : Suþreyjum Sturla Kgs.* 470,9b.
> *geiga : syjur Sturla Kgs.* 441,13b.
> *deyja : eigi Eyst. Asgr. Wis.* 89; 14,7.
> *eigi : deyja Eyst. Asgr. Wis.* 89; 17,5.
> *fljúg : meyju Eyst. Asgr. Wis.* 90; 24,5.
> *eigi : skyjum Eyst. Asgr. Wis.* 96; 70,7.

þ (ð).

Über den Wandel der tönenden Spirans þ zu d äussert sich *Noreen*, *aisl.* *Gr.*[2] § 183,1 b ungefähr folgendermassen: Nach *ll*, *nn* (wo sie nicht aus *lþ*, *nþ* entstanden sind) wird ð schon vorliterarisch zu d. Um 1200 auch nach den übrigen auf *l*, *n* auslautenden langen Silben. Etwas später, im Anorw. jedoch schon vor 1250, im Isl. erst um 1300 oder etwas später, auch nach b, *lf* (d. h. *lv*) *lg*, *ng* und (am frühesten wenigstens im Anorw.) *m*.

Wir wollen im Folgenden sehen, in wie weit diese Sätze durch die Reime Bestätigung finden. Da mir nur für *lþ*, *nþ*, *mþ* Material zur Verfügung steht, so beschränke ich mich auf diese Fälle und führe zunächst die Verse an:

I. Nach langer Silbe.

1) lþ : ld.

deilþik : milda Sighv. sk. Hkr. 310,15b.
tœlþi : hildar Sighv. sk. Hkr. 488,34b.
qld : deilþum Bjarni gullbr. Hkr. 447,1a.
deilþusk : heldu Oddr Kik. Hkr. 568,12b.
qld : hölþusk Blakkr Kgs. 111,29a.

2) nþ : nd.

und : sprœnþi Jǫkull Hkr. 455,3a.
leynþi : Þrönda Ein. Skúl. Wis. 55; 14,5.
sýnþi : grundar Ein. Skúl. Wis. 56; 19,3.
reynþi : grundar Ein. Skúl. Wis. 57; 31,1.
qnd : sýnþisk Ein. Skúl. Wis. 56; 20,7.
endr : týnþir Ein. Skúl. Wis. 58; 40,5.
mundriþar : steinþrar Ein. Skúl. Wis. 58; 48,3.
rqnd : steinþa Sturla Kgs. 277,19b.
týnþu : kindir Sturla Kgs. 433,5b.
sandin : steinþu Sturla Kgs. 438,27b.
Þröndir : reynþan Ól. hvít. Kgs. 357,3.
andinn : þinþum Eyst. Ásgr. Wis. 95; 58,7.
týnþu : bundinn Eyst. Ásgr. Wis. 95; 59,7.
andagipt : sýnþi Eyst. Ásgr. Wis. 88; 12,7.

II. Nach kurzer Silbe.

1) lþ : ld.

Hildr : gilþar Ulfr Ugg. Wis. 30; 8,3.
hugfyldra : hǫlþu Þorbj. hornkl. Wis. 15; 7,5.

hjald : holpa Ein. Skál. Wis. 27; 4,5.
holpa : halda Ein. Skál. Wis. 27; 12,7.
hlymmildingum : gilþir Guth. s. Hkr. 97,30a.
hildr : holþum Eyj. Dap. Hkr. 199,31b.
hjaldr : holþar Eyj. Dap. Hkr. 200,1b.
rildi : holþa Halld. ökr. Hkr. 206,6b.
hildr : skilþir Ótt. sr. Hkr. 225,29b.
ögnraldr : talþar Sighv. sk. Wis. 39; 9,6.
gjold : holþar Mark. Skeggj.]Wis. 52; 23,3.
eldrinn : holþa Mark. Skeggj. Wis. 52; 22,3.
skyldu : holþar Þorm. Kolbr. Hkr. 476,9a.
reldr : holþar Anon. Hkr. 603,3b.
heldr : holþum Þork. ham. Hkr. 639,5a.
skjoldungr : holþum Ein. Skál. Wis. 54; 6,7.
Sigraldi : holþum Bjarni Kolb. Wis. 71; 33,6.
holþ : aldri Haukr Vald. Wis. 81; 25,7.
feldi : holþa Haukr Vald. Wis. 81; 26,1.
auþmildr : gilþi Sturla Kgs. 279,4a.
eldr : holþum Anon. Kgs. 279,17b.
mildir : holþar Sturla Kgs. 437,18b.
snilþar : rildi Sturla Kgs. 445,11b.
orþasnilþ : rildi Eyst. Ásgr. Wis. 95; 64,2.

2) *nþ : nd.*

ende : kenþe Brage Ger. 24; 17,4.
hendr : kenþu Brage Wis 2; 4,4.
Endils : spenþu Eil. Guþr. Wis. 30; 3,8.
Upplendinga : brenþi Arn. jarl. Hkr. 364,24a.
endr : kenþu Bjarni gullbr. Hkr. 493,19a.
enda : kenþan Sighv. sk. Hkr. 510,16b.
munda : unþi Sighv. sk. Hkr. 520,28b.
hendr : spenþu Arn. jarl. Hkr. 535,14b.
endr : renþi Þorl. f. Hkr. 572,31b.
Upplendingum : kenþi Þjóþ. sk. Hkr. 607,8a.
fjandinn : synþum Eyst. Ásgr. Wis. 95; 60,3.
synþa : myndir Eyst. Ásgr. Wis. 97; 80,2.
tendrast : renþi Eyst. Ásgr. Wis. 98; 81,4.
umbœtandi : synþir Eyst. Ásgr. Wis. 99; 90,3.
kennaudi : synþum Eyst. Ásgr. Wis. 99; 90,7.
endr : brenþar Hallarst. Wis. 47; 6,5.
fleygjendr : renþu Hallarst. Wis. 48; 16,6.
endr : renþi Hallarst. Wis. 48; 22,2.
kenþu : landi Þjóþ. sk. Hkr. 592, 3a.
kenþak : undan Ulfr st. Hkr. 612,3b.

brenþi : Þrénda Bjǫrn krepph. Hkr. 638,10*b.*
tandr : renþi Hallarst. Wis. 48; 20,5.
ráþrandr : rendi Hallarst. Wis. 49; 28,3.
kenþi : stundum Haukr Vald. Wis. 81; 25,1.
grund : hrunþin Þjóþ. hv. Wis. 10; 15,3.
hundfornau : sprunþi Eil. Guþr. Wis. 32; 14,8.
kunþr : grundar Arn. jarl. Wis. 45; 11,2.
kunþr : grundar Ein. Skúl. Wis. 58; 44,2.
sprund : hrunþit Þjóþ. sk. Hkr. 592,2*a.*
kunþr : jǫrmungrundar Sturla Kgs. 441,14*a.*

3) *mþ : md.*

samdógris : framþi Ein. Skúl. Wis. 56; 20,8.

Es sind dies innerhalb der Klassen, welche ich bis jetzt gemacht habe, insgesammt 44 Reime der Art *l, n, m + þ*: *l, n, m + d*. Ich habe diese in Kap. I den Fällen, in welchen von zwei Consonantengruppen nur die ersten Glieder miteinander reimen, nicht zugezählt. Wie ich glaube, rechtfertigt die grosse Zahl dieser Reime dies Verfahren. Würde man diese Reime jenen zurechnen, so würde man die Zahl 96 erhalten, somit wären fast die Hälfte dem Typus *lþ : ld* angehörig. Die Verteilung auf die einzelnen Klassen wäre alsdann folgende:

1)	unter 44,	nach kurzer Silbe 11,	nach langer Silbe —;	insgesammt 11.
2)	„ 12,	„ „ „ 3,	„ „ „ 2;	„ 5.
3)	„ 8,	„ „ „ 3,	„ „ „ —;	„ 3.
4)	„ 22,	„ „ „ 3,	„ „ „ 6;	„ 9.
5)	„ 10,	„ „ „ 4,	„ „ „ 3;	„ 7.
6)	„ —,	„ „ „ 6,	„ „ „ 3;	„ 9.
	96,	30,	14;	44.

Unter den überhaupt von mir angeführten 30 Reimen von *nþ : nd* nach kurzer Silbe sind 16, in denen *nþ* für ursprünglich *nnþ* steht, also mehr als die Hälfte. Dies Verhältniss dürfte den Satz *Noreens* rechtfertigen, dass in diesem Fall schon in vorliterarischer Zeit *þ* zu *d* geworden ist. Für *lþ* statt *llþ* fehlen die Beispiele. Scheidet man diese 11 Reime aus der Gesammtzahl, so bleiben immerhin noch 39 nach kurzer Silbe, welchen 19 nach langer Silbe gegenüberstehen, und zwar, da die ersten bei *Sighv. sk.* begegnen, erst aus

verhältnissmässig später Zeit. Dies mag seinen Grund darin
haben, dass þ nach langer Silbe wol überhaupt seltener steht.

Es will mir scheinen, als ob die angeführten Zahlen-
verhältnisse uns zu der Annahme drängen, dass schon in sehr
früher Zeit Reime wie solche von *lþ : ld* nicht als Reime
empfunden wurden, in denen nur die ersten Consonanten
reimen, sondern als vollwichtige Reime zweier Consonanten-
gruppen, d. h. also dass der Lautwert von tönendem þ in
den beregten Stellungen sich schon soweit dem *d* genähert
hatte, dass die Skalden glaubten, beide Consonanten unbe-
denklich reimen zu können. Betrachtet man allein die an-
geführten Reime, so könnte es fast scheinen, als ob þ nach
kurzer Silbe sich früher dem Lautwert des *d* genähert habe,
als nach langer, doch widersprechen dem die ältesten Hand-
schriften, auf welche ein kurzer Blick gestattet sei.

In der ungefähr ums Jahr 1200, oder etwas früher,
geschriebenen Handschrift des Stockholmer Homilienbuches,
welche bekanntlich eine sehr genaue ist, treffen wir nach *l, n*
in den Præteritalformen fast durchgehends þ an, sowol nach
kurzer wie nach langer Silbe. Daneben aber doch auch, nach
langer Silbe, neben *huilþ* 48[17] u. ö., *huild* 149[24], 204[1,2].
Nach den aus *ll, nn* vereinfachten *l, n* steht durchgehends *d*,
nach *m* begegnet þ auch an verschiedenen Stellen, vgl. St.
Hom. S. XII. Anders gestaltet sich die Sachlage schon in
der etwas jüngeren, dem Anfang des 13. Jahrhunderts an-
gehörenden isländischen Handschrift, dem Cod. 1812 der alten
königl. Samml. (Ed. *Larsson*).

Nun zeigt uns aber eine dem Anfang des 13. Jahrh.
angehörende isländische Handschrift, nämlich der ältere Teil
des Cod. 1812 der alten königl. Samml., ein wesentlich anderes
Verhältniss. Hier steht mit wenigen Ausnahmen die Schreibung *d*
nach *l* und *n* mit vorausgehendem kurzen Vocal, vgl. *Larsson*
S. XV. Auch in der ungefähr gleichzeitigen Handschrift des
norwegischen Homilienbuches treffen wir in einigen Fällen,
sowol nach kurzem wie langem Vocal, nach *l, n, m d* an,
während allerdings meistens *ð* steht, was, wie *Wadstein* S. 106
wol mit Recht meint, auf die ältere Vorlage zurückzuführen

ist. *Bugge* hat im *Ark. f. n. F.* II, 228 ff. nachgewiesen, dass dem Volksnamen für die Wenden *Vindr* im Anord. ursprünglich ein *þ* eignet. Nun finden sich, wie er ferner zeigt, in der im Anfang des 13. Jahrhunderts geschriebenen isländ. *Ólafssaga h. helga* (Ed. Christiania 1853) die Formen *Vindr* dreimal und *Vindland* fünfmal neben *Vinþa*, *Vinþum* etc. Im Cod. 291 4to der *Jómsvikingasaga* steht dreimal *Vindland*, einmal *Vinþa*. Wenn wir ferner im *Agrip.* Schreibungen haben wie *uiNlandi* S. 2, *uinlandz* S. 58, *ueNl(andi)* S. 34, im norweg. Homil. *Vinlannz* S. 158, im Cod. 510,4^to der *Jómsr. Vinland* an verschiedenen Stellen, in *Þiþreks. s. Vin-land* S. 27, 192, 208, *Vinnland* S. 98, *Vinnlandia* oder *Vinlandia* bei *Theodoricus monachus* S. 24, so deuten diese, wie *Bugge* sicherlich richtig urteilt, darauf, dass man den Namen des Landes mit *nn* vor dem *l* aussprach. Für ein solches *nn* wäre aber ein *nd* die Vorbedingung, sodass auch durch diese Namensform es wahrscheinlich gemacht wird, dass hier *nþ* in *nd* übergegangen ist am Anfang des 13. Jahrh., also in einem Wort mit kurzem Vocal in der der Lautgruppe *nþ* vorhergehenden Silbe. Ob dieser Übergang zuerst in den Formen, in denen ein *r* oder *l* der Gruppe folgte, eingetreten ist, wie *Bugge* will, mag dahingestellt bleiben. Jedesfalls glaube ich, wird man aus alledem schliessen dürfen, dass ums Jahr 1200 *þ* nach *l*, *n*, *m* bereits zu *d* geworden ist, sowol im Isländischen wie Norwegischen, ob dies tatsächlich nach langer Silbe früher erfolgt ist, als nach kurzer, ist nicht ersichtlich [1]).

z.

Hoffory hat in *Bezzenberger's* Beitr. IX, 63 ff. über die Natur des schon in den ältesten Handschriften auftretenden *z* gehandelt und ist, S. 84, zu dem Resultat gekommen, dass es immer eine graphische Darstellung der Lautgruppe *ts* ist, entstanden aus den Verbindungen *ts*, *þs*, *lls*, *nns*, *ds*. Die

---

[1]) Meine in der deutschen Litteraturz. 1870, sp. 1384 ausgesprochene Ansicht, dass dieser Übergang schon zur Zeit *Sighv. sk.'s* eingetreten sei, also in der ersten Hälfte des 11. Jahrhunderts, wäre darnach zu berichtigen.

Skaldenreime bieten jedoch in den letzteren Fällen noch den ursprünglichen Lautstand im Allgemeinen dar. Nach der ausführlichen Behandlung, welche die Frage des z von *Hoffory* a. a. O. gefunden hat, bleibt mir nicht viel mehr übrig, als das von ihm nur spärlich beigebrachte Material aus den Skaldenreimen um ein Beträchtliches zu vermehren.

1) z : tx.

fjǫrnetx : hretja Eil. Gupr. Wis. 30; 1,2; *móts : blóta Ein. Skál. Wis.* 27; 9,2; *armgrjóts : fljóta Hallfr. v. Wis.* 36; 18,2; *hnits : Fitjum Þórþr Sjár. Hkr.* 105,15 a; *móts : Meita Ein. Skál. Wis.* 28; 14,1; *þrjóts : eitri Eil. Gupr. Wis.* 31 ; 5,7; *móts : móti Skúli Þorst. Hkr.* 211,21 b; *héltstu : sralta Ott. sv. Hkr.* 422,20 a; *hreinflets : settu Sighv. sk. Hkr.* 308,19 a; *Sighvats : hittitz Sighv. sk. Wis.* 43; 16,1; *flettugrjóts : spjóta Bjarni gullbr. Hkr.* 446,35 b; *hrjóts : móti Halld. skr. Hkr.* 663,10 a; *létst : litla Þjóþ. sk. Hkr.* 540,5 a; *Knúts : nýtum Þjóþ. sk. Hkr.* 540,9 a; *geirnetx : þetta Gupm. Odds. Kgs.* 274,21 a; *létst : héti Þór. stutf. Hkr.* 686,18 b; *hóts : þjóta Blakkr Kgs.* 111,32 b; *hlitstyggr : litit Arn. jarl. Hkr.* 446,35 b; *heitstrengingar : gátu Bjarni Kolb. Wis.* 69 ; 11,6; *flóttstygr : dróttin Sighv. sk. Hkr.* 521,4 b.

Mit Einführung des *Bragarmál* kommen noch hinzu:

rétt's : sétta Sighv. sk. Wis. 39; 6,1; *hætt's : frétta Hallfr. v. Wis.* 36; 19,7; *satt's : Gretti Haukr Vald. Wis.* 80; 17,1; *satt's : dróttin Ein. Skúl. Wis.* 56; 22,5; *satt's : skreytta Ein. Skúl. Wis.* 57; 34,1; *skreytt's : dróttin Ein. Skúl. Wis.* 61; 64,7; *satt's : reittir Bjarni gullbr. Hkr.* 439,13 b; *satt's : átti Þjóþ. sk. Hkr.* 539,27 a.

Nach der *Hoffory*'schen Vereinfachungsregel, *Bezzenb. Beitr.* IX, 37 ff., werden wir vielleicht in allen Fällen, in denen wir *tt's* haben, annehmen dürfen, dass *tx* entstanden ist; alsdann würden wir diese Fälle zu den Reimen von einfacher Consonanz mit Geminata hinzuzurechnen haben.

2) z = tx, entstanden aus þx.

Nur in wenigen Fällen ist der Wandel von þx zu tx zu belegen. Ein Beispiel führt *Hoffory* a. a. O. S. 32 an: *skauzt : frizta Valg. Hkr.* 559,7 a. Dass *skautxt* zu lesen ist, unterliegt keinem Zweifel, daher muss auch, wenn ein Reim vorhanden sein soll, *fritxta* gelesen werden, welches auf ursprüngliches *friþxta* zurückgeht.

Ich vermag dem noch hinzuzufügen die Reime:

óztr : bezta Sighv. sk. Wis. 40; 15,7 und *baztr : óztrar Ein. Skúl. Wis.* 54; 5,3.

Auch hier ist es wiederum klar, dass in *bezta* und *baztr ts* zu lesen ist, also folgt wiederum, dass im Superlativ von *øfri* das *z* ebenfalls *ts* ist, dass also *þs* hier zu *ts* geworden ist. Dieser Wandel begegnet also schon in der ersten Hälfte des 11. Jahrhunderts.

In der weitaus grössten Zahl der Fälle aber hat die etymologische Aussprache Geltung gehabt, und zwar bis ins 14. Jahrhundert hinein, wie uns eine grosse Anzahl von Reimen von *þ : þs* zeigt:

seiþs : láþi Þorbj. hornkl. Wis. 15; 8,7; *skiþs : baþum Eyv. sk. Hkr.* 106,17*a*; *auþs : krøpi Þórþr Kolb. Hkr.* 170,32*a*; *gjóþs : hríþir Sighv. sk. Hkr.* 252,21*a*; *blóþs : slæþusk Hkr.* 253,17*b*; *góþs : gjóþi Hkr.* 253,27*b*; *góþs : róþa Hkr.* 274,16*b*; *Eiþs : óþumk Hkr.* 307,27*a*; *haukjóþs : riþa Hallarst. Wis.* 47; 8,1; *hjǫrflóþs : hnykkimeiþum Wis.* 49; 24,1; *gnýbjóþs : geysitiþar Wis.* 49; 24,7; *hringskiþs : herþimeiþar Wis.* 50; 32,1; *skýhjóþs : skelfihriþar Wis.* 49; 29,3; *hljóþs : prýþi Bjarni Kolb. Wis.* 68; 1,4; *guþs : siþan Eyst. Ásgr. Wis.* 88; 8,3.

leikblaþs : fjaþrar Þjóþ. hv. Wis. 10; 12,6; *vaþs : naþri Ulfr Ugg. Wis.* 29; 4,6; *randláþs : kráþu Hallfr. vandr. Wis.* 36; 17,6; *sóknbráþs : dáþir Ein. Skúl. Wis.* 55; 12,2; *ormláþs : báþa Sighv. sk. Hkr.* 343,2*b*; *snarráþs : báþa Þjóþ. sk. Hkr.* 620,17*b*; *ógnarbráþs : láþi Sturla Kgs.* 320,14*b*; *itrgeþs : kveþja Ein. Skúl. Wis.* 54; 10,4; *niþs : þriþja Sighv. sk. Wis.* 38; 3,4; *liþs : miþli Sighv. sk. Wis.* 38; 3,4; *liþs : þriþja Tindr Hallk. Hkr.* 160,22*b*; *liþs : miþli Sighv. sk. Hkr.* 510,23*a*; *niþs : miþli Sighv. sk. Hkr.* 522,12*b*; *liþs : miþli Þjóþ. sk. Hkr.* 542,32*a*; *liþs : miþju Þjóþ. sk. Hkr.* 593,32*b*; *liþs : miþli Steinn Herd. Hkr.* 595,8*a*; *fólkskiþs : siþan Ein. Skúl. Wis.* 27; 6,6; *fjǫlbliþs : siþan Sighv. sk. Wis.* 42; 4,6; *lǫgskiþs : siþan Ein. Skúl. Wis.* 56; 20,6; *hafskiþs : siþan Sighv. sk. Hkr.* 308,19*b*; *friþs : siþan Sighv. sk. Hkr.* 308,26*a*; *riþs : siþan Bjǫrn krepph. Hkr.* 638,13*b*; *bliþs : friþum Öl. helt. Kgs.* 349,10*b*; *brynskiþs : sviþa Hallarst. Wis.* 48; 21,6; *goþs : boþnum Halld. skr. Hkr.* 663,21*b*; *fljóþs : rjóþa Þjóþ. sk. Hkr.* 540,24*b*; *sárflóþs : blóþi Ein. Skúl. Hkr.* 744,4*a*; *hljóþs : óþi Hallarst. Wis.* 46; 1,2.

3) llz, nnz.

Für die Entwicklung eines z in der Stellung nach *ll*, *nn*
bieten uns die Skaldenreime kein Beispiel dar. *Hoffory* glaubte,
aus Reimen von *ll* : *lls*, *nn* : *nns* schliessen zu dürfen, dass
hier die Aussprache *lls*, *nns* war. Nun halte auch ich dies
für das Wahrscheinliche, bewiesen wird es aber keineswegs,
denn die Reime zeigen uns zwar, dass hier *ll*, *nn* mit *ll*, *nn*
reimen, geben uns aber durchaus keinen Aufschluss über die
Natur des der Geminata folgenden Lautes.

Reime solcher Art sind die folgenden:

a) *ll* : *lls*.

fulls : *fylla Haukr Vald. Wis.* 81; 22,1; *Halls* : *hollan Haukr Vald.
Wis.* 81; 23,1; *styrsnjalls* : *stilli Ein. Skúl. Wis.* 59; 46,3; *gulls* :
fallinn Þórþr Sjár. Hkr. 107,7*a*; *snjalls* : *skolla Sighv. sk.
Hkr.* 274,19*b*; *gulls* : *ǫllu Sighv. sk. Hkr.* 377,19*b*; *gulls* : *spjalli
Stúfr sk. Hkr.* 559,1*b*; *trolls* : *fyllar Ól. kon. hlg. Hkr.* 613,23*b*;
golls : *ella Arn. jarl. Wis.* 45; 7,3.

valfalls : *allan Ein. Skúl. Wis.* 27; 8,6; *allsvaldanda* : *snjalla Ein.
Skúl. Wis.* 53; 1,2; *dápsnjalls* : *alla Ein. Skúl. Wis.* 60; 56,8;
alls : *snjallum Ein. Skúl. Wis.* 55; 16,8; *snjalls* : *alla Ein. Skúl.
Wis.* 58; 36,4; *valfalls* : *alla Valg. Hkr.* 560,7*a*; *snjalls* : *spjalli
Steinn Herd. Hkr.* 628,10*b*; *snjalls* : *allir Þjóþ. sk. Hkr.* 621,18;
alls : *kalla Hallarst. Hkr.* 628,10*b*; *holls* : *golli Ein. Skúl. Wis.*
57; 34,2; *golls* : *skolli Har. kon. harþr. Hkr.* 586,33*b*; *trolls* :
sollinn Hallarst. Wis. 48; 17,3; *gǫlls* : *ǫllu Sighv. sk. Wis.*
81; 23,1.

b) *nn* : *nns*.

finnsk : *mǫnnum Ein. Skúl. Wis.* 59; 51,3; *Finns* : *grǿnni Halld. skv.
Hkr.* 666,1*b*; *kennstu* : *minnast Eyst. Ásgr. Wis.* 96; 69,3; *þrek-
manns* : *sinni Hallarst. Wis.* 48; 21,3; *gnýlinns* : *runna Hallarst.
Wis.* 49; 25,3.

ranns : *annat Ein. Skúl. Wis.* 59; 46,8; *gunnranns* : *konungmanna
Sighv. sk. Hkr.* 492,26*b*; *sanns* : *annan Þjóþ. sk. Hkr.* 626,13*b*;
manna : *fannsk Sighv. sk. Wis* 41; 8,2; *manns* : *sannan Eyst.
Ásgr. Wis.* 96; 69,2; *Finns* : *minni Þjóþ. hv. Wis.* 10; 13,6;
linns : *minna Ein. Skúl. Wis.* 57; 32,2; *finns* : *linna Eyj. Dáþ.
Hkr.* 140,23*a*; *dolglinns* : *þinni Ótt. sv. Hkr.* 225,30*a*; *hrælinns* :
vinna Sighv. sk. Hkr. 255,25*b*; *Þorfinns* : *Dýflinnar Arn. jarl.
Wis.* 335,15*b*; *srinns* : *vinnask Þjóþ. sk. Hkr.* 607,6*b*; *hrælinns* :
sinni Hallarst. Wis. 46; 3,5; *morþlinns* : *sinni Hallarst. Wis.*
47; 14,1; *hlunns* : *runnum Sighv. sk. Hkr.* 309,7*b*.

Dazu kommen noch mit *Bragarmál*:

þann's : *unnar Haukr Vald. Wis.* 81; 23,3; *hinn's* : *runna Haukr Vald. Wis.* 81; 24,5; *hann's* : *konungmanna Hallarst. Herd. Hkr.* 309,7 b.

4) z = ds.

Hoffory ist a. a. O. 82 der Ansicht, „es kann sehr wol möglich sein, dass diese Aussprache (nämlich die des *ds* als *ds*) sich bis in das 12. Jahrhundert erhalten hat und dass sich im Stockholmer Homilienbuch noch Spuren davon finden". Wir haben tatsächlich, wie das Folgende zeigen wird, beweisende Beispiele für diese Aussprache bis ins 13. Jahrhundert, während ich solche für die Aussprache *ts* nicht beizubringen vermag.

a) ld : lds.

elds : *aldri Hallfr vandr. Wis.* 33; 1,1; (*Óláfsdr.*) *elds* : *vildir Sighv. sk. Hkr.* 431,31 b; *holds* : *fyldan Bolv. sk. Hkr.* 547,3 a; *dvalds* : *skilda Valg. Hkr.* 560,12 a.
Haralds : *haldask Sighv. sk. Wis.* 42; 5,5; *himnavalds* : *aldri Ein. Skúl. Wis.* 61; 63,6; *allvalds* : *gjalda Sighv. sk.* 437,33 a; *allvalds* : *halda Anon. Hkr.* 570,27 b; *elds* : *beldi Hallfr vandr.Wis.* 36; 20,6; *elds* : *beldu Sighv. sk. Hkr.* 431,9 b; *sárelds* : *feldi Sighv. sk. Hkr.* 499,13 b; *elds* : *kveldar Anon. Hkr.* 640,2 b; *heldsk* : *seldi Sighv. sk. Hkr.* 508,29 b; *folds* : *goldet Ótt. sv. Hkr.* 284,25 a.

b) nd : nds.

þreklynds : *þréndir Ein. Skúl. Wis.* 55; 11,5; *lands* : *lindar Þórþr Kolb. Hkr.* 170,25 b.
valbrands : *landa Guth. s. Hkr.* 97,29 b; *lands* : *landa Þórþr Sjár. Hkr.* 105,13 a; *dólgbands* : *handar Glúmr Geir. Hkr.* 110,19 b; *Gotlands* : *strandar Eyj. Dap. Hkr.* 197,7 b; *landsráþundum* : *branda Ótt. sv. Hkr.* 284,23 a; *landsfolk* : *handa Arn. jarl. Wis.* 44; 3,4; *Grikklands* : *handa Þór. Skeggj. Hkr.* 557,9 a; *brands* : *Skotlandi Sturla Kgs.* 469,28 b; *skeiþarbrands* : *landi Arn. jarl. Wis.* 44; 5,4; *sunds* : *undan Hallfr. vandr. Wis.* 36; 18,8; *lunds* : *grundu Sturla Kgs.* 433,15 a.

Hierher gehört auch der Reim des *Eil. Gupr. Wis.* 33; 9,2 *unz* : *sinni*, für den Fall, dass man zu dieser Zeit die aus *und* *es* entstandene Partikel (vgl. *Cl.-Vigf.* 655) noch *unds* gesprochen hat; sprach man aber *unns*, so wäre dieser Vers unter 3 b einzureihen.

c) *dd : dds.*

In späterer Zeit ist auch hier, nachdem in Folge der Vereinfachungsregel aus *dds ds* geworden, *ts* entstanden. (*Hoffory* a. a. O. 83.) Skaldenreime dafür habe ich nicht gefunden.

nadds : raddar Guth. s. Hkr. 97; 28*b*; *naglskadds : stadda Ein. Skúl. Wis.* 61; 68,4.

4) Intervocalisches *z = ts.*

fats : Þjaza Þjóþ. hv. Wis. 9; 1,8; *fats : Þjaza Korm. Ogm. Wis.* 26; 5,4; *friþlits : Jvizu Halld. skr. Hkr.* 665,31*b*; *hizig : heitir Þjóþ. sk. Hkr.* 541,17*a*; *ats : hizig Sighv. sk. Hkr.* 445,5*b*.

Dass dieses *-z-* aber im Laufe des 13. Jahrhunderts in *ss* übergeht, macht der von *Mogk A. f. d. A.* X, 66 aus dem Jahre 1254 angeführte Reim aus *Sturl.* II, 174 *Gizurr : rissa* wahrscheinlich, vgl. *Nor. aisl. Gr.*² § 43.

5) *z = st?*

Hat *z* zuweilen durch die Geltung von *st*, wie *Gislason, Wimmer, Vigfusson* wollten? (Vgl. die Stellen bei *Hoffory* a. a. O. S. 69 ff.) Auf eine solche Aussprache scheinen folgende Reime hinzudeuten:

last : bazti Sighv. sk. Hkr. 308,32*a* und *skozkir : alproskins Sturla Kgs.* 474,37*b*.

Liegt hier eine dialectische Entwicklung vor? Doch sind beide Dichter durch einen Zeitraum von zwei Jahrhunderten getrennt und der erste stammt aus dem Süden Islands, der andere aus dem Westen. Ich wage es nicht, diese Frage zu entscheiden.

x = ks.

x gibt immer den Lautwert *ks* wieder, vgl. *Hoffory* a. a. O. S. 16 Anm. 2. Dies zeigen Reime wie:

salpaks : vaxa Eil. Guþr. Wis. 31; 7,8; *marblakks : saxi Ein. Skúl. Hkr.* 766,13*a*; *riks : Saxa Sighv. sk. Hkr.* 308,29*b*.

Der Wechsel von *-þr* und *-nnr.*

In den Beitr. VII, 445 ff. hat *Tamm* zu zeigen versucht, dass in der Lautgruppe *-nþr* das *n* fortfiel, sodass Wörter wie *muþr* (got. *munþs*), *sviþr* (got. *svinþs*) Plur. *aþrer* zum

Sing. *annar* die lautgesetzlichen Formen hätten, während die gleichfalls vorkommenden *munnr, srinnr* etc. Analogiebildungen wären nach Formen, in welchen dem -*nþ* kein *r* folgte, also *nn* entstehen musste. So kam es denn, dass auch in Wörtern, welche ein nicht aus *nþ* entstandenes *nn* enthielten, sich Nominativformen mit -*þr* einschlichen, wie besonders in *maþr*, ferner in *bruþr* aus *brunnr* etc. Dieser Darstellung schloss sich *Noreen* in seiner *aisl. Gr.* § 220,2 an. Die auffallende Erscheinung, dass keine Ersatzdehnung, also, wie sonst immer, Verlängerung des Vocals eintrat, glaubte *Tamm* dadurch erklären zu können, dass, da in Wörtern wie *saþr, aþra -aþr* schon so metrisch lang sei, eine Ersatzdehnung nicht „nötig" sei, „Ersatzdehnung aber nach Wegfall eines Consonanten ist wol nur da von Nöten, wo ohne dieselbe Kürzung einer metrisch langen Silbe eintreten würde". Dies ist doch wol eine ziemlich willkürliche und unwissenschaftliche Auffassung dieser Erscheinung. Dies mochte auch *Noreen* gefühlt haben, denn in Anm. 5, wo er auf den auffallenden Mangel der Ersatzdehnung hinweist, fragt er, ob nicht doch einmal eine solche vorhanden gewesen sei.

Inzwischen war unabhängig von *Tamm Leffler* in *nord. Tidskr. f. Fil.* IV, 288 zu einer ähnlichen Erklärung gekommen. Auch er nahm Wegfall des *n* vor -*þr* an, construierte aber alsdann folgerichtig langen Nasalvocal. Diese Länge sei durch Einwirkung des kurzen Vocals in den anderen Casus mit *nn* dann wieder verdrängt worden. Von *K. Verner* darauf aufmerksam gemacht, dass eine solche Auffassung nicht ausreiche zur Erklärung des kurzen Vocals in dem Worte *iþr* „Eingeweide", in welchem niemals Casus mit *nn* mit solchen mit *þr* gewechselt hätten, meinte er in *nord. Tidskr. f. Fil.* 80 Anm., man dürfe hier vielleicht an volksetymologische Zusammenstellung mit *iþri, innri* „der Innere" denken. Unbefriedigt von allen diesen Erklärungsversuchen kehrte *Noreen* in *Grdr. f. g. Phil.* I, 459 in gewisser Weise zu der alten Erklärung, dass *nnr* zu *þr* wird (*Wimmer, anord. Gr.* § 21,1c) zurück, indem er die Regel so darstellte: „*nn* wird vor *r* (nicht vor dem aus *z* entstandenen *R*) zu *þ*, z. B. *aisl. iþre* aus **innere*

'Innerer' (vgl. *minne* aus **minniRe*, got. *minniza* 'minder'); wn., on. Pl. *aþrir* zu *annar(r)* 'ander'. Da die Gruppe *nnr* immer durch Synkope entstanden ist, fällt demnach dieser Übergang in die Vikingerzeit. Auch wo etwas später ein aus *R* entwickeltes *r* zu *nn* tritt, findet dieselbe Entwicklung statt, z. B. aisl. Pl. *meþr* (aus *menn-r*) neben *menn* (aus **manniR*, got. *mans*) 'Männer'. Durch Ausgleichung entstehen dann häufig Nebenformen mit *nnr*, z. B. aisl. *innre* nach *innan* 'innerhalb', *mennr* nach Gen. Pl. *manna* u. dgl."

Diese Erklärung hat, wie mir scheinen will, in der Tat das Meiste für sich, da sie auf ungezwungene Weise den grössten Teil der Fälle erklärt. Nach der jüngeren *Noreen*'schen Auffassung also sind auch alle die Fälle, in welchen *nn* nicht aus *nþ* entstanden ist, die aber trotzdem Formen mit *-þr* haben, lautgesetzlich.

Ich führe nun die Formen aus den Skaldenreimen vor:

1) Formen mit *-þr*.

áttruþr : Supra Eil. Guþr. Wis. 32; 15,8; *suþr : naþri Eyj. Duþ. Hkr.* 140,24*a*; *maþr : jaþri Hallfr. vandr. Wis.* 36; 13,4; *suþr : þaþra Sighv. sk. Hkr.* 308,30*b*; *feþr : aþra Hkr.* 230,28*b*; *naþr : aþra Þjóþ. sk. Hkr.* 594,4*b*; *Fiþr : miþri Hkr.* 592,22*b*; *suþr : súþir Hkr.* 529,11*b*; *Norþmeþr : naþri Hkr.* 592,16*b* (*maþr : aþra Mark. Skeggj. Wis.* 52; 17,2); *liþ : iþri Wis.* 53; 28,2; *glaþr : aþrom Anon. Hkr.* 603,17*a*; *maþr : þaþra Þorbj. skakk. Hkr.* 795,8*a*; *eþr : oþrum Þorm. Kolbr.[1]) Hkr.* 478,1*a*; *breþr : miþri Anon. Hkr.* 640,1*a*; *meþr : gleþja Ein. Skúl. Wis.* 56; 21,2; *meþr : öþra Hkr.* 667,10*a*; *suþr : sæskiþum Sturla Kgs.* 479,9*b*; *teþr : föþri Haukr Vald. Wis.* 79; 7,3.

2) Formen mit *nnr*.

áttrunnr : kunni Þjóþ. hv. Wis. 10; 9,4; *gunnr : brunni Korm. Ogm. Wis.* 26; 4,4; *sunnr : runnu Ein. Skál. Wis.* 28; 17,4; *sunnr : hlynnin Glúmr Geir. Hkr.* 87,3*b*; *sunnr : mynni Skúli Þorst. Hkr.* 211,23*b*; *mannr : annar Þórþr Sjár. Hkr.* 107,3*b*; *mannr : skýranni Arn. jarl. Hkr.* 323,32*b*; *hvarkunnr : sunnan Hallfr. v. Wis.* 35; 4,6; *sunnr : kunnum Wis.* 35; 6,4; *gunnr : sunnan Wis.* 36; 17,2 u. 16,8; *sunnr : gunnar Halld. ökr. Hkr.* 217,12*b*; *unnr : grunni Þjóþ. sk. Hkr.* 539,9*b*; *sunnr : unnin Hkr.*

540,21a; ripkunnr : þunnri Hkr. 562,26a; gunnr : sunnan
Oddr Kik. Hkr. 543,30b; mannr : skýranni Ein. Skúl. Wis.
54; 2,6; kunnr : manni Haukr Vald. Wis. 81; 24,1; sannr :
manna Eyst. Ásgr. Wis. 90; 28,6; sunnr : manna Wis. 95; 63,2:
sannr : inni Wis. 90; 27,7; hann : sannri Wis. 96; 68,6.

Interessant ist das Vorkommen von *mannr*, welches in
der litterarischen Zeit gänzlich ausser Gebrauch ist, vgl.
Noreen aisl. Gr. § 220,2. Im Übrigen scheint es, als ob
die Skalden je nach Bedarf des Reimes sich bald dieser bald
jener Form bedient haben, so hat z. B. *Þjóþ. sk. sunnr*
und *supr*.

Wegfall eines mittleren Consonanten.

Ein solcher tritt besonders ein, wo durch Synkope, Zu-
sammensetzung oder sonst irgendwie eine der Sprache nicht
geläufige Gruppe von drei Consonanten entstanden ist, vgl.
Noreen, Grdr. I, 464. *Hoffory, Bezzenb.* Beitr. IX, 20. Bei
den Skalden finde ich nur für *mart* aus *margt* Beispiele,
und zwar:

mart : bjarta Valy. Hkr. 560,15b; mart : Portum Sighv. sk. Wis.
39; 8,7; hermart : snyrtis Hallarst. Wis. 49; 26,5; hermart :
ortu Hallarst. Wis. 50; 34,1.

Wegfall eines ersten Consonanten.

In dem Reime des *Hallarst. Wis.* 48; 22,3 þreifsk :
stóriaska scheint das *fsk* wie *sk* ausgesprochen worden zu
sein, vgl. *Wis.* 201. *Hallarst.* hat auch sonst noch Eigen-
tümlichkeiten, wie den frühzeitigen Wandel von *rn* zu *nn*,
worüber sogleich.

Assimilation.

Ich führe in Folgendem im Wesentlichen nur Beispiele
an von Fällen, in welchen die Assimilation, und zwar eine
rückwärts wirkende, sporadisch auftritt, während meistens
diese Assimilation entweder überhaupt nicht eingetreten ist
oder durch Analogiebildung verdrängt ist.

1) þl > ll.

snjallir : millum Ól. hvít. Kgs. 349,7a; illa : milli Þjóþ. sk. Hkr.
538,8b.

Dass in den Fällen, in welchen þl erscheint, keine Ver-
dunklung durch etymologische Schreibung vorliegt, wie *Noreen*
aisl. Gr. § 198 als möglich hinstellt, zeigen folgende Reime:

liþs : miþli Sighv. sk. Hkr. 510,23a; niþs : miþli Sighv. sk. Hkr.
522,12b; iþula : miþlum Bjarni gullbr. Hkr. 526,5b; liþs :
miþli Þjóþ. sk. Hkr. 542,32a; liþs : miþli Steinn Herd. Hkr.
595,4a.
stǫpnum : rǫþli Trollk. Hkr. 613,15b.
ǫþlinga : Óþni Þorl. Raupf. Hkr. 170,1b; ǫþlings : ráþi Sturla Kgs.
445,12b.

Zu bemerken ist, dass derselbe *Þjóþ. sk.* sowol die Form
mit þl wie die mit ll benutzt, also wol je nach Bedarf des
Reimes, und dass von zwei Brüdern der eine sich dieser, der
andere jener Form bedient, so dass man annehmen darf, dass
auch von ihnen jeder beide Formen nach Belieben anwendete.

2) tk > kk.

ekki und die Formen von *nekkverr* kommen bei den
Skalden nur mit kk vor. Erwähnenswert ist die Form *lækka*,
reimend zu *ekkjur* in dem Verse des *Hárekr Sjár. Hkr.* 428,28a
aus *lætka*, wie auch die Lesart in *Fgrsk.* 83 ist.

3) rs > ss.

Dieser Übergang ist ein später, er gehört erst dem
13. Jahrhundert an. *Mogk Anz. f. d. A.* X, 186, vgl. *Noreen*
Grdr. I, 473. Zeugniss davon legen ab die Reime:

vess : þessa Eyst. Ásgr. Wis. 100; 99,4 (vess < vers = lat. versus);
fossum : krossum Eyst. Ásgr. Wis. 94; 54,4 (foss < fors);
Kristr : fystu Eyst. Ásgr. Wis. 96; 66,5; fyst : fjǫrleystum
Sturla Kgs. 467,7a; : lestr Kgs. 427,27a.

In *fystr* aus *fyrstr* ist das st aus sst entstanden, welches
dann nach der *Hoffory*'schen Vereinfachungsregel zu st wurde[1]).
Ebenso in dem Reim *Eyst. Ásgr. Wis.* 92; 42,1 þystir : fǫstum,
wo *ACDþyrstr* haben, und dem Endreim *hesti : re(r)sti Bjarni*
Kalfss. Kgs. 73,16 f., wo auch *Fms.* VIII, 172 resti liest.

---

[1]) Der Ausdruck *Noreens*, *aisl. Gr.* § 198,8, 'wo s das ss ver-
tritt', ist irreführend. Richtig jetzt *aisl. Gr.*³ § 212,3.

4) *rn* > *nn.*

Dieser Übergang tritt nach *Noreen Grdr. d. g. Ph.* I, 472 im Anorw. schon um 1300 ein, im Aisl. später. Der Reim des *Hallarst. Wis.* 50; 31,5 *sigrgjarn* : *rænni* zeigt uns, dass dies schon um 1200 der Fall gewesen sein muss (vgl. *Wis.* 201), s. unten unter 7.

5) *ggk* > *kk.*

hykk : *frakkna Hallfr. v. Wis.* 33; 6,1; : *flokki Þjóþ. sk. Hkr.* 535,21 a; : *rekkar Hkr.* 626,14 a; *frekna Hkr.* 606,20 a; : *flekkum Sighv. sk. Hkr.* 307,32 b; : *þekkja Þór. stuttf. Hkr.* 686,4 a.

6) *nd* > *nn.*

Wir haben oben, S. 74, gesehen, dass *Bugge* in dem Worte *Vinþlandr* einen Übergang in *Vinnlandr* nachgewiesen hat, für welchen ein *Vindlandr* Vorstufe sein musste. Es scheint nun, als ob in der Tat vor gewissen Consonanten *nd* zuweilen zu *nn* wird. *Gislason* weist in *Njdla* II, 634 solche Reime nach, in welchen *ndn* : *nn*[1]), *ndl* : *nnl*, *nds* : *nns* reimen. Aus meinem Material gehört hierher der Reim des *Anonymus rindsamt* : *finna Hkr.* 602,27 b. Jedoch kann man hier, wie in den folgenden Versen, sehr wol auch Reim von einfacher zu Doppelconsonanz annehmen:

inndæll : *lindis Þjóþ. sk. Hkr.* 592,32 b; *gunndjarfs* : *fundinn Ein. Skúl. Wis.* 59; 44,8; *manndráp* : *Englandi Þork. Skall. Hkr.* 624,22 b; *kenndu* : *fjandan Eyst. Ásgr. Wis.* 93; 44,2; *manndýrþir* : *vanda Ein. Skúl. Wis.* 55; 18,4; *inndrótt* : *minnum Arn. jarl. Wis.* 45 : 9,6.

Eine andere Möglichkeit wäre noch die, dass man annimmt, es sei aus *nnd*, gemäss der *Hoffory*'schen Vereinfachungsregel, *nd* geworden, so dass wir alsdann regelmässige Reime von *nd* : *nd* hätten. Dies scheint mir das Wahrscheinlichste zu sein.

---

[1]) Für diesen Übergang zeigen auch die Schreibungen des Cod. 1812 gml. kgl. Sml. (Ed. *Larsson*) *lannvsþre* 30,10; *lanósþe* 31,16 und *laNosþr* 31,13, vgl. S. XV.

7) $ld > ll$.

Dieser Übergang, welchen *Nor. Grdr. d. g. Ph.* I, 473 für ostnorw. Mundarten des 14. Jahrhunderts belegt, scheint in dem Reime des *Hallarsteinn byrtjalls* : *heilli* vorzuliegen und wird von *F. Jónsson* in *SnE.* III, 111 benutzt als Beweismittel für die Verschiedenheit der beiden Dichter *Steinn Herdisarson* und *Hallarsteinn*, vgl. *Vigfusson corp. poet. bor.* II, 294 f. In diesem und dem oben erwähnten Reim *sigrgjarn* : *rænni* darf man vielleicht Norwagismen sehen.

IV. Kapitel.

Aus der Formenlehre.

Nachdem ich die wichtigsten Punkte, welche sich mir aus der Betrachtung der Skaldenreime hinsichtlich der Lautlehre ergeben haben, in den beiden vorigen Kapiteln behandelt habe, will ich hier nur in Kürze einige Formen nachweisen, die vielleicht Interesse verdienen.

1) Ungeschlechtiges Pronomen.

In der *apalhending* begegnet nur der Dat. Acc. Pl., und zwar in der Form *oss : krossi Ein. Skúl. Wis.* 54; 3,6; *oss : piningarkrossi Wis.* 61; 65,8; *oss : krossinn Eyst. Ásgr. Wis.* 94; 54,4; *oss : krossinn Wis.* 95; 60,2; *oss : krossinn Wis.* 95; 62,8. Ausserdem die merkwürdige Form Nom. Pl. *vir* in dem Reime *Sighvats sk. Hkr.* 431,18b *vir : skírir*, auf welche schon *Gísl. Njál.* II, 600 hingewiesen hatte. *Noreen* stellte im *Ark. f. n. Fil.* I, 178 Anm. 1 diese Form, resp. **vis*, als Postulat für got. betontes *veis* auf und erklärte wol mit Recht altschwed. *vir* für eine Contaminationsbildung aus **vis* und **veR*. Im *Grdr.* I, 499 führt er für den Nom. Pl. aus dem Ostnordischen an: agutn. *vir*, aschwed., adän. *vi(r)* aus *wiR (Malstad uiR)*, ohne doch der sicher belegten altisländischen Form Erwähnung zu tun, obgleich er in der Note die Stelle bei *Gislason* citiert[1]).

--- ---

[1]) Doch vgl. jetzt *Nor. aisl. Gr.*² 142 Anm.

2) Geschlechtiges Pronomen.

Es begegnet nur die Form *hánum*. Sie steht im Reim mit folgenden Wörtern:

Mána Þjóþ. hr. Wis. 10; 14,8; *ván Ein. Skúl. Wis.* 54; 4,8; *mána Guth. s. Hkr.* 102,6b; *ván Þórþr Kolb. Hkr.* 170,31a; *fráns Halld. ókr. Hkr.* 212,20b; *rán Ól. kon. hlg. Hkr.* 446,26b; *auþrán Sighv. sk. Hkr.* 253,30a; *ormfrán Hkr.* 491,4b; *Ská-nunga Þórþr Sjár. Hkr.* 422,26b; *Skánunga Þjóþ. sk. Hkr.* 532,4b; *fráns Þjóþ. sk. Hkr.* 592,2b; *ván Þjóþ. sk. Hkr.* 605,13b; *ráns Arn. jarl. Hkr.* 543,21a; *ván Steinn Herd. Hkr.* 593,27a; *grán Wis.* 49; 30,6.

3) Possessivpronomina.

Sämtliche vorkommende Formen des Pronomens der ersten Person sind bereits, soweit sie von Interesse sind, S. 56 f. angeführt worden. Vom Pronomen der zweiten Person haben wir die alte Form des (Nom.) Acc. Plur. *ór* aus *vór* bei *Sighr. sk. Wis.* 42; 7,4 im Reim auf *fóru*, vgl. *Hoffory nord. Tidskr. f. Fil. ny Række* III, 298 und die Analogie-bildung nach dem Singular *várr*, Nom. Plur. Neutr. *vár* bei *Eyst. Ásgr. Wis.* 89; 18,8 auf *ddri* reimend.

4) Demonstrativpronomen *sjá*.

Nom. Sg. M. *þessi* : *baugness Ein. Skúl. Wis.* 61; 69,2; : *oss Eyst. Ásgr. Wis.* 90; 25,1, wo *þessi* Nom. Fem. ist.

Dieser Nominativ kommt also schon in der Mitte des 12. Jahrhunderts vor, während *Noreen aisl. Gr.* § 386 sagt, im isl. zeige sich *þessi* als Nom. „schon um 1220".

Dat. Sg. Masc. *þessum* : *þróttarhvass Ein. Skúl. Wis.* 61; 66,3; : *þess Haukr Vald. Wis.* 78; 2,5.

þeima : *heimkvámu Sighv. sk. Hkr.* 255,18a; : *heims Ein. Skúl. Wis.* 54; 2,2; 60; 57,8; : *grímur Wis.* 59; 49,1.

Dat. Sg. Neutr. *þvísa* : *vísu Sighv. sk. Hkr.* 307,23a.

5) Relativpartikel *es*.

Schon in den ältesten Handschriften herrscht die Form *er*, wenn auch einige wie *Reykjah. máld.* im Cod. *AM.* 237 fol. (vgl. *Noreen aisl. Gr.* § 389 Anm.) noch *es* haben. Aus den Reimen vermag ich die Partikel nur einmal nachzuweisen —

was ja auch erklärlich ist, da im Allgemeinen natürlich der Reim nicht auf Partikeln ruht —, und zwar in der Form *er* bei *Sighv. sk.*, also schon in der ersten Hälfte des 11. Jahrhunderts. Ich führe die ganze *risuhelming*, *Hkr.* 431,15 ff., an:

> gerþust hilmis Hǫrþa
> húskarlar þar jarli
> er riþ Ólafs fjǫrvi
> ofrægir fé þægi.

Für *er* liest die *Flateyjarbók* II, 291 *ef*, aber dass dies eine Verderbniss sein muss, zeigt schon der mangelnde Reim, in der *Kph.* steht ǫrr, welches gar keinen Sinn giebt. Der Relativsatz lautet *er þægi jarli fé* „qui pecunias acciperent a dynasta", *Egils. lex. poet.* 909 unter þiggja.

6) Das Verbum *vesa*.

In der alten Zeit herrscht hier im Inf. und Sing. Præt. durchweg das *s*. Die älteste r-Form glaubte *Vigfusson*, *Eyrbyggja* XLVI in dem Reime des *Ein. Skúl. Hkr.* 709,28a *rara : fara* zu finden, doch ist diese Form ganz vereinzelt, sonst hat er *s*, wie die Reime *vasa : tysvar Ein. Skúl. Wis.* 60; 60,3; *esat : risnu Hkr.* 667,5a zeigen. Noch älter, und wol norwegischem Einfluss zuzuschreiben ist *var* im Reime auf *bar* bei *Sighv. sk. Wis.* 40; 6,6. Ferner begegnet *er* im Reim mit *gler Mkr. Wis.* 75; 17,1f, wo *Wisén* wol richtig die sinnlose Lesart des Codex *drer* verbessert. Doch ist die ganze Stelle verderbt und darf nicht als Beweis dienen, vgl. *Wis.* S. 152. Gesichert dagegen ist *rar* bei *Sturla* im Reim auf *væri Kgs.* 441,11a, also in der zweiten Hälfte des 13. Jahrhunderts.

Über den Gebrauch von *er* bei *Snorre* hat eine Polemik zwischen *Hoffory* und *Mogk* stattgefunden. In seiner Ausgabe des *Háttatal* hatte *Möbius* bald 'r, bald 's geschrieben. Dies hatte *Hoffory* in seiner Anzeige, *A. f. d. A.* VII, 198 getadelt. Er führte aus, vor dem Anfang des 13. Jahrhunderts sei in Island *es* so gut wie alleinherrschend gewesen, während es in Norwegen allerdings schon früher durch *er* verdrängt war. *Snorre* nun, der 1178 geboren ist, ist also zu einer

Zeit gross geworden, in welcher man noch allgemein *es* sprach.
Es sei also anzunehmen, dass er *es* gesprochen habe und
demgemäss sei in allen Fällen, in welchen *Möbius* '*r* ge-
schrieben, dies durch '*s* zu ersetzen. Formen wie þeir'*r*,
þar'*r* dürfe man ihm nicht zutrauen. An zwei Stellen des
Háttatal ist nun allerdings *er* gesichert, und zwar im *rúnhent*
82,5 *f jarla er : austan rer* und 87,7 *f sigikallt sem er : rip orþa
sker.* Dies meinte *Hoffory* so erklären zu können, dass *Snorre*
in dem alten feierlichen *dróttkrætt* die archaischen Formen
seiner Jugend anwendete, während er sich in dem neueren
rúnhent unbedenklich der Formen der Prosasprache mit *er*,
die schon zur Herrschaft gekommen waren, bediente.

Demgegenüber hielt *Mogk, Z. f. d. A.* XII, 235,
zunächst an der Tatsache fest, dass *er* im *Háttatal* zweimal
beglaubigt sei. Dann verlangte er den Nachweis, dass das
rúnhent weniger feierlich sei als das *dróttkrætt* und dass
überhaupt ein verschiedener Stil in diesen beiden Dichtungs-
arten zu erkennen sei. Ich glaube, dass dieser Einwand mit
Recht gemacht ist. Es hat allerdings nichts Ungewöhnliches,
wenn ein Dichter in einer bestimmten Dichtungsart archaische
Formen braucht, die er in einer andern nicht anwenden
würde, s. z. wenn *Gœthe* im Ton des Volksliedes reimt „so
dir geschenkt ein Röslein was, so stell es in ein Wasserglas“,
aber zwischen *dróttkrætt* und *rúnhent* einen Unterschied in
der Stimmung wie etwa zwischen einem *Gœthe*'schen Lied
der erwähnten Art und einem feierlichen Dithyrambus vermag
auch ich nicht zu erkennen. Formen wie þeir'*r*, þar'*r* traue
allerdings auch ich *Snorre* nicht zu und *Mogk* hat keine
derartigen nachgewiesen.

Das Richtige trifft, wie ich meine, *Vigfusson, Eyrbyggja*
XLVI f., wenn er sagt, im Jugendalter *Snorres* sprachen die
alten Leute wahrscheinlich noch *es*, die jungen *er*. Beide
Formen wurden nebeneinander gebraucht, wie z. B. *Liknar-
braut* zeigt, wo es 16,2 heisst *rasat : pisla*, aber 33,1 *erþú :
ferþum* und 40,5 *ertu : hjarta*. So meine ich nun hat auch
Snorre im *Háttatal* verfahren. Im Allgemeinen braucht er *es*
und Formen wie þeir'*r*, þar'*r* dürfen sicherlich nicht bei ihm

angenommen werden, brachte es aber das Reimbedürfniss mit sich, so bediente er sich auch unbedenklich der jüngeren Formen mit er, die ihm, dem Älteren, allerdings wol noch nicht recht geläufig sein mochten. Dass wir solche er-Formen nur im rúnhent finden, halte ich für Zufall.

Die vereinzelten Fälle im Isländischen, in welchen in früherer Zeit -r-Formen begegnen, sind wol mit Recht von *Vigfusson* a. a. O. auf norwegischen Einfluss zurückgeführt worden.

––––––––

V. Kapitel.

Ergebnisse.

Zum Schluss will ich einen kurzen Überblick über die Hauptergebnisse der vorstehenden Untersuchung geben.

So deutlich uns auch in den ältesten uns erhaltenen Runeninschriften und Handschriften ein Unterschied zwischen dem altnorwegischen und dem altisländischen Dialect erkenntlich wird, so können wir doch aus den Binnenreimen der ältesten Skalden keine wesentliche Verschiedenheit in der Sprache erkennen. In einem der wichtigsten späteren Unterscheidungsmittel beider Dialecte, nämlich in ihrem verschiedenen Verhalten zum u-Umlaut des *a*, haben wir die Dichter beider Volkszweige im Wesentlichen auf derselben Sprachstufe gesehen. Formen mit und ohne Umlaut, bei erhaltenem oder abgefallenem *u* wechseln in buntem Gemisch. Die Isländer sind hier nicht etwa durch das Norwegische beeinflusst worden, sondern sie drücken den einheimischen Lautstand ihrer Sprache in ihren Versen aus. Die letzte nicht umgelautete Form begegnet uns Jahr 1152, von da an muss man den fortschreitenden Sieg der ǫ-Formen datieren, der uns Jahr 1200, wie die Prosa answeist, fast durchgeführt ist. Einen *u*-Umlaut des *á* kennen die Skalden mit verschwindender Ausnahme überhaupt nicht, ob ein *r*-Umlaut desselben existiert, kann zweifelhaft erscheinen. Der *r*-Umlaut des *a* dagegen ist schon in ältester Zeit in beiden Dialecten durchgeführt, gleichgiltig, ob das *r* noch erhalten ist oder nicht. Der *r*-Umlaut des *e* tritt erst nach der Mitte des 12. Jahrhunderts auf, beim *i* begegnen nicht umgelautete Formen bis ins 14. Jahrhundert.

Der erste Lautvorgang, dessen Eintreten wir in historischer Zeit beobachten können, ist die Brechung eines *e* vor *o, u, a* der folgenden Silbe, sie tritt uns Jahr 900 auf.

In eine frühe Zeit, nämlich ins 10. Jahrhundert, fällt auch der Wechsel von *e*- und *i*-Formen, wie *gengu* und *gingu*, vielleicht ist derselbe sogar bis *Brage* hinauf zu datieren, also bis zum Jahre ca. 800. Beide Formenbildungen werden von denselben Dichtern nebeneinander gebraucht. In dasselbe 10. Jahrhundert fallen noch zwei wichtige Lautwandelungen, bis hierher können wir den Wandel eines intervocalischen consonantischen *u̯(r)* zu einer labiodentalen Spirans, welche auf *f* reimt, verfolgen, und aus derselben Zeit haben wir den Übergang eines *ft* in *pt*, unsicher freilich, ob er dem Isländischen oder Norwegischen zuzuschreiben ist. Sicher bei Isländern können wir ihn allerdings erst im 13. Jahrhundert belegen.

In die erste Hälfte des 11. Jahrhunderts fällt der Übergang eines *þs* zu *ts*, während *ds* sich bis ins 13. Jahrhundert hält.

Die Dehnung eines kurzen Vocals, d. h. eines *a, o, ǫ, u* vor *l* + Consonanz kann frühestens in der zweiten Hälfte des 12. Jahrhunderts eingetreten sein. Derselben Zeit ungefähr gehört auch der Wandel eines *þ* zu *d* nach *l, m, n* mit vorhergehendem langen Vocal an. Unsicher ist es, ob zu gleicher Zeit das *þ* in derselben Stellung nach kurzem Vocal auch schon *d* geworden ist. Für das Jahr 1200 etwa aber wird man dies annehmen dürfen. Diese Erscheinung ist dem Isländischen und Norwegischen gemeinsam.

Aus dem 13. Jahrhundert sodann ist, ungefähr für die Mitte desselben, zu erwähnen, dass *ø* zu *æ* wird. Ferner finden wir zuweilen in diesem und im nächsten Jahrhundert einen Übergang des consonantischen *i̯(j)* zur Spirans *j*, welche auf das spirantische *g* reimt.

Besonders erfüllt also von wichtigen Veränderungen ist die Zeit ums Jahr 1200, jene Zeit, in welcher in Island mächtige Häuptlinge durch grausame Parteifehden das Land zerrütten und damit den Untergang des Freistaates herbeiführen, eine Zeit, die aber zugleich auch diejenige der ersten isländischen wie norwegischen Handschriften war.

I.

Binnenreime.

A.

Skothendingar.

dd : dd.

arngreddir varþ odda Ein. Skál. Wis. 28; 20,3.
eyddi ulfa greddir Hallfr. v. Wis. 34; 8,4.
odda þing í eyddri Sighv. sk. Wis. 38; 2,3 (odda hríþ í auþri
Fms. IV, 43).
ok háraddar hræddir Haukr Vald. Wis. 80; 14,5.
ok geiraddar gladdi Haukr Vald. Wis. 80; 19,5.
eyddu gumnar gladdir Ein. Skál. Wis. 60; 56,1 (ruddu Flb I, 6).
hræddr fór hjǫrva raddar Guth. s. Hkr. 102,3a.
féddi mest sá's meiddi Sighv. sk. Hkr. 453,18a (leiddi Flb II, 316).
odd rauþ aski studdan Þjóþ. sk. Hkr. 541,19b.
géddr var hrafn en hræddir Stúfr sk. Hkr. 571,18b (gladdr Fgrsk.
122, Fms. VI, 255; brædiz Flb III, 338).
hrafngreddir rann hrædda Bjǫrn krepph. Hkr. 641,20a (hrafngædir:
hræða Fms. VII, 14).
broddr fló þar slǫg snuddu Þorbj. skakk. Hkr. 781,28b.
sǫddu svartklædda Sturla Kgs. 469,25b.
eyddu óhræddir Sturla Kgs. 472,1b.
krǫddu kappstudda Sturla Kgs. 474,30a.
bundinn leiddu heiþnir hæddu Eyst. Ásgr. Wis. 93; 49,3.
rǫdd engilsins kvennmanna kvaddi Eyst. Ásgr. Wis. 94; 51,1.
gladdist mær þá'r frelsaran fæddi Eyst. Ásgr. Wis. 94; 51,3.
klæddan meþ sér lǫngum leiddi Eyst. Ásgr. Wis. 94; 51,5.
breiddr á krossinn gumna græddi Eyst. Ásgr. Wis. 94; 51,7.
armar sviddu á brýndum broddum Eyst. Ásgr. Wis. 94; 56,5.
oddar beit ulfar sǫddusk Hallarst. Wis. 47; 6,7.

f : f.

eld of þak af jǫfri Brage Wis. 3; 13,1.
þjófs ilja blað leyfa Brage Wis. 2; 1,4.
laufi fátt at hǫfþi Brage Wis. 2; 4,8.
sundrkliufr nio hǫfþa Brage Ger. 24; 19,4.
æfr gall hjǫrr rið hlífar Þorbj. hornkl. Wis. 15; 5,7.
laufa rebr at lifum Ein. Skúl. Wis. 27; 4,8.
hóf und hyrjar kneyfi Ein. Skúl. Wis. 27; 11,5.
knátti hafs at hǫfþum Ein. Skúl. Wis. 28; 16,5.
hver sé if nema jǫfra Ein. Skúl. Wis. 29; 23,5.
dreif með dróttar kneyfi Eil. Gubr. Wis. 31; 12,1.
hófr heit at rjúfa Sighv. sk. Wis. 42; 10,7.
húfs með hamri þófþar Hallfr. v. Wis. 35; 9,7 (ufs Flb I, 484).
hefk þanns hverjum jǫfri Hallfr. v. Wis. 37; 27,1.
hamra rifs þás hǫfþu Haukr Vald. Wis. 78; 2,3.
lofaþr sitr ǫllum ófri Ein. Skúl. Wis. 54; 5,5.
hófum hróþr en leifa Ein. Skúl. Wis. 54; 9,5.
gǫfug lét Hǫrn ór hǫfþi Ein. Skúl. Wis. 58; 37,1.
Yfirskjǫldungr lét jǫfra Ein. Skúl. Wis. 59; 50,5.
Óláfs hǫfum jǫfra Ein. Skúl. Wis. 62; 70,1 | ǫf : ǫf ?
iflaust hǫfum jǫfri Ein. Skúl. Wis. 62; 71,3 |
handar rafs of hǫfþum Guth. s. Hkr. 79,29.
logreifs bráttu lífi Eyj. Dað. Hkr. 140,10b.
þás hafrita hǫfþu Halld. ókr Hkr. 215,5b.
hafa léztu heiþska jǫfra Ótt. sv. Hkr. 284,26a.
réþk til Hófs at héfa Sighv. sk. Hkr. 308,5a.
hafa allframmir jǫfra Sighv. sk. Hkr. 378,1a.
iflaust es þat jǫfri Sighv. sk. Hkr. 444,3a.
hafa lézt unga jǫfra Bjarni gullbr. Hkr. 519,15a.
rofizk hafa apt fyr jǫfri Þjóð. sk. Hkr. 555,9a.
hlífþut hlenna svæfi Arn. jarl. Hkr. 621,29a.
lífspelli réþ laufa Bjǫrn krepph. Hkr. 648,10a.
húf lét hilmir svifa Ein. Skúl. Hkr. 667,3a.
skeifr bart Hǫgna húfu Þór. stuttf. Hkr. 687,3b.
gefit hefir guþ sjalfr jǫfri Ein. Skúl. Hkr. 744,5a.
hlífarlauss rá gramr með gæfu Ól. hvít. Kgs. 385,10.
svifa léztu or hrerju hrófi Sturla Kgs. 438,25b.
þik reifir guþ gæfu Sturla Kgs. 458,11a.
þjófa hendr lét þengill stýfa Mark. Skeggj. Wis. 51; 8,3.
hlífum keyrþi hersa reifir Mark. Skeggj. Wis. 52; 24,5.
jǫfurr heyri upphaf Ótt. sv. Wis. 43; 1,1.
Óláfr jǫfurr Sighv. sk. Wis. 40; 2,7.
léta af jǫfurr Sighv. sk. Wis. 41; 8,1.
hlífskjǫldr hafa Sighv. sk. Wis. 41; 8,7.

rauf rænir af Sighv. sk. Wis. 41; 9,5.
hringdrifr hafa Sighv. sk. Wis. 41; 10,3.
blindum hrjúfum dumbum daufum Eyst. Ásgr. Wis. 93; 46,5.
þú ert hreinlífis dygþar dúfa Eyst. Ásgr. Wis. 99; 89,1.
úgæfr uf fǫr vífa Bjarni Kolb. Wis. 68; 3,8.
grár reif gerþu drífu Hallarst. Wis. 48; 17,1.

f : v.

týframra sék tíva Þjóþ. hv. Wis. 9; 1,5.
ofrak svá til sævar Ulfr Ugg. Wis. 30; 9,3.
sem prófandi segir at Eva Eyst. Ásgr. Wis. 89; 16,1.
lof sé þér um aldr ok ævi Eyst. Ásgr. Wis. 87; 1,7 (æft Magnuss.)
    100; 100,7.
svá fór þat er svaraþi Eva Eyst. Ásgr. Wis. 89; 16,5.
frægast víf þér færik ave Eyst. Ásgr. Wis. 90; 28,3.
þó var ei svá rík at reifa Eyst. Ásgr. Wis. 91; 35,1.
æfinliga meþ lyptum lófum Eyst. Ásgr. Wis. 94; 51,5 u. ö.
lífit sjálft at lukti ævi Eyst. Ásgr. Wis. 98; 83,1.
þú fyrdæmdir auma Evam Eyst. Ásgr. Wis. 96; 66,1.

fl : fl.

iflaust má þat efla Ein. Skúl. Wis. 54; 4,7.
gullskyflir vann gjǫflastr Guth. s. Hkr. 88,23b.
afli vex þvit efla Sighv. sk. Hkr. 255,24a.

fn : fn.

þás hrafnbláir hefndu Brage Wis. 2; 3,7.
berk fyr hefnd þás hrafna Ein. Skál. Wis. 26; 3,5.
herstefnir lét hrǫfnum Hallfr. v. Wis. 35; 7,3.
nafn fekk hann enn hrǫfnum Sighv. sk. Wis. 41; 1,3 (vápn Fms. VI, 38).
stefnir stǫþvar hrafna Hallfr. v. Wis. 33; 4,3.
enn húfjǫfnum hefnir Hallfr. v. Wis. 36; 16,5 (hýjǫfnum Fms.
    III, 12; hver jǫfnum Codd.).
ofnir eigi hefna Haukr Vald. Wis. 79; 5,7.
éztr þrifnuþr nam efnask Ein. Skúl. Wis. 54; 3,5.
rauknstefnandu Reifnis Ein. Skúl. Wis. 59; 49,3.
roþin klofnuþu Reifnis Ein. Skúl. Wis. 60; 54,7 (réfinz B).
vel hefir hefnt enn hafna Glúmr Geir. Hkr. 110,18a.
hrefnis háfa stafna Þórþr Kolb. Hkr. 156,3a.
at herstefnir hafnak Bersi Hkr. 254,16b.
skrifnask skírinafna Sighv. sk. Hkr. 522,19b (skipnaz Kph. III, 13).
herstefnandi hafna Snorri Sturl. Kgs. 352,3b.
herstefnir rauþ hamri ofna Ól. hvít. Kgs. 386,34a.
valstafns vætki rofna Hallarst. Wis. 49; 26,1 (vask jafns: rofnat
    Fms. II, 275; vask jafn: rofnadr Flb I, 465).

fr : fr.

þás hofregin hafrar Þjóþ. hr. Wis. 9; 15,5 (hafrir R, hǫfþu W).
ok orþnsfrir jǫfrar Þorbj. hornkl. Wis. 14; 4,5.
Dofra Danskra jǫfra Ein. Skál. Wis. 28; 17,7.
Óláfr réþ svá jǫfra Sighv. sk. Wis. 42; 3,7.
ofraus es þat jǫfri Sighv. sk. Wis. 42; 11,3 (ofrausn er þat ræsi
Flb III, 268).
Óláfr létumk jǫfra Sighv. sk. Wis. 43; 16,1.
Nøfr vá einn viþ jǫfra Hallfr. v. Wis. 35; 3,5.
Óláfr vant þars jǫfrar Sighv. sk. Wis. 39; 11,1.
meþ algifris lifru Brage Wis. 3; 9,8.
hinn's yfrinn gat jǫfra Guth. s. Hkr. 102,3b.
afreks veit þat's jǫfri Þórþr Sjdr. Hkr. 107,5b.
ógnarstafr um jǫfra Glúmr Geir. Hkr. 112,30b.
ógnarstafr fyr jǫfrum Ótt. sv. Hkr. 422,22b.
Óláfr réþ hit efra Sighv. sk. Hkr. 510,15a.
fór ofrhugi hin efri Stúfr sk. Hkr. 555,17a.
svellr ofrhugi jǫfrum Anon. Hkr. 602,35b (ollu Fms. VI, 332).
ofreiþi verþr jǫfra Anon. Hkr. 603,1a.
gefr áttstuþill jǫfra Steinn Herd. Hkr. 635,11a.
snæfrir drógu enn meþal jǫfra Ól. hvít. Kgs. 344,1a.
jǫfrar úsvifrum Sturla Kgs. 469,12b (opptaz osuiptum Flb III, 222).
Óláfr allra jǫfra Hallarst. Wis. 46; 3,1.
goþrefr gerþusk jǫfri Hallarst. Wis. 49; 30,5 (efri Flb I, 467).

fs : fs.

refsir reyndan ofsa Þjóþ. sk. Hkr. 626,12a.

fþ : fþ.

laufþi fátt á hǫfþi Brage Wis. 2; 4,8 (Cod. AM Ieβ fol.).
af þvit eignum lofþa Sighv. sk. Wis. 42; 5,3.
lofþungs burr ok lifþir Sighv. sk. Wis. 42; 6,7.
bifþisk hǫll þás hǫfþi Eil. Guþr. Wis. 32; 17,1.
at lofþa gramr lifþi Hallfr. v. Wis. 37; 22,3.
ef lofþa gramr lifþi Ein. Skúl. Wis. 61; 69,5.
hǫfþu hart um krafþir Ótt. sv. Hkr. 225,28b.
enn hefk leyfþ þar's lofþa Þórþr Kolb. Hkr. 232,10a.
leyfþr's at hilmis hǫfþi Bjarni gullbr. Hkr. 493,20b.
af þvit ýtar hǫfþu Þjóþ. sk. Hkr. 529,13a.
svæfþu hjaldr þeir's hǫfþu Þorl. f. Hkr. 574,20a.
hafþi brjóst né bifþisk Arn. jarl. Hkr. 621,5a.
lofþungr beiþ hinn leyfþi Þjóþ. sk. Hkr. 621,19b.
hafþi hér meþan lifþi Blakkr Kgs. 121,2a.
leyfþi alt sem konungr krafþi Mark. Sk. Wis. 51; 14,3.
vafþir litt enn vendir bifþusk Arn. jarl. Wis. 44; 2,5.
þrekleyfþr þengill hafþi Hallarst. Wis. 49; 28,5.

ft : ft.

oft kom hrafn at heifta Hallfr v. Wis. 34; 3,3 (hepta Fgrsk. 55
Cod. A; hafna Cod. B).

lyftisylg á lofti Eil. Guþr. Wis. 32; 16,3.

heft vas litt á lofti Hallfr. v. Wis. 35; 4,1 (heppt : lopti Fms. II, 311;
heft : lofti Flb I, 482).

kraft skulum goþs enn giftu Ein. Skúl. Wis. 60; 57,5 (giftu Flb I, 6).

hermþarkraftr til heifta Ein. Skúl. Wis. 60; 58,7 (heiftar Flb I, 6).

orskiftir lá eftir Ein. Skúl. Wis. 60; 60,5 (eftir Flb I, 6).

aftr stokk þjóþ um þoftur Halld. ókr. Hkr. 215,7a (aftr Fris.
165,15a).

knarrar hafts sem keyftak Bersi Hkr. 254,14a (haps Flb II, 45;
hafts OHS 41).

heftut ér enn heftir Ótt. sv. Hkr. 284, 24b (heftup OHS 63; eftir
Flb II, 67).

riftar reknar heiftir Sighv. sk. Hkr. 310,25b.

hofþum keyft enn heiftir Sighv. sk. Hkr. 417,5b (keyft : heiftir
Flb II, 277).

keyft er dst ef eftir Sighv. sk. Hkr. 521,5a (eftir Fris. 172,25a).

þás um skaft enn skifti Arn. jarl. Hkr. 535,11b.

Haraldr skiftir svá heiftum Þjóþ. sk. Hkr. 626,14b.

oft of rýþr ulfr kjaft Ótt. sv. Wis. 44; 3,3.

fþr : fþr.

leyfþr's sás lét ok stýfþrar Ein. Skúl. Wis. 60; 61,1.

g : g.

þót ség fall á fogrum Brage Wis. 2; 7,1 (Wis. sék, aber vgl. Ger
S. 18, Gísl. Njál. II, 11 Anm. 5).

vágs hyrsender æge Brage Ger. 26; 22,2.

feþr veþr boga hugþi Brage Wis. 2; 8,4.

þekkiligr meþ þegnum Þjóþ. hv. Wis. 9; 5,3.

sás oll regin eyja Þjóþ. hv. Wis. 9; 7,3 (Codd. eyyja).

lómhugaþr lagþi Þjóþ. hv. Wis. 10; 12,5.

þá's vigligan vagna Þjóþ. hv. Wis. 10; 16,7.

þat sleit vig á vági Ein. Skál. Wis. 27; 11,8.

þrymr varþ logs es logþu Ein. Skál. Wis. 20; 20,1.

draugr gat dolga Ságu Ein. Skál. Wis. 20; 21,3.

rógs brá rekka lægir Hallfr v. Wis. 34; 7,1.

ýdrauga let Ægir Hallfr. v. Wis. 34; 9,1.

frægr viþ firna sléyjan Ulfr Ugg. Wis. 29; 2,3.

log þau's lýþar þágo Sighv. sk. Wis. 42; 5,7.

Almtaugar laust Ægir Eil. Guþr. Wis. 32; 15,5.

hafa kveþask log nema ljúgi Sighv. sk. Wis. 42; 8,5.

urþu drjúg ens digra Sighv. sk. Wis. 43; 16,3.
frægr's til sliks at segja Hallfr. v. Wis. 35; 3,7.
gnóg til gumna feigþar Hallfr. v. Wis. 35; 8,3.
vig vant hlenna hneigir Sighv. sk. Wis. 39; 5,1.
baugs gerþut viþ væggjask Hallfr. v. Wis. 35; 10,3.
alls sannliga segja Hallfr. v. Wis. 36; 19,5.
Egill fekk unda gagli Haukr Vald. Wis. 79; 10,1.
væyþartrauþr at rigum Haukr Vald. Wis. 79; 24,3.
Sighvatr frák at segþi Ein. Skúl. Wis. 55; 12,1.
fregit hefk satt at segþi Ein. Skúl. Wis. 55; 15,1.
stiga krap standa fagran Ein. Skúl. Wis. 55; 15,5.
auk hagliga hugþisk Ein. Skúl. Wis. 55; 16,1.
dag lét sinn meþ sigri Ein. Skúl. Wis. 57; 31,5.
lygi hefr bragna brugþit Ein. Skúl. Wis. 60; 58,5.
almdrauga varþ ægis Guth. s. Hkr. 98,1 a.
hoddsveigir lét hniga Eyj. Daþ. Hkr. 140,8 b.
stá lægir nam stiga Eyj. Daþ. Hkr. 199,31 a.
Aldeigju brauzt ægir Eyj. Daþ. Hkr. 199,29 b.
drógusk vitt at vági Halld. ókr. Hkr. 216,13 a.
enn eftir vig frá Veigu Þórþr Kolb. Hkr. 217,32 a.
Óláfs mágr at ógþi Sighv. sk. Hkr. 230,28 a.
eigi hrædduzk ægi Ótt. sv. Hkr. 234,17 a.
alltiginn máttu eiga Sighv. sk. Hkr. 248,27 a.
áþr þágum vér ægis Sighv. sk. Hkr. 249,10 a.
taki hlégiskip hauga Sighv. sk. Hkr. 307,27 b.
rýgr hvazk inni eiga Sighv. sk. Hkr. 308,12 b.
brattun stig aut baugi Sighv. sk. Hkr. 309,14 a.
á austrvega eiga Sighv. sk. Hkr. 311,14 b.
lýgr hinn at sér lægir Sighv. sk. Hkr. 343,3 b.
ættvigi má hann eigi Sighv. sk. Hkr. 446,8 b.
vizk eigi þat vága Þorm. Kolbr. Hkr. 478,3 b.
ógurligr i augu Sighv. sk. Hkr. 491,3 b.
drjúg varþ á því dægri Sighv. sk. Hkr. 491,30 b.
hug hvé halda dygþi Bjarni gullbr. Hkr. 493,20 a.
lýg ek nema Óláfr eigi Sighv. sk. Hkr. 508,29 a.
eigi gaztu lipskost lágan Arn. jarl. Wis. 44; 3,3.
þinnig hǫggjumk fǫr fljúgi Sighv. sk. Hkr. 522,11 b.
segja mun 'k hve Sygna Arn. jarl. Hkr. 529,26 a.
baugs enn barþir lágu Þjóþ. sk. Hkr. 538,7 a.
þat var frægt i fagran Þjóþ. sk. Hkr. 538,28 a.
viga Freys sizt vágu Þjóþ. sk. Hkr. 540,21 b (voro Kph III, 42
     Fris. 188,14 b).
vágs hinn viþa frægi Arn. jarl. Hkr. 541,12 a.
fleygir hvast um hauga Þjóþ. sk. Hkr. 542,11 b.
sýy ek or sǫltum ægi Þjóþ. sk. Hkr. 543,1 a.

togu mátt tekna segja Þjóþ. sk. Hkr. 550,1a.
lágu landsmenn gnógir Valg. Hkr. 560,8b.
eigu skjól und skógi Þjóþ. sk. Hkr. 592,25a.
eigi er járni bjúgu Þjóþ. sk. Hkr. 592,31b.
auþan plóg at eiga Þjóþ. sk. Hkr. 607.7a.
dugir siklingum segja Anon. Hkr. 603,1b.
eigi varþ hins ýgja Arn. jarl. Hkr. 621,27a.
kúgar Engla ógir Steinn Herd. Hkr. 629,14b.
fræg hafa gerzk fyr gýgjar Halld. skv. Hkr. 665,19a.
hvegi er fundr meþ frægjum Anon. Kgs. 51,11b.
eigi má viþ ørlǫg bægjask Ól. hvít. Kgs. 356,34a.
hilmis frægs þar er herskip lágu Sturla Kgs. 441,18a (*frægs vacat*
    Flb III, 200).
drógu dynsveigis Sturla Kgs. 472,1a.
hervíg í hug Sighv. sk. Wis. 41; 9,3.
eigi létuþ jǫfra bági Arn. jarl. Wis. 45; 8,1.
eigi lét sér alla nægjast Eyst. Ásgr. Wis. 88; 7,5.
kúguþ sjálf af nærri nógu Eyst. Ásgr. Wis. 91; 31,3.
augun tóku at drukna drjúgum Eyst. Ásgr. Wis. 94; 54,7.
hlægir mik at hér mun teygjast Eyst. Ásgr. Wis. 95; 60,5.
eigi mun nú ormr hinn bjúgi Eyst. Ásgr. Wis. 95; 60,7.
hræzlan flaug um heljar bygþir Eyst. Ásgr. Wis. 95; 61,5.
svá ódygþar brandrinn bjúgi Eyst. Ásgr. Wis. 96; 66,7.
eigi glǫgg þótt Eddu regla Eyst. Ásgr. Wis. 100; 97,7.
frægr Hjǫrungavági Bjarni Kolb. Wis. 70; 20,8.
ýgr fyr borþ at stíga Bjarni Kolb. Wis. 72; 37,2.
haug Hjǫrnagla Þór. loft. Hkr. 440,34b.
stígr varþ stála sveigi Hallarst. Wis. 49; 27,3.
harþleygs hrinda frágum Hallarst. Wis. 49; 29,5 (*hart skyndir nam*
    hrinda Fms. II, 279; *hoddskynde fra hrinda Flb* I, 467).
eigi einkar lága Hallarst. Wis. 50; 35,1.
frægjan lét þik Vilhjálmr rígja Sturla Kgs. 407,12a (*fræian Flb*
    III, 171).
rógskýja hélt Rygjar Arn. jarl. Hkr. 541,12a.

g : j.

geiga létuþ gyltar sýjur Sturla Wis. 84; 15,7 (*sýgjur Kgs.* 441,13b).
deyja skuluþ ef efniþ eigi Eyst. Ásgr. Wis. 89; 14,7.
eigi munu þit Adám deyja Eyst. Ásgr. Wis. 89; 17,5.
flúg ok sey Márju meyju Eyst. Ásgr. Wis. 90; 24,5.
eigi finnst hér upp ór skýjum Eyst. Ásgr. Wis. 96; 70,7.

gg : gg.

tiþ hǫgvit lét tyggi Hallfr. v. Wis. 34; 6,1.
vilgi tryggr til vegjar Eil. Guþr. Wis. 30; 1,7.

knátti hreggi hǫggrin Eil. Guþr. Wis. 31; 6,5.
hverr eggjar þik hǫggva Sighv. sk. Wis. 42; 11,1.
hrygg á hvarirtveggja Sighv. sk. Wis. 43; 16,7.
margr lá heggr of hǫggrinn Hallfr. v. Wis. 35; 6,7.
seggr frá sárum tyggja Hallfr. v. Wis. 37; 24,3.
vasat hreggvana hyggnum Haukr Vald. Wis. 79; 5,1.
Sigurþr hyggat þvi snǫggjum Ein. Skúl. Wis. 54; 8,3.
hryggs dugþit lið liggja Ein. Skúl. Wis. 60; 53,3.
snarr tyggi bergr seggjum Ein. Skúl. Wis. 61; 65,3.
ýglig hǫgg þar's eggjar Þórþr Kolb. Hkr. 232,26b (haug OHS 25).
yggs lét herr um hǫyyvit Sighv. sk. Hkr. 253,29b.
þótt legyfjǫturs liggi Hárekr Hkr. 427,25b.
glyggs í gegn at hǫggva Sighv. sk. Hkr. 492,25b (glyggs OHS 218;
        gnys Flb 11, 356).
tireggaþr fǫr Tryggvi Tryggvaflokkr Hkr. 513,12a.
liggr fyrir oss enn uggum Þjóþ. sk. Hkr. 543,1b.
hlifan styggr ok hǫggva Steinn Herd. Hkr. 595,9a.
uggik enn at tiggi Anon. Hkr. 613,21b.
sóknar yggr enn seggjum Þorþ. Skall. Hkr. 624,9a.
dyggr lætr þungar þiggja Steinn Herd. Hkr. 635,19b.
hygg'k at hersa tveggja Bjǫrn krepph. Hkr. 641,20b.
útryggum léztu eggja Ein. Skúl. Hkr. 717,15a.
hjoggu ǫxar eggjum Þorbj. Skakk. Hkr. 740,11a.
egg um údyggvar Sturla Kgs. 474.32b.
ok bruggandi dauþans dreggjar Eyst. Ásgr. Wis. 89; 15,5.
glygg magnaþisk eggja Bjarni Kolb. Wis. 70; 23,6.
hǫggrammr brotit leggi Bjarni Kolb. Wis. 72; 34,8.
Yggjar lif of þiggja Bjarni Kolb. Wis. 73; 43,4.
egghríþar fjǫr þiggja Bjarni Kolb. Wis. 73; 43,8.
ygglaust alla þiggi Hallarst. Wis. 50; 33,5.
hvardyggva lét hǫggva Haukr Vald. Wis. 80; 12,5.

gg : g.

seggjǫndum fló sagna Þjóþ. hr. Wis. 9; 2,1.
svartskygþ bitu seggi Þorbj. hornkl. Wis. 15; 7,3.
mórar leggs né mǫgþu Eil. Guþr. Wis. 32; 15,3.
glyggs á gjálfri lagþan Sighv. sk. Hkr. 444,31b.
ugglaust Jra bygþir Hallarst. Wis. 47; 6,1.
hregg á herbygþum Sturla Kgs. 473,4a.

gl : gl.

segls naglfara siglur Brage Wis. 2; 5,3.
hagl ór Hlakkar seglum Ein. Skál. Wis. 26; 2,7.
veglig sýndisk viþr ok fuglar Ól. hvít. Kgs. 259,19.

digla eldr var sénn i segli Sturla Kgs. 439,15*a* (*digla Fms.* X, 78;
sigla Kph. V, 326).
hagl ok dýr sem fiska ok fugla Eyst. Ásgr. Wis. 88; 10,7.
hagl ok drif sem fjaþrir fugla Eyst. Ásgr. Wis. 99; 93,5.

gn : gn.

Ving-Rǫgnir lét ragna Þjóþ. hv. Wis. 9; 4,5.
þrit fúr-Rǫgnir fagnar Korm. Qgm. Wis. 26; 6,3.
brak Rǫgnir skók bogna Ein. Skál. Wis. 26; 2,5 (*brag reynir Fris.*
90,5*a*).
nú þegnar friþ fagna Sighr. sk. Wis. 41; 2,3 (*nú eru þegnir friþ*
[friþar Flb] fegnir Codd.).
fǫþur Magnúss lét fregna Sighr. sk. Wis. 42; 7,1.
fregnk at suþr meþ Sygnum Sighr. sk. Wis. 42; 9,1.
slegit hefr þǫgn á þegna Sighr. sk. Wis. 43; 13,7.
eign á óþul þegna Sighr. sk. Wis. 43; 14,3 (*eyg Flb* III, 268).
erumk vér Magnús rægnir Sighr. sk. Wis. 43; 15,5.
Hǫgna hamri slegnar Hallfr. v. Wis. 33; 2,3.
fregn ek alt né ógnar Ein. Skúl. Wis. 59; 51,5.
ungan þegn sem augna Ein. Skúl. Wis. 60; 61,3 (*ítran Flb* 1, 6).
valþagnar lét vegnum Guth. s. Hkr. 97,27*a* (*valrǫgnir Fris.*
76,50*a*).
Sygna grams meþ sagnir Sighr. sk. Hkr. 309,3*a*.
gagn fengu því þegnar Sighr. sk. Hkr. 488,32*a*.
fregnat slíkr or Sogni Þjóþ. sk. Hkr. 539,3*b*.
folkrǫgnir getr fregna Þorl. f. Hkr. 572,30*a*.
gegn skyli herr sem hugnar Þjóþ. sk. Hkr. 577,28*a* (*þegn Fms.*
VI, 269).
Sogns kváþu gram gegnan Þjóþ. sk. Hkr. 596,19*a* (*saungs Mork.* 79;
Flb III, 363; *gengin Mork.* 79; *ganga Flb* III, 363; *Sogns:*
gegnan Fyrsk. 130; *saungs:geinginn Fms.* VI, 319).
gagn brann greyþra þegna Þjóþ. sk. Hkr. 606,26*a*.
hugnar þjóþ þat's þegna Steinn Herd. Hkr. 629,12*b*.
bragnar eyddu báli slegnu Sturla Kgs. 433,26*b*.
gegnir munu því fyrþar fagna Sturla Kgs. 459,5*a*.
ógn of úrþvegnar Sturla Kgs. 469,12*a*.
bragnar byrgegnir Sturla Kgs. 469,27*b*.
eignask namtu óþal þegna Arn. jarl. Wis. 44; 5,5.
skyggnast sem þá'r glerit í gegnum Eyst. Ásgr. Wis. 91; 33,3.
þessu í gegn mun finna fagnaþ Eyst. Ásgr. Wis. 97; 74,1.
tárum rigni enn tungan þagni Eyst. Ásgr. Wis. 97; 75,1.
ragn feldi lið þegna Bjarni Kolb. Wis. 71; 28,2.
Vagns lið Búa þegnar Bjarni Kolb. Wis. 72; 36,4.
Vagn meþ sína þegna Bjarni Kolb. Wis. 72; 38,2.

þegna lið fyr Vagni Bjarni Kolb. Wis. 72; 41,4 (B; ógnar lið ceteri).
hyggju gegn at Vagni Bjarni Kolb. Wis. 72; 43,2.
þegnum tólf með Vagni Bjarni Kolb. Wis. 72; 44,4.

gr : gr.

tegr vas fullr i fǫgrum Sighv. sk. Wis. 39; 10,1.
lǫgr þó drjúgt hinn digri Sighv. sk. Hkr. 414,10b.
frægr bað hann á hægri Sighv. sk. Hkr. 510,22b.
gnegr af galdi digrum Þjóþ. sk. Hkr. 592,33b (gnøgr Fris. 226,32b;
    gagr Fms. VI, 310).
flugr óx fáfnis vigra Þjóþ. sk. Hkr. 595,16b.
hugr ræþr hálfum sigri Þjóþ. sk. Hkr. 626,5b.
fǫgr rupusk sverþ enn sigri Ein. Skúl. Hkr. 668,6b.
ni's égrar fǫr frægri Hallr Sn. Kgs. 71,11a.
frægr's með ok sigri Hallr Sn. Kgs. 71,11b.
vegsamligr til handar hægri Eyst. Ásgr. Wis. 96; 68,5.

gþ : gþ.

upp sǫgþu lǫg lagþisk Hallfr. v. Wis. 35; 8,1.
þeir drýgþu bǫl brigþu Ein. Skúl. Wis. 55; 17,7.
frægþ vinnr fylkis Egþa Ein. Skúl. Wis. 56; 26,5.
salbrigþandi Svegþis Guth. s. Hkr. 89,5b.
segþu hvar sess hafit hugþan Sighv. sk. Hkr. 429,27b.
lagþisk land und Egþa Bjarni gullbr. Hkr. 447,3b.
vægþit vendi sveigþum Þjóþ. sk. Hkr. 516,31b.
lagþi allvaldr Egþa Þjóþ. sk. Hkr. 557,11b.
mægþ gat allvaldr Egþa Stúfr bl. Hkr. 559,1a.
hraustligt bragþ es hugþak Menn Har. harpráþs Hkr. 572,24a.
sagþi hit es hugþi Steinn Herd. Hkr. 593,24a.
sveigþi allvaldr Egþa Þork. ham. Hkr. 648,15a.
ugþu eld ok sveigþan Þorbj. skakk. Hkr. 761,30b.
alt lagþi þá frǫmuþr frægþa Ól. hvít. Kgs. 340,28b.
rægþar i viðbygþu Sturla Kgs. 472,3b (vegs Kph. V, 368; Fms.
    X, 134).
oy þar með þér Adám teygþi Eyst. Ásgr. Wis. 89; 18,3 (ok til með A,
    F. Jónss.).
ugþi hannat Eva stygþist Eyst. Ásgr. Wis. 89; 18,5.
vigþist oss þá'r vatni dǫgþist Eyst. Ásgr. Wis. 92; 37,1.
og þvilikt sem andinn segþi Eyst. Ásgr. Wis. 92; 39,3.
púkans slægþ er hvern mann hugþist Eyst. Ásgr. Wis. 92; 45,3.
hneigþi nú sinn háls ok beygþi Eyst. Ásgr. Wis. 94; 52,3 (beyþi B,
    vægþi CD).
dragþu mik frá djǫfla bygþum Eyst. Ásgr. Wis. 95; 63,3.
eþa hugþir þú likams lygþir Eyst. Ásgr. Wis. 96; 65,5.

fyrir afbrigþin flestra dygþa Eyst. Ásgr. Wis. 97; 76,7.
augabragþ þótt aldri þegþi Eyst. Ásgr. Wis. 99; 94,5.
ugþu Egþir Þór. loft. Hkr. 440,30a.
ǫrbragþs ærir lǫgþu Hallarst. Wis. 48; 18,1.

k : k.

Jǫrmunrekr at rakna Brage Wis. 2; 3,2.
bárufáks ens bleika Þorbj. hornkl. Wis. 14; 1,3.
randarlauks af ríki Ein. Skál. Wis. 26; 3,3.
rauþbrikar fremsk rǫkir Ein. Skál. Wis. 27; 9,31).
hitt vas auk at eykir Ein. Skál. Wis. 28; 17,1.
rammaukin kvepk ríki Ein. Skál. Wis. 29; 23,7.
rǫkilundr enn ríki Hallfr. v. Wis. 33; 1,3.
þas fákhlaþendr fræknir Hallfr. v. Wis. 35; 9,5 (*frekhladendr Flb*
   I, 484).
heila líkn ef hauka Hallfr. v. Wis. 36; 20,7.
rikr kvaþ sér at sókja Sighv. sk. Wis. 40; 15,1 (*eikr Flb* II, 33).
margaukanda mækis Hallfr. v. Wis. 37; 27,7.
enn fák þess's vá víka Haukr Vald. Wis. 79; 1,4.
rakit frák víg á Stokla Ein. Skál. Wis. 55; 17,1.
rekin bitu stál á Stikla Ein. Skál. Wis. 58; 43,7.
tók þás fell enn frókni Ein. Skál. Wis. 58; 44,1.
ras sem reyk af ríki Ein. Skál. Wis. 59; 55,1.
boþsǫkir hélt brikar Guth. s. Hkr. 98,1b.
nú's þat's rekr á rakna Eyv. sk. Hkr. 103,33b (*nú er þat rǫtt enn*
   rakna Fris. 80,30b).
vita ef akrmurur jǫkla Eyv. sk. Hkr. 123,25b.
sleit mjǫk róin mikla Ótt. sv. Hkr. 220,10b.
lék viþ rǫnn af ríki Ótt. sv. Hkr. 226,30b.
þrek bar seggr til sóknar Sighv. sk. Hkr. 231,7b.
enn snarróki slíku Bersi Hkr. 254,10a (*snarræde Flb* II, 45).
fákr laust drengs i díki Sighv. sk. Hkr. 274,31b.
ok þeir's optast tóku Sighv. sk. Hkr. 417,5a.
ok hefir odda leiknar Hallv. Hár. Hkr. 442,1b.
ok meþ ǫrnu ríki Stúfr sk. Hkr. 555,17b.
ok sá's ózt gat ríki Ein. Skál. Hkr. 662,24a.
ok rantu eina kráka Þór. stuttf. Hkr. 687,1b.
ok svá reik at meyju mjúkri Eyst. Ásgr. Wis. 90; 28,1.

---

1) *Wisén* gibt S. 194 fälschlich an, dieser Vers gehöre zu
denen der *Vellekla*, in welchen die *skothending* fehlt. Es muss statt
dessen heissen 9,5 *nú grœr jǫrþ sem áþan*, wofern hier nicht ein
Reim vorliegt von langem Vocal zu langem Vocal, ähnlich wie die
apalh. gjnýs : skýjum, vgl. S. 24.

ok Ellu bak Sighv. sk. Wis. 41; 11,1.
rip tökja ek vika Sighv. sk. Hkr. 431,29b.
Áslákr hefit aukit Sighv. sk. Hkr. 446,8a.
auk at isarnleiki Sighv. sk. Hkr. 491,7b (iárna Kph. II, 367; Flb
    II, 335; isarnleiki OHS 217).
rókinn gramr i reikar Sighv. sk. Hkr. 491,9b.
rekin bitu stál á Stikla Þorm. Kolb. Hkr. 497,21a.
er slíkan gram sóknum Sighv. sk. Hkr. 499,12b.
rik skar vindlangt eiki Þjóþ. sk. Hkr. 529,13b.
svik réþ eigu eklu Arn. jarl. Hkr. 543,12a.
mildingr strauktu um mækis Bolv. sk. Hkr. 547,1a.
rér aukum kaf króki Þjóþ. sk. Hkr. 570,9b.
enn lauks um sjá sökja Þorl. f. Hkr. 572,6b.
tök hólmbúa hneykir Þjóþ. sk. Hkr. 606,18a.
steik af stillis haukum Trollk. Hkr. 612,32b.
lék um Ljóþhús fikjum Bjǫrn krepph. Hkr. 646,28a.
rauk um Jl þá's jóku Bjǫrn krepph. Hkr. 647,16a.
frá'k at fótta rákut Eldjárn Hkr. 652,12a.
luku rág viku Ein. Skúl. Hkr. 709,27a.
enn Hákonar haukar Anon. Hkr. 781,25b.
þat frá líkn þá's lékum Jatg. Kgs. 286,17b.
rikr gaf hlenna hneykir Sturla Kgs. 312,9.
norþr líkar þér alt at auka Sturla Kgs. 459,3a.
þjóþum líka þínir haukar Sturla Kgs. 461,32a.
rógsökis varþ ríki Anon. Kgs. 476,20b.
und sik sǫkum Sighv. sk. Wis. 40; 5,3 (ápr svik sviku Ohs 49).
Gjúka þótti gǫfugt eiki Arn. jarl. Wis. 45; 6,7 (giuku : ecke Flb
    III, 271).
glikan berr þik hrǫssum hauki Arn. jarl. Wis. 45; 7,5.
tæki í braut ór djǫfla díki Eyst. Ásgr. Wis. 90; 23,7.
slík afla mér sóttar auka Eyst. Ásgr. Wis. 92; 40,5.
hrækjandi mjǫk hǫfuþin skóku Eyst. Ásgr. Wis. 94; 53,1.
mjúkan dikt at makligleikum Eyst. Ásgr. Wis. 99; 92,3.
þrí'r líkast sem rasi ok reiki Eyst. Ásgr. Wis. 99; 92,5.
hauklyndum syni Áka Bjarni Kolb. Wis. 68; 8,8.
órökinn þrek slíkan Bjarni Kolb. Wis. 69; 12,4.
Hákon reka fikjum Bjarni Kolb. Wis. 69; 12,6.
Áslák í fǫr lika Bjarni Kolb. Wis. 69; 13,8.
Áslák rerit fikjum Bjarni Kolb. Wis. 71; 26,8.
Áka sunr enn ríki Bjarni Kolb. Wis. 71; 29,6.
Hákon syni téki Bjarni Kolb. Wis. 71; 30,8.
regrökinn Ásláki Bjarni Kolb. Wis. 71; 34,2.
haukligt ras þat fikjum Bjarni Kolb. Wis. 72; 41,6.
hauklyndan sun Áka Bjarni Kolb. Wis. 72; 42,6.
fór mjǫk mikit Þór. loft. Hkr. 440,24a.

ránsiks remmilauka Hallarst. Wis. 48; 22,1 (*ránsriki Flb* I. 491).
Jǫrmunrekr at vakna Brage Wis. 2; 3,2 (*Ermenrekkr* Cod. *Worm.,*
Cod. I e β fol., vgl. *Ger.* S. 16).

kk : kk.

ǫlna bekks vip drykkju Brage Wis. 3; 11,1.
hrøkkva-áll of hrokken Brage Ger. 25; 22,3.
hykk fleyjanda frakkna Hallfr. v.Wis. 33; 6,1 (*þvi hykk [hygg R]*
fleygjanda frægjan Codd. et Edd., z. B. *Forns.* 205).
hvern rakkligast rekka Hallfr. v. Wis. 36; 17,5.
gekk i haug at hnykki Haukr Val. Wis. 81; 21,5.
gekk sinum bur søkkvir Ein. Skúl. Wis. 57; 28,1.
er døkkvalir drekka Glúmr Geir. Hkr. 110,18b.
sǫkk af sunda blakki Sighv. sk. Hkr. 255,19a (*sauk OHS* 42).
nú's þat blakkr um bekki Sighv. sk. Hkr. 274,29b.
stǫkk sem þjóþ um þekkir Ótt. sv. Hkr. 284,22b (*stok Flb* III, 67;
OHS 63).
hykk á fǫt enn flekkum Sighv. sk. Hkr. 307,32b.
gakkatu inn kvaþ ekkja Sighv. sk. Hkr. 308,12a (*gangattu Flb*
II, 113).
lækka Lundar ekkjur Hárekr Hkr. 442,3a (*barþraer OHS* 181).
rakkr þengill hjó rekka Sighv. sk. Hkr. 444,8a (*rakr OHS* 183).
hykk i hundraþs flokki Þjóþ. sk. Hkr. 535,21a.
sukku sárir rekkar Þjóþ. sk. Hkr. 541,19a.
hlakkar lætr þú hrælǫg drekka Arn. jarl. Wis. 46; 15,3.
hlǫkk i harþa þjokkum Grani Hkr. 571,3a.
ef hǫrbrekkan hrøkkva Ulfr st. Hkr. 612,1b.
hykk at hilmis rekkar Þjóþ. sk. Hkr. 626,14a.
hykk at hér megi þekkja Þór. stuttf. Hkr. 686,4a.
stǫkkum fjánda flokki Blakkr Kgs. 111,8b (*hneckium Flb* II. 627;
Fms VIII, 275; *Kph* IV, 187).
skerþir gekk i skúrum Hlakkar Snorri Sturl. Kgs. 281,19b.
flokk tók enn sá's ekki Sturla Kgs. 320,11a.
drukku þeir af Danmǫrk rekkar Anon. Kgs. 343,32a.
fekk hinn fólkrakki Sturla Kgs. 472,8b.
gekk hinn geþrakka Sturla Kgs. 474,34a.
skjǫldungr stǫkk meþ skǫpan þokka Arn. jarl. Wis. 44; 5,3.
klǫkkum hug þrit innist ekki Eyst. Ásgr. Wis. 87; 2,3.
þykki mér sem nýjung nǫkkur Eyst. Ásgr. Wis. 92; 39,5.
ekki er mér á þessum þokki Eyst. Ásgr. Wis. 92; 41,5.
klǫkkr ok hræddr ek þurfa þykkjumst Eyst. Ásgr. Wis. 97; 79,7.
dǫkkvir munu þá fjandans flokkar Eyst. Ásgr. Wis. 98; 84,5.
ǫgnrakkastir drukku Bjarni Kolb. Wis. 69; 10,6.
hrøkkva gunnar rǫkkum Bjarni Kolb. Wis. 71; 30,4.
Ekkils ýtiblǫkkum Hallarst. Wis. 48; 16,7.

kk : k.

mjǫk lét stála stekkvir Brage Wis. 2; 6,1.
Brunnakrs of kom bekkjar Þjóþ. hr. Wis. 10; 9,5.
mjǫk frák móti hrekkva Þjóþ. hr. Wis. 10; 16,5.
stála víkr af stokkinn Þjóþ. hr. Wis. 11; 19,1.
mjǫk leiþ ór staþ stekkvir Eil. Guþr. Wis. 31; 5,5.
gekk riþ móþ enn mikla Sighv. sk. Wis. 42; 3,1.
óframs sǫk meþal okkar Sighv. sk. Wis. 43; 15,3.
bliks meþ bruma ekka Haukr Vald. Wis. 81; 25,7.
bifroknum traþ bekkjar Guth. s. Hkr. 87,33a.
mjǫk lét margar snekkjur Þórþr Kolb. Hkr. 155,8a.
ték ýmisar ekkjum Sighv. sk. Hkr. 274,25b.
nú hafa hnekt þeir's hnakka Sighv. sk. Hkr. 308,17a.
þik baþ sólar sekkvir Sighv. sk. Hkr. 310,19a.
spakr lét Úlfr meþal ykkar Sighv. sk. Hkr. 310,19b.
Srium hnektir þú sǫkkva Ótt. sv. Hkr. 422,20a.
skrǫkvi at skilnaþ ykkarn Bjarni gullbr. Hkr. 456,13b.
rekkr at regni miklu Þorf. m. Hkr. 476,2a.
gekk sóknþorinn sœkja Sighv. sk. Hkr. 480,33a.
fyrr gekktu á staþ Stikla Sighv. sk. Hkr. 493,13b.
mik fló malmr hinn dekkri Þorm. Kolbr. Hkr. 498,9b.
nú þykki mér miklu Sighv. sk. Hkr. 521,33b.
rǫktu ǫfundmenn ykkar Bjarni gullbr. Hkr. 526,4b.
mjǫk baþ Magnús rekka Þjóþ. sk. Hkr. 538,16a.
gekk meþ manndýrþ mikla Þjóþ. sk. Hkr. 542,11a.
gekk meþ gulli miklu Þjóþ. sk. Hkr. 559,22b.
þar hykk fast ins frœkna Þjóþ. sk. Hkr. 606,20a.
rakti riskdólsk ekkja Bjǫrn krepph. Hkr. 638,12b.
Magnús fekk þar miklu Halld. skv. Hkr. 705,22a.
mjǫk fara Magnús rekkar Anon. Hkr. 781,23b.
lukti lómblekkir Sturla Kgs. 464,26b.
œ þakkandi miskunn mjúka Eyst. Ásgr. Wis. 91; 32,3.

kkr : kkr.

skokkr lá dýrr á døkkri Bǫlv. Arn. Hkr. 570,43b.

kn : kn.

þrit tákn þess's liþ læknir Ein. Skúl. Wis. 59; 46,5.
búumk riþ sókn enn slókni Þorm. Kolbr. Hkr. 476,7b.
reknir brott í dauþans druknan Eyst. Ásgr. Wis. 96; 73,1.

ks : ks(x).

riks þreifsk reiddra axa Þorbj. hornkl. Wis. 15; 17,1 (riki Kph.).
sundfaxa kom Sǫrum Ein. Skúl. Wis. 28; 20,5.
riks fannkak son Saxa Sighv. sk. Hkr. 308,29b.
dœgrin sex at vísu ruxu Eyst. Ásgr. Wis. 88; 10,1.

kt : kt.

eitthvat klókt mun dróttinn dikta Eyst. Ásgr. Wis. 92; 39,7.

kþ : kþ.

ok þeim es vel rakþi Ein. Skúl. Wis. 58; 41,5.

l : l.

hálum herþimýlum Brage Wis. 2; 5,7 (vgl. Wis. 117).
Álu undirkúlu Brage Wis. 3; 14,3.
sonr alfǫþar vilde Brage Ger. 23; 15,2.
málspakr of nam mæla Þjóþ. hv. Wis. 9; 3,5 (margspakr SnE.
 Am. 308).
imunfǫlr und iljar Þjóþ. hv. Wis. 11; 17,3.
bǫlverþungar Belja Þjóþ. hv. Wis. 11; 18,3.
margt varþ él áþr Álu Ein. Skúl. Wis. 26; 3,1.
né hvelvǫlur hálar Eil. Guþr. Wis. 31; 6,3.
á seil himinsjóla Eil. Guþr. Wis. 31; 9,3.
mál bark hvert af heilum Sighv. sk. Wis. 42; 7,5.
eitt es mál þaz mæla Sighv. sk. Wis. 43; 14,1.
geta skal máls es mæla Hallfr. v. Wis. 34; 2,1.
skilit frá ek fyr skylja Hallfr. v. Wis. 36; 12,7.
resa kveþr ǫld ór éli Hallfr. v. Wis. 37; 22,5.
ból lét hann á Héli Sighv. sk. Wis. 39; 10,5 (blod let hann a hlode
 Flb II, 21).
tala minst es þat telja Sighr. sk. Wis. 39; 11,7.
skiliþr em ek viþskylja Hallfr. v. Wis. 37; 26,5.
hvals munk hvassa telja Haukr Vald. Wis. 78; 2,1.
Yggjar báls í éli Haukr Vald. Wis. 80; 13,7.
sárt lék halr viþ hǫlda Haukr Vald. Wis. 81; 20,7.
siþar heilags brá sólar Ein. Skúl. Wis. 54; 3,1.
stóls rex hæþ þars hvílir Ein. Skúl. Wis. 54; 9,7.
mál fekk maþr es hrilir Ein. Skúl. Wis. 56; 26,1.
dýrþ Óláfs riþr dála Ein. Skúl. Wis. 59; 51,7.
hætt mál vas þat heila Ein. Skúl. Wis. 60; 59,7.
hǫnd Óláfs vann heilan Ein. Skúl. Wis. 61; 61,5.
ǫlselju mér þylja Bjarni Kolb. Wis. 68; 4,8.
hrot giljaþar hylja Guth. s. Hkr. 87,35 b.
vér getum bili at bǫlva Eyr. sk. Hkr. 103,35 a.
ófælinn klauf ála Eyv. sk. Hkr. 106,15 b (úfallom C, úfallinn D).
fellumk half þá's hilmis Glúmr Geir. Hkr. 136,29 a (oder ll : l! fellu
 hialms þa er hilmis Flb 1, 86, vgl. Gísl. Njál. II, 212).
sjá getr þar til sæla Glúmr Geir. Hkr. 136,31 b (ungewöhnliche
 Stellung des ersten Reimworts!).
beit sólgagarr seilar Tindr Hallk. Hkr. 160,21 a.

nú eru mælt enn mála Sighv. sk. Hkr. 307,16b.
ralr lá þrøngt á þiljum Sighv. sk. Hkr. 444,10a.
rerum í ála éli Giz. gullbr. Hkr. 475,32b.
ála þrengrat éli Þorm. Kolbr. Hkr. 476,7a.
Hel klauf hausa fǫlva Arn. jarl. Hkr. 535,13b.
hǫggvin ralr at hylja Þjóþ. sk. Hkr. 535,23b.
selr um sigr at hylja Þjóþ. sk. Hkr. 544,9a.
hilmis stóls á hæla Har. harþr. Hkr. 578,20b.
vel baþ skip meþ skylja Steinn Herd. Hkr. 594,8b.
hrafngölir sparu hæli Anon. Hkr. 602,15a.
knú ralþiþurr relja Trollk. Hkr. 612,30b.
þar's heilagr gramr hvílir Steinn Herd. Hkr. 628,9a.
sól riþ siklings þræla Þork. ham. Hkr. 641,3a.
stál lét hilmir hvílask Ein. Skúl. Hkr. 662,16b.
valr nam rǫll at hylja Halld. skr. Hkr. 705,22b.
rág fylvingi rélar Þorbj. Skakk. Hkr. 740,13b.
hǫlumk minnst í máli Nefari Kgs. 110,9b.
rara tól at skaut Skúli Anon. Kgs. 279,16b.
hóli géddusk hirþmenn Skúla Anon. Kgs. 343,30a.
heilags hafit hála Sturla Kgs. 548,9a.
sól um sigdeili Sturla Kgs. 464,35b.
il fyrir itr bóla Sturla Kgs. 469,7b.
hála kunni sér til sælu Mark. Sk. Wis. 51; 8,7.
til slétts svalir Sighv. sk. Wis. 40; 3,3.
renni mál af raddartólum Eyst. Ásgr. Wis. 87; 3,3.
af þrílíku móþurmáli Eyst. Ásgr. Wis. 87; 4,5.
háleit rán á himnasælu Eyst. Ásgr. Wis. 88; 5,5.
eiliflega meþ sigri ok sælu Eyst. Ásgr. Wis. 90; 26,7 u. ö.
Gabriel sem geisli sólar Eyst. Ásgr. Wis. 90; 27,3.
glóar þar sól af glerinum heilu Eyst. Ásgr. Wis. 91; 33,5.
ǫll helvítis járnhliþ skjálfa Eyst. Ásgr. Wis. 95; 61,1.
sá'r ópinn skal randan relja Eyst. Ásgr. Wis. 100; 98,1.
hulin fornyrþin at trautt má telja Eyst. Ásgr. Wis. 100; 98,3.
vel þrit hér má skýr orþ skilja Eyst. Ásgr. Wis. 100; 98,5.
tal óbreytiligt veitt af vilja Eyst. Ásgr. Wis. 100; 98,7.
morþbáls skipa stóli Bjarni Kolb. Wis. 69; 16,4.
él gnúþi mjǫk stála Bjarni Kolb. Wis. 71; 27,2.
él-Freyr Ullar kjóla Hallarst. Wis. 47; 6,3.
sól rauþ Svǫlnis éla Hallarst. Wis. 48; 16,3.
Ólafr æzta sælu Hallarst. Wis. 50; 33,7.
handbáls hnykkilundr Hallarst. Wis. 50; 34,3.
hvé skal gjalla gjǫldum Þjóþ. hr. Wis. 9; 1,1.
háls en bǫls af fylda Brage Wis. 2; 8,6.
opit helvíti búit meþ bǫlvi Eyst. Ásgr. Wis. 89; 20,7.

ld : ld.

sú varþ hildr með hǫldum Eyj. Daþ. Hkr. 199,31b.
áttut hjaldr þar's hǫldar Eyj. Daþ. Hkr. 200,1b.
hverr vildi þá hǫldu Halld. ókr. Hkr. 206,6b.
deildak mál hin's milda Sighv. sk. Hkr. 310,15a.
hvǫtuþ tœldi þat hildar Sighv. sk. Hkr. 488,34b.
skyldat skelknir hǫldar Þorm. Kolbr. Hkr. 476,9a.
ǫld fekk ilt ór deildum Bjarni gullbr. Hkr. 447,1a.
deildisk hugr svát heldu Oddr Kik. Hkr. 568,12b.
veldr ef verr skulu hǫldar Anon. Hkr. 603,3b.
heldr várut þan hǫldum Þork. ham. Hkr. 639,5a.
ǫld man hitt at héldusk Blakkr Kgs. 111,29a.
eldr lék hús fyr hǫldum Anon. Kgs. 279,17b.
mildir hǫfþu herboþ hǫldar Sturla Kgs. 437,18b.
þás hugfyldra hǫlda Þorbj. hornkl. Wis. 15; 7,5.
ok hjald-Viþurr hǫlda Ein. Skúl. Wis. 27; 4,5.
hǫlda morþs at halda Ein. Skúl. Wis. 27; 12,7.
eldrinn sveif um ótal hǫlda Mark. Skeggj. Wis. 52; 22,3.
Sigvaldi í byr kǫldum Bjarni Kolb. Wis. 71; 33,6.
hǫld frák hræþask aldri Haukr Vald. Wis. 81; 25,7.
feldi horska hǫlda Haukr Vald. Wis. 81; 26,1.
gjǫld baugnafaþs vildi Brage Wis. 2; 2,2.
heldr en Hildar svika Brage Wis. 3; 10,7 (vgl. Wis. 117).
hlifar valdr til Hildar Þorbj. hornkl. Wis. 14; 4,3.
búinn lézk valdr ef vildi Ein. Skúl. Wis. 27; 12,5.
auk hald boþi hildar Ein. Skúl. Wis. 29; 21,5.
tólf vas elds at aldri Hallfr. v. Wis. 33; 1,1 (Óláfsdrápa).
mildr nema mjǫk vel skaldi Sighv. sk. Wis. 43; 17,3.
aldrminkanda eldar Eil. Guþr. Wis. 32; 19,7 (aldarminkanda alldar
       W. *Myunkande elldre* Cod. *Sparfv.).*
heldr kvaþ hauka skyldir Hallfr. v. Wis. 34; 1,3.
áþr hjaldr þorinn heldi Hallfr. v. Wis. 36; 18,5.
foldar Fjǫlnis elda Haukr Vald. Wis. 79; 8,3.
mildr klauf skatna skjǫldu Haukr Vald. Wis. 79; 10,7.
valdr lét fimm of felda Haukr Vald. Wis. 81; 23,5.
veitk at mildr frá moldu Ein. Skúl. Wis. 54; 4,5.
aldar Óláfs gilda Ein. Skúl. Wis. 54; 10,3.
valdr kvazk fylgja foldar Ein. Skúl. Wis. 57; 28,3.
ǫld hefr opt enn mildi Ein. Skúl. Wis. 57; 33,1.
mildings hefir haldin Ein. Skúl. Wis. 58; 36,1 (hildings Flb I, 4).
angrfyldrar varp aldar Ein. Skúl. Wis. 61; 58,1.
yfirskjǫldungr bjargaldar Ein. Skúl. Wis. 61; 65,7.
ǫld nýtr Óláfs mildi Ein. Skúl. Wis. 61; 66,1.
foldar rauþ ok feldi Glúmr Geir. Hkr. 87,1b.

skatt gilda rann skyldir Guth. x. Hkr. 98,3a.
heldr es vant enn vildak Eyc. sk. Hkr. 103,17a.
jofur vildu þann eldask Þórþr Sjár. Hkr. 107,3a (aldir Fgrsk. 25).
meldr i móþur holdi Eyc. sk. Hkr. 111,23b.
skyldak skerja foldar Eyc. sk. Hkr. 112,10a.
hildar hjalmr faldinn Eyj. Dap. Hkr. 199,31b.
nú fiþr old at eldumk Skúli Þorst. Hkr. 211,23a.
skyldr lézk hendi at halda Þórþr Kolb. Hkr. 217,30b.
gildir komtu at gjaldi Ótt. xv. Hkr. 222,4a.
guldut gumnar sjaldan Ótt. xv. Hkr. 227,16b.
at skyldigast skyldi Þórþr Kolb. Hkr. 232,11b.
fold ruþum skers ef skyldi Sighv. sk. Hkr. 255,21b.
fold er forþum heldu Ótt. sv. Hkr. 284,28b.
skyldit mér úþr mildan Sighv. sk. Hkr. 310,15a.
haldit hæft á veldi Ótt. sv. Hkr. 334,21a.
vildut oflgar aldir Arn. jarl. Hkr. 364,23b.
xeldi Ólafr aldri Sighv. sk. Hkr. 378,1b.
haldisk vorþr þót vildit Sighv. sk. Hkr. 416,29b.
elds ef eitthvert vildir Sighv. sk. Hkr. 431,31b.
fáir skyldu svá foldar Sighv. sk. Hkr. 446,10a
mildr lét morgu valdit Sighv. sk. Hkr. 453,22b.
old rann Ólafr felda Sighv. sk. Hkr. 480,31a.
skjoldungr hélzk enn skyldi Sighv. sk. Hkr. 510,17b.
mildr á mensku at gjalda Sighv. sk. Hkr. 516,26a.
eld ef Ólaf vildak Sighv. sk. Hkr. 521,30a.
old leynik þvi aldri Sighv. sk. Hkr. 521,30b.
skyldr emk skilfings halda Sighv. sk. Hkr. 523,18b.
skemra aldr enn skyldi Þjóþ. sk. Hkr. 532,3b.
skjoldungr fórt of úþjóþ eldi Arn. jarl. Wis. 45; 12,1.
úþr svanfoldar seldi Þjóþ. sk. Hkr. 538,30a.
grá vildir þú gjalda Þjóþ. sk. Hkr. 540,7b.
skjold bark heim frá hjaldri Þjóþ. sk. Hkr. 542,1a.
eldr enn ernir valda Þjóþ. sk. Hkr. 542,27a.
holds rant hrafn úm fyldan Bolv. sk. Hkr. 547,3a.
fold vas viga valdi Stúfr sk. Hkr. 555,19a.
mildr vill Magnús halda Þjóþ. sk. Hkr. 560,31b.
feldu menn þá's mildan Oddr Kik. Hkr. 568,12a.
þó lézt heldr ef héldi Þorl. f. Hkr. 573,7b (in Mork. 57, Flb III, 341
    dem Þjóþ. sk. beigelegt).
hrafni skyldr nema haldi Þjóþ. sk. Hkr. 593,5b.
heldr kvaþ hvern várn skyldu Hallarst. Herd. Hkr. 593,24a.
old's sú's jarli skyldi Þjóþ. sk. Hkr. 605,12a (vildi Fms VI, 336).
eldr vas gerr at gjaldi Þjóþ. sk. Hkr. 606,18b.
old hefir afroþ goldit Þjóþ. sk. Hkr. 621,17a.
heldr kuru meir hins milda Arn. jarl. Hkr. 621,27b.

frægþar mildr á foldu Anon. Hkr. 636,21a.
ǫrr skjǫldungr fór eldi Bjǫrn krepph. Hkr. 646,32a.
ǫrn fyldit sik sjaldan Kolli Hkr. 726,32a.
snild berr snarpa elda Ein. Skúl. Hkr. 744,3a.
skǫldi úþarfr ǫldum Þorbj. skakk. Hkr. 795,7b.
sveldr meþ sómþ ok mildi Hallr. Sn. Kgs. 71,13a.
eldr lék hús fyrir hǫldum Anon. Kgs. 279,17b.
rǫldugr tóktu af mestri mildi Sturla Kgs. 422,1b.
aldir dýrka ypart veldi Sturla Kgs. 422,3b.
ǫldum segik hvé úfriþ guldut Sturla Kgs. 426,13a.
ǫld hét gnógu gjaldi Sturla Kgs. 427,25b (aull Flb III, 188).
allvaldr réttu þrí'r ýtar héldu Sturla Kgs. 433,3a.
faldin gekk þar fast at hildi Sturla Kgs. 433,11b.
gyldir stöþ yfir greypra hǫldu Sturla Kgs. 433,16b.
eldi hrauþ fyrir ssikǫldum Sturla Kgs. 437,18a.
mildir hǫfþu herboþ hǫldar Sturla Kgs. 437,18b.
norþan héldu alt of ǫldur Sturla Kgs. 438,25a.
ǫldum varp er húfum héldut Sturla Kgs. 441,13a.
eldr of allvaldi Sturla Kgs. 464,35a.
héldum háfaldar Sturla Kgs. 466,19a.
eldi álfoldar Sturla Kgs. 466,19b (aldi Flb III, 200).
gjald hinn gripmildi Sturla Kgs. 467,9a.
ǫldum úsjaldan Sturla Kgs. 472,10b (úkalldan Fris. 576,6b).
fyldusk fjǫrseldum Sturla Kgs. 474,15b.
hǫlda hervaldir Sturla Kgs. 474,32a (haulþa her valþer Kph. V, 373;
        Fms. X, 141; Fris. 578,14a).
aldri fráttu at Eirikr vildi Mark. Skeggj. Wis. 51; 8,5.
mildingr fór of munka veldi Mark. Skeggj. Wis. 51; 12,5.
veldi þorþut Vindr at halda Mark. Skeggj. Wis. 52; 15,1.
mildingr gekk at miklum hjaldri Mark. Skeggj. Wis. 52; 18,3.
veldi réþ þri ástrinr aldar Mark. Skeggj. Wis. 52; 23,7.
hildingr framþi heilagt veldi Mark. Skeggj. Wis. 52; 29,5.
hildingr þá viþ hæst lof aldar Mark. Skeggj. Wis. 52; 31,1.
rildi foldar Sighv. sk. Wis. 41; 8,5.
Skjǫldungr stétt á skǫrum hveldun Arn. jarl. Wis. 44; 2,3.
Skjǫldungr lézt viþ skira valdit Arn. jarl. Wis. 45; 13,1.
meþr ofbeldi ǫþlast rildi Eyst. Ásgr. Wis. 88; 7,7.
heldr munuþ meþ heiþri ok valdi Eyst. Ásgr. Wis. 89; 17,7.
aldri kvaddan mann á moldu Eyst. Ásgr. Wis. 91; 29,3.
aldri var sá fyrr á foldu Eyst. Ásgr. Wis. 92; 41,7.
púkinn kvaldr ok þeygi þoldi Eyst. Ásgr. Wis. 93; 47,5.
mildan guþ þrit silfri seldi Eyst. Ásgr. Wis. 93; 48,5.
hátíþ gild um allar aldir Eyst. Ásgr. Wis. 97; 74,7.
fórk aldrigi at gǫldrum Bjarni Kolb. Wis. 68; 2,2.
eldreiþ skapi haldit Bjarni Kolb. Wis. 68; 4,4.

ǫldurmenn at skyldu Bjarni Kolb. Wis 69: 11,2.
heiptmildan Sigvalda Bjarni Kolb. Wis. 69; 12,2.
bǫþmildum Sigvalda Bjarni Kolb. Wis. 69; 13,2.
faldruþr Búa skyldu Bjarni Kolb. Wis. 69; 14,4.
hildar ǫrr ok skjǫldu Bjarni Kolb. Wis. 70; 24,6.
þing-Baldr þróttar mildum Hallarst. Wis. 46; 1,7.
vegmildr viþrar foldar Hallarst. Wis. 46; 2,1.
sker-Baldr Skǫglar elda Hallarst. Wis. 47; 7,3.
hildings hǫppum valda Hallarst. Wis. 47; 10,3.
gollmildr Grénaveldi Hallarst. Wis. 47; 11,3.
gyld horn grépis meldrar Hallarst. Wis. 47; 13,3.
allvaldr einkar mildum Hallarst. Wis. 47; 13,7.
eldruþr ǫlna foldar Hallarst. Wis. 49; 27,7.
fold of verr folk-Baldr Ótt. sv. Wis. 141; 6,1.
hǫld frák hræpask aldri Haukr Vald. 81; 25,7 (Wis. hǫlð; hǫld
    Cod. AM 748).
feldi horska hǫlda Haukr Vald. 81; 26,1.
hæstr skjǫldungr býþr hǫldum Ein. Skúl. Wis. 54; 6,7.

ldr : ldr.

geig vann heldr at hjaldri Haukr Vald. Wis. 80; 19,7.
fannk aldri val vildra Ein. Skúl. Wis. 55; 10,5.
heiptarmildr at hjaldri Ein. Skúl. Wis. 57; 32,3.
mildr fann gerst hve galdrar Sighv. sk. Hkr. 492,16a.
svá bauþ hildr at hjaldri Har. harþr. 620,13a.
hreldr af slíku ættik aldri Eyst. Ásgr. Wis. 97; 78,7 (heldr B.).

lf : lf.

sóknar álfs á golfi Brage Wis. 2; 4,2 (afls R).
skalfa Þórs ne Þjalfa Eil. Guþr. Wis. 31; 10,7 u. 32; 20,3.
ilt es viþ ulf at ylfask Hildr Hkr. 66,1b.
nú's alf rǫþull elfar Eyv. sk. Hkr. 111,26b.
sjalfr baþ svartar kylfur Sighv. sk. Hkr. 253,27a.
alfa blót sem ulfi Sighv. sk. Hkr. 308,14b.
sjalfr var austr viþ Elfi Þjóþ. sk. Hkr. 532,1a.
sjalfri skipti ǫrn viþ úlfa Sturla Kys. 433,14b.
gjalfr af Gautelfi Sturla Kys. 464,23b.
sjalfr hann einn þvit batt meþ bǫlvi Eyst. Ásgr. Wis. 95; 64,5.

lfr : lfr.

Elfr varþ unda gjalfri Ein. Skúl. Hkr. 766,16a.

lg : lg.

fylgþi hugr ens helga Ein. Skúl. Wis. 62; 70,3.
þá's ófolgin ylgjar Eyv. sk. Hkr. 111,5b.

fylgþak Frísa dolgi Skúli Þorst. Hkr. 211,21a.

dolgs kváþu framm fylgja Halld. ókr. Hkr. 212,19b (duerks Flb
I, 485).

elgs man'k eigi fylgja Bersi Hkr. 254,8b.

grams dolgum fekksk galgi Arn. jarl. Hkr. 364,25b.

ylgr þars áin Helga Ott. sv. Hkr. 422,22a (ulfr Flb II, 281).

helgi handar tjálgur Sighv. sk. Hkr. 523,20b.

fylgþi efnd því's ylgjar Arn. jarl. Hkr. 529,3a (fylde Flb III, 272).

ylgr gekk á ná bolginn Bjarni Kolb. Wis. 71; 31,2.

lk : lk.

golfhǫlkvis sá fylkis Brage Wis. 2; 5,2.

xjau fylkjum kom silkis Ein. Skál.Wis. 27; 7,1 (kom fylkis Kringla).

-Jalks viþ ǫndurt fylki Ein. Skál. Wis. 28; 15,7.

folkeflandi fylkir Ein. Skál. Wis. 28; 16,7.

folk réþ viþ sik fylkir Sighv. sk. Hkr. 310,11b.

folks odda gekk fylkir Sighv. sk. Hkr. 499,9b.

folkorrostur fylkir Sighv. sk. Hkr. 510,24a.

rerum meþ fylktu folki Þjóþ. sk. Hkr. 540,25b.

skalkak frá þótt fylkir Þjóþ. sk. Hkr. 620,16a.

um folksnaran fylki Arn. jarl. Hkr. 621,29b.

fylkir sá þar friþland balkat Mark. Skeggj. Wis. 51; 10,3.

folkrakkar um rann fylkir Glúmr Geir. Hkr. 110,20a.

ll : ll.

viþ fylli mér stillir Brage Wis. 3; 13,4.

fjallgylþir baþ fullan Þjóþ. hv. Wis. 9; 4,1.

knáttu ǫll enn Ullar Þjóþ. hv. Wis. 10; 15,1.

fjǫrspillir lét falla Þjóþ. hv. Wis. 11: 18,1.

at fornsnjallir fellu Ein. Skál. Wis. 27; 5,5.

Ullr stoþ af því allri Ein. Skál. Wis. 28; 13,7.

glumdi allr þás Ullar Ein. Skál. Wis. 28; 14,5.

fullǫflug lét fjalla Ulfr Ugg. Wis. 30; 8,1.

fullǫflugr lét fellir Ulfr Ugg. Wis. 29; 4,1.

flugstalla réþ felli Eil. Guþr. Wis. 30; 1,1.

enn fellihryn fjalla Eil. Guþr. Wis. 31; 6,7.

hlátr-elliþa hellis Eil. Guþr. Wis. 32; 14,7.

fullkerska sák falla Sighv. sk. Wis. 41; 1,5.

einn stillir mátt alla Sighv. sk. Wis. 42; 6,3.

goll bark jafnt of allan Sighv. sk. Wis. 43; 16,5.

golls vask enn meþ ǫllu Sighv. sk. Wis. 43; 17,7.

askþollum stendr Ullar Hallfr. v. Wis. 33; 1,1 (Hákonardrápa).

fellu þar meþ þolli Hallfr. v. Wis. 35; 5,5.

Ellu kind enn olli Sighv. sk. Wis. 39; 7,7.

sujallr í Seljupollum Sighv. sk. Wis. 39; 13,3.

8

fyr þrymsvelli þollar Haukr Vald. Wis. 80; 14,7.
snjallr fråk opt at olli Haukr Vald. Wis. 80; 19,1.
hélt til fulls sá er fylla Haukr Vald. Wis. 81; 22,1.
áþr fullhugaþr felli Ein. Skúl. Wis. 55; 13,5.
Halls arfa fråk hollan Haukr Vald. Wis. 81; 23,1.
jǫfurs snilli þreifsk alla Ein. Skúl. Wis. 56; 26,7.
fyllir framlyndr stillir Ein. Skúl. Wis. 58; 42,3.
styrjarsnjalls of stilli Ein. Skúl. Wis. 59; 46,3.
sæll es hverr es hollan Ein. Skúl. Wis. 61; 66,7.
þá's ellifu allar Guth. s. Hkr. 88,7b.
gumnum hollr né gulli Eyv. sk. Hkr. 106,7a.
gulls enn gramr var fallinn Þorþr Sjár. Hkr. 107,7a.
fetla svell til fyllar Eyv. sk. Hkr. 111,7b.
bárum ullr um alla Eyv. sk. Hkr. 111,21a.
fjǫllum Fyrisvalla Eyv. sk. Hkr. 111,23a.
fullar skein á fjǫllum Eyv. sk. Hkr. 111,26a.
Ullar kjóls um allan Eyv. sk. Hkr. 111,28a.
fyllik flokk þinn stillir Eyv. sk. Hkr. 112,3b.
olli jǫfra spjalli Glúmr Geir. Hkr. 134,23b.
þar's gollin spjǫr gullu Halld. ókr. Hkr. 212,21a *(gullin* Fris.
    163,13a).
þótt ǫllungis allra Sighv. sk. Hkr. 248,25b.
snjallr hélt at þar's olli Sighv. sk. Hkr. 252,5b.
snjalls létum skip skolla Sighv. sk. Hkr. 274,19b.
vǫll knd hófr til hallar Sighv. sk. Hkr. 274,31b.
umstillingar allar Ótt. sv. Hkr. 284,25a.
nú sit heill enn hallar Sighv. sk. Hkr. 307,16a.
þeygi bella þollar Sighv. sk. Hkr. 308,20a.
gulls ræþr gerva ǫllu Sighv. sk. Hkr. 377,19b.
dælla es fyrst á fjalli Sighr. sk. Hkr. 416,31a.
allr es þekkr meþ þollum Sighv. sk. Hkr. 429,29b.
dælla es oss ef allir Sighv. sk. Hkr. 431,17b.
herstillis verþr hylli Sighv. sk. Hkr. 431,31a.
ǫll vas Erlings fallin Sighv. sk. Hkr. 444,17a.
Erlingr fell enn olli Sighv. sk. Hkr. 446,2a.
srá hefir ǫllungs illa Ól. heil. Hkr. 446,23a.
gull buþu apt þeir's ollu Sighv. sk. Hkr. 453,13a.
vill viþ visi snjallan Þorl. m. Hkr. 476,4a.
þollr dylr saþrar snilli Sighv. sk. Hkr. 492,23a.
fell í her meþ hollum Bjarni gullbr. Hkr. 493,18b.
élþolla frá'k alla Þorm. Kolbr. Hkr. 497,19b.
fulla vetr áþr felli Sighv. sk. Hkr. 510,17a.
vasat ellifu allra Arn. jarl. Hkr. 515,7b.
olli hón þvit allri Sighv. sk. Hkr. 516,22b.
ǫllut es því's stillir Bjarni gullbr. Hkr. 519,17b.

enn fullhugi fellir Sighv. sk. Hkr. 521,3b.
gjalla hátt fyr Hillar Sighv. sk. Hkr. 521,11b.
jofurs hylli varþ'k alla Sighv. sk. Hkr. 521,35b (falli: illa Fris.
  173,17b; falli Kph. III, 12).
hallr ok hrími sollinn Arn. jarl. Hkr. 543,14a.
gulls tók gumna spjalli Stúfr sk. Hkr. 559,1b.
holl á hléborþ sollin Þjóþ. sk. Hkr. 559,24b.
allr á éli sollnu Þorl. f. Hkr. 574,12b.
fullafli biþr fyllar Har. harþr. Hkr. 578,18b.
nú emk ellifu allra Har. harþr. Hkr. 586,32a.
þoll leggr viþ friþ fullan Þjóþ. sk. Hkr. 592,14b.
ok ollum friþ fullum Anon. Hkr. 603,16b.
sterkr olli þvi stillir Þjóþ. sk. Hkr. 605,14a.
esa stallarum stillis Ulfr st. Hkr. 612,1a.
trolls gefit fákum fyllar Anon. Hkr. 613,23b.
oll viþ orna snilli Steinn Herd. Hkr. 629,14a.
villat flokk várn fylla Magn. berf. Hkr. 651,22.
fyrþum hollr þar's fella Halld. skv. Hkr. 663,11b.
enn í hall at helli Halld. skv. Hkr. 665,17b.
oll beiþ old meþ stilli Ein. Skúl. Hkr. 667,5b.
villir hann risdóm allan Sig. Jor. Hkr. 686,1.
verþung oll á velli Kolli Hkr. 726,6b.
glymrollu ristr gulli Hallr. Sn. Kgs. 71,7a.
nú's friþspillir fallinn Blakkr Kgs. 121,2b.
fellu fjándmenn stillis Sturla Kgs. 279,1b.
snjallir fóru mága í millum Öl. hvít. Kgs. 349,7a.
hauksnjallr tók þá hersa stillir Öl. hvít. Kgs. 357,1.
seima þollr meþ sómdum ollum Sturla Kgs. 422,3a.
riþa fellu regnir þollar Sturla Kgs. 433,9.
siþan fellu hávar hallir Sturla Kgs. 434,8.
allir tóku yppiþollan Sturla Kgs. 438,16b.
snjallr bauþ orgrant ollum Giz. Þorv. Kgs. 441,28.
ollum þótti Egþa stillir Sturla Kgs. 442,6a.
snjallr má Eirikr ollu Sturla Kgs. 458,9b.
hollar prýþi heiminn allan Sturla Kgs. 461,32b.
oll var ógnfallinn Sturla Kgs. 467,7b.
fellu fjandr stillir Sturla Kgs. 470,3b.
fellu fleinþollar Sturla Kgs. 470,7b.
oll rann Egþa stillir Anon. Kgs. 476,18a.
stillir varþ of Austrveg allan Mark. Skeggj. Wis. 51; 4,5.
alla hafþi oþlingr snilli Mark. Skeggj. Wis. 51; 9,5.
hylli goþs mun hlifa stilli Mark. Skeggj. Wis. 51; 11,3.
boþrar snjallr ok beztr at ollu Mark. Skeggj. Wis. 52; 25,6.
elli beiþat ócægr stillir Mark. Skeggj. Wis. 53; 31,3.
fengins golls efr föþiþ ella Arn. jarl. Wis. 45; 7,3.

langast ǫll í glóanda gulli Eyst. Ásgr. Wis. 87; 3,7.
mektarfullr er af bar ǫllum Eyst. Ásgr. Wis. 88; 7,1.
fúll metnaðrinn er með ǫllu Eyst. Ásgr. Wis. 88; 8,5.
þrútnar svellr ok unir við illa Eyst. Ásgr. Wis. 89; 15,1.
tendrast ǫll ok tala með snilli Eyst. Ásgr. Wis. 90; 22,1.
loptin ǫll af ljósi fyllast Eyst. Ásgr. Wis. 91; 31,1.
skeytin ǫll hin flœrþar fullu Eyst. Ásgr. Wis. 93; 45,7.
fullum upp af grimdar galli Eyst. Ásgr. Wis. 93; 48,7.
skepnan ǫll er skyld at falla Eyst. Ásgr. Wis. 94; 51,7 u. ö.
alla glepi þá'r fekk at fullu Eyst. Ásgr. Wis. 95; 64,3.
reiþigall með sárum sullum Eyst. Ásgr. Wis. 97; 77,5.
sundruþ ǫll þá'r syndir kalla Eyst. Ásgr. Wis. 98; 84,3.
allfátt mjaþar þellu Bjarni Kolb. Wis. 68; 4,6.
snjallastr at gǫrvǫllu Bjarni Kolb. Wis. 68; 8,4.
Þorketill liþi snjǫllu Bjarni Kolb. Wis. 69; 9,4.
boþsvellandi allir Bjarni Kolb! Wis. 72; 36,2.
hjǫr gall hǫlþar fellu Hallarst. Wis. 46; 5,3.
húfr svall hrannir fellu Hallarst. Wis. 37; 14,3.
hirþ fell hrafnar gullu Hallarst. Wis. 48; 18,7.
sigrþoll sið barg stillir Hallarst. Wis. 49; 28,7.
spell rann sparþit stillir Hallarst. Wis. 49; 30,1.
ellvelds annan stilli Hallarst. Wis. 50; 32,3.
byrtjalls beztu heilli Hallarst. Wis. 50; 33,3.
Hallfreþr Hǫrþa stilli Hallarst. Wis. 50; 34,5.

ll : l.

þat gaf Fjǫlnis galla Brage Wis. 3; 13,3.
alt var gulli Þór. loft. Hkr. 440,34 a.

llr : llr.

þollr vas allr enn ellri Haukr Vald. Wis. 79; 9,5 (alldr Cod. AM 748).
Ullr stoþ af þel allri Ein. Skál. Wis. 28; 13,7.

lm : lm.

malma mætum hilmi Brage Wis. 2; 9,3.
ok hjalmtamiþr hilmir Þorbj. hornkl. Wis. 15; 6,5.
hjalmfaldinn rann hilmir Ein. Skál. Wis. 27; 5,1.
auk holmfjǫturs hjalmi Ein. Skál. Wis. 28; 17,5.
hilmis menn sem hjalmum Hallfr. v. Wis. 33; 1,7.
hilmir lét at Holmi Hallfr. v. Wis. 34; 2,1.
enn hjalmsprotum hilmir Hallfr. v. Wis. 35; 5,3.
malms rann Móra hilmir Sighv. sk. Wis. 40; 14,1 (máls Kph. II. 18).
Skǫlms frúk hart með hilmi Haukr Vald. Wis. 80; 13,5.
ok álmr sás hlaut hilmis Haukr Vald. Wis. 81; 25,5.

malmr beit hlíf á hólmi Haukr Vald. Wis. 81; 26,3.
jarl vann hjalms at holmi Halld. ókr. Hkr. 217,12a.
at hjalmsqmum hilmi Þórþr Kolb. Hkr. 232,13a.
búa hilmis sal hjalmum Sighv. sk. Hkr. 310,1a.
hǫfgan malm fyr hilmis Sighv. sk. Hkr. 431,5a.
verpr hjalm gǫfugr hilmir Jǫk. Hkr. 455,3b.
olmr erumk harmr sás hilmir Sighv. sk. Hkr. 488,32a.
þar fekk hjalm es hilmir Þjóþ. sk. Hkr. 542,3b.
mætr hilmir sá malma Bǫlv. sk. Hkr. 547,16b.
hjalma þambarskelmi Har. harþr. Hkr. 578,20a (hjálfa þambar-
    skelfi Fgrsk. 127; Flb III, 344; Fms. VI, 270).
alm dró upplenzkr hilmir Þjóþ. sk. Hkr. 595,14a.
í hjalm þrimu hilmir Arn. jarl. Hkr. 621,7a.
hilmir gefr ok hjalma Steinn Herd. Hkr. 635,19a.
hilmir fekk und hjalmi Kolli Hkr. 726,3b.
hólmreyþar gekk hjalmi Sturla Kgs. 279,1a.
hilmir lauk ríþ hernaþ olman Mark. Sk. Wis. 52; 24,7.
olmr Gullbúi hjalma Bjarni Kolb. Wis. 71; 26,2.

ls : ls.

háls enn bols af fylda Brage Wis. 2; 8,6.
máls fekk hilmir heilsu Ein. Skúl. Wis. 58; 41,7.
vals ok Vinda frelsi Guth. s. Hkr. 88,16b.

lt : lt.

hjalts af hagli oltnar Eil. Guþr. Wis. 30; 5,3.
gjalt varhuga veltir Sighv. sk. Wis. 43; 12,1.
hélt sem hilmir mælti Sighv. sk. Wis. 39; 10,3.
illt vas þaz ulfs sultar Hallfr. v. Wis. 37; 26,1.
gullhjǫltuþum galtar Eyv. sk. Hkr. 106,17b.
mælti mætra hjalta Glúmr Geir. Hkr. 134,15a.
vér stiltum svá valtan Sighv. sk. Hkr. 307,29a.
hélztu þar's hrafn ne svalta Ótt. sv. Hkr. 422,20a.
full vann fagrla gylta Sighv. sk. Hkr. 480,22b.
salt skar húfi héltum Arn. jarl. Hkr. 515,13b.
hélt þrí unz herr um spilti Bjarni gullbr. Hkr. 526,6a.
ok óstilta elti Sturla Kgs. 277,17b.
alt brá jarþ beltis Sturla Kgs. 464,21b.
hélt hinn hraþmælti Sturla Kgs. 469,5a.
gylt hljr gnǫþþu skollar Hallarst. Wis. 48; 14,5 (skalptar Cod. Berg).

lþ : lþ.

hvat of dylþi þess hǫlþar Hallfr. v. Wis. 34; 2,3 ⎫
gǫþs elþis fekk gylþir Ein. Skúl. Wis. 57; 28,7 ⎬ ld : ld.
talþak sátt ór fjǫlþa Ein. Skúl. Wis. 61; 67,1 ⎭

skilþisk hann ok hülþi Þjóþ. sk. Hkr. 546,7b (sic Fris. 192,29b).

dvalþi daprt um skilþaValg. Hkr. 560.12a (sic Fris. 203,20b; dvolþo : skilþa Mork. 18).

} *ld : ld.*

m : m.

flaums þás fjǫrvi námu Brage Wis. 2; 6,3.

es þrym regin þrymja Brage Wis. 3; 10,5.

raums þás rekka sómi Þjóþ. hv. Wis. 9; 1,3.

sá vas gramr ok gumnum Þorbj. hornkl. Wis. 15; 6,3.

gjafli némþer und gamlan Þorbj. hornkl. Wis. 15; 9,4.

geymir grundar síma Ein. Skál. Wis. 27; 7,3.

þars svát gramr meþ gumnum Ein. Skál. Wis. 28; 20,7.

Viþgymnir laust Vimrar Úlfr Ugg. Wis. 29; 14,5.

þylk granstrauma Grímnis Eil. Gupr. Wis. 32; 14,1.

flaums at fellidómi Sighv. sk. Wis. 43; 14,7 (faars Flb III, 269; fráns Fms VI, 44).

grams rúni lætr glymja Hallf. v. Wis. 33; 2,1.

fyrr mun heimr ok himnar Hallf. v. Wis. 37; 28,1.

hefndi Grímr þás geymir Haukr Vald. Wis. 79; 8,1.

himin þóttisk þá heiman Sighv. sk. Wis. 42; 6,5 (heiþan Fms VI, 41).

heim þanns hjalp gefr aumum Ein. Skúl. Wis. 58; 38,3.

þeim klauf þengill Rauma Ein. Skúl. Wis. 58; 43,5.

nú fremr þanns gaf gumnum Ein. Skúl. Wis. 59; 45,1 (nú finnr Flb I, 5).

glaumrekjandigrímu Ein. Skúl.Wis. 59; 47,3 (glaum kennandi gunnar Flb I, 5).

þrjár grímur vann þeima Ein. Skúl. Wis. 59; 49,1.

eimr skaut á her hrími Klöng Br. Hkr. 249,28b (Þórþr Sjár. Fgrsk. 74).

þar es heims ok himna Ein. Skúl. Wis. 61; 64,5 (þar er hreggsalar hryggium Flb I, 7).

heims hykk hingat kvámu Ein. Skúl. Wis. 61; 65,1.

gramr vélti svá gumna Eyj. Daþ. Hkr. 199,16a.

heim erum hingat komnir Sighv. sk. Hkr. 429,27a.

þeir es heim á himnum Sighv. sk. Hkr. 431,8b.

sumir trúþu á guþ gumnar Sighv. sk. Hkr. 510,22a.

fim bar hirþ til hǫmlu Arn. jarl. Hkr. 515,15a (fimm Fris. 168,10a).

imr gat hrós hvar kómut Þjóþ. sk. Hkr. 555,9b.

gramr á þing viþ Þumla Þjóþ. sk. Hkr. 593,3b.

hamalt sýnþusk mér hǫmlur Þjóþ. sk. Hkr. 594,3a.

nauþgan dóm áþr næmisk Þjóþ. sk. Hkr. 606,28b.

gramr vá frægr til fremdar Anon. Hkr. 613,21a.

Egþa gramr þar's undan Bjǫrn krepph. Hkr. 647,27b.

rausn vinnr gramr sem gumnar Ein. Skúl. Hkr. 744,5b.

eim lék hyrr meþ himni Sturla Kgs. 305,24a.
heim kom hilmir Rauma Sturla Kgs. 443,1b.
heims um hafstr auma Sturla Kgs. 465,20b.
hamalt knáttu þá hlífar glymja Mark. Skeggj. Wis. 52; 17,3.
Rúmsreg suman Sighr. sk. Wis. 41; 9,6.
samnask baþ til hrerrar hǫmlu Arn. jarl. Wis. 45; 6,5.
gǫrþi heim ok teygþi tíma Eyst. Ásgr. Wis. 88; 6,7.
Adám, nefndr eþ alls í heimi Eyst. Ásgr. Wis. 88; 12,3.
refsar þeim at réttum dómi Eyst. Ásgr. Wis. 89; 19,1.
reltust aum i reslum heimi Eyst. Ásgr. Wis. 89; 19,5.
leiþ svá heimr um langan tíma Eyst. Ásgr. Wis. 89; 20,3.
sú miskunn á settum tíma Eyst. Ásgr. Wis. 90; 23,3.
ljós i heim at lifanda kæmi Eyst. Ásgr. Wis. 92; 36,3.
austr i heim meþ offri kómu Eyst. Ásgr. Wis. 92; 36,3.
orþa hreimr er á dróttins dómi Eyst. Ásgr. Wis. 96; 72,3.
seima Guþr at Jómi Bjarni Kolb. Wis. 68; 6,2.
Jómsvíkingar krámu Bjarni Kolb. Wis. 69; 17,4.
þeim es sunnan krámu Bjarni Kolb. Wis. 70; 18,2.

mbl : mbl.

simble sumbls ofmærom Brage Ger. 24; 19,3.

md : md.

glumdi á gjálfrtǫmdum Sturla Kgs. 464,33a.

ml : ml.

i gemlis ham gǫmlum Þjóþ. hr. Wis. 9; 2,3.
framla dreif til hverrar hǫmlu Sturla Kgs. 426,13b.

mm : mm.

rǫmm var hildr sús Hramma Þjóþ. sk. Hkr. 538,34a.
valgammr skók i rápnarimmu Arn. jarl. Wis. 46; 14,3 (vargur
   Flb III, 284).
fimm hǫfþingja snemma Bjarni Kolb. Wis. 68; 6,4.
morþremmandi skǫmmu Bjarni Kolb. Wis. 70; 18,6.
grimma hǫggum rammir Bjarni Kolb. Wis. 70; 25,6.
at framm i gný grimmum Arn. jarl. Hkr. 529,1b.

mm : m.

rausnarsamr til rimmu Þorbj. hornkl. Wis. 14; 2,7.
rammr und randa himni Hallfr. v. Wis. 35; 7,3.
upp hófsk grimm meþ gumnum Odd. Kik. Hkr. 543,29b.
gramr skaut gerþisk rimmu Hallarst. Wis. 48; 19,3.
Nereiþ lét gramr á grimman Halld. skv. Hkr. 707,13b.
þat esomk sýnt at snimma Brage Ger. 23; 15,1 (snemt Cod. AM
   757,4to).

mn : mn.

gumna rinr at gamni Glúmr Geir. Hkr. 87,3a.

mr : mr.

hlymr rarþ hellis Kumra Eil. Guþr. Wis. 32; 13,3.
fæstr gramr hefr fremri Ein. Skúl. Wis. 55; 14,7 (*fár gramr hefr*
frœgri Flb I, 2).
gramr ras sjalfr á sumri Jǫk. Hkr. 454,23b.
ramr ras suþr á sumri Þjóþ. sk. Hkr. 452,3a.
enn gramr né frák fremra Bǫlr. sk. Hkr. 547,1b.
né gramr af val vimrar Ein. Skúl. Hkr. 662,18b.

ms : ms.

Egþa grams á ymsum Stúfr sk. Hkr. 555,30a.

ml : ml.

halft fimta rann heimtan Ein. Skúl. Wis. 60; 55,5.

mþ : mþ.

geymþi lystr né lamþisk Sighv. sk. Hkr. 445,5a (*sic*
OHS 182)
fremþ Ólafs kveþk frǫmþu Sighv. sk. Hkr. 453,24b
(*sic* OHS 190)
framþi sik þars fólkváþn glumþu Mark. Skeggj. Wis.
52; 20,3.
Hamþis gunnar tǫmþum Bjarni Kolb. Wis. 69; 14,2
styrremþr stillir framþi Hallarst. Wis. 49; 26,7 (*styr*
reþ Cod. Berg.)

md : md.

n : n.

ósk-Rán at þat sínum Brage Wis. 2; 8,2.
at Eynefes ǫndre Brage Ger. 23; 16,3.
rasa Hónis rinr hánum Þjóþ. hv. Wis. 9; 3,7.
enn holls vinar Hónis Þjóþ. hv. Wis. 9; 7,7.
hugreynandi Hónis Þjóþ. hv. Wis. 10; 12,3.
trjónn trǫlls ofrúna Þjóþ. hv. Wis. 11; 17,7.
hrein i hjorna móni Þjóþ. hv. Wis. 11; 19,3.
haptsónis geld hánum Korm. Ogm. Wis. 26; 3,3.
ok rauþ mána reynir Ein. Skúl. Wis. 26; 1,5.
fróns á folka reyni Ulfr Ugg. Wis. 29; 3,7.
ramt mein ras þat reyna Ulfr Ugg. Wis. 29; 4,3.
geþreynir kvaþ grónar Eil. Guþr. Wis. 30; 1,5.
of salvaniþ Synjar Eil. Guþr. Wis. 32; 18,3.
mein hlautk af því minir Hallfr. v. Wis. 35; 5,7.
kóns hafi Kristr enn hreini Hallfr. v. Wis. 37; 28,7 (*kœnn Flb*
I, 496).

opt reynir þú þínum Sighv. sk. Wis. 43; 11,7.

vinr's sás varmra benja Sighv. sk. Wis. 43; 12,5 (beima Fms V. 130; beina Kalfsk., Thómássk., vinr em ek varma benja Fms VI, 42).

Rán mun seggr es sína Sighv. sk. Wis. 32; 18,8.

þótt sins fǫþur sónar Haukr Vald. Wis. 79; 5,5.

sunr rauþ siþar brynjur Haukr Vald. Wis. 79; 10,5.

sén rann vas þess sónar Haukr Vald. Wis. 81; 22,3.

eins má óþ ok bónir Ein. Skúl. Wis. 53; 1,1.

sunr sté upp meþ ynþi Ein. Skúl. Wis. 54; 5,1.

raun dugir rétt í einu Ein. Skúl. Wis. 55; 10,7.

ván gleþr hug meþ hreinu Ein. Skúl. Wis. 56; 22,3.

sjónbrautir strauk sínar Ein. Skúl. Wis. 56; 23,5.

sjón fekk seggr af hreinu Ein. Skúl. Wis. 56; 24,1.

tolf mánuþr vas týnir Ein. Skúl. Wis. 56; 25,1.

raun's at sigr gaf sínum Ein. Skúl. Wis. 56; 30,1.

þaþan reis upp sú's einum Ein. Skúl. Wis. 54; 6,5.

þat varþ grjón at gránu Ein. Skúl. Wis. 57; 35,7.

vinr firþi sik synþum Ein. Skúl. Wis. 61; 62,7.

goþ reynir svá sína Ein. Skúl. Wis. 61; 63,3.

laun fekk holl ef hreinum Ein. Skúl. Wis. 62; 70,5 (haanum Flb I, 7).

bón hefk þengill þína Ein. Skúl. Wis. 62; 71,1.

benja hagl á brynjum Eyr. sk. Hkr. 111,7a.

sýnisk svartleitr reyni Jór. skaldm. Hkr. 77,22b.

trjónu tingls á gróna Guth. s. Hkr. 88,9a.

Ónars eikigrónu Guth. s. Hkr. 89,5a.

roþin frák rauþra benja Glúmr Geir. Hkr. 110,20b (roþin frák benja rauþra Thork. 45).

Óna för ok einu Halld. ókr. Hkr. 207,28a.

þás hún lagar hreina Halld. ókr. Hkr. 207,28b.

þín naut rekka rúni Ótt. sv. Hkr. 225,33b.

enn Sveins liþar sýnum Sighv. sk. Hkr. 252,7b (lid er at sǫnnu Flb II, 43).

rasa sigmána Sveini Sighv. sk. Hkr. 252,19a (varat sigmara Sveine Flb II, 44).

sveins raunir hefk sénar Bersi Hkr. 254,16a.

Sveins rasa sonr at reyna Þórþr Sjár. Hkr. 422,27b.

rauns biþu rekkar sýna Sighv. sk. Hkr. 453,15b (trionur Flb II, 316; sona OHS 190; sina Kph. II, 316; þinir Ol. S. membr.).

rán erumk hreggs at hreini Jǫk. Hkr. 454,23a.

hrein getum hála launa Sighv. sk. Hkr. 516,18a.

hón hefir svá komit sínum Sighv. sk. Hkr. 516,26b.

guþs lán es þat þínu Sighv. sk. Hkr. 522,25a.

hreins meþ heilar sjónir Sighv. sk. Hkr. 523,13b.

meinalaust í mínu Sighv. sk. Hkr. 523,20a.
svát manþinga mundut Þjóþ. sk. Hkr. 537,26b.
mist hafa Sveins at sýnu Þjóþ. sk. Hkr. 539,6a (sinna Kph. III, 40; Fms VI, 79; sǫnno Fris. 187,1a).
ván es fagrs á Fjóni Þjóþ. sk. Hkr. 540,23b.
leynumk lítt á Fjóni Þjóþ. sk. Hkr. 542,31a.
muna fyr Magnus synja Þjóþ. sk. Hkr. 542,29b.
enn rauþ Frán á Fjóni Arn. jarl. Hkr. 543,19a (næst rauþ fram Flb III, 285; enn bar fram Kph III, 48).
sonr Buþla sínum Jllugi Brynd. Hkr. 550,6b.
brynt skreiþ vel til vánar Har. harþr. Hkr. 558,12 (brynn Fgrsk. 112; brvnn Mork. 15: brúnu Fms. VI, 169).
grøn enn gull bautt hánum Bǫlv. Hkr. 565,17a.
rán es at vinnim Sveini Menn Har. harþr. Hkr. 572,22b.
rán es at vísa kénan Þorl. f. Hkr. 572,1a.
frána egg á Fjóni Arn. jarl. Hkr. 586,16b.
sín óþul mun Sveini Steinn Herd. Hkr. 628,7a.
dunþi broddr á brynju Þork. ham. Hkr. 648,13a.
hauka fróns í hreinu Ein. Skúl. Hkr. 667,10b.
brýns Bjǫrgynjar Ein. Skúl. Hkr. 709,27b.
raun es at ríki þínu Kolli Hkr. 762,32b.
munn sá's morþi vanþisk Ein. Skúl. Hkr. 755,28a.
mein fekk margr af Kénu Þorbj. skakk. Hkr. 795,7a.
týnum Birkibeinum Nefari Kgs. 110,9a.
mánadag kraddi mildingr sína Baglar Kgs. 161,27a.
mánadag kraddi níþingr sína Birkibeinar Kgs. 161,32a.
rán galt randa týnir Sturla Kgs. 427,25a.
skein af skautvǫnum Sturla Kgs. 464,33b
hánum lét til herrigs búna Mark. Skeggj. Wis. 52; 26,5.
hánum vísar hǫlþa reynir Mark. Skeggj. Wis. 53; 27,7.
reynir veitti herskip hánum Mark. Skeggj. Wis. 53; 30,7.
raunar varþat rǫnd viþ hánum Mark. Skeggj. Wis. 53; 32,3.
feþr persónan engli einum Eyst. Ásgr. Wis. 90; 24,3.
í Jórþan meþ æþar hreinar Eyst. Ásgr. Wis. 92; 37,3.
fulla smán ok flestar pínur Eyst. Ásgr. Wis. 95; 58,3.
lifþjónandi lærisveina Eyst. Ásgr. Wis. 93; 46,3.
Jesú munu þá sárin sýnast Eyst. Ásgr. Wis. 96; 71,3.
engi er rán á ǫþru enn pínu Eyst. Ásgr. Wis. 97; 73,7.
mína ǫnd svát mættak þjóna Eyst. Ásgr. Wis. 98; 80,7.
hreinat gef þú hjarta mínu Eyst. Ásgr. Wis. 98; 83,5.
búnir mik at brenna ok skeina Eyst. Ásgr. Wis. 98; 84,7 (pína AC).
mína ǫnd at meiþa ok skeina Eyst. Ásgr. Wis. 98; 85,3 (pína ACD).
ek vænumst at ykkrum þjóni Eyst. Ásgr. Wis. 98; 87,5.
fjón eþa líf ræna Bjarni Kolb. Wis. 69; 12,8.
reynendr flota sínum Bjarni Kolb. Wis. 69; 17,2.

varþ raun at því einum *Bjarni Kolb. Wis.* 70; 22,6.
fránlyndr Búi sínu *Bjarni Kolb. Wis.* 70; 25,2.
ránir hart meþ sveinu *Bjarni Kolb. Wis.* 70; 25,4.
hugraun flota sínum *Bjarni Kolb. Wis.* 71; 33,4.
ræn þrir tegir einir *Bjarni Kolb. Wis.* 72; 39,4.
átján þegar týna *Bjarni Kolb. Wis.* 72; 41,2.
brynmǫnnum smó benjar *Þjóþ. sk. Hkr.* 595,14b (brynjaþra sínu
    brynjur *Fms.* VI, 316).

nd : nd.

vinda Qndur dísar *Brage Ger.* 25; 20,2.
hǫnd þís allra landa *Brage Ger.* 24; 17,2.
endisk rauþra randa *Þorbj. hornkl. Wis.* 14; 4,7.
lindihjǫrt fyr landi *Þorbj. hornkl. Wis.* 14; 6,7.
lundr vann sókn á sandi *Þorbj. hornkl. Wis.* 15; 8,3.
logskundaþar lindar *Ein. Skál. Wis.* 24,31b (lungs unnaðar linna
    Fris. 126,31b).
endr lét Jamta kindir *Hallfr. v. Wis.* 34; 4,1 (enn *Fris.* 111,22a).
endr til ýmsa kindar *Eil. Guþr. Wis.* 30; 2,7.
svát hrapskyndir handa *Eil. Guþr. Wis.* 32; 16,1.
rind á riþu sundi *Hallfr. v. Wis.* 36; 15,3.
at mundjǫkuls myndi *Hallfr. v. Wis.* 37; 23,5.
endr í Ulfasundum *Sighv. sk. Wis.* 42; 8,7.
Finnlendinga at fundi *Sighv. sk. Wis.* 38; 9,3.
endr á Ulfkels landi *Sighv. sk. Wis.* 39; 7,3.
endr kom brúnt á branda *Sighv. sk. Wis.* 39; 9,3.
þrettánda vann Þrónda *Sighv. sk. Wis.* 39; 13,1.
brendr á bygþu landi *Sighv. sk. Wis.* 40; 14,7.
reyndir biþk at randar *Haukr Vald. Wis.* 78; 1,5.
reyndr varþ rimmu skyndir *Haukr Vald. Wis.* 79; 5,3.
lundr hjó stórt at standa *Haukr Vald. Wis.* 81; 26,7.
þreklynds skulu Þrándir *Ein. Skál. Wis.* 55; 11,1.
leyndi lofþungr Þrónda *Ein. Skál. Wis.* 55; 14,5.
sýndi salvǫrþr grundar *Ein. Skál. Wis.* 56; 19,3.
reyndi Goþormr grundar *Ein. Skál. Wis.* 57; 31,1.
myndi mest und fjǫndum *Ein. Skál. Wis.* 60; 53,1.
þvít ǫnd meþ sér sýndisk *Ein. Skál. Wis.* 56; 20,7 (sendiz *Flb* I, 3).
gjalfrs Niþbranda grundar *Ein. Skál. Wis.* 58; 40,3 (niðranda
    Flb I, 4).
auk endr frá trú týndir *Ein. Skál. Wis.* 58; 40,5 (ok endr fyrir
    trú tyndri *Flb* I, 4).
ítrs landreka undir *Ein. Skál. Wis.* 59; 47,7.
grundu gylþis kindar *Ein. Skál. Wis.* 59; 48,7.
nema rǫnd í byr branda *Ein. Skál. Wis.* 60; 53,5.
lustu sundr á sandi *Ein. Skál. Wis.* 60; 59,1.

bragr myndi nú brǫndum Ein. Skál. Wís. 61; 69,1 *(mundi bragr*
    ens brenda Flb I, 7; *grǫndum C).*
sendi seggja kindar Glúmr Geir. Hkr. 86,34b.
valsendir rauþ vandar Guth. s. Hkr. 88,9b.
austrlǫndum fórsk undir Glúmr Geir. Hkr. 89,28a.
sendi gramr at grundu Glúmr Geir. Hkr. 89,30b.
undan allar kindir Guth. s. Hkr. 98,3b.
brand þars bjarmskar kindir Glúmr Geir. Hkr. 121,9a.
eiþlendr um baþ vinda Glúmr Geir. Hkr. 134,15b.
birki kind um bundit Eyr. sk. Hkr. 123,12b.
mǫrg vas lind fyr landi Þórþr Kolb. Hkr. 155,10b.
rendi langt meþ landi Þórþr Kolb. Hkr. 157,14a.
enn til lands þess's lindar Þórþr Kolb. Hkr. 170,25b.
þrályndi fekksk Þrǿndum Þórþr Kolb. Hkr. 170,32b.
endr í eyjasundi Eyj. Daþ. Hkr. 200,3a.
land eþa lengra stundu Þórþr Kolb. Hkr. 217,34a.
báruþ lind af landi Ótt. sv. Hkr. 220,12a.
kom í land ok lendir Ótt. sv. Hkr. 225,33a.
stundum frák til strandar Ótt. sv. Hkr. 227,18b.
endr til ǿsta fundar Þórþr Kolb. Kkr. 232,26b.
rǫnd klufu roþnir brandar Sighv. sk. Hkr. 253,12a.
þundr vá leyfþr til landa Þórþr Kolb. Hkr. 232,26b.
endisk leyfþ ok landi Sighv. sk. Hkr. 307,22a.
hendr es hilmi fundinn Sighv. sk. Hkr. 377,19a.
sverþ standa þar sunda Sighv. sk. Hkr. 431,29a.
frǿndr skyli brǿþi bindask Sighv. sk. Hkr. 446,10b.
kendr vast fyrstr á fundi Bjarni gullbr. Hkr. 446,31b *(falli Flb*
    II, 311).
fellum Þrǿndr í þundar Þorf. m. Hkr. 476,4b.
snarir fundusk þar Þrǿnda Sighv. sk. Hkr. 490,14b.
þás hrynsendir Hundi Sighv. sk. Hkr. 492,16b.
undrask ǫglis landa Þorm. Kolbr. Hkr. 498,9a.
erlendis frák undan Þjóþ. sk. Hkr. 519,15b.
mundut þann dag Þrǿndi Þjóþ. sk. Hkr. 538,3b.
rǫnd léztu rǿsir Þrǿnda Þjóþ. sk. Hkr. 540,3b *(rǫun Kph.* III, 42).
ǫrt rendu þeir undan Þjóþ. sk. Hkr. 540,9b.
Hrindr á hrǿka landi Þjóþ. sk. Hkr. 540,19a.
røkkr ǫndurt baþ randir Arn. jarl. Hkr. 541,10b.
brand rauþ buþlungr Þrǿnda Þjóþ. sk. Hkr. 544,7b.
hund bar rif þar's rendut Valg. Hkr. 550,30b.
frǿndr hykk at þar fyndisk Þjóþ. sk. Hkr. 562,27b.
endisk ykkar frǿnda Bǫlr. Hkr. 565,15b.
ǫnd var ýta kindum Þorl. f. Hkr. 574,20b.
ekkjan stendr ok undrask Þjóþ. sk. Hkr. 592,10b.
rammsyndan lauk rǫndum Þjóþ. sk. Hkr. 594,1b.

rendr bitu stál fyr strǫndu Þjóþ. sk. Hkr. 607,1b.
lǫnd vill þengill Þrónda Steinn Herd. Hkr. 629,12a.
lǫnd rann lofþungr Þrónda Bjǫrn krepph. Hkr. 638,10b.
ǫnd á Jakobs landi Ein. Skál. Hkr. 662,26a.
lofþungs kundr es lendat Halld. skv. Hkr. 663,29b.
frænda Serks at fundi Þór. stuttf. Hkr. 686,20a.
látum randhóing reyndan Nefari Kgs. 110,11a (rang hæing Flb
    II, 627).
rǫnd klauf ræsir steinda Sturla Kgs. 277,19b.
stála kendi stǫkkvilundum Snorri Sturl. Kgs. 281,17a.
oddum rendi eljunstrandir Snorri Sturl. Kgs. 281,21a.
ruddisk land enn ræsir Þrónda Snorri Sturl. Kgs. 281,21b.
bóndr hlutu kvǫl þás kyndisk Ól. hr. Kgs. 305,26b.
orþ sendi þá jǫfri Þrónda Ól. hr. Kgs. 339,16a.
Þróndir efldu þengil reyndan Ól. hr. Kgs. 357,3.
herskip brendi hilmir grundar Ól. hr. Kgs. 373,5b.
brǫndum blóþgar skifþusk randir Ól. hr. Kgs. 385,8.
ramri grund haft rikisvandar Sturla Kgs. 417,14b.
lǫnd tók lofþungr Þrónda Sturla Kgs. 427,27b.
viþa týndu virþa kindir Sturla Kgs. 433,5b.
brandar hleyptu ǫrt or undum Sturla Kgs. 433,11a.
Hrinda réþ út herskips brǫndum Sturla Kgs. 437,16a.
sandi jós um stálin steindu Sturla Kgs. 438,27b.
sendi snarlynda Sturla Kgs. 473,11a.
rǫndu lauk umb rekka kindir Mark. Skeggj. Wis. 52; 17,1.
andar krafþi út i lǫndum Mark. Skeggj. Wis. 53; 31,1.
Þundar umb ǫndr Sighv. sk. Wis. 40; 4,8 (þundr of fundr Fyrsk.
    81; vgl. Ohs. 49; eyndri Kph.).
ei þurfandi staþa né stunda Eyst. Ásgr. Wis. 87; 1,3 u. 100; 100,3.
blindr þar sem feþr sinn fjandann Eyst. Ásgr. Wis. 88; 9,5.
ǫnd ok þar til siþan sendi Eyst. Ásgr. Wis. 88; 11,5.
andagipt ok siþan sýndi Eyst. Ásgr. Wis. 88; 12,7.
fjandinn gut svá fyrstu blindat Eyst. Ásgr. Wis. 89; 18,7.
lýþa kind meþ sárum syndum Eyst. Ásgr. Wis. 89; 19,8.
sendiboþi kom sjaufalds anda Eyst. Ásgr. Wis. 89; 27,5.
haglig myndan heilags anda Eyst. Ásgr. Wis. 91; 30,7.
sjá skinandi á grænni grundu Eyst. Ásgr. Wis. 92; 37,7.
undrast tók hinn forni fjandi Eyst. Ásgr. Wis. 92; 39,1.
andinn leiþ af Jesú pindum Eyst. Ásgr. Wis. 95; 58,7.
týndu ljósi er berr varþ bundinn Eyst. Ásgr. Wis. 95; 59,7.
fjandinn hafi ok frétt at syndum Eyst. Ásgr. Wis. 95; 60,3.
hlaupa fjandr ok ætla undan Eyst. Ásgr. Wis. 95; 61,3.
hvat er tiþenda hrakkr er fjandinn Eyst. Ásgr. Wis. 95; 62,1.
hví stundaþir hinn forni fjandi Eyst. Ásgr. Wis. 95; 65,1.
upp risǫndum allra landa Eyst. Ásgr. Wis. 96; 71,1.

rindi fult hefr veslan anda Eyst. Ásgr. Wis. 97; 77,1.
send hingat mér sjaufalds anda Eyst. Ásgr. Wis. 97; 80,5.
þú ert elskandi ein af sprundum Eyst. Ásgr. Wis. 99; 90,1 *(elskan B).*
umbætandi bragna syndir Eyst. Ásgr. Wis. 99; 90,3.
ei kennandi kvitt af syndum Eyst. Ásgr. Wis. 99; 90,7.
rindur leiptur grænar grundir Eyst. Ásgr. Wis. 99; 93,3.
handfǫgr kona bundit Bjarni Kolb. Wis. 68; 3,4.
randormar Geirmundi Bjarni Kolb. Wis. 70; 17,8.
lundherr saman fundinn Bjarni Kolb. Wis. 70; 18,8.
hundmargr saman randir Bjarni Kolb. Wis. 70; 22,4.
andat fólk at sundi Bjarni Kolb. Wis. 72; 35,2.
undan ráþ at skynda Bjarni Kolb. Wis. 72; 40,6.
ǫrlyndr þrymu randa Bjarni Kolb. Wis. 73; 45,2.
randhvels renni-þundi Hallarst. Wis. 46; 1,3.
vestrlǫnd virþa kindir Hallarst. Wis. 46; 4,5.
herlundr hǫlda kindum Hallarst. Wis. 47; 9,7.
Þjóþ. lǫnd þremja skyndir Hallarst. Wis. 47; 10,1.
Ísland éla skyndir Hallarst. Wis. 47; 11,1.
haudvist Hjalta grundar Hallarst. Wis. 47; 11,5.
styrlund stirþra branda Hallarst. Wis. 49; 29,7.
ráþvandr ræsir hendi Hallarst. Wis. 49; 28,3.
tandr beit tyggi rendi Hallarst. Wis. 48; 20,5.
kendi Kormakr stundum Haukr Vald. Wis. 81; 25,1.
hingat sendi helgan anda Eyst. Ásgr. Wis. 96; 68,3.
unul sá's oss sú's sprændi Jǫk. Hkr. 455,3a.
kendu hvar liggr fyr landi Þjóþ. sk. Hkr. 592,3a.
ungr kendak mér undan Úlfr st. Hkr. 612,3b.

ndr : ndr.

sendr vask upp af ǫndrum Sighv. sk. Hkr. 310,6b.
styrks mundriþar steindrar Eyst. Ásgr. Wis. 58; 48,3.

ng : ng.

á haussprenge Hrungnes Brage Ger. 24; 18,3.
á fangboþa ǫngle Brage Ger. 25; 21,2.
ennetungl þar's yengr Brage Hkr. 7,8b.
gengiligt at ganga Ein. Skál. Wis. 28; 19,3.
bara maþr lyngs enn lengra Ein. Skál. Wis. 29; 22,5.
geþstrangrar lét gǫngu Eil. Guþr. Wis. 30; 2,1.
ok gangs vanir gengu Eil. Guþr. Wis. 30; 4,1.
hungreyþǫndom hanga Hallfr. v. Wis. 33; 7,3.
gerþisk ungr viþ Engla Hallfr. v. Wis. 34; 8,1.
dolga fangs viþ drengi Hallfr. v. Wis. 35; 2,2.
mundit lung et langa Hallfr. v. Wis. 36; 14,1.
langt bar út enn unga Sighv. sk. Wis. 38; 1,1 *(yngra Jofrask.).*

vann ungr konungr Englum Sighv. sk Wis. 39; 9,1.
ungr komt af því þingi Sighv. sk. Wis. 39; 11,3.
gang þars gamlir sprungu Sighv. sk. Wis. 40; 14,3 (gagn Kph. II, 18; gagnn þar er gamlir sungu Flb II, 28).
strangr hitti þar þengill Sighv. sk. Wis. 40; 15,5.
ungr vask meþ þér þengill Sighv. sk. Wis. 42; 6,1.
hvé lengi skal hringum Sighv. sk. Wis. 42; 9,7.
engr hafþi svá ungum Sighv. sk. Wis. 43; 11,5.
angrs þás ás at drengjum Haukr Vald. Wis. 80; 15,7.
drengr rauþ opt enn ungi Haukr Vald. Wis. 81; 21,3.
drengr berr óþ fyrr Jnga Ein. Skúl. Wis. 54; 8,5.
lyngs í lopt upp ganga Ein. Skúl. Wis. 55; 16,3.
Jnnþröndum lét undir Ein. Skúl. Wis. 55; 17,3.
hrings skulu heyra drengir Ein. Skúl. Wis. 56; 22,7.
snáka vangs af slengvi Ein. Skúl. Wis. 58; 38,7.
slǫng Einriþi ungi Ein. Skúl. Wis. 59; 45,3.
drengr nam dýrr á rangi Ein. Skúl. Wis. 59; 47,5.
tunga vas meþ tangar Ein. Skúl. Wis. 60; 60,1.
sliþrtungur lét syngja Glúmr Geir. Hkr. 89,28b.
ok gimslengvir ganga Þórþr Sjár. Hkr. 105,12b.
ǫþlingi fekksk ungum Glámr Geir. Hkr. 121,9b.
fengum feldarstinga Eyv. sk. Hkr. 123,31a.
ungr meþ jǫfnu gengi Eyj. Dáþ. Hkr. 140,10a.
vangs á vatn um þrungit Þórþr Kolb. Hkr. 155,1b (vagns Fris. 120,15b).
þá es hringfáin Hanga Tindr Hallk. Hkr. 157,30b.
ungr hraztu á vit vengis Ótt. sv. Hkr. 220,1a.
gang enn gamlir sprungu Ótt. sv. Hkr. 225,30b.
þengill frák at þunga Ótt. sv. Hkr. 226,18a.
atgǫngu vantu yngri Ótt. sv. Hkr. 226,30a.
Erlingi vas engi Sighv. sk. Hkr. 231,7a.
enn af ganga engi Sighv. sk. Hkr. 249,10b.
stǫng óþ gylt þar's gengum Sighv. sk. Hkr. 253,4a.
þar hykk ungan gram gǫngu Sighv. sk. Hkr. 253,15b.
ungr kunnak þar þrengvi Bersi Hkr. 254,18b.
engr sat elda þrengvir Ótt. sv. Hkr. 284,32b.
hvast gengum þó þingat Sighv. sk. Hkr. 307,34b.
því á ungr konungr engi Sighv. sk. Hkr. 310,1b.
gengr í ætt þat's yngvi Arn. jarl. Hkr. 364,23a.
lyngs bar fiskr til fengjar Sighv. sk. Hkr. 414,8a.
hendilangr sem hringa Sighv. sk. Hkr. 430,6a.
fjandr ganga þar þengils Sighv. sk. Hkr. 431,3a.
Englandi ræþr yngvi Hallv. Hár. Hkr. 442,1a.
í lyptingu lengi Sighv. sk. Hkr. 444,19b.
búumk viþ þrǫng á þingi Giz. gullbr. Hkr. 475,32a.

exat geirþingi gǫngum Þorm. Kolb. Hkr. 476,9b.

gengrat greppr hinn ungi Hár. Sig. Hkr. 479,3b (Þorm. Kolb. Ohs. 67).

stǫng bar háti fyr Hringa Sighv. sk. Hkr. 480,20b.

stǫng úp fyrir gengu Sighv. sk. Hkr. 490,29b.

þing bauþ út hinn ungi Arn. jarl. Hkr. 515,13a.

þings beiþ herr á Hǫngrum Sighv. sk. Hkr. 516,22a.

tungu rjóþr til tírar þinga Arn. jarl. Wis. 44; 3,7 (*tungu : úngrar* Fms V, 119).

frá ǫþlingi ungum Sighv. sk. Hkr. 522,11a.

stólþengill gekk strǫngu Þór. Skeggj. Hkr. 557,8b.

stólþengils lét stinga Þjóþ. sk. Hkr. 557,11a.

eik slǫng und þér yngvi Valg. Hkr. 559,30a.

þung byrþr vas sú þengil Oddr Kik. Hkr. 568,14a.

þat angraþi þengil Anon. Hkr. 570,26a.

slyngr laugardag lǫngu Þjóþ. sk. Hkr. 592,8a.

strengs fló hagl i hringa Bjǫrn krepph. Hkr. 648,13b.

ungr enn drar drengja Þjóþ. sk. Hkr. 592,14a.

þangs láþ mǫrum þingat Hallarst. Herd. Hkr. 594,30b.

i fylkingu fenginn Þjóþ. sk. Hkr. 596,21b.

drengr lá úr um ungan Steinn Herd. Hkr. 615,20a.

her þengill gleþr hringum Steinn Herd. Hkr. 635,11b.

gengr sem guþ vill ungum Þjóþ. sk. Hkr. 620,18a.

ungr kom Hákon hingat Anon. Hkr. 636,19a.

strengs fló hagl i hringa Þork. ham. Hkr. 648,13b.

allengi dvelr Jngi Anon. Hkr. 650,12.

gangr þar's gauzka drengi Eldjárn Hkr. 652,14b.

mjǫk's langr sás dvelr drengi Magn. berf. Hkr. 654,27a.

þungan berk of þingi Magn. berf. Hkr. 654,25b.

gǫndlar þings meþ gengi Halld. skv. Hkr. 665,19b.

húsþinga galt hengja Halld. skv. Hkr. 707,15b.

lætr Jngi slǫg syngva Ein. Skúl. Hkr. 738,10a.

darra þing reþ drengi Hallr Sn. Kgs. 71,13b.

Jnga hirþ enn upp réþ ganga Baglar Kgs. 161,29a.

þing stofnuþu jǫfrar ungir Öl. hvit. Kgs. 340,28a.

herfanga bauþ Hringi Snorri Sturl. Kgs. 352,1a.

oftengi veldr yngra Snorri Sturl. Kgs. 352,1b.

snarr yngvi kvaþ sigr byr fenginn Öl. hvit. Kgs. 380,8b.

engi valdist gafngóþr hingat Sturla Kgs. 407,14a.

syngja létu snarpir drengir Sturla Kgs. 433,9a.

ungr tóktu jǫfra þengill Sturla Kgs. 458,4a.

lengra telja þjóþir þangat Sturla Kgs. 459,5b.

ǫngr sá ormvengis Sturla Kgs. 464,26a.

gengu geþstrangir Sturla Kgs. 469,25a.

reisti ǫngr viþ yngva Anon. Kgs. 476,18b.

Yngri hélt viþ orþstir langan Mark. Skeggj. Wis. 50; 2,3.
drengir þágu auþ af yngra Mark. Skeggj. Wis. 51; 7,1.
hringum eyddi harra slengvir Mark. Skeggj. Wis. 51; 7,5.
hringum varþi áttkonr Yngri Mark. Skeggj. Wis. 51; 12,3.
Yngri hélt í óþastrǫngum Mark. Skeggj. Wis. 51; 16,1.
sungu járn enn sǫfþusk drengir Mark. Skeggj. Wis. 52; 19,7.
Yngri talþi erfþir þangat Mark. Skeggj. Wis. 52; 23,5.
snugit vas þá herr tók hringja Mark. Skeggj. Wis. 52; 29,3.
þengill vas þegar ungr Ótt. sv. Wis. 44: 2,1.
ungan frák þik eyþir þrengva Arn. jarl. Wis. 44; 5,1 (*undan Fms*
  V, 119).
Yngvi vas sá frægr es fenguþ Arn. jarl. Wis. 45; 13,3.
Yngvi fekktu ǫll meþ hringum Arn. jarl. Wis. 46: 14,5.
strǫng varþ stálin sungu Hallarst. Wis. 48; 19,1 (*staungh Flb* I, 483).
hilding hvast frák ganga Hallarst. Wis. 48; 28,1.
dǫglingr dróttins englum Hallarst. Wis. 50; 31,7.
þengill þróttar strǫngum Hallarst. Wis. 50; 33,1.
Yggjar feng und hanga Bjarni Kolb. Wis. 68; 2,6.
dorgar vangs fyr lǫngu Bjarni Kolb. Wis. 68; 4,2.
hǫfþingi vas drengja Bjarni Kolb. Wis. 68; 8,2.
snarfengra hǫfþingi Bjarni Kolb. Wis. 69; 9,2.
hringa meiþr at strengja Bjarni Kolb. Wis. 69; 14,8.
sóknstranga vel ganga Bjarni Kolb. Wis. 70; 24,2.
hringserkja bǫl ganga Bjarni Kolb. Wis. 71; 26,4.
sǫngr burgusk vel drengir Bjarni Kolb. Wis. 71; 28,6.
srfengr at boþ strangri Bjarni Kolb. Wis. 71; 29,2.
fram gingu vel drengir Bjarni Kolb. Wis. 71; 29,4 (*gengu A*, vgl.
  S. 55).
langan orm á hringum Bjarni Kolb. Wis. 72; 37,8.
ǫþlings menn at ganga Bjarni Kolb. Wis. 72; 38,6 (*ǫþlings A. þengils*
  ceteri ; at renna nonnulli).
ungra snyrti drengja Bjarni Kolb. Wis. 72; 39,2.
drengmenn hugum strangir Bjarni Kolb. Wis. 72; 39,8.
drengr á land at ganga Bjarni Kolb. Wis. 72; 40,2.
mansǫng of Gná hringa Bjarni Kolb. Wis. 72; 42,4.
ungr þaz heit nam strengja Bjarni Kolb. Wis. 73; 42,6.
slungin mjúkt at sínum kóngum Eyst. Ásgr. Wis. 87; 4,3.
þangat til er þau meþ englum Eyst. Ásgr. Wis. 89; 13,5.
viþr afspringi alt þat er fengi Eyst. Ásgr. Wis. 89; 13,7 *(viþr af-*
  springinn B. ¦meþan afspreingrinn A. meþ afspringi CD,
  afsprengi Magnuss. 14; *axprengi hist. eccl.* II, 404).
engi sék at jarþlig tunga Eyst. Ásgr. Wis. 90; 26,1.
loptin sungu komnum kóngi Eyst. Ásgr. Wis. 91; 34,5.
rélakrings á vǫfþum strengjum Eyst. Ásgr. Wis. 93; 45,5.
hǫfuþdróttningin harmi þrungin Eyst. Ásgr. Wis. 94; 54,1.

engi finnst á þessu þingi Eyst. Ásgr. Wis. 96; 72,1.
megindróttningin manna ok engla Eyst. Ásgr. Wis. 96; 86,3.
øngum tjóar at auka lengra Eyst. Ásgr. Wis. 100; 95,7.
þá's hringfáum hanga Tindr Hallk. Hkr. 157,30*b.*

ng : nng.

engill segir at ei mun synngast Eyst. Ásgr. Wis. 91; 30,5.

ngl : ngl.

tungl skárusk þá tingla Halld. ókr. Hkr. 212,31*a.*

ngr : ngr.

þrengvimeiþr of þryngvi Ein. Skál. Wis. 28; 16,3.
heþan vas ungr frá angri Ein. Skál. Wis. 61; 63,1.
hungr frák austr hinu yngri Ótt. sv. Hkr. 222,6*a (yngni Flb* II, 17;
    ungi OHS 18).
angr skal kveykt i klungri Þorm. Kolbr. Hkr. 474,8*b.*

nn : nn.

helkannandi hlenna Þorbj. hornkl. Wis. 14; 3,3.
grennir þrøng at gunni Þorbj. hornkl. Wis. 15; 6,1.
øll lét senn enn svinni Ein. Skál. Wis. 27; 8,1.
und sigrrunni svinnum Ein. Skál. Wis. 28; 17,3.
kýnnik ápr ok einnar Ulfr Ugg. Wis. 29; 2,7.
innmáni skein ennis Ulfr Ugg. Wis. 29; 3,1.
hlusta grunn við hrønnum Ulfr Ugg. Wis. 30; 4,8.
þar sigrrunni svinnum Ulfr Ugg. Wis. 30; 7,5.
kveldrunnina kvenna Eil. Guþr. Wis. 32; 21,3.
fremra mann of finna Hallfr. v. Wis. 35; 11,3.
hann rauþ geir at gunni Hallfr. v. Wis. 36; 18,3.
menn geta máli sonnu Hallfr. v. Wis. 37; 22,7.
nú's sannfregit sunnan Hallfr. v. Wis. 37; 24,5 *(sidan Flb* I, 495).
Norþmanna hykk nenninn Hallfr. v. Wis. 37; 25,1.
þat vas enn at ønnur Sighv. sk. Wis. 38; 2,1.
sinn máttut bô banna Sighv. sk. Wis. 39; 8,5.
tonn rauþ tölfta sinni Sighv. sk. Wis. 39; 12,1.
hlunna es sem roþull renni Arn. jarl. Wis. 45; 8,5.
monnum lizk es mildings rennir Arn. jarl. Wis. 45: 9,1.
unnar jafnt sem ásamt renni Arn. jarl. Wis. 45; 9,3.
skýrunn skjaldar linna Hallarst. Wis. 46; 1,5.
senn øll siþan runnu Hallarst. Wis. 46; 4,1.
þrekmanns þriþja sinni Hallarst. Wis. 48; 21,3.
tvær senn tyggja vinnur Hallarst. Wis. 49; 25,1.
ynýlinns Gøndlar runna Hallarst. Wis. 49; 25,3 *(gunnelds geymir*
    unna Fms II, 274; *Flb* I, 464).

senn á sripstund einni Hallarst. Wis. 49; 30,7 (sjónfagr svipstund
    eina Fms II, 280; Flb I, 467).
aupfinnondum annars Ein. Skúl. Wis. 54; 3,3 (aupfinnandum B,
    auffinnendum Flb I, 1).
mál sanna þau mǫnnum Ein. Skúl. Wis. 54; 6,3 (kynnazt þau
    Flb I, 1).
menn nenni mál sem innik Ein. Skúl. Wis. 54; 7,7.
yfirmanni býþk unnin Ein. Skúl. Wis. 54; 9,1.
hann speni oss fyr innan Ein. Skúl. Wis. 55; 13,7.
munn rauþ mildingr innan Ein. Skúl. Wis. 56; 29,3 (munn rauþ
    málmþings kennir Flb I, 4).
slíkt hafa menn at minnum Ein. Skúl. Wis. 57; 34,5.
menn hafa sagt at svanni Ein. Skúl. Wis. 57; 35,1.
sannspurt es þat sunnan Ein. Skúl. Wis. 58; 36,3.
orþ finnask mér unnar Ein. Skúl. Wis. 58; 41,3.
mærþ finnsk of þat mǫnnum Ein. Skúl. Wis. 59; 51,3.
nennir ǫll at inna Ein. Skúl. Wis. 60; 56,5.
mildings þjónn fyr manna Ein. Skúl. Wis. 60; 58,3.
menn rá Glúmr at gunni Haukr Vald. Wis. 79; 11,3.
hinn es mál af manni Haukr Vald. Wis. 80: 11,7.
hinn es hjálms riþ runna Haukr Vald. Wis. 80; 14,3.
jarls mǫnnum bauþ unnar Haukr Vald. Wis. 81; 23,3.
kunnr vas mǫrgum manni Haukr Vald. Wis. 81; 24,1.
hinn's of Hlakkar runna Haukr Vald. Wis. 81; 24,5.
senn verandi úti ok inni Eyst. Ásgr. Wis. 87; 1,5 n. 100; 100,5.
fyrri menn er fræþin kunnu Eyst. Ásgr. Wis. 87; 4,1.
søktist hann meþ sinum grǫnnum Eyst. Ásgr. Wis. 88; 9,3.
hofginn rann svá hugr á þenna Eyst. Ásgr. Wis. 88; 12,5.
fjǫlkunnigr í einum innan Eyst. Ásgr. Wis. 88; 15,7.
minn einka son holdi hennar Eyst. Ásgr. Wis. 90; 24,7.
guþi unnandi ok góþum mǫnnum Eyst. Ásgr. Wis 90; 25,7.
sannr meydómrinn sat þat inni Eyst. Ásgr. Wis 90; 27,7.
at innsigli hǫldum hennar Eyst. Ásgr. Wis. 91; 33,7.
umrennandi sex at sinnum Eyst. Ásgr. Wis. 92; 36,5.
finn ek alt mannvit manna Eyst. Ásgr. Wis. 92; 38,1.
mæþist hann ok er móþur sinnar Eyst. Ásgr. Wis. 92; 42,3.
finn ek þó at í slíku sannan Eyst. Ásgr. Wis. 92; 42,5.
minnast verþ ek mák ei annat Eyst. Ásgr. Wis. 94; 53,5.
fǫlnar skinn ok fellr at enni Eyst. Ásgr. Wis. 95; 58,5.
sék ei þann er út meyi inna Eyst. Ásgr. Wis. 95; 64,1.
sinn ódauþleik mǫrgum manni Eyst. Ásgr. Wis. 96; 67,3.
trennar gengu trisvar sinnum Eyst. Ásgr. Wis. 96; 67,5.
umrennandi svá at sinni Eyst. Ásgr. Wis. 96; 68,1.
kennstu viþ svát min þú minnist Eyst. Ásgr. Wis. 96; 69,3.
prýddi hann meþ þrysvar þrennum Eyst. Ásgr. Wis. 88; 6,3.

hvert þat sinn er ek kulda kenni Eyst. Ásgr. Wis. 98; 81.7.

Jesú þinni ást er mǫnnum Eyst. Ásgr. Wis. 98; 85,7.

miskunnar þá'r mjúkust renna Eyst. Ásgr. Wis. 98; 87,7.

miskunn bið þú at mjúka finni Eyst. Ásgr. Wis. 99; 88,3.

varkunnigr at verka þenna Eyst. Ásgr. Wis. 100; 97,3.

senn verandi úti ok inni Eyst. Ásgr. Wis. 100; 100,5.

vera kann því at mærin minnist Eyst. Ásgr. Wis. 100; 99,5.

sunnr á sigr um hlynnin Glúmr Geir. Hkr. 87,3b (sverd C. D. sverd var sigr of vordinn Flb I, 52; hlunnin Kph. Cod. Fris. 67,25b).

hann fekk gagn at gunni Glúmr Geir. Hkr. 89,30a.

ef svipkenni svinnan Eyv. sk. Hkr. 106,5b (ef sólryri sára Fyrsk. A 25; ef sólspennir sunnan Fyrsk. B. sauckspenni Pering. I, 160).

kunni tolf sás tanna Glúmr Geir. Hkr. 112,30a.

ok sannliga sunnan Þórþr Kolb. Hkr. 154,33a.

vann á Vinþa sinni Tindr Hallk. Hkr, 160,19a.

meinrennir brá manna Þórþr Kolb. Hkr. 170,25a (meinremmir Fris. 132,7a; men reynir Pering. I, 273; menræynir Flb I, 518; meinrennir Fyrsk. 54).

sunnr fyr Svǫldrar mynni Skúli Þorst. Hkr. 211,23b.

gullkennir lét gunni Þórþr Kolb. Hkr. 232,24a.

innan borþs um unnir Ótt. sv. Hkr. 234,14b.

gǫrbǫnn mun ek gunnar Sighv. sk. Hkr. 249,8a (gunnar Flb II, 39).

brunnu allvalds inni Kléng Br. Hkr. 249,28a (Þórþr Sjár. Fyrsk. 74).

Sveinn funþut þat þenna Sighv. sk. Hkr. 255,26a.

vist hefk þann þvít þinnar Sighv. sk. Hkr. 307,22b.

inn settak nef nenninn Sighv. sk. Hkr. 308,7a.

hann stendr þýþr af þinni Sighv. sk. Hkr. 311,14a.

þann veitk þinga kennir Sighv. sk. Hkr. 311,12b.

einn vissak þér annan Sighv. sk. Hkr. 343,1a.

annan lét á unnir Sighv. sk. Hkr. 414,8b.

kann þjóþ herski minni Hárekr Hkr. 427,27b.

menn nemik mál sem inni Sighv. sk. Hkr. 429,29a.

einn kvaþk senn en sǫnnu Sighv. sk. Hkr. 430,4b.

þa's hann at sig sǫnnum Sighv. sk. Hkr. 445,3b.

kynnisk kapp þitt mǫnnum Bjarni gullbr. Hkr. 446,34a.

hvinna ætt ok hlenna Sighv. sk. Hkr. 453,20a (hinna ætt at hlamna Flb II, 316).

brennum ǫll fyr innan Þorm. Kolbr. Hkr. 474,6a.

þótt sigrunnar svinnir Giz. g. Hkr. 475,30a.

einn háþi gný Gunnar Hofgarþr Hkr. 491,24a.

fjǫlkunnigra Finna Sighv. sk. Hkr. 492,18a.

vasa sunnudag svanni Sveinnfl. Hkr. 513,18a.

faþir minn vas þar þenna Sighv. sk. Hkr. 520,30b.

minnumk ek hvar manna Sighv. sk. Hkr. 521,21b.

þinn stopak mátt sem mǫnnum Sighv. sk. Hkr. 522,19a.
minn hug segik mǫnnum Sighv. sk. Hkr. 522,23a.
buþlungr unnuþ borgar mǫnnum Arn. jarl. Wis. 45; 12,7.
menn eigu þess minnask Þjóþ. sk. Hkr. 540,19b.
annars nema sjá þenna Þjóþ. sk. Hkr. 543,2a (hier müsste *aþalh.*
  stehen, vielleicht umzustellen mit vorhergehendem Vers, der
  aþalh. hat?).
minnisk ǫld hverr annan Arn. jarl. Hkr. 543,19b.
hann ept hervig þrennin Þjóþ. sk. Hkr. 544,9b.
brann i bø fyr sunnan Valg. Hkr. 560,4b.
rǫnn lét ræsir nenninn Valg. Hkr. 560,6b.
sumar annat skal sunnar Þjóþ. sk. Hkr. 570,9a.
Sveinn enn siklingr annarr Þorl. f. Hkr. 574,12a.
almenningr liggr innan Þjóþ. sk. Hkr. 592,25b.
menn brutu upp um annan Steinn Herd. Hkr. 593,26b.
hinn es meþ halft beiþ annat Steinn Herd. Hkr. 594,30a.
vann fyr móþu mynni Steinn Herd. Hkr. 595,1a.
senn á sripstundi einni Þjóþ. sk. Hkr. 596,13b.
innan eina gunni Þjóþ. sk. Hkr. 596,21a.
Sveinn skerr ok til annars Anon. Hkr. 602,15b.
Sveinn tekr norþr at nenna Anon. Hkr. 602,24b.
hinn es hvern vág sunnan Anon. Hkr. 602,19b.
menn þeir's miþla kunnu Anon. Hkr. 603,3a.
ulf's munn listar innan Trǫllk. Hkr. 613,14b.
skinnat sól á sýnni Þjóþ. sk. Hkr. 626,19b.
ætt sinni mun unna Steinn Herd. Hkr. 628,7b.
hann vill hneggvi sinnar Steinn Herd. Hkr. 635,13a.
Norþmǫnnum gefr nenninn Steinn Herd. Hkr. 635,15b.
menn viþ morþhauks brynni Þork. ham. Hkr. 639,5b.
tǫnn rauþ Tyrvist innan Bjǫrn. krepph. Hkr. 646,30b.
sá kennir mér svanna Magn. berf. Hkr. 654,20b.
annk þvit eigi finnak Magn. berf. Hkr. 654,33b.
unnit frák i einni Halld. ókr. Hkr. 664,6a.
Finns rauþ gjǫld á grønni Halld. ókr. Hkr. 666,1b.
unnut austr fyr Mynni Kolb. Hkr. 726,3a.
mágrennir fremsk manna Ein. Skúl. Hkr. 742,5a.
minnigr bjó siklingr sunnan Ól. hvit. Kgs. 344,1b.
sýnni tók þá sælt er funnusk Ól. hvit. Kgs. 349,9a.
innin tóku ǫll at brenna Sturla Wis. 83; 11,5.
almenningr varþ út at sinna Sturla Kgs. 437,16b.
unnar þóttu eisar brenna Sturla Kgs. 439,15b.
renna þótti upp á unnum Sturla Kgs. 441,16a.
kynnisk kapp þitt mǫnnum Sturla Kgs. 458,6a.
brunnu búmanna Sturla Kgs. 470,7a.
enn eru af því minni Sighv. sk. Wis. 42; 4,7.

enn kvápu gram Gunnar Sighv. sk. Wis. 38; 4,1.
enn lét sjaunda sinni Sighv. sk. Wis. 39; 7,1.
enn um iþnir manna Bjarni gullbr. Hkr. 456,11b.
þar má enn hrárr annan Þorl. f. Hkr. 572,1b (*þar man Fgrsk.* 122;
    þa er annar Flb III, 338).
þau eru enn svát mank manna Har. harþr. Hkr. 586,4a.
enn sér eigi minni Anon. Hkr. 602,26a.
enn samir mér at minnask Þór. stuttf. Hkr. 682,20b (*nu samir*
    Mork. 188).
enn sás úthlaupsmǫnnum Sturla Kgs. 279,3a.
enn nú leysti oss ǫll ór banni Eyst. Ásgr. Wis. 95; 64,7.
enn mun koma í ǫþru sinni Eyst. Ásgr. Wis. 96; 70,1.
enn Sveinn konungr sunnan Þórþr Kolb. Hkr. 217,32b.
rann enn maþr um minna Ott. sv. Hkr. 222,4b.
enn Sveinn konungr sinni Tryggvafl. Hkr. 513,14a.
enn þeirs undan runnu Sighv. Þórþ. Wis. 38; 2,7.
enn í gegn at gunni Sighv. Þórþ. Wis. 39; 5,7.
enn með annan Sighv. Þórþ. Wis. 40; 3,5.
enn í gegn at gunni Þórþr Kolb. Hkr. 157,12a.
enn hver's austr vill sinna Sighv. sk. Hkr. 310,23a.
enn sá's allan kunni Sighv. sk. Hkr. 445,5b.
enn fyr jól vas ǫnnur Oddr Kík. Hkr. 543,27b.
enn fyr afgerþ sanna Stúfr sk. Hkr. 555,28b[1]).

nn : n.

unz með ýta sinni Eil. Guþr. Wis. 31; 9,1.
ok senn sunu Sighv. sk. Wis. 40; 1,1.
herskip vant af harþa stinnum Arn. jarl. Wis. 44; 2,1.
þat esumk kunt hve kennir Sighv. sk. Hkr. 252,14a.
einn stóþ sonr á sinu Sighv. sk. Hkr. 444,17b.
þás Sveinn konungr siná Sveinnfl. Hkr. 513,18b.
Sveinn áttsigr at launa Þjóþ. sk. Hkr. 596,19a.
Santiri laut sunnar Bjǫrn krepph. Hkr. 647,14b.

---

[1]) Ich habe die Fälle zusammengestellt, in welchen *enn* mit
Wörtern auf *nn* reimt, um zu zeigen, dass *Sievers* mit seiner Be-
hauptung, Beitr. XV, S. 405 Anm. 1, dass *enn* fast immer so, und
nur selten auf *n* reimt, Recht hat. Gegenüber 22 Reimen auf *nn*,
von denen in drei Versen allerdings *enn* nicht Reim zu sein braucht,
stehen nur drei, in welchen es mit *n* reimt. Dazu kommen aus den
Reimen mit *aþalh.* noch 7 Fälle, in welchen *enn* mit *enn* reimt,
während ein Reim mit *en* hier gänzlich fehlt. Dies zeigt, wenn
man berücksichtigt, dass die Reime von Doppelconsonanz zu ein-
facher verhältnissmässig selten sind, dass immer *nn* zu schreiben
ist. *Wisén* schreibt *n*.

kenndu mér at forþast fjandann Eyst. Ásgr. Wis. 93; 44,3.
enn min flúg fleina Sighv. sk. Hkr. 252,27b.
enn þvít jarla frænda Sighr. sk. Hkr. 310,15b.
enn þvít illa reynþisk Þjóþ. sk. Hkr. 605,12b.
sigrgjann sölu vænni Steinn Herd. Wis. 50; 31,5 *(gjann < gjarn,*
    vgl. S. 84).

nt : nt.

stöþk á Munt ok mintumk Sighr. sk. Hkr. 520,28a.

nþ : nþ.

ranþisk hann ok Vinþa Hallfr. v. Wis. 34; 4,3 *(randit* ⎫
    Cedersch.; vandisk Flb I, 3; *syndum Cedersch., Flb* I, 3) ⎪
gramr vanþit sá synþum Ein. Skúl. Wis. 56; 20,3 ⎪
reynþut ræsir steinþa Ótt. sv. Hkr. 229,1b ⎬ *nd : nd.*
munþak þann es unþi Sighr. sk. Hkr. 520,28b ⎪
sprænþi blóþ á brýnþan Þjóþ. sk. Hkr. 541,27b ⎪
fellu Vinþr enn vonþusk Oddr Kík. Hkr. 543,29a *(Þjóþ.* ⎪
    sk. Flb III, 284) ⎭

þ : þ.

áþr djúphugaþr dræpi Þjóþ. hv. Wis. 9; 6,5.
stophnisu för steypir Eil. Guþr. Wis. 31; 9,7.
né djúp akarn drápu Eil. Guþr. Wis. 31; 10,1.
gnipu hlQþr á greypum Eil. Guþr. Wis. 32; 13,7.
gripum vér í greipar Eyv. sk. Hkr. 103,35b.
kaup varþ daprt þars djúpan Sighv. sk. Hkr. 431,8a.
dal steypir hjá draupnis Hofgarþarefr Hkr. 491,24b.
djúp ok danskra rápna Þorm. Kolbr. Hkr. 498,1b *(draupnis dyrra*
    rápna Ohs 73).
krjúpum vér fyr vápna Har. harþr. Hkr. 620,11a.
drap hina dulgreipu Sturla Kgs. 473,11b *(drápi dulgreipu Flb* III,
    drap ena dulgreypu Fms X).
drúpir herr at dölga steypi Mark. Skeggj. Wis. 53; 31,7.
steypir þú meþ eymd ok ópi Eyst. Ásgr. Wis. 96; 72,7.
brigzli ok hróp erat gQrvum glæpum Eyst. Ásgr. Wis. 97; 73,5.

pn : pn.

-opnis ilja gaupnum Eil. Guþr. Wis. 30; 3,7.
umbgeypnandi opna Ein. Skúl. Wis. 55; 16,7.
samangeypnandi sína skepnu Eyst. Ásgr. Wis. 90; 28,5.

pp : pp.

Qrr greppa lætk uppi Korm. Qgm. Wis. 26; 1,3.
upp hóf jQfra kappi Ein. Skúl. Wis. 26; 1,5.
yppa ráþumk yþru kappi Arn. jarl. Wis. 44; 1,3.

uppi glópu élmars typpi Arn. jarl. Wis. 45; 10,7.
keppinn rant þaz er mun uppi Arn. jarl. Wis. 46; 14,1.
rausnar happ ok ríki uppi Ól. hrít. Kgs. 356,34b.
upp gaf allkleppnum Sturla Kgs. 469,5b.

pp : p.

upp rann engla skepnu Ein. Skál. Wis. 54; 4,1.

pt : pt.

Hropta-Týr of hrapta Ulfr Ugg. Wis. 30; 7,3.
sóknar hapts meþ sripti Eil. Gnþr. Wis. 30; 3,3.
greypt's þaz hofþum hnepta Sighv. sk. Wis. 43; 13,5 *(gnæyft : hniftir*
    Fms X, 402; hneypta OHS 239; Fms V, 131; hneypta Thómássk).
opt rann aldri svipta Haukr Vald. Wis. 79; 6,1
sviptir i sveiflaukjapta Trollk Hkr. 613,12b.
látum skipta guþ giptu Nefari Kgs. 110,11b *(giftu Flb II, 627).*
opt brá hann riþ heiptir Haukr Vald. Wis. 81; 25,3.
giptist ondin guþdóms krapti Eyst. Ásgr. Wis. 91; 31,5.
typta mitt ok tem sem optast Eyst. Ásgr. Wis. 98; 81,3.
giptu regr ok geisli lopta Eyst. Ásgr. Wis. 99; 88,3.

r : r.

Hergauts vinu barþir Brage Wis. 2; 5,8.
til fárhuga føri Brage Wis. 2; 8,3.
bar til byrjar drøsla Brage Wis. 2; 8,7.
þars vélsparir varu Þjóþ. hv. Wis. 9; 5,7.
sér baþ sagna hrœri Þjóþ. hv. Wis. 10; 9,1.
munstérandi mæra Þjóþ. hv. Wis. 10; 11,7.
hellis bør á hyrjar Þjóþ. hv. Wis. 10; 14,3.
ok harþbrotin herju Þjóþ. hv. Wis. 11; 19,1.
þar svát barsk at borþi Þorbj. hornkl. Wis. 14; 4,1.
hár vas songr um svirum Þorbj. hornkl. Wis. 15; 7,8.
heyri sunr á Sýrar Korm. Ogm. Wis. 26; 1,1.
hróþr gerik of møg mæran Korm. Ogm. Wis. 26; 3,1.
fésœranda at féra Korm. Ogm. Wis. 26; 5,3.
vasat ofbyrjar orra Ein. Skál. Wis. 26; 2,1.
varþat Freyr sás føri Ein. Skál. Wis. 27; 6,5.
herjum kunnr of herjuþ Ein. Skál. Wis. 27; 8,3.
þeim stýra goþ geira Ein. Skál. Wis. 27; 8,7.
auþrýrir lœtr áru Ein. Skál. Wis. 27; 9,7.
hitt vas meir at Méra Ein. Skál. Wis. 28; 13,1.
folkverjandi fyrþa Ein. Skál. Wis. 28; 13,3 *(fjorra Fyrsk. 38, Flb;*
    fyrva Fris.).
ýtti Freyr af fjórum Ein. Skál. Wis. 28; 13,5.

meþ spørgøli svarfa Ein. Skál. Wis. 28; 14,3 *(svørgøli sørva Hkr.*
139, *Fms.; saurgøli sørva Fris.; spørgøli svarfa Fgrsk.).*
hyrjar þing at herja Ein. Skál. Wis. 29; 22,3.
þess riþr fúrs meþ fjórum Ein. Skál. Wis. 29; 24,5.
Freyr ok folkum stýrir Ulfr Ugg. Wis. 30; 5,3.
þar kømr á enn æri Ulfr Ugg. Wis. 30; 9,1.
snæriblöþ til svira Eil. Guþr. Wis. 31; 7,7.
húfstjóri braut hváru Eil. Guþr. Wis. 32; 14,5.
glaums niþjum fór gørva Eil. Guþr. Wis. 32; 18,1.
naddskúrar réþ nørir Hallfr. v. Wis. 34; 8,3 *(naddskarr hlod nærre*
Flb I, 120).
geirs riþ gumna stjóra Hallfr. v. Wis. 35; 9,3.
harþgervum lét hjørvi Hallfr. v. Wis. 36; 15,1.
sagþr vax mér enn meira Hallfr. v. Wis. 36; 20,1.
þolþu hlýr fyr hári Sighv. sk. Wis. 39; 5,3 *(hárri Fms IV,* 45).
Geirfiþr hét sá gørva Sighv. sk. Wis. 39; 13,7.
forum i ráþn ok verjum Sighv. sk. Wis. 42; 9,5.
hárir menn es heyrik Sighv. sk. Wis. 43; 13,3.
Haralds varþar þú hjørvi Sighv. sk. Wis. 43; 15,7.
förk meþ feþrum þeira Sighv. sk. Wis. 43; 17,5.
Haralds i her Sighv. sk. Wis. 40; 2,3.
ok báru i byr Sighv. sk. Wis. 41; 7,1.
dýr v's døglings før Sighv. sk. Wis. 41; 7,3.
svá m'n fár feril Sighv. sk. Wis. 41; 10,1.
geystisk hlýr enn hristisk bára Arn. jarl. Wis. 44; 2,7.
mærings mønnum skýrisk Hallarst. Wis. 47; 10,5
hnigreyrs harþa stóran Hallarst. Wis. 49; 24,3.
Eiriks lof verþr øld at heyra Mark. Skeggj. Wis. 50; 2,1.
rár qndvert bjó Vinþa rýrir Mark. Skeggj. Wis. 51; 5,1.
hlýrum skaut á hola báru Mark. Skeggj. Wis. 51; 5,3.
Eirikr veitti oft ok stórum Mark. Skeggj. Wis. 51; 7,3.
stóra sótti Haralds hlýri Mark. Skeggj. Wis. 51; 12,1.
styrjøld óx umb stilli qrran Mark. Skeggj. Wis. 52; 17,1.
Eirikr vakþi ødda skirir Mark. Skeggj. Wis. 52; 19,5.
Eirikr vas meþ uppreist hári Mark. Skegg. Wis. 52; 23,1 *(harri*
Fms XI, 306).
gerva lét þar hollr of héruþ Mark. Skeggj. Wis. 52; 25,3.
váru þau meþ trygþar tíri Mark. Skeggj. Wis. 52; 25,5.
stórar lét sér randgarþs rýrir Mark Skeggj. Wis. 52; 26,3.
báru menn ór borgum stórum Mark. Skeggj. Wis. 53; 19,1.
þeir hafa þengils Mæra Ein. Skúl. Wis. 55; 12,5.
þar kom blindr enn byrjak Ein. Skúl. Wis. 56; 23,1.
þó réþ hann at hváru Ein. Skúl. Wis. 57; 32,5.
hár fekksk kaf þvi hlýri Ein. Skúl. Wis. 57; 32,7.

hér lét Goþormr gerra Ein. Skúl. Wís. 57; 34,3.

þann sám vér þás várum Ein. Skúl. Wís. 58; 37,5.

hér fekk hann enn byrja Ein. Skúl. Wís. 58; 38,5.

golli merkþr i Girkju Ein. Skúl. Wís. 59; 44,7.

mér's enn mærþ skal stóra Ein. Skúl. Wís. 59; 46,1 (mér er þri
      mærd skal skýra Flb I, 5).

gunnar mar i geira Ein. Skúl. Wís. 59; 52,3.

þar srát þjóþ fyr hjǫrvi Ein. Skúl. Wís. 59; 52,5.

þars of einn i ǫrra Ein. Skúl. Wís. 60; 54,5.

nyztan tir þaz nóra Ein. Skúl. Wís. 60; 55,7 (nærri Flb I, 1).

lér hjaldr frǫmum hárar Ein. Skúl. Wís. 60; 57,7.

gǫr munu gjǫld þeims byrja Ein. Skúl. Wís. 61; 61,7.

hver's srá horsk at byrjar Ein. Skúl. Wís. 61; 64,1 (hyrza Flb I, 7)

hér's af himnagervis Ein. Skúl. Wís. 61; 65,5.

--ber koma arþ frá órum Ein. Skúl. Wís. 61; 67,3.

orum málma rýri Bjarni Kolb. Wís. 68; 1,1.

Yggjar björ of fóra Bjarni Kolb. Wís. 68; 1,6.

órit gjarn at hváru Bjarni Kolb. Wís. 68; 3,6.

allstórum mun fleira Bjarni Kolb. Wís. 68; 5,4.

Harald bardaga stóra Bjarni Kolb. Wís. 68; 7,2.

sær isugar bárur Bjarni Kolb. Wís. 69; 16,8.

heyra menn at cæri Bjarni Kolb. Wís. 70; 20,2.

þrir meþ flokki hvárum Bjarni Kolb. Wís. 70; 20,4.

gripu þeir i bug snórum Bjarni Kolb. Wís. 71; 27,6.

Eiríks vini keyra Bjarni Kolb. Wís. 72; 38,8.

för Þorketill leira Bjarni Kolb. Wís. 72; 42,2.

Eirikr gefit stórum Bjarni Kolb. Wís. 73; 44,2.

ár til odda skúrar Haukr Vald. Wís. 79; 3,3.

hriþgǫrrandi hjǫrva Haukr Vald. Wís. 81; 21,7.

frák báru hlut hæra Haukr Vald. Wís. 81; 5,1.

Týr varþ á gǫtr ára Haukr Vald. Wís. 81; 8,7 (aura Cod. AM 748).

ár frák arfvǫrþ geira Haukr Vald. Wís. 81; 11,1.

þá rauþ þegn i dreyra Haukr Vald. Wís. 80; 13,3.

sá réþ sins of hlýra Haukr Vald. Wís. 80; 17,5.

stýr ok sæt af rǫrrum várum Eyst. Ásgr. Wís. 87; 3,5.

dreyrinn Krists af siþusari Eyst. Ásgr. Wís. 87; 5,3.

bjóþa mér i frásǫgn færa Eyst. Ásgr. Wís. 88; 5,7.

bjúg ok sár i bandi værir Eyst. Ásgr. Wís. 90; 22,5.

mær ok firr meþ skyggnleik skýrum Eyst. Ásgr. Wís. 90; 24,1.

dróttinn þér sem verþugt væri Eyst. Ásgr. Wís. 90; 26,3.

byggvir þér fyr brjósti skæru Eyst. Ásgr. Wís. 90; 28,7.

sonr Máriu sonr hinn dýri Eyst. Ásgr. Wís. 93; 44,1.

reittu mér at stilla ok stýra Eyst. Ásgr. Wís. 94; 51,3.

færþit nær þá'r fell ór sárum Eyst. Ásgr. Wís. 94; 54,3.

fyr Máriu faþminn dýra Eyst. Ásgr. Wís. 94; 57,1.

syni Máriu svartir færa Eyst. Ásgr. Wis. 95; 58,1.

Márju son fyr miskunn dýra Eyst. Ásgr. Wis. 96; 69,1.

dreyrug febrnum sýn þú sárin Eyst. Ásgr. Wis. 98; 87,3.

Márju Jesú móþir dýrust Eyst. Ásgr. Wis. 99; 88,7.

Márju ertu móþir skærust Eyst. Ásgr. Wis. 99; 91,1 (dýrust BC).

Márju ertu af miskunn kærust Eyst. Ásgr. Wis. 99; 91,3.

Márju lýtin mǫrg þvít vóru Eyst. Ásgr. Wis. 99; 91,5.

Márja græþ þú mein hin stóru Eyst. Ásgr. Wis. 99; 91,7.

Márja vertu mér í hjarta Eyst. Ásgr. Wis. 100; 95,1.

blessuþ þér ef mættak meira Eyst. Ásgr. Wis. 100; 95,3.

segi Máriu hverr er heyrir Eyst. Ásgr. Wis. 100; 99,3.

Harald frák Halfdan spyrja Jór. skaldm. Hkr. 77,22 a.

hafþi fǫr til ferju Glúmr Geir. Hkr. 86,32 a.

horskan hǫlþa barma Hildr Hkr. 66,3 b.

trúr vask tiggja dýrum Eyv. sk. Hkr. 112,1 b (tryggr Fris 86,35 b).

snýr á Svǫlnis váru Eyr. sk. Hkr. 123,11 a.

hallærit veldr hváru Eyr. sk. Hkr. 123,33 b.

folkstýrir vas fára Eyj. Daþ. Hkr. 140,22 a.

þær es jarl und árum Þórþr Kolb. Hkr. 157,12 b.

gnýr óx Fjǫlnis fúra Tindr Hallk. Hkr. 157,32 a.

hafþi sér viþ særi Þórþr Kolb. Hkr. 170,30 a.

rirrils vitt um herjat Eyj. Daþ. Hkr. 199,8 b.

stýrir létat Stauri Eyj. Daþ. Hkr. 199,14 a.

unda már fyr eyri Eyj. Daþ. Hkr. 199,16 b.

rauþ fúrgjafall fjórar Eyj. Daþ. Hkr. 200,5 a.

þar vas hjalmaþs herjar Þórþr Kolb. Hkr. 214,24 a.

þú hefr dýrum þrek dreyra Ótt. sv. Hkr. 220,3 a.

þér fæk hróþrs at hváru Sighv. sk. Hkr. 248,27 b.

landaura veittu lúru Sighv. sk. Hkr. 249,8 b (lundi Flb 11, 39).

vér drifum hvatt þar's heyra Sighv. sk. Hkr. 253,10 a.

nár flaut út viþ eyri Sighv. sk. Hkr. 253,12 b.

nær var áþr í óra Sighv. sk. Hkr. 253,29 a.

frýr eigi oss í ári Sighv. sk. Hkr. 255,15 b.

jór renn aptanskǫru Sighv. sk. Hkr. 274,29 a.

nú ræþr þú fyr fleiri Ótt. sv. Hkr. 284,26 b.

fǫrk at finna báru Sighv. sk. Hkr. 308,25 a.

hugstóra biþk heyra Sighv. sk. Hkr. 310,6 a.

þér lét þjófa rýrir Sighv. sk. Hkr. 310,23 b.

úri Einars hlýra Arn. jarl. Hkr. 323,31 b.

þér gaf hann mǫrk eþa meira Sighv. sk. Hkr. 377,17 b.

Ólafr knýr und árum Sighv. sk. Hkr. 414,28 a.

enn erendi óru Sighv. sk. Hkr. 416,22 b.

þeir hafa fyrr af fári Sighv. sk. Hkr. 417,3 b.

gǫr eru gumna hverjum Sighv. sk. Hkr. 430,6 b.

er viþ Ólafs fjǫrvi Sighv. sk. Hkr. 431,17 a.

ok fyrir fornan Þór. loft. Hkr. 440,32b.
þér lét fold áþr fórir Bjarni gullbr. Hkr. 456,29b.
verjum allvald ǫrvan Þorf. m. Hkr. 476,2b.
nær rættir þú þeira Þorm. Kolbr. Hkr. 478,3a.
þora munk þann arm rerja Har. Sig. Hkr. 479,3a (Þorm. Kolb.
 Ohs. 67).
góþ fóru þar geirum Sighv. sk. Hkr. 480,22a.
þá's árliga ærir Sighv. sk. Hkr. 490,8b.
fór í fylking þeira Sighv. sk. Hkr. 490,14a.
geirs hykk grimmligt váru Sighv. sk. Hkr. 491,1a.
dreyrug sverþ þar's dýran Sighv. sk. Hkr. 491,9a.
ǫr brá Ólafs fjǫrvi Sighv. sk. Hkr. 499,7b.
mǫrg lá dýr í dreyra Sighv. sk. Hkr. 499,14b.
nær vask þausnum þeira Tryggvafl. Hkr. 513,12b.
báru brimlogs rýri Arn. jarl. Hkr. 515,15b.
meir þótt Magnús væri Sighv. sk. Hkr. 516,20b.
fórak vist þvít várum Sighv. sk. Hkr. 522,17b.
þér þótt þinn hagr stórum Sighv. sk. Hkr. 522,31a.
þér frák Þorbergs hlýri Bjarni gullbr. Hkr. 526,4a.
þar réþ Sveinn at sverja Þjóþ. sk. Hkr. 532,3a.
heyra skalt hvé herskjǫld báruþ Arn. jarl. Wís. 45; 11,1.
þar kom bitr á bǫrva Þjóþ. sk. Hkr. 537,28a.
bárut bǫslar fleiri Þjóþ. sk. Hkr. 538,1b.
hrórir hausa þeira Þjóþ. sk. Hkr. 539,6b.
fór á fylking þeira Þjóþ. sk. Hkr. 539,17a.
gær sák grjóti stóru Þjóþ. sk. Hkr. 539,15a.
saurstokkinn bar svíra Þjóþ. sk. Hkr. 539,25b.
gær flugu mold ok mýrar Þjóþ. sk. Hkr. 539,29b.
bór logar halfu hæra Þjóþ. sk. Hkr. 540,23a.
bárum járn at ǫrnu Þjóþ. sk. Hkr. 542,21a.
vér hlutum sigr enn sárir Þjóþ. sk. Hkr. 542,27b.
rerja lá þar valkǫstr hæri Arn. jarl. Wís. 46; 13,5.
fjórar hefr þú randa rýrir Arn. jarl. Wís. 46; 15,5.
skúr enn skrautla báru Bǫlv. sk. Hkr. 547,18a.
Haraldr gerva léztu herjat Valg. Hkr. 560,4a.
dýr klufu flóþ þar's fórut Þjóþ. sk. Hkr. 562,27a.
látum vér meþan birlar Har. harþ. Hkr. 570,5a (litlar Fgrsk. 121;
 Pering II, 91).
glæsidýr þess's geira Þorl. f. Hkr. 572,8b.
ár þat án um væri Þorl. f. Hkr. 572,30b (ord þau er um ræri
 Flb III, 340; on þat er án of væri Fris. 213,27b; or þat er
 án um væri Fms. VI, 259).
á byrjar val berjask. Þorl. f. Hkr. 573,9a (Þjóþ. sk. Mork. 57;
 Flb III, 341).
dolgstǿranda dýrum Þjóþ. sk. Hkr. 577,30a.

hér sék upp enn ørra Har. harþr. Hkr. 578,18a.
báru búnir svirar Þjóþ. sk. Hkr. 592,3b.
þar kvaþ þengill eirar Steinn Herd. Hkr. 593,26a.
þeir haldi svá sórum Anon Hkr. 603,14b.
fyr lét Hákon hørra Þjóþ. sk. Hkr. 605.14b.
hár í hóf at fœra Þjóþ. sk. Hkr. 606,20b.
sér hefr svá langs tirar Þjóþ. sk. Hkr. 607,5b (sveit hefir svá lags
     ritar Fms VI, 341).
Haralds eru haukar gervir Þjóþ. sk. Hkr. 620,18b.
tóra þarft af Þóri Anon. Hkr. 640,3.
várum félagar fjórir Steigarþórir Hkr. 640,24.
fórþum einn viþ stýri Steigarþórir Hkr. 640,25 (apalh. zu er-
     warten!).
hvern þeira kvaþ hœra Þork. ham. Hkr. 641,1b.
fœr vas gunnar gervis Bjørn krepph. Hkr. 641,13b (doch vielleicht
     die Lesart Kph. III. 199 gørris richtig, da die ganze Strophe
     apalh. hat).
sinn jór vara sváru Bjørn krepph. Hkr. 641.22b.
vér rupum ráþn i dreyra Anon. Hkr. 651,27a.
þar freik hilmi herjar Ein. Skúl. Hkr. 662,24b.
ok fádýrir fóru Halld. skv. Hkr. 663,9a.
stór skalk verk þau's váru Halld. skv. Hkr. 663,18a.
naiskári fló nýra Halld. skv. Hkr. 664,14b.
fjøldýrs hafa fjórir Halld. skv. Hkr. 738,8b.
œtlak mér hina mœru Anon. Kgs. 51,11a.
mœrir gløddusk miklu ári Öl. hvit. Kgs. 259,17.
hvat skalk fyr mik hyrjar Guþm. Odds. Kgs. 274,18a.
byrjar hafs at herja Guþm. Odds. Kgs. 274,18b.
sárs vinnr jarl á órar Guþm. Odds. Kgs. 274,20b.
rinfura vann rýrir Sturla Kgs. 277,19a.
hersar báru á hilmi dýran Öl. hvit. Kgs. 340,30a.
bárur léku brøndum hœri Öl. hvit. Kgs. 381,8a.
kórónu lét kristni stýrir Sturla Kgs. 407,12b.
stórir hóþþu útboþ órin Sturla Kgs. 426,17a.
stórir létu Halland herjat Sturla Kgs. 433,3b.
skøriligr gekk húsum hœra Sturla Kgs. 433,26a.
árablakks sem allvaldr væri Sturla Kgs. 438,18b.
órin var sem elding væri Sturla Kgs. 441,11a.
ár meþ øflgum tíri Sturla Kgs. 443,3b.
geira glymstóri Sturla Kgs. 464,23a.
fleiri flugstóris Sturla Kgs. 464,28a.
sárs um Satíri Sturla Kgs. 469,27a.
bjórs viþ blikrýri Sturla Kgs. 471,26b.
varir vegstórum Sturla Kgs. 474,17a.
margr stóþ málma skerþir Sturla Kgs. 482,13b.

rf : rf.

hvarfat aftr ápr erfþan Ein. Skál. Wis. 27; 6,1.
auk herþarfir hverfa Ein. Skál. Wis. 27; 9,1.
hlym-Narfi baþ hverfa Ein. Skál. Wis. 28; 15,5.
þás ústirfinn arfa Glúmr Geir. Hkr. 102,25b.
starf hófsk upp þar's arfi Þórþr Sjár. Hkr. 107,5a.
úþqrf lizk mér arfa Bjarni gullbr. Hkr. 526,6b.
þqrf Véseta arfa Bjarni gullbr Wis. 68; 7,8.

rg : rg.

raxa byrgi-Týr bjarga Þjóþ. hv. Wis. 9; 2,7.
menfergir bar margar Þorbj. hornkl. Wis. 15; 8,1.
riþr á bqrg til borgar Ulfr Ugg. Wis. 30; 5,1.
xorg hlutu víf enn vargar Ein. Skál. Wis. 57; 29,7.
margr of minni sorgir Ein. Skál. Wis. 60; 60,7.
vqrgum eyddi Vindi fergir Mark. Skeggj. Wis. 51; 8,1.
hqrga varþisk herr i borgum Mark. Skeggj. Wis. 52; 19,1.
hvergi stóþusk hjqrva borgar Mark. Skeggj. Wis. 53; 23,1.
vagnaborg þars vagnar Ein. Skál. Wis. 60; 56,3.
varghollr Vinþa borgir Hallarst. Herd. Wis. 46; 3,3.
borg hundruþum mqrgum Bjarni Kolb. Wis. 71; 28,4.
gein vargr of sal mergjar Bjarni Kolb. Wis. 71; 91,6.
jafnmarga svá burgusk Bjarni Kolb. Wis. 72; 39,6.
margir Jngibjqrgu Bjarni Kolb. Wis. 73; 45,4.
hvergi þvit i synda saurgan Eyst. Ásgr. Wis. 90; 21,3.
borgarmúrr svát brysti hvergi Eyst. Ásgr. Wis. 91; 30,3.
af margfaldri synda saurgan Eyst. Ásgr. Wis. 97; 76,5.
guþs herbergi ok gleyming sorga Eyst. Ásgr. Wis. 99; 89,5.
fældr ok byryþr ok feti þó hvergi Eyst. Ásgr. Wis. 99; 92,7.
enn bergsalar Birgir Anon. Hkr. 151,20b.
margr skalf hlumr enn hvergi Þórþr Kolb. Hkr. 156,1b.
Bergr hqfum minzk hve margan Sighv. sk. Hkr. 416,12a.
upp fara mqrg i morgin Þjóþ. sk. Hkr. 542,31b.
mqrg skriþu beit at borgar Bqlr. sk. Hkr. 547,18b.
nú sér mqrg i morgun Anon. Hkr. 570,24b.
margr fell maþr af dreyrgu Ein. Skál. Hkr. 716,12a.
mqrg flutu auþ á úrga Ein. Skál. Hkr. 766,12b.
nú knd bergs i hjqrgum Blakkr Kgs. 111,29b.

rk : rk.

myrk hlóþynjar markar Ein. Skál. Wis. 28; 18,3.
þás valserkja virki Ein. Skál. Wis. 28; 18,5.
þars i mqrk fyr markar Eil. Guþr. Wis. 31; 6,1.
bqþserkjar hjó birki Hallfr. v. Wis. 34; 5,4.

styrkr gekk vǫrþr at virki Sighv. sk. Wis. 39; 8,3.
diþstyrk dýrþar merki Hallarst. Wis. 49; 29,1 *(dreyrverks* Cod. *Berg).*
merkiliga at yrkja Bjarni Kolb. Wis. 68; 6,8.
Danmarkar til sterkir Bjarni Kolb. Wis. 69; 10,2.
um stórmerkin áttu at yrkja Eyst. Ásgr. Wis. 90; 22,3.
gráligt mark enn Girkja Þjóþ. sk. Hkr. 557,13b.
mǫrk lét veitt fyr verka Þjóþ. sk. Hkr. 626,19a.
bǫþstyrkir lézt þú barka Halld. skv. Hkr. 665,17a.
margdýrkaþr kom merkir Halld. skv. Hkr. 665,30a.
sterkr braut váligt virki Ein. Skúl. Hkr. 668,4b.
styrkir gengu menn und merkjum Sturla Kys. 433,14a.
allvaldr dýrkask út meþ Serkjum Sturla Kys. 461,30a.
erkistól þauns ǫll þjóþ dýrkar Mark. Skeggj. Wis. 53; 27,3.

rl : rl.

gǫrla Nóregs jarlar Bjarni Kolb. Wis. 70; 18,4.
þrek fǫrluþum jarli Bjarni Kolb Wis. 71; 32,2.
fremra jarl und ferli Þorl. raupf. Hkr. 170,3a.
Erlingr vas svá jarla Sighv. sk. Hkr. 230,26a.
afkárlig varþ jarla Arn. jarl. Hkr. 529,1a *(árla Fyrsk.* 99 A;
        Fms. VI, 49; *jǫfra Fyrsk.* 99 B).
jarls lá ferþ á ferli Þjóþ. sk. Hkr. 588,30b.

rm : rm.

þyrmþit Baldrs of barmi Þjóþ. hr. Wis. 10; 16,1.
itrfermþum réþ Ormi Hallfr. v. Wis. 36; 16,1.
barms rak rigg und rǫrmum Þórþr Kolb. Hkr. 157.14b *(vorgom*
        Fris. 122,14b).
Gorms berk opt á armi Sighv. sk. Hkr. 416,24b.
orms glóar fax um farmi Þjóþ. sk. Hkr. 592,1b.
rigstorma namt Vermum Ól. hvit. Kys. 303.28a.

rn : rn.

eru at ǫglis barni Þjóþ. hr. Wis. 10; 12,7.
und fletbjarnar fornan Eil. Gubr. Wis. 32; 17,3.
fremþar gjarn í fornu Sighv. sk. Wis. 40; 15,3.
hans vǫru hefþisk firnum Hallarst. Wis. 48; 20,7 *(hans regr*
        hófst meþ sigri Flb I, 485; *Fms* II, 317).
Hyrningr heiptar gjǫrnum Hallarst. Wis. 48; 21,7.
fǫrnuþr vas þat fyrnask Ein Skúl. Wis. 56; 24,3.
ǫrn of etr undarn Ótt. sv. Wis. 44; 3,1.
siþfornir glym járna Bjarni Kolb. Wis. 68; 7,6.
hernuþ firar gjarnir Bjarni Kolb. Wis. 70; 17,6.
stjǫrnuljós ok færþar fórnir Eyst. Ásgr. Wis. 92; 40,3.
fjandans bǫrnin þrǫngum þyrni Eyst. Ásgr. Wis. 93; 49,5.

hár ok horn sem heiþar stjǫrnur Eyst. Ángr. Wis. 99; 93,7.
ot spáþernum sporna Eyv. skald. Hkr. 123,27a (spáþornum Fris. 95,37a).
þás sparn á mó mornis Anon. Hkr. 151,20a.
Bjǫrn fastu opt at árna Sighv. sk. Hkr. 274,14b.
hvern es hingat árnar Sighv. sk. Hkr. 310,21a.
Bjǫrn frák auk af ǫrnu Bjarni gullbr. Hkr. 493,18a.
aur spornuþut arnar Þjóþ. sk. Hkr. 519,10a.
auþar þorn fyr ǫrnu Arn. jarl. Hkr. 543,14b.
ǫrnar krók ór jǫrni Anon. Hkr. 570,26b.
gjarn meþ gyltu horni Stúfr sk. Hkr. 630,24b.
eru lét austr til Vǫrnu Sturla Kgs. 277,17a.

rp : rp.

snǫrp frák á því's urpu Þork. ham. Hkr. 639,3b.
jǫrp mun eigi verpa Magn. berf. Hkr. 654,33a.
snǫrp bitu járn sem ismǫl yrpi Ól. hvít. Kgs. 386,32a.

rr : rr.

hjarranda fram kyrrar Brage Wis. 3; 11,6.
né fjǫlsnerrin fyrri Ein. Skál. Wis. 27; 12,1.
gǫrr varþ i fǫr fyrri Eil. Guþr. Wis. 30; 3,1.
ok vegþrerrir vǫrru Eil. Guþr. Wis. 31; 5,1.
þverrir lætr nema þyrri Eil. Guþr. Wis. 31; 7,5.
flugþrerrir nam fyrri Hallfr. v. Wis. 34; 1,1.
herr fell Danskr þars dǫrrum Sighv. sk. Wis. 39; 9,7.
hverr eggjar þik harri Sighv. sk. Wis. 42; 10,1.
stórráþr steinþa knǫrru Hallarst. Wis. 47; 12,5.
herruþr hofnum fjarri Hallarst. Wis. 48; 14,7.
sönskr herr sigri þorrinn Hallarst. Wis. 48; 17,5.
dansk herr dýran harra Hallarst. Wis. 48; 18,5.
fyrr vas hitt es harri Ein. Skúl. Wis. 56; 19,5.
dýrr lét dróttinn harra Ein. Skúl. Wis. 56; 25,7.
ǫþlings hjǫrr þess's ǫrra Ein. Skúl. Wis. 58; 43,3.
gekk herr á skip darra Bjarni Kolb. Wis. 69; 15,8.
herr óxti gný darra Bjarni Kolb. Wis. 71; 30,2.
heiptǫrr vegit fyrri Bjarni Kolb. Wis. 72; 48,8.
ǫrr vas sá til snerru Haukr Vald. Wis. 80; 19,3.
dýrr skip himna harri Haukr Vald. Wis. 81; 22,7.
vist seimfara snerru Haukr Vald. Wis. 81; 27,1.
harra kveþk at hróþrgǫrþ dýrri Mark. Skeggj. Wis. 50; 1,1.
fjarri hefr at féþisk dýrri Mork. Skeggj. Wis. 50; 3,1.
horra bjósk til heims enn dýrra Mark. Skeggj. Wis. 53; 28,5.
herra guþ sá'r hverjum er dýrri Eyst. Ángr. Wis. 88; 6,1.

herr mik þar til ván á rǫrrum Eyst. *Ásgr.* Wis. 100; 99,7.
fyrr rauþ Fenris varra Glúmr Geir. Hkr. 102,25a.
sik veit hverr ef harra Sighv. sk. Hkr. 431,3b.
hjaldrǫrr haukum þverrir Hallv. Hár. Hkr. 442,3b.
hverr sæi Hunds verk stǿrri Sighv. sk. Hkr. 492,25a.
herr fylgþi þér harri Þjóþ. sk. Hkr. 519,12a.
várt torrek lizk verra Sighv. sk. Hkr. 521,5b.
fyrr vask kendr á knǫrrum Sighv. sk. Hkr. 521,35a.
herr þars heldr til varra Þjóþ. sk. Hkr. 592,18a (*verra* Fms.
  VI, 309).
ǫrr es Engla þverrir Steinn Herd. Hkr. 635,17b.
blóþugr hjǫrr hins barra Arn. jarl. Hkr. 621,7b.
berr fyr Hólm þars harri Hallr Sn. Kgs. 71,7b.
þurru hús fyr harra Anon. Kgs. 279,17a.
errinn bjó meþ herskip harri Ól. hvít. Kgs. 339,18b.
stǿrr vas harmr þars striddu herrar Ól. hvít. Kgs. 357,32b.
errinn sendi ungan svarra Sturla Kgs. 438,16a.

rr : r.

allr gekk herr und hurþir Brage Wis. 3; 11,5.
barrhaddaþa byrjar Hallfr. v. Wis. 33; 3,3.
hverr vas hrǿddr viþ ǫrvan Hallfr. v. Wis. 36; 13,1.
dýre hné dróttar stjóri Hallfr. v. Wis. 37; 25,3.
kærr keisara Sighv. sk. Wis. 41; 9,7.
árr þeims Óláfs dreyra Ein. Skúl. Wis. 56; 23,7.
hverr gekk hrǿddr viþ ǫrvan Haukr Vald. Wis. 79; 3,1.
mér virþist sem miklu hærra Eyst. *Ásgr.* Wis. 92; 43,1.
ber þá enn fram meþ blíþum vǫrrum Eyst. *Ásgr.* Wis. 99; 88,5.
lystr gekk herr til hjǫrva Þórþr Sjár. Hkr. 105,14a.
mǿrr vann miklu fleiri Eyj. Daþ. Hkr. 199,6a.
dýrr vas drengja stjóri Halld. ókr. Hkr. 216,15b.
ǫrr sás átti fleiri Sighv. sk. Hkr. 231,9a.
gǫrr lézk grund at verja Arn. jarl. Hkr. 323,31a.
ǫrr tegask Ólaf gerva Sighv. sk. Hkr. 416,29a.
skers þó at skúrir þyrrit Sighv. sk. Hkr. 444,31a.
land tegask herr meþ hjǫrvi Þorm. Kolbr. Hkr. 474,8a.
hverr hefr hans enn nørþra Sighv. sk. Hkr. 510,15b.
herr týnþi þar harþa Tryggvafl. Hkr. 513,14b.
árr gengr margr frá mǿru Sighv. sk. Hkr. 523,11b.
snarr baþ hilmir herja Þjóþ. sk. Hkr. 542,9b.
deyrat mildingr mǿrri Þork. Skall. Hkr. 624,21b.
rjóþum dǫrr í dreyra Blakkr Kgs. 111,10b.
fyrr ok floki þeira Blakkr Kgs. 111,31b.
snildar skýrr ok seldi várar Ól. hvít. Kgs. 340,30b.

rt : rt.

hart á Hampis skyrtum Hallfr. v. Wis. 33; 8,3.
mart fekk prúþum Þortum Sighv. sk. Wis. 39; 8,7¹).
hermart hjǫrva snyrtir Hallarst. Wis. 49; 26,5¹).
hermart hvikkvæþi ǫrtu Hallarst. Wis 50; 34,1¹).
spurt hefr ǫld at orti Ein. Skúl. Wis. 55; 12.3.
bjǫrt eru bauga snyrtis Ein. Skúl. Wis. 59; 49.7.
tákn gerir bjǫrt þaus birta Ein. Skúl. Wis. 59; 51,1.
orti greppr of snertu Bjarni Kolb. Wis. 68; 5,6.
hart svát eigi skorti Bjarni Kolb. Wis. 70; 21,2.
hart nakkvara snertu Bjarni Kolb. Wis. 70; 24,8.
gǫrt hugþak svá snertum Sighv. sk. Hkr. 255,17b.
vert es slíks í svǫrtu Sighv. sk. Hkr. 431,5b.
ǫrt vas Ólafs hjarta Þorm. Kolbr. Hkr. 497,19a.
gǫrt 's þeim 's gott bar hjarta Sighv. sk. Hkr. 523,11a.
ǫrt gat hilmir hjarta Arn. jarl. Hkr. 543,21b.
ǫrt í odda snertu Þorl. f. Hkr. 572,3a (ǫrr : snerru Flb III, 338;
        Fgrsk. 122; Mork. 54).
stórt réþ hugprútt hjarta Stúfr sk. Hkr. 572,18b.
ert mun snót dýr svǫrtu Þjóþ. sk. Hkr. 592,12b (sort aþ Fris. 226,10b).
gramr birti svan svartan Ein. Skúl. Hkr. 662,26b (gramr svan
        bræddi snemma Kph. III, 233; gramr bræddi svan sima
        Fms. VII, 78).
hjǫrt kreþa brenna kerti Blakkr Kgs. 120,31a.

rs : rs.

rigndi hjǫrs á hersa Ein. Skúl. Wis. 27; 4,1.
þars í þróttar hersa Eil. Guþr. Wis. 32; 13,1.
opt vas fars enn forsi Ótt. sv. Hkr. 234,17b.
þars til þengils hersa Arn. jarl. Hkr. 621,5b (heriar Fris. 249,5b).

rþ : rþ.

þar svát gerþu gyrþan Brage Wis. 2; 5,1.
hǫrþum herþimýlum Brage Wis. 2; 5,7.
ok borþróins barþa Brage Ger. 24; 18,1.
hirþi-Týr meþal herþa Þjóþ. hv. Wis. 9; 6,7.
girþiþjófr í garþa Þjóþ. hv. Wis. 10; 9,7.
urþut brattra borþa Þjóþ. hv. Wis. 10; 10,1.
varþut hǫggs frá hǫrþum Þjóþ. hv. Wis. 10; 17,5.
gǫrþi glamma ferþar Þorbj. hornkl. Wis. 14; 3,1 (doch wol gerþi
        zu lesen, vgl. S. 42 ff., dann also aþalh.).
sverþa sverrifjarþar Ein. Skúl. Wis. 26; 2,3.
herforþaþr réþ Hǫrþa Ein. Skúl. Wis. 27; 6,3 (herþa Fgrsk. 36).

¹) Vgl. S. 82.

engi varþ á jǫrþu Ein. Skál. Wis. 27; 10,5.
varþ fyr Vinþa myrþi Ein. Skál. Wis. 28; 15,1.
gerþisk mest at morþi Ein. Skál. Wis. 28; 15,3.
fyr hlym Njǫrþum hurþa Ein. Skál. Wis. 28; 18,7.
enn stirþþinull storþi Ulfr Ugg. Wis. 29; 3,5.
þás gjarþvenjuþr gerþisk Eil. Guþr. Wis. 30; 2,5.
harþraxnar sér herþir Eil. Guþr. Wis. 31; 7,1.
þurþi hrǫnn at herþi Eil. Guþr. Wis. 31; 8,5.
hlífar borþs við Hǫrþa Eil. Guþr. Wis. 31; 11,3.
sannyrþum spenr sverþa Hallfr. v. Wis. 33; 3,1.
þaþan verþa fǫt fyrþa Hallfr. v. Wis. 33; 8,5.
orþ vas hitt at harþast Hallfr. v. Wis. 35; 4,5.
herskerþir klauf harþan Hallfr. v. Wis. 35; 6,1.
svarþar stofn meþ sverþi Hallfr. v. Wis. 35; 6,3.
varþ of Vinþa myrþi Hallfr. v. Wis. 35; 7,1.
hirþir stóþsk við harþan Hallfr. v. Wis. 35; 7,5.
firþisk vætr sás varþi Hallfr. v. Wis. 36; 12,1.
sú gerþisk vel varþa Hallfr. v. Wis. 36; 14,7.
snǫrp varþ at þat sverþa Hallfr. v. Wis. 36; 16,3.
sverþ bitu feigra firþa Hallfr. v. Wis. 36; 17,3.
und niþbyrþi Norþra Hallfr. v. Wis. 37; 27,3.
Bálagarþs at borþi Sighv. sk. Wis. 38; 3,7 (barþi Flb II, 18; Fms
    IV, 45).
dýrþ frák þeims vel varþisk Sighv. sk. Wis. 38; 4,3.
sverþ bitu Volsk en vorþu Sighv. sk. Wis. 39; 6,5 (varþu Ohs. 8).
varþ í Fetlafirþi Sighv. sk. Wis. 39; 12,3.
varþ fyr viga Njǫrþum Sighv. sk. Wis. 40; 14,5.
ferþ þars flokkar bǫrþusk Sighv. sk. Wis. 42; 3,3.
orþ þaus eyru heyrþu Sighv. sk. Wis. 42; 7,3.
dróttins orþ til dýrþar Sighv. sk. Wis. 42; 8,3.
fastorþr skyli fyrþa Sighv. sk. Wis. 42; 10,5.
þurþu norþan Sighv. sk. Wis. 40; 3,1 (þorþo(-t) Flb II, 276; Ohs. 49;
    OHS 160; Fms IV, 351).
firþa kyn at flestir urþu Mark. Skeggj. Wis. 51; 7,7.
harþir kníþusk menn at morþi Mark. Skeggj. Wis. 52; 14,3.
urþu þeir es virktit vorþu Mark. Skeggj. Wis. 52; 21,3.
norþan fór meþ helming harþan Mark. Skeggj. Wis. 53; 27,3.
jarþar allra fyrþa Ein. Skúl. Wis. 54; 3,7.
dǫglings hirþ á dýrþar Ein. Skúl. Wis. 54; 5,7 (á dýran Flb I, 1;
    á dýrum Fms V, 350).
heyrþu til afreks orþa Ein. Skúl. Wis. 54; 8,1.
mærþ þaz miklu varþar Ein. Skúl. Wis. 54; 8,7.
dýrþ es ágæt orþin Ein. Skúl. Wis. 55; 11,5.
gerþusk brátt þars barþisk Ein. Skúl. Wis. 56; 19,1.
dýrþ lætr dǫgling Hǫrþa Ein. Skúl. Wis. 56; 21,1.

dýrþ es á gæt orþin Ein. Skúl. Wis. 58; 39,1.

mœrþ nemi mildings Hǫrþu Ein. Skúl. Wis. 58; 39,3.

sverþ hinn's søkja þorþi Ein. Skúl. Wis. 58; 44,3.

gyrþisk hálu herþum Ein. Skúl. Wis. 59; 47,1.

garþs á golli rǫrþu Ein. Skúl. Wis. 59; 50,7.

hjálmnjǫrþungar harþan Ein. Skúl. Wis. 60; 55,3.

hǫrþ grór fjón af fyrþa Ein. Skúl. Wis. 60; 59,3.

fárskerþandi fyrþa Ein. Skúl. Wis. 61; 63,7.

harþráþr meþ Sigurþi Bjarni Kolb. Wis. 69; 9,6.

herþimenn þars bǫrþusk Bjarni Kolb. Wis. 70; 22,2.

Hávarþr liþi fyrþa Bjarni Kolb. Wis. 71; 26,6.

harþa grimt ór norþri Bjarni Kolb. Wis. 71; 32,4.

barþi hreggi keyrþu Bjarni Kolb. Wis. 71; 32,8.

þrekstórþum Hávarþi Bjarni Kolb. Wis. 72; 34,6.

þróttar orþ meþ fyrþum Bjarni Kolb. Wis. 72; 41,8.

byrr varþ beita þorþi Hallarst. Wis. 48; 15,3.

hirþ prúþ hilmir stýrþi Hallarst. Wis. 48; 15,7.

grimt varþ Gǫndlar borþa Hallarst. Wis. 48; 18,3.

orþprúþs Jóta ferþir Hallarst. Wis. 48; 19,7.

hirþ vas hans at morþi Hallarst. Wis. 50; 32,7.

hyr-Njǫrþr hróþri stǫrþa Hallarst. Wis. 50; 35,3.

garþa grundar Nirþir Haukr Vald. Wis. 78; 2,7.

Njǫrþr lagþi sá sverþi Haukr Vald. Wis. 79; 8,5.

foldar verþi ok fyrþa Haukr Vald. Wis. 79; 9,3 (rǫrþ Cod. AM 748).

Njǫrþr klauf Herjans hurþir Haukr Vald. Wis. 80; 11,5.

sverþs frák él at yrþi Haukr Vald. Wis. 80; 12,7.

þorþi Þorleifr herþa Haukr Vald. Wis. 80; 18,1.

varþisk Gǫndlar garþa Haukr Vald. Wis. 81; 20,1.

Njǫrþr lét sextán særþa Haukr Vald. Wis. 81; 20,5.

né þrym-Nirþir þorþu Haukr Vald. Wis. 81; 26,5.

steflig gǫrþ at risan verþi Eyst. Ásgr. Wis. 87; 2,7.

hrærþan dikt meþ ástarorþum Eyst. Ásgr. Wis. 87; 4,7.

enn at verþ leikrinn víss á jǫrþu Eyst. Ásgr. Wis. 89; 14,1.

fyrþasveitin fædd á jǫrþu Eyst. Ásgr. Wis. 89; 15,3.

engi heyrþust engi rurþu Eyst. Ásgr. Wis. 91; 34,1.

heyrþi ok trúþi enn undrast orþin Eyst. Ásgr. Wis. 91; 29,1.

himna dýrþin hneig á jǫrþu Eyst. Ásgr. Wis. 91; 34,7.

þó'r atferþin Jesú burþar Eyst. Ásgr. Wis. 92; 41,3.

yfirmorþinginn innan hirþir Eyst. Ásgr. Wis. 93; 48,3.

ósverþugan hann flengþu fyrþar Eyst. Ásgr. Wis. 96; 65,7.

seggjum verþ fyr sínar gǫrþir Eyst. Ásgr. Wis. 96; 70,3 (seggja
    ferþum BD; seggja fyrþum C).

orþ ok hugsan allar gǫrþir Eyst. Ásgr. Wis. 96; 71,5. 97; 79,3.

oleu smurþur veittu at ek verþa Eyst. Ásgr. Wis. 98; 83,3.

heyrþu mik nú himins ok jarþar Eyst. Ásgr. Wis. 98; 86,1.

hrærþ af list þótt hvers manns yrþi Eyst. Ásgr. Wis. 98; 93,1.

varþar mest at allra orþa Eyst. Ásgr. Wis. 100; 97,5.

liflig orþ í ljóþagǫrþum Eyst. Ásgr. Wis. 100; 95,5.

er þit sjáiþ mik ǫllu varþa Eyst. Ásgr. Wis. 100; 96,7.

þar gekk Njǫrþr af Nirþi Guth. s. Hkr. 97,27b.

samira Njǫrþr enn norþar Eyv. sk. Hkr. 103,33a.

þar's boþharþir borþusk Þórþr Sjár. Hkr. 105,12a.

varþi varga myrþir Þórþr Sjár. Hkr. 107,1a.

gǫndlar njǫrþr sás gerþi Þórþr Sjár. Hkr. 107,7b.

es valjarþar verþum Eyv. sk. Hkr. 112,10b.

varþ á viþu borþu Glúmr Geir. Hkr. 134,21a.

varþ þá Vinþa myrþir Anon. Hkr. 151,3a.

varþa gims sem gerþi Tindr Hallk. Hkr. 157,30a.

fyrir svipnjǫrþum sverþa Hallfr. v. Hkr. 194,28a.

jarþar leggs ef yrþi Hallfr. v. Hkr. 194,28b.

þás garþ vala gerþi Eyj. Dap. Hkr. 199,6b.

sverþ rauþ mætr at morþi Halld. ókr. Hkr. 207,30a.

gerþisk snarpra sverþa Halld. ókr. Hkr. 212,19a.

fjǫrþ kom heldr í harþan Halld. ókr. Hkr. 212,29a.

þás borþmikinn Barþa Halld. ókr. Hkr. 212,29b.

orþ fekk gott es gerþi Þórþr Kolb. Hkr. 214,26a.

varþ fyr Vinþa myrþi Halld. ókr. Hkr. 215,7b.

gnýr varþ á sjá sverþa Halld. ókr. Hkr. 216,13b.

varþ nýtligust norþan Ótt. sv. Hkr. 220,1b.

þorþut þér at varþa Ótt. sv. Hkr. 222,6a.

harþr var fundr sás forþut Ótt. sv. Hkr. 226,1a.

Engla ferþ at jǫrþu Ótt. sv. Hkr. 226,20b.

sóknar njǫrþr viþ sverþi Sighv. sk. Hkr. 248,34a.

en fyr borþ þar's borþumk Sighv. sk. Hkr. 253,10b.

harþa margr í horþum Sighv. sk. Hkr. 255,17a.

orþ þau's oss um varþa Sighv. sk. Hkr. 307,18b.

orþ gatk fæst af fyrþum Sighv. sk. Hkr. 308,5b.

spǫrþumk fæst enn fyrþa Sighv. sk. Hkr. 309,5a.

vǫrþr réþ nýtr þris norþan Sighv. sk. Hkr. 309,7a.

harþa mǫrg né heyrþak Sighv. sk. Hkr. 310,17a.

eigi varþ á jǫrþu Ótt. sv. Hkr. 334,21b (iarþu Ohs. 35).

forþ ór Fífi norþan Sighv. sk. Hkr. 378,3a.

borþ létk í fǫr fyrþa Sighv. sk. Hkr. 416,12b.

jǫrþ at eigi þórþak Hárekr Hkr. 428,28b.

gerþust hilmis Hǫrþa Sighv. sk. Hkr. 431,15a (geordi: hardann Flb 11, 291).

hirþ era hans at verþa Sighv. sk. Hkr. 431,15b.

lætr einǫrþ fé firþa Sighv. sk. Hkr. 437,20b.

verþk fyr æþru orþi Sighv. sk. Hkr. 437,32a.

forþi ór firþi Þór. loft. Hkr. 440,26a.

snarir bǫrþusk þar sverþum Sighv. sk. Hkr. 444,3b.

en varþ kers virþir Sighv. sk. Hkr. 444,29b.

ǫndurþa baþ jarþar Sighv. sk. Hkr. 445,3a.

jǫrþ veldr manna morþi Ól. hvít. Hkr. 446,25b.

vǫrþr meþ vápnum skerþa Sighv. sk. Hkr. 453,20b.

herþa menn at morþi Har. Sig. Hkr. 479,3a (Þorm. Kolbr. Ohs. 67;
      her þa Flb II, 345; mitt ráþ er þat mæitit Ohs. 67).

þórþ frák þat sinn herþa Sighv. sk. Hkr. 480,20a.

þorþut þrénskir fyrþar Sighv. sk. Hkr. 491,1b.

skænjǫrþungum skorþu Sighv. sk. Hkr. 491,32a.

enn þvergarþa þorþi Sighv. sk. Hkr. 492,23b.

jǫrþ réttu vigi at varþa Bjarni gullbr. Hkr. 493,13a.

hǫrþ es siz hermenn gerþu Sighv. sk. Hkr. 499,7a.

þat gerþi vin virþa Sighv. sk. Hkr. 516,28a.

orþ gerik drós til dýrþar Sighv. sk. Hkr. 516,28b.

austan þurþu ulfa ferþar Arn. jarl. Hkr. 517,6b.

hræddir urþu fjǫrri at forþa Arn. jarl. Hkr. 517,19b.

stirþum hélztu um Stafangr norþan Arn. jarl. Hkr. 529,20b.

hvergi þorþi hallir vorþa Arn. jarl. Hkr. 532,30b.

varþ um hilmi Hǫrþa Arn. jarl. Hkr. 534,13a.

vǫrþr gekk meir at morþi Þjóþ. sk. Hkr. 538,26a.

hǫrþ er heldr um orþin Þjóþ. sk. Hkr. 539,8a.

ofan keyrþum vér orþum Þjóþ. sk. Hkr. 539,15b.

spurþi einu orþi Þjóþ. sk. Hkr. 539,25a.

morþ þar's Magnús gerþi Þjóþ. sk. Hkr. 541,27a.

fjǫrþ lét fylkir verþa Þjóþ. sk. Hkr. 542,29a.

áþr herskorþaþr harþan Þjóþ. sk. Hkr. 550,1b.

heimil jǫrþ und herþi Stúfr sk. Hkr. 555,19b.

þó lætr gerþr í Gǫrþum Valg. Hkr. 559,9a.

stýrþir hratt í hǫrþu Valg. Hkr. 559,7b.

ferþ enn fengin urþu Valg. Hkr. 560,14a.

heimil varþ es heyrþak Bǫlv. Hkr. 565,15a.

gerþr í Goþnar firþi Har. harþr. Hkr. 570,5b.

varþ þvít vísi gerþi Steinn Herd. Hkr. 595,3a.

herþu hjǫrvi gyrþir Steinn Herd. Hkr. 595,1b (herr dró Fms.
      VI, 315).

varþ sás vildit forþa Þjóþ. sk. Hkr. 596,19b.

norþr lýkr gramr sás gerþir Anon. Hkr. 602,13a.

gerþir oft fyr jǫrþu Anon. Hkr. 602,13b.

varþ fyr viþri jǫrþu Anon. Hkr. 602,26b.

orþ þaus angra fyrþa Anon. Hkr. 602,35a.

fórþi fylkir Hǫrþa Þjóþ. sk. Hkr. 607,1a.

sverþa hafa slíkar byrþar Þjóþ. sk. Hkr. 626,12b.

varþi ógnar orþum Anon. Hkr. 628,4a; 633,3a.

jǫrþ svát engi þorþi Anon. Hkr. 628,4b; 633,3b.

orþ frák Agli verþa Þork. ham. Hkr. 641,1*a.*
Hǫrþa gramr í harþri Bjǫrn krepph. Hkr. 648,15*b.*
spurþi gramr hvat gerþi Anon. Hkr. 651,25*a.*
þar vas harþr es heyrþak Eldjárn Hkr. 652,14*a.*
varþ hjalm þrimu herþis Eldjárn Hkr. 652,12*b.*
sverþ bitu Hǫgna hurþir Magn. berf. Hkr. 654,22*b.*
orþ spyrk gullhrings gerþar Magn. berf. Hkr. 654,35*a.*
gerþisk heldr riþ harþan Halld. skv. Hkr. 663,18*b.*
Asbjǫrn varþ sáx orþum Halld. skv. Hkr. 707,13*a.*
harþr þar's hregg um virþum Ein. Skúl. Hkr. 717,18*b.*
goldit varþ þeim es gerþu Kolli Hkr. 726,30*b.*
urþ dró austan fjarþar Þorbj. skakk. Hkr. 795,5*a.*
förþr vas fleinn meþal herþa Þorbj. skakk. Hkr. 795,5*b.*
rekkar stýrþu rétt til jarþar Snorri Sturl. Kgs. 281,19*a.*
hilmir stǿrþi hvǫssu sverþi Snorri Sturl. Kgs. 281,23*a.*
stirþaurriþa storþar Jatg. Kgs. 286,19*a.*
fyrþar mæltu á hendr sem harþast Ól. hvit. Kgs. 339,16*b.* ·
siþan varþ er slósk í ferþir Anon. Kgs. 343,30*b.*
virþ endr munu verþa Ól. hvit. Kgs. 374,11*b.*
norþan rendi nǽst þvís spurþisk Ól. hvit. Kgs. 380,6*a.*
harþar lustu fylking fyrþa Ól. hvit. Kgs. 386,34*b.*
aldri bǫrþusk afli stórþir Ól. hvit. Kgs. 387,17*a.*
hirþ sótti þar hrǫss at garþi Ól. hvit. Kgs. 387,19*a.*
hræddr urþu Hallands ferþir Sturla Kgs. 426,17*b.*
stirþar bjoggu hirþmenn harþir Sturla Kgs. 432,14*a.*
viþa þurþu visa ferþar Sturla Kgs. 441,11*b.*
rǽsir stýrþut rétt til jarþar Sturla Kgs. 441,18*b.*
fyrþa gram þvit fegnir urþu Sturla Kgs. 442,8*b.*
förþu hjalmhirþa Sturla Kgs. 469,10*b (meiðir hialm hrida Flb III, 222).*
þorþut þrek stirþan Sturla Kgs. 471,24*b.*
hirþ at hjǫrstórþum Sturla Kgs. 474,37*a* (in *Kgs.* als letzter Vers der *visa*, dann würde *apalhending* stehen müssen; doch in *Flb* III, 266; *Kph* V, 373; *Fms* X, 141 an vorletzter Stelle).

s : s.

settisk ǫrn þvís ǽsir Þjóþ. hr. Wis. 9; 2,5; vgl. *Wis.* 120.
ósvífrandi Ása Þjóþ. hr. Wis. 9; 5,7.
rǽsinaþr ok rausnar Þorbj. hornkl. Wis. 14; 5,5.
þvís á rausn fyr rǽsi Þorbj. hornkl. Wis. 14; 5,5.
gnótt flaut nás fyr nesjum Ein. Skál. Wis. 28; 14,7.
þvís meþ Fylki Frisa Ein. Skál. Wis. 28; 19,5 (*þvís meþ Frisa fylki Hkr.* 144,21*b*; vgl. *Njál.* II, 216; *Thorkelss.* 50).
þvís arþrásis eisu Eil. Guþr. Wis. 32; 16,5.
þvís viþ rausn at rǽsis Sighv. sk. Wis. 39; 5,5.

hrósiun skal meþ hrísi Sighv. sk. Wis. 41; 2,7.
vísi tekr víg-Freys Ótt. sv. Wis. 44; 5,1.
hrósask þrí es herskip glæsir Arn. jarl. Wis. 45; 8,7.
hans mans hringi ljósum Hallarst. Wis. 49; 26,3.
ræsir let af roþnum hausi Mark. Skeggj. Wis. 51; 6,2.
eisur kyndusk hátt í húsum Mark. Skeggj. Wis. 52; 22,5.
orr vísi baþ oddum læsa Mark. Skeggj. Wis. 52; 24,3.
gofugt ljós boþar geisli Ein. Skúl. Wis. 53; 1,5.
ok ljós meþan ras visi Ein. Skúl. Wis. 54; 2,3.
nú skulum gofgan geisla Ein. Skúl. Wis. 54; 7,1.
rausn dugir hans at hrósa Ein Skúl. Wis. 55; 15,7.
ljós brann líki ræsis Ein. Skúl. Wis. 56; 20,5.
hrósak verkum vísa Ein. Skúl. Wis. 57; 30,3.
hás lætr helgan ræsi Ein. Skúl. Wis. 58; 42,1.
ljós rerþr rann of ræsi Ein. Skúl. Wis. 59; 46,7.
nás frák jarþar eisu Ein. Skúl. Wis. 59; 50,1 (meidk B).
mí's oss þaus vann risi Ein. Skúl. Wis. 60; 57,1 (nú er þau er
        vann vísi Flb I, 6).
rasa sem rænst ok tysvar Ein. Skúl. Wis. 60; 60,3.
ef lausnara lýsir Ein. Skúl. Wis. 61; 62,5 (þrí at lausnara leysi
        Flb I, 6).
svát lausnara leysi Ein. Skúl. Wis. 61; 68,1.
vígaskýs þars vísa Ein. Skúl. Wis. 61; 68,5.
mank rausnarskap ræsis Ein. Skúl. Wis. 61; 69,3.
þess hrósak veg visa Ein. Skúl. Wis. 61; 69,7 (lysek Flb I, 7).
hás elskip veg vísa Ein. Skúl. Wis. 62; 71,7.
gaus upp logi ór húsum Bjarni Kolb. Wis. 70; 19,6.
os fell blóþ á kenjur Bjarni Kolb. Wis. 71; 28,8.
hausa harþan ljósan Haukr Vald. Wis. 78; 1,7.
á jarls nasar ása Haukr Vald. Wis. 80; 16,7.
glæsilig sem roþnuþ rósa Eyst. Ásgr. Wis. 90; 25,3.
æsist blóþ á líkam ljósan Eyst. Ásgr. Wis. 91; 35,7.
offrast kaus fyr oss at risu Eyst. Ásgr. Wis. 92; 36,7.
Jesúm tigna engla rásir Eyst. Ásgr. Wis. 92; 40,1.
fýsir mik þrí framat æsa Eyst. Ásgr. Wis. 92; 42,7.
fúsir hlupu ok fundu Jesúm Eyst. Ásgr. Wis. 92; 49,1.
Jesú minn ef letvit læsi Eyst. Ásgr. Wis. 95; 59,3.
signat ljós hinn sæti Jesú Eyst. Ásgr. Wis. 95; 63,1.
svá fýsumst enn sæti Jesú Eyst. Ásgr. Wis. 97; 80,1.
rindbýsna skaltu vísi Þjóþ. hr. Hkr. 75,26b.
rógeisu vann ræsir Glúmr Geir. Hkr. 86,32b.
dólgeisu rak dísar Glúmr Geir. Hkr. 87,1a.
almdrósar fór eisu Guth. s. Hkr. 88,7a.
rógeisu gekk ræsir Guth. s. Hkr. 102,3a.
þursa tús frá þrísa Eyr. sk. Hkr. 112,12a (bós Fyrsk. 30).

vesa máttu af þvi visi Þorl. rauþf. Hkr. 170,3b.

visi vægþarlausum Ótt. sv. Hkr. 227,18a.

gnýs meþ gofgum ræsi Sighv. sk. Hkr. 253,6a.

visa segl í vási Sighv. sk. Hkr. 274.21a.

hesta rás ór húsum Sighv. sk. Hkr. 275,3b.

húsbúnaþi at hrósa Sighv. sk. Hkr. 310,3b.

þolþak ras hre visur Sighr. sk. Hkr. 310,8a.

haus í heimi þvisa Sighv. sk. Hkr. 378,3b.

ljós es raun at ræsir Bjarni gullbr. Hkr. 447,1b.

Ýs haft allir húsa Þorn. Kolbr. Hkr. 474,6b *(iss Kph.* II, 343;
        uss Pering. 1, 766; *yss Flb* II, 339; *ys taki yss AF Ol. S.
        menbr.).*

hann fekk læs af ljósum Sighr. sk. Hkr. 508,31b.

fréttik smás þót smæstis Sighr. sk. Hkr. 522,9b.

hrósak helgi ræsis Sighr. sk. Hkr. 523,13a.

fús tók old riþ ósi Arn. jarl. Hkr. 529,28b.

hús namtu hrert ok eisu Þjóþ. sk. Hkr. 540,5b.

drýgt hofum rás fyr visa Þjóþ. sk. Hkr. 543,3b.

gaus hár logi ór húsum Menn Har. harþr. Hkr. 572,24b.

læsir leiþangrs visi Þjóþ. sk. Hkr. 592,27a.

nús um verk þaus visi Þjóþ. sk. Hkr. 607,5a.

rás fyr roskum visa Steinn Herd. Hkr. 615,20b.

vás launar srá visi Steinn Herd. Hkr. 635,21b.

hús sveiþ Horþa ræsir Bjorn krepph. Hkr. 638,12a.

róggeisla vann ræsir Bjorn krepph. Hkr. 646,34a.

hvi samir hitt at dúsa Eldjárn Hkr. 652,1a.

vásoflugr réþ visi Ein. Skúl. Hkr. 662,16a.

rigdsum hlóþ visi Halld. skr. Hkr. 663,11a.

folk þeysandi fýsask Halld. skr. Hkr. 664,3b.

exat um allvalds risnu Ein. Skúl. Hkr. 667,5a.

siþan kaus um sæmdar fúsa Sturla Kgs. 445,10b.

lýsa munk hre ljósa Kolli Hkr. 726,30a.

srás ef Rauma ræsir Ein. Skúl. Hkr. 744,3b.

reisum ré fyr risa Blakkr Kgs. 111,8a.

dasinn lá at riþ disi Jatg. Kgs. 286,19b.

léztu ræsir gim geisa Ól. hvit. Kgs. 303,30a.

ógnar skýs í Osló Sturla Kgs. 312,10 *(yss gerdiz i Osló Flb* III, 78).

lýsa tók af herskips hausum Sturla Kgs. 432,26b.

risa tóku roþnir hausar Sturla Kgs. 439,17a.

her lýsik veg visa Sturla Kgs. 458,6b.

blés á boþfúsa Sturla Kgs. 473,2a.

sk : sk.

hafit maþr ask ne eski Korm. Qgm. Wis. 26; 5,1.

styrr þreifsk stóriaska Hallarst. Wis. 48; 22,3 (vgl. S. 82).

askr fell álms enn rǫskri Haukr Vald. Wis. 79; 3,7.
rimmu askr við rǫskra Hofg. Hkr. 491,26*a*.
drǫsk harmvesalt hyski Valg. Hkr. 560,10*b*.
yþvarr þroski gengr óskunn Sturla Kgs. 458,11*b*.
œskik þína mikla miskunn Eyst. Ásgr. Wis. 87; 2,1.

sl : sl.

guþ sýslir þat gisla Anon. Hkr. 603,16*a*.
hallgeislat ranþ hvatt í Oslu Ól. hvít. Kgs. 585,4.

ss : ss.

ek vissa þó ossum Sighr. sk. Wis. 42; 7,7.
oss samir enn at þessu Ein. Skúl. Wis. 54; 10,1 *(old samir Ólafs*
    gilda Flb I, 2, Strophe 10,3 Flb : oss at odgerd þessi).
heims þessa frák hvassan Ein. Skúl. Wis. 55; 17,5.
oss at Ólafs messu Ein. Skúl. Wis. 57; 35,3.
ápr þrek hrǫssum þessa Ein. Skúl. Wis. 59; 49,4 *(þrifhuassis*
    Flb I, 5).
ljóssi í lift þessu Ein. Skúl. Wis. 61; 64,3.
þróttarhvass at þessum Ein. Skúl. Wis. 61; 66,3.
fáriss er sá, (e)'þ feþgin þessi Eyst. Ásgr. Wis. 88; 9,7.
pressat ratn í himininn hvassa Eyst. Ásgr. Wis. 88; 10,5.
móþir oss er Márju þessi Eyst. Ásgr. Wis. 90; 25,1.
þessir negldu Krist á krossinn Eyst. Ásgr. Wis. 93; 49,7.

ss : s.

hríþar áss at hrósa Ein. Skúl. Wis. 29; 23,3.
áss skaut ægigeislum Ulfr Ugg. Wis. 29; 3,3.
áss hrimnis fló drósar Eil. Guþr. Wis. 32; 16,6 (!).
fúss emk þrit vann visi Ein. Skúl. Wis. 55; 18,1.
áss um allar sýslur Eyj. Daþ. Hkr. 200,7*b*.
þági vas sem þessum Sighr. sk. Hkr. 253,4*b* (oder *vas sem?*).
fúss lézk falla ræsir Arn. jarl. Hkr. 529,3*b*.
fúss lét á Ré ræsir Arn. jarl. Hkr. 536,25*a*.
vas fyr Mikjálsmessu Oddr Kik. Hkr. 543,27*a*.
láss hélt líki drósan Valg. Hkr. 560,12*b*.
hlakkar iss ok hausar Har. harþr. Hkr. 620,13*b*.
fúss vas fremþar ræsir Halld. skr. Hkr. 665,30*b*.

st : st.

hristusk bjǫrg ok brustu Þjóþ. hv. Wis. 10; 16,3.
ok við frost at freista Ein. Skúl. Wis. 28; 18,1.
kostigr réþ at kesti Ulfr Ugg. Wis. 30; 6,1.
hrafnfreistaþar hesti Ulfr Ugg. Wis. 30; 6,3.
þás funhristis fasta Eil. Guþr. Wis. 31; 12,5.

laust of ferþr i fasta Eil. Guþr. Wis. 32; 13,5.
né lipfostum Lista Eil. Guþr. Wis. 32: 19,5.
hraustr þás herskip glæsti Hallfr. v. Wis. 33; 1,3.
hykk rist til mjok mistu Hallfr. v. Wis. 35: 3,1.
mest i málma gnaustan Hallfr. v. Wis. 35; 4,7.
mest þars málmar gnustu Hallfr. v. Wis. 37; 26,3.
hann rauþ østr fyr austan Hallfr. v. Wis. 38; 1,7.
enn austr vip lú leysti Hallfr. v. Wis. 38; 3,5.
nú hef orrostur austan Hallfr. v. Wis. 39; 9,5.
þjóþ hélt fast á fóstra Hallfr. v. Wis. 42; 4,5.
folkorrostu at freista Hallfr. v. Wis. 42; 9,3.
gróþi lostins goþi et mæsta Arn. jarl. Wis. 45; 9,7.
hvast skaut hlifar brustu Hallarst. Wis. 49; 23,1.
flaustum lukþi folka treystir Mark. Skeggj. Wis. 52; 24,1.
flestir ugþu foldrorþ hraustan Mark. Skeggj. Wis. 53; 32,7.
Kristr ræþr krapti hæstum Ein. Skúl. Wis. 54; 4,3.
Krists lifir hann i hæstri Ein. Skúl. Wis. 55; 11,3.
hraustr þiggr alt sem æstir Ein. Skúl. Wis. 55; 18,7 u. ö. (*rauskr:
     æskir Flb* I, 3).
fremþarlystr ok fasta Ein. Skúl. Wis. 56; 25,3.
rist hafþi lip lestir Ein. Skúl. Wis. 57; 32,1.
Krists mærik lim leysta Ein. Skúl. Wis. 57; 33,3.
misti maþr es lýsti Ein. Skúl. Wis. 59; 48,1.
hilmis ást ens hæsta Ein. Skúl. Wis. 61; 67,7.
oflugs Krists af ástum Ein. Skúl. Wis. 61; 68,7.
hreysti maþr at flestu Bjarni Kolb. Wis. 68; 8,6.
rist ofrhugi enn mesti Bjarni Kolb. Wis. 69; 9,8.
geysta vápna brestu Bjarni Kolb. Wis. 70; 25,8.
gifrs hesta brá fostu Bjarni Kolb. Wis. 72; 55,6.
hraustr meþ þungar kistur Bjarni Kolb. Wis. 72; 36,6.
hraustr Gullbúi kistur Bjarni Kolb. Wis. 72; 37,4.
austr fekk haldit hæsta Haukr Vald. Wis. 80; 12,3.
ósti ungr meþ fóstra Haukr Vald. Wis. 80; 13,1.
hraustr vas lofþa lestir Haukr Vald. Wis. 80; 17,3.
hvast frák hjalms at ósti Haukr Vald. Wis. 81; 21,1.
hreinsaþ brjóst ok leiþ meþ listum Eyst. Ásgr. Wis. 87; 2,5.
fýstist hann meþ ofsa æstum Eyst. Ásgr. Wis. 88; 8,1.
léttan blástr af lopti mæsta Eyst. Ásgr. Wis. 88; 11,3 (*hæsta CD*).
rist ok æru vald ok ástir Eyst. Ásgr. Wis. 88; 13,3.
því treystist hann framt at freista Eyst. Ásgr. Wis. 89; 17,3.
remman brast af rót i kristu Eyst. Ásgr. Wis. 89; 20,1.
þessi ástvinrinn Jesú Kristi Eyst. Ásgr. Wis. 92; 37,5.
þystir hann ok er folr af fostum Eyst. Ásgr. Wis. 92; 42,1 (*þyrstr
     ACD*), vgl. S. 83.
þvi treystumst ek framt at freista Eyst. Ásgr. Wis. 93; 43,7.

þessu næst hins hæra Kristi Eyst. Ásgr. Wis. 93; 46,1.
yfirmeistarinn allra lista Eyst. Ásgr. Wis. 94; 51,1.
flestir allir flýþu Kristi Eyst. Ásgr. Wis. 94; 53,3.
þrútnar brjóst enn hjartat hristit Eyst. Ásgr. Wis. 94; 54,5.
Kristur þik er fannt i fystu Eyst. Ásgr. Wis. 96; 66,5 (fyrsta B),
    vgl. S. 83.
gnísta tennr i fýlu ok frosti Eyst. Ásgr. Wis. 96; 73,3.
berist um fast svát búkinn hristi Eyst. Ásgr. Wis. 97; 75,3.
festist ok meþ fjúki lasta Eyst. Ásgr. Wis. 97; 78,1.
laust aldigri þú lát mik Kriste Eyst. Ásgr. Wis. 98; 81,1.
á treystandi Jesú Kriste Eyst. Ásgr. Wis. 98; 82,3.
lystiligu at leiþar nesti Eyst. Ásgr. Wis. 98; 83,7.
Mária hreistu mjólk ór brjóstum Eyst. Ásgr. Wis. 98; 87,1.
enn kross festi kraptr enn hæsti Eyst. Ásgr. Wis. 100; 96,1.
saunri ást af sætu brjósti Eyst. Ásgr. Wis. 100; 99,1.
nausta blakks hit næsta Þórþr Sjár. Hkr. 105,14b.
austr rauþ jofra þrýstir Glúmr Geir. Hkr. 121,7a.
hraustr þás herr fór vestan Þórþr Kolb. Hkr. 170,27b.
lofak fasta tý flestir Þórþr Kolb. Hkr. 217,30a.
næst gaf sína systur Sighv. sk. Hkr. 230,26b.
ralfasta bjóttu vestan Ótt. sv. Hkr. 234,12a.
ek tók lystr ne lastak Sighv. sk. Hkr. 248,32a.
odda frosts fyr austan Sighv. sk. Hkr. 252,14b.
þvít kristingar kostu Sighv. sk. Hkr. 252,19b.
hæst at hverjum kosti Bersi Hkr. 254,10b.
hestr óþ kafs at kostum Sighv. sk. Hkr. 274,23a.
enn i haust þar's hestar Sighv. sk. Hkr. 274,23b.
rasa fýst es rann rastir Sighv. sk. Hkr. 307,32a (fyrst Kph II, 124;
    OHS 80; Flb II, 113).
mista ek fyr austan Sighv. sk. Hkr. 308,25b.
ástabús es æstak Sighv. sk. Hkr. 308,27b.
austr til jofra þrýstis Sighv. sk. Hkr. 309,3b.
austr sás eyjum vestan Ótt. sv. Hkr. 334,23b.
rastu þars rigs baþ kosta Bjarni gullbr. Hkr. 446,32a.
austr réþ allvaldr rista Bjarni gullbr. Hkr. 456,11a.
jofurr kreisti sá austan Sighv. sk. Hkr. 488,34a.
mest frák merkjum næstan Sighv. sk. Hkr. 490,29a.
orrostu frák austan Sighv. sk. Hkr. 491,33b.
reynþr vas flest i fastri Þorm. Kolbr. Hkr. 497,21b.
hvast beit hjarta et næsta Þorm. Kolbr. Hkr. 498,11b.
hraustr þás herskip glæsti Arn. jarl. Hkr. 515,9b.
austr es Ástríþ lýsti Sighv. sk. Hkr. 516,24a.
mest meþ mátkum Kristi Sighv. sk. Hkr. 516,24b.
austan komtu meþ allra hæstum Arn. jarl. Hkr. 517,17a.
þrí emk sem bast i brjósti Sighv. sk. Hkr. 521,23a.

enn lystir mik austan Sighv. sk. Hkr. 522,9a.

fastligr hneigþi fúru glæstri Arn. jarl. Wis. 45; 10,3 (Hkr. 529,22a; *fúru geystri* Fms. VI, 47; Flb III, 271).

hæstan kynduþ klenna þrýstir Arn. jarl. Hkr. 532,32a.

flaustum vas þá flóþ of ristit Arn. jarl. Hkr. 532,24b.

hvást frák Haugi hit næsta Þjóþ. sk. Hkr. 546,7a.

austr rast ár hit næsta Bǫlv. sk. Hkr. 547,3b.

reist eikikjǫlr austan Þjóþ. sk. Hkr. 559,22a.

brast rikula ristin Valg. Hkr. 560,10a.

skänn jast ór osti Anon. Hkr. 570,24a.

vestr réþ ór Níþ næsta Þjóþ. sk. Hkr. 592,12a.

Haraldr þeysti nú hraustla Þjóþ. sk. Hkr. 593,3a.

lystr fyr leiþangrs brjósti Þjóþ. sk. Hkr. 593,31b.

fast baþ fylking hrausta Þjóþ. sk. Hkr. 594,1a.

næst vas þat's réþ rista Steinn Herd. Hkr. 594,28b.

rista gulli glæstir Anon. Hkr. 602,19a.

nýstut suþr þar's æstu Anon. Hkr. 602,24a (sú stóþ : Sria Fms VI, 331).

laust hertoga hristir Þjóþ. sk. Hkr. 606,28a.

vist es at allvaldr austan Trollk. Hkr. 612,30a.

vist hefr Valþjóþ hraustan Þork. Skall. Hkr. 624,19a.

vestu nú þótt kjǫl kosti Eldjárn Hkr. 652,3a.

austr's til hár í hesti Eldjárn Hkr. 652,3b.

treystusk egg fyr austan Halld. skr. Hkr. 664,14a.

tóku hvast í hristar Ein. Skúl. Hkr. 668,6a.

lystr ok leiri kastat Þór. stuttf. Hkr. 687,3a.

hraustr gaf hræskúfs nistir Ein. Skúl. Hkr. 742,5b.

geystr þvit Gautar fýstu Sturla Kgs. 320,13b.

austr þars jǫfrar treystusk Sturla Kgs. 325,8a.

ræstir þrungu jǫfra óstum Ól. hvit. Kgs. 385,6.

austan sendi gulli glæsta Sturla Kgs. 422,1a.

fyst kom fura lestir Sturla Kgs. 427,27a (vgl. S. 83).

hæstan kyndu hirþmenn traustir Sturla Kgs. 433,24a.

gneistum hrátt fyr Elfi austan Sturla Kgs. 434,6.

fasti rauþ yfir flota glæstum Sturla Kgs. 439,17b.

lauþ af liþfǫstum Sturla Kgs. 465,18a.

leysti langrastar Sturla Kgs. 466,17a.

lýstisk hæstum Sturla Kgs. 466,17b.

fyst tók fjǫrleystum Sturla Kgs. 467,7a.

austan orrostu Sturla Kgs. 471,26a.

leysti lábroxtinn Sturla Kgs. 472,34b.

flaust ór frónlæstum Sturla Kgs. 472,36b.

str : str.

nú lifir hraustr í hæstri Ein. Skúl. Wis. 61; 63,5.

þá varþ fastr viþ fóstra Þjóþ. hv. Wis. 9; 7,1.

t : t.

flaut of set riþ sveita Brage Wis. 2; 4,1.

bǿti-Þrúþr at móti Brage Wis. 2; 9,2.

brautar þrengr enn liðte Brage Ger. 24; 18,2.

þá's forns Litar flotna Brage Ger. 25; 21,1.

hvat kraþ hapta smytrir Þjóþ. hv. Wis. 9; 3,3 (haptsnyrtir W).

hlaut af helgum skutli Þjóþ. hv. Wis. 9; 3,3 (hlut AM 308).

út af eiki rótu Þjóþ. hv. Wis. 9; 6,3.

sveita nagr svát slitna Þjóþ. hv. Wis. 9; 8,3.

gǫrla litk á Geitis Þjóþ. hv. Wis. 9; 20,5.

áþr út á mar mótir Þorbj. hornkl. Wis. 14; 3,5.

auk oddneytir úti Ein. Skál. Wis. 26; 1,1.

þat fǿr þjóþar smytri Ein. Skál. Wis. 27; 5,7.

ok til móts á Meita Ein. Skál. Wis. 28; 14,1.

þás bǫlkreitir brjóta Eil. Guþr. Wis. 31; 4,5.

urþar þjróts þars eitri Eil. Guþr Wis. 31; 5,7.

riþ skyld-Breta skytju Eil. Guþr. Wis. 31; 11.7.

herblótinn rá hneitir Eil. Guþr. Wis. 32; 19,1.

itra eina at láta Hallfr. v. Wis. 33; 6,3.

ok geirrótu gǫtrar Hallfr. v. Wis. 33; 7,1.

ólítil brestr úti Hallfr. v. Wis. 33; 8,1.

eigi látask ýtar Hallfr. v. Wis. 35; 11,1.

snotr af snǿris vitni Hallfr. v. Wis. 36; 18,7 (a smǿru otri Flb
     I, 494; ritru Ólafs s. Odd. 64).

geta þykkjat mér gotnar Hallfr. v. Wis. 37; 23,7.

þás ólítill úti Sighv. sk. Wis. 38; 4,5.

reitk at víga mótir Sighv. sk. Wis. 39; 8,1.

hét sás fell á Fitjum Sighv. sk. Wis. 42; 4,1.

tírmútaris teitir Sighv. sk. Wis. 43; 12,7.

lét lýrgǫtu Sighv sk. Wis. 40; 2,5 (let ser lydr Gauta Flb II, 276).

þá lét skjótla Sighv. sk. Wis. 40; 5,5 (skjóta Fms IV, 359 Anm. 2;
     snarpla Flb II, 279; Fgrsk. 81; skarpla Ohs 49; OHS 163;
     Fms IV, 359).

út andskota Sighv. sk. Wis. 41; 6,7.

Jótlands etask Sighv. sk. Wis. 41; 8,3 (er laut Ohs 50).

at lét hinn's sat Sighv. sk. Wis. 41; 11,2.

blóthús brenna láta Hallarst. Wis. 47; 9,3.

eggmóts eigi lítil Hallarst. Wis. 47; 10,7.

nýtr herr Nóregs gǿtis Hallarst. Wis. 48; 19,5.

ben lét bǫrþusk ýtar Hallarst. Wis. 48; 21,5.

ágǿtan býþk itrum Ein. Skúl. Wis. 53; 1,7.

itr Jamns Ólafr heitir Ein. Skúl. Wis. 54; 7,3.

helgum lýtk es hétu Ein. Skúl. Wis. 55; 12,7.

lét sás landfolk gǿtir Ein. Skúl. Wis. 55; 16,5.

auþarnjótr es ýtar Ein. Skúl. Wis. 56; 23,3.

lét jarplitaþs átu Ein. Skúl. Wis. 57; 29,1.
hodda brjót þars heitir Ein. Skúl. Wis. 58; 37,7.
reitk at Vinþr fyr skauti Ein. Skúl. Wis. 58; 40,1.
hneitir frák at héti Ein. Skúl. Wis. 58; 43,1.
hétu hart á útran Ein. Skúl. Wis. 60; 54,1.
líti landfolk ítrum Ein. Skúl. Wis. 61; 66,5.
óteitan mik sútar Bjarni Kolb. Wis. 68; 3,2.
ágæta sér leita Bjarni Kolb. Wis. 69; 11,4.
heitstrengingar gátu Bjarni Kolb. Wis. 69; 11,6.
olteiti vas lítil Bjarni Kolb. Wis. 69; 11,8.
ítrmanns konan teiti Bjarni Kolb. Wis. 69; 15,4 u. 6.
ýtar fimm at móti Bjarni Kolb. Wis. 70; 22,8.
sveit Hákoni á móti Bjarni Kolb. Wis. 70; 24,4.
ýtum grimmr at blóta Bjarni Kolb. Wis. 71; 30,6.
ýtum skýja grjóti Bjarni Kolb. Wis. 71; 32,6.
frák nýta sér sveita Haukr Vald. Wis. 79; 7,7.
ítr baþ Eiríkr leitask Haukr Vald. Wis. 80; 15,5.
sveitir kendu allvalds útan Mark. Skeggj. Wis. 51; 12,7.
hljótum vér þaz hag várn bétir Mark. Skeggj. Wis. 51; 13,3.
sætast ykkur blóm at bíta Eyst. Ásgr. Wis. 89; 16,3.
rak þau braut af sæmdarsæti Eyst. Ásgr. Wis. 89; 19,3.
rót ilmandi lítillætis Eyst. Ásgr. Wis. 90; 25,5.
hjǫrtun játi falli ok fljóti Eyst. Ásgr. Wis. 91; 32,1.
því flýtandi sínum sveitum Eyst. Ásgr. Wis. 93; 47,7.
át af hjartans innstum rótum Eyst. Ásgr. Wis. 93; 50,3.
fátalaþr meþ lítillæti Eyst. Ásgr. Wis. 94; 52,5.
þó grét hon nú sárra súta Eyst. Ásgr. Wis. 94; 56,1.
lát mik þinnar lausnar njóta Eyst. Ásgr. Wis. 94; 57,3.
enn í andláti Jesú sæta Eyst. Ásgr. Wis. 95; 60,1.
hlaut óvinrinn laust at láta Eyst. Ásgr. Wis. 95; 61,7.
mitt eitt veit ek líf hit ljóta Eyst. Ásgr. Wis. 97; 76,3.
hryggþin slítr af hjarta rótum Eyst. Ásgr. Wis. 97; 77,7.
fyrlátiþ mér faþir hinn sæti Eyst. Ásgr. Wis. 97; 79,1.
því lýt ek nú þér at fótum Eyst. Ásgr. Wis. 97; 79,5 (sýti CFJ.
    sýt D).
litast mér sem liggi þrútit Eyst. Ásgr. Wis. 97; 80,3.
svát grátandi fúss at fótum Eyst. Ásgr. Wis. 98; 81,5.
ref þú ágætu verndar skauti Eyst. Ásgr. Wis. 98; 86,7.
tungusætr ef einn hrerr ýta Eyst. Ásgr. Wis. 99; 92,1.
viþr ok grjót sem steinar ok stræti Eyst. Ásgr. Wis. 99; 94,1.
orma sveit ok akrar hvítir Eyst. Ásgr. Wis. 99; 94,3.
þá látiþ mik þessa njóta Eyst. Ásgr. Wis. 100; 96,5.
reri kátar nú virþa sveitir Eyst. Ásgr. Wis. 100; 97,1.
verpr Geitis vegr grjóti Þjóþ. hv. Hkr. 75,28 a.
mætr hlóþ mildingr Jótun Guth. s. Hkr. 87,35 a.

nú tregr gætigauta Glúmr Geir. Hkr. 102,27b.
framm halt njótr at nýtum Eyv. sk. Hkr. 106,7b.
veitk at beit hinn betri Eyv. sk. Hkr. 106,15a.
látom langra nóta Eyv. sk. Hkr. 123,25a.
itr þær's upp um róta Eyv. sk. Hkr. 123,27b.
gætir glamma sóta Glúmr Geir. Hkr. 134,23a.
enn veitk at hefr heitit Glúmr Geir. Hkr. 136,29b.
meita fór at móti Eyj. Dah. Hkr. 140,8a.
ulfteitir gaf átu Eyj. Dah. Hkr. 140,14a.
þás úlítill útan Þórþr Kolb. Hkr. 155,8b.
þeirs gátu sjá slíta Þórþr Kolb. Hkr. 156,3b.
sleit at sverþa móti Eyj. Dah. Hkr. 199,14b.
gætinjorþr viþ Gauta Eyj. Dah. Hkr. 200,3b.
út bauþ jofra hneitir Halld. ökr. Hkr. 206,6a.
þar's til móts viþ móti Skúli Þorst. Hkr. 211,21b.
hét á heiftar nýta Halld. ökr. Hkr. 215,5a.
veitk fyr Erling útan Þórþr Kolb. Hkr. 217,28a.
búum úlítinn áta Bersi Hkr. 254,14b (úti Flb II, 45; OHS 41).
kátr vask oft þás úti Sighv. sk. Hkr. 274,19a.
út þar's eisa létum Sighv. sk. Hkr. 274,25a.
fyr ágætu úti Sighv. sk. Hkr. 274,21b.
út munu ekkjur líta Sighv. sk. Hkr. 275,1a.
lýtandi hefr ljótu Ótt. sv. Hkr. 284,22a.
braut hafit boþvar þreytir Ótt. sv. Hkr. 284,30a.
at unz ek kem ritja Sighv. sk. Hkr. 307,18a.
guþ láti þik gæta Sighv. sk. Hkr. 307,20b.
létk til hafs á hrúti Sighv. sk. Hkr. 307,29b.
út hverr's Olvir heitir Sighv. sk. Hkr. 308,27a.
grefs leit viþ mér gætir Sighv. sk. Hkr. 308,29a.
út vask eitt kveld heitinn Sighv. sk. Hkr. 308,31b.
fótr á fornan brautir Sighv. sk. Hkr. 309,14b.
létk viþ yþr hinn itri Sighv. sk. Hkr. 310,11a.
brýtr annar gramr úti Sighv. sk. Hkr. 414,28b.
útan varþk áþr enn Jóta Sighv. sk. Hkr. 416,22a.
viþ ágætan Jóta Þórþr Sjár. Hkr. 422,27a.
skaut nær skarpt at móti Þórþr Sjár. Hkr. 422,25b.
skjótum eik fyr útan Hárekr Hkr. 428,30a.
út býþr allvaldr sveitum Sighr. sk. Hkr. 437,18a.
ráþ eru ljót ef láta Sighv. sk. Hkr. 437,18b.
Knútr verr grund sem gætir Þór. loft. Hkr. 440,15.
út ólítinn Þór. loft. Hkr. 440,28a.
út réþ Erlingr skjóta Þór. loft. Hkr. 444,1a (setja Kph. II, 303).
gátut gríþar sóta Bjarni gullbr. Hkr. 446,32b.
hlautk frá Sult en sæta Jokull Hkr. 454,21a.
braut komumk vér þót veitim Þorm. Kolb. Hkr. 478,1b.

loghreytǫndum líta Sighv. sk. Hkr. 491,3a *(lofrækendum Flb*
II, 355).
undr láta þat ýtar Sighv. sk. Hkr. 491,30a.
hauka setrs hin hvíta Þorm. Kolbr. Hkr. 497,33a *(um hættinn*
Ohs 73; *hauclatrs OHS* 222).
út réttu allvaldr skjóta Þjóþ. sk. Hkr. 516,31a.
enn þrítugt skip þrautar Þjóþ. sk. Hkr. 516,33a.
þar's flaut und nið nýtum Sighv. sk. Hkr. 521,13a.
hafa láti mik heitan Sighv. sk. Hkr. 521,28a.
ljótu dreif á lypting utan Arn. jarl. Hkr. 529,20a.
flaut þá's feigir létu Þjóþ. sk. Hkr. 538,34b.
lézt eigi þú litla Þjóþ. sk. Hkr. 540,5a.
nefa Knúts vas þá nýtum Þjóþ. sk. Hkr. 540,9a.
hizig laut es heitir Þjóþ. sk. Hkr. 541,17a.
mætr hélt mǫrgu spjóti Þjóþ. sk. Hkr. 541,17b.
skýtra skeifum féti Þjóþ. sk. Hkr. 542,15b.
bitu fíkula fjǫtrar Valg. Hkr. 560,14b.
itr enn ǫnnur skreytir Þjóþ. sk. Hkr. 560,33b.
lét aldregi úti Grani Hkr. 571,1a.
lýtr folkstara feiti Þjóþ. sk. Hkr. 577,28b.
þat sem þú vili gotnum Þjóþ. sk. Hkr. 577,30b.
lýtendr kveþa lítit Har. harþr. Hkr. 586,34b.
út þars ekkjur líta Þjóþ. sk. Hkr. 592,10a.
sorgar veit áþr slíti Þjóþ. sk. Hkr. 592,16a.
út 's sem innan líti Þjóþ. sk. Hkr. 592,18b.
neytir þá til þrautar Þjóþ. sk. Hkr. 593,33a.
lét vingjafa veitir Þjóþ. sk. Hkr. 593,31a.
nýtr fyr Nizi útan Þjóþ. sk. Hkr. 594,3b.
hét á oss þá's úti Steinn Herd. Hkr. 594,8a.
heit blés und fyr útan Steinn Herd. Hkr. 595,3b.
nýtr bað skjǫldungr skjóta Steinn Herd. Hkr. 595,7a.
þat brá feigra flotna Steinn Herd. Hkr. 595,9b.
hremsur lét á hvítar Þjóþ. sk. Hkr. 595,16a.
farskostr hlaut at fljóta Arn. jarl. Hkr. 596,1b.
út hefra lið lítit Anon. Hkr. 602,17b.
láta þeir es þvæta Anon. Hkr. 602,33b *(þetta Fris.* 235,5a).
mót við marga knútu Trǫllk. Hkr. 612,32a.
hlautk þvít heima sátum Anon. Hkr. 613,23a.
hundraþ lét í heitum Þork. Skall. Hkr. 624,7a
ímleitum fekksk úta Þork. Skall. Hkr. 624,9b.
nýtr fekk nesjum útar Bjǫrn krepph. Hkr. 647,25b.
hvat's hér í heimi betra Magn. berf. Hkr. 654,25a.
skreytask menn á móti Magn. berf. Hkr. 654,27b.
út frák yþr þar's heitir Halld. skr. Hkr. 664,3a.
getk þess's gramr fór vitja Ein. Skúl. Hkr. 667,8a.

Kahle, Die Sprache der Skalden.   11

hvat hefk heldr enn tǫtra Þór. stuttf. Hkr. 686,6*b* (*tǫttra Fris.*
299,10*b*).
þrim skútum tók þreytir Ein. Skúl. Hkr. 742,3*a.*
sveit varþ i rym ritar Ein. Skúl. Hkr. 766,18*b.*
Knútr verr grund sem gætir Þór. loft. Hkr. 440,16.
látum brýndan hjǫr bíta Blakkr Kgs. 111,10*a.*
vitum at vánir betri Blakkr Kgs. 120,31*b.*
ýtar reistu merki á móti Baglar Kgs. 111,27*b.*
ýtar reistu merki á móti Birkib. Kgs. 111,32*b.*
Gunnar skaut und gera fótar Snorri Sturl. Kgs. 281,23*b.*
Knútr réþ bág at brjóta Sturla Kgs. 320,11*b.*
vitr lét virki brjóta Sturla Kgs. 325,6*a.*
þat veitk at galt Gautum Sturla Kgs. 325,6*b.*
ǫþlings heit viþ allvald nýtan Ól. hvít. Kgs. 344,3*a* (*mætan Fris.* 485).
ýtar brugþusk jǫfri mætum Ól. hvít. Kgs. 344,3*b.*
nafnbǿtr jók sá's Nóregs gætir Ól. hvít. Kgs. 349,7*b.*
hjǫrtu heiti bǫþvar fljótan Ól. hvít. Kgs. 349,9*b.*
veitk at vart hefir Knúti Ól. hvít. Kgs. 374,13*b.*
þrútin lágu veþr á vatni Ól. hvít. Kgs. 380,6*b.*
ýtum þóttit leiþangr lítill Sturla Kgs. 426,19*a.*
eigi sátut jǫfra hneitir Sturla Kgs. 432,12*a.*
mætum hélt fyr Elfi útan Sturla Kgs. 432,12*b.*
Gautar spurþu leiþangr ljótan Sturla Kgs. 432,26*a.*
valgrammr sleit at rápna móti Sturla Kgs. 433,16*a.*
ýta rann af stórlig stræti Sturla Wis. 83; 11,7.
naþrs glóstrætis njótum Giz. Þorv. Kgs. 441,30.
ríþa hrjóta veglig mæti Sturla Kgs. 461,30*b.*
bíta baugnjótar Sturla Kgs. 472,3*a.*
sveit hinn sigrmæti Sturla Kgs. 473,13*a.*
leit at brynmóti Sturla Kgs. 474,30*b.*

tn : tn.

at veg jǫtna vitni Ein. Skúl. Wis. 27; 8,5.
vatnǿrum hefik vitni Sighv. sk. Hkr. 521,28*b.*
vatn léztu visi slitna Þjóþ. sk. Hkr. 562,25*a.*
vitnis fell meþ vatni Ein. Skúl. Hkr. 766,18*a.*

tr : tr.

gatat mar njótr enn neytri Eil. Guþr. Wis. 31; 7,3
setrs víkingar snotrir Eil. Guþr. Wis. 31; 8,3.
ítr munat ǫþlingr betri Ein. Skúl. Wis. 56; 21,3.
ágætr segiþ ítran Ein. Skúl. Wis. 62; 71,5.
teitr sák okkr í ítri Sighv. sk. Hkr. 252,27*a.*
Knútr hefr okkr hinn ítri Sighv. sk. Hkr. 377,17*a.*
Knútr spurþi mik mætra Sighv. sk. Hkr. 430,4*a.*

heitr vas hafsætra Sturla Kgs. 470,9a.
blár ok ljótr i ǫfundar eitri Eyst. Asgr. Wis. 97; 77,3.

ts : ts (z : z).

ats viþ Útstein hizig Sighv. sk. Hkr. 445,5b *(sniallr : illa Flb*
II, 310; *atz : hitri OHS* 183).

tst : tst (zt : zt).

vazt-rǫdd enn mér baztan Brage Wis. 118; 14,2 *(vatz rǫþla* Cod.
Reg., *vazt Worm.* vgl. *Wis.* II, 310 *sub vǫzt).*
éztr ok ætt gat bezta Sighv. sk. Wis. 40; 15,7.
brauztu viþ bragning nýztan Bjarni gullbr. Hkr. 493,15a.
brauztu und Mikjál mæztan Jllugi Brynd. Hkr. 550,6a.
skauztu und farm hinn frizta Valg. Hkr. 559,7a *(fyrsta Pering*
II, 74D; *frídstom E).*

tstr : tstr (ztr : ztr).

jǫfra baztr til úztrar Ein. Skúl. Wis. 54; 5,3.

tt : tt.

svá lét æ þótt ætti Brage Wis. 2; 9,5.
flótta gekk til fréttar Ein. Skál. Wis. 28; 21,1.
knáttu Jölnis ættir Eil. Guþr. Wis. 31; 7,5.
hættr vas hersa dróttinn Hallfr. v. Wis. 34; 4,5.
átti eingadóttur Hallfr. v. Wis. 33; 5,3.
sótti herr þars hætti Hallfr. v. Wis. 35; 5,1.
gótt es gǫrva at fréttar Hallfr. v. Wis. 36; 17,1.
Surts ættar vinnk sléttan Hallfr. v. Wis. 36; 17,7 *(satt mun itr um*
sléttan Flb I, 493).
hætt's til hans at frétta Hallfr. v. Wis. 36; 19,7.
vættik virþa dróttins Hallfr. v. Wis. 37; 26,7.
hykk ætt at frétt Sighv. sk. Wis. 40; 2,2.
máttut dróttnar Sighv. sk. Wis. 40; 5,1 *(gátut Flb* II, 279; *OHS* 163;
Hkr. 420; *Fms* IV, 358; *máttot Ohs* 49; *máttuat Fyrsk.* 81).
áttu sumt i sléttri Sighv. sk. Wis. 39; 6,7.
rétt hykk kjósa knáttu Sighv. sk. Wis. 42; 5,1.
háttu nemi hann rétt Ótt. sv. Wis. 43; 1,3.
haukr réttr es þú Hǫrþa dróttinn Arn. jarl Wis. 44; 1,5.
heppinn drótt af hlunni sléttum Arn. jarl. Wis. 45; 11,3.
átti kunnuþ elgjum hætta Arn. jarl. Wis. 45; 7,1.
hers gnótt hǫlþa sléttum Hallarst. Wis. 46; 1,1.
allprútt éla Þróttar Hallarst. Wis. 46; 2,7.
háttu hilmir bétti Hallarst. Wis. 47; 11,7.
stétthrings stofnum reitti Hallarst. Wis. 47; 12,3.
háns nótt hverja knáttu Hallarst. Wis. 47; 13,1.

raunskjött ræsir hitti Hallarst. Wis. 48; 16,1 (*mátti Flb* I, 479;
    Fms II, 316).

ættstórr ella mátti Hallarst. Wis. 48; 22,5.

dróttum lét í Danmǫrk settum Mark. Skeggj. Wis. 52; 27,1.

eitt vas sér þaz jafnask mátti Mark. Skeggj. Wis. 53; 29,7.

veitti dýrþardróttinn Ein. Skúl. Wis. 54; 6,1.

satt vas at siklingr bétti Ein. Skúl. Wis. 55; 15,3.

drótt nemi mærþ ef mættak Ein. Skúl. Wis. 55; 18,3.

greitt má gumnum létta Ein. Skúl. Wis. 55; 18,5 u. ö.

satt's at Sygna dróttin Ein. Skúl. Wis. 56; 22,5.

hrætt varþ folk á flótta Ein. Skúl. Wis. 57; 29,5.

satt's at silfri skreytta Ein. Skúl. Wis. 57; 34,1.

frétt hefk at sá sótti Ein. Skúl. Wis. 58; 38,1.

sótti skrín et skreyttá Ein. Skúl. Wis. 58; 41,1.

þátti sinn á sléttri Ein. Skúl. Wis. 59; 48,5 (*nytr gat sed a slettri*
    Flb I, 5).

hættr Þorketils dóttur Bjarni Kolb. Wis. 69; 14,8.

þátt helfarar reittar Bjarni Kolb. Wis. 71; 34,4.

sáttir á einni nóttu Bjarni Kolb. Wis. 72; 40,8.

hitt vas satt at sótti Haukr Vald. Wis. 80; 12,7.

ósi-Þróttr ok átta Haukr Vald. Wis. 80; 15,3.

satt's at síþ mun Gretti Haukr Vald. Wis. 80; 17,1.

greitt enn Gizur sótti Haukr Vald. Wis. 81; 20,3

átti élbjóþr hrotta Haukr Vald. Wis. 81; 22,5.

almáttigr guþ allrar stéttar Eyst. Ásgr. Wis. 87; 1,1 u. 100; 100,1.

breytti guþ ok brá til hætti Eyst. Ásgr. Wis. 88; 11,1.

boþorþit eitt lét blíþr fram dróttinn Eyst. Ásgr. Wis. 89; 14,3.

léttliga fann sem ljósin vátta Eyst. Ásgr. Wis. 89; 17,1 (*þar svá*
    ljósin váttar B, svá ljósan váttan A, fann sem ljósin vátta
    C F.-J. 406, þat sem ljósin vátta D).

léttir hvárki ugg né ótta Eyst. Ásgr. Wis. 89; 20,5.

eitt er til þat er ek skal vátta Eyst. Ásgr. Wis. 90; 21,5.

attu sjálfr hinn dýri dróttinn Eyst. Ásgr. Wis. 90; 21,7 (*attú*
    Magnuss., adþú F.-J.).

veitt er líf þat er varþ ok mátti Eyst. Ásgr. Wis. 90; 23,1.

fréttir nú meþ hverjum hætti Eyst. Ásgr. Wis. 91; 30,1.

á þréttánda dag til dróttins Eyst. Ásgr. Wis. 92; 36,1.

máttinn þinn hinn mikli dróttinn Eyst. Ásgr. Wis. 92; 38,3.

feþrætt hans trúik fá munu hitta Eyst. Ásgr. Wis. 92; 42,1.

satt er at fæstir sjá viþ prettum Eyst. Ásgr. Wis. 93; 41,3.

frétt hefr ek at freistar dróttins Eyst. Ásgr. Wis. 93; 45,1.

þetta sér hann fjandi at fættist Eyst. Ásgr. Wis. 93; 47,1.

ættim vér á Jesúm dróttin Eyst. Ásgr. Wis. 93; 50,1.

mætti verþa at minna sótta Eyst. Ásgr. Wis. 94; 53,7.

sitt ein bernit sjálfan dróttin Eyst. Ásgr. Wis. 94; 56,3.

ek segi rétt at engi mætti Eyst. Ásgr. Wis. 95; 59,1.
þrit náttúran æpti af ótta Eyst. Ásgr. Wis. 95; 59,5.
eþa þóttist þú meiri at mætti Eyst. Ásgr. Wis. 95; 65,2.
maþr bannsettur allar ættir Eyst. Ásgr. Wis. 96; 66,3.
muntu þetta enn dýri dróttinn Eyst. Ásgr. Wis. 98; 85,1.
frammi stattu er fæddir dróttin Eyst. Ásgr. Wis. 99; 88,1.
ok sóknháttar setti Guth. s. Hkr. 89,3a.
þrott ras sýnt þar's settusk Þórþr Sjár. Hkr. 107,1b.
einn dróttin hefik áttan Eyr. sk. Hkr. 112,1a.
gott hlaut gumna sættir Glúmr Geir. Hkr. 121,7b.
setti jarl sá's átti Þórþr Kolb. Hkr. 156,1a.
ottuþ árum skreyttum Ótt. sv. Hkr. 220,10a (skreytum OHS 16).
neyttuþ negls ok settut Ótt. sv. Hkr. 220,14a.
máttiþ enskrar ættar Ótt. sv. Hkr. 227,16a.
hætt hafit ér i ótta Ótt. sv. Hkr. 234,14a.
neytt áþr Nóreg hittut Ótt. sv. Hkr. 234,19b.
skatti gnógþr meþ skreyttu Ótt. sv. Hkr. 235,18a.
reitti sókn þar's sótti Sighv. sk. Hkr. 252,5a.
áttu sin þar's sóttusk Sighv. sk. Hkr. 252,21b.
satt's at Sveini máttum Sighv. sk. Hkr. 255,21a.
átt þá's ossum dróttni Sighv. sk. Hkr. 276,16a.
átt hafa sér þeir sóttu Sighv. sk. Hkr. 309,1a.
rétt es rikan hittak Sighv. sk. Hkr. 310,13a.
ætt sem áþr um hvatti Sighv. sk. Hkr. 310,13b.
þétt fengum svor sátta Sighv. sk. Hkr. 310,21b.
rétt segik þjóþ hrerr sótti Arn. jarl. Hkr. 335,14b.
átti jarl at sætta Sighv. sk. Hkr. 417,3a.
átti Egþa dróttinn Þórþr Sjár. Hkr. 422,25a.
litt sék loþþung óttask Sighv. sk. Hkr. 437,20a.
rautt enn ræsir neitti Sighv. sk. Hkr. 453,15a.
því's ýstéttar átti Jokull Hkr. 454,21b (óstrætis Flb II, 317).
áttu Engla dróttni Bjarni gullbr. Hkr. 456,29a.
satt's at sókn um veittir Bjarni gullbr. Hkr. 493,13b.
máttit hón viþ hættna Sighv. sk. Hkr. 516,18b.
heim sóttir þú hættinn Sighv. sk. Hkr. 522,17a.
ætti drengja dróttinn Sighv. sk. Hkr. 522,23b.
djarft neyttir þú dróttinn Þjóþ. sk. Hkr. 529,11a.
vitt lá Vinþa flótti Þjóþ. sk. Hkr. 535,21a.
neyttu mest sem máttu Þjóþ. sk. Hkr. 538,5a.
satt's at svá morg átti Þjóþ. sk. Hkr. 539,27a.
titt bar týmargr flótti Þjóþ. sk. Hkr. 539,31a.
máttir Magnús hætta Þjóþ. sk. Hkr. 540,7a.
skjótt ríþa nú skreyttar Þjóþ. sk. Hkr. 542,32a.
ungr hætti sér átta Þjóþ. sk. Hkr. 550,3a.
Serkjum hættr i sléttri Þjóþ. sk. Hkr. 550,3b.

vœttik minnr at mótti Har. harþr. Hkr. 558,10*b.*
sáttu þás sjádrif létti Valg. Hkr. 559,9*b.*
sátt enn síþan vœtti Bǫlv. Hkr. 565,17*b* (*sœtt Flb* III, 311; *Fyrsk.*
 117; *Mork.* 21).
autt varþ Falstr at fréttum Stúfr sk. Hkr. 571,18*a.*
litt hyggr Sveinn á sáttir Þorl. f. Hkr. 572,3*b.*
sœtt buþu seggja dróttni Þorl. f. Hkr. 574,18*a.*
náttar Nóregs dróttinn Þjóþ. sk. Hkr. 593,5*a.*
sitt enn seggir játtu Steinn Herd. Hkr. 594,10*b.*
hœtti hersa dróttinn Steinn Herd. Hkr. 594,28*a.*
telja hátt es hittask Anon. Hkr. 602,33*a.*
hitt hefk heyrt at setti Anon. Hkr. 603,14*a.*
hátt baþ mik þar's móttusk Har. harþr. Hkr. 620,11*b.*
frétt's at síþ mun létta Þork. Skall. Hkr. 624,19*b.*
frétt's at fyrþar knáttu Þork. Skall. Hkr. 624,7*a.*
vitt lét Vǫrsa dróttinn Bjǫrn krepph. Hkr. 638,10*a.*
vitt var ferþ á flótta Bjǫrn krepph. Hkr. 646,30*a.*
grœtti Grenlands dróttinn Bjǫrn krepph. Hkr. 646,32*b.*
vitt bar snjallr á slétta Bjǫrn krepph. Hkr. 647,14*a.*
hœtt vas hvert þat's átti Bjǫrn krepph. Hkr. 647,25*a.*
hitt's satt at býþk byttu Eldjárn Hkr. 652,1*b.*
prútt lét slengvir sóttan Halld. skv. Hkr. 663,20*a.*
grátt es gerva neittu Halld. skv. Hkr. 663,20*b.*
hitti herr á flótta Halld. skv. Hkr. 664,6*b.*
sœtt frák dœla dróttinn Ein. Skúl. Hkr. 668,4*a.*
áttut sókn viþ sléttan Ein. Skúl. Hkr. 717,18*a.*
greitt frák gumna dróttinn Þorbj. skakk. Hkr. 781,28*a.*
mettr vas krafn í Hrotti Blakkr Kgs. 111,31*b.*
vafþi litt er virþum mótti Snorri Sturl. Kgs. 281,17*b.*
vitt hykk þegnum þóttu Sturla Kgs. 305,26*a.*
Gautr hvatti þrym þróttar Snorri Sturl. Kgs. 352,3*a.*
brátt mun bug þann rétta Ól. hvit. Kgs. 374,13*a.*
Sverris ætt fekk sigr at réttu Ól. hvit. Kgs. 387,19*b.*
aldri frétti jǫfra dróttins Sturla Kgs. 438,18*a.*
sœtta báþu Sygna dróttinn Sturla Kgs. 442,6*b.*
vcitti virþa dróttinn Sturla Kgs. 443,1*a.*
sóttu sóknhvattar Sturla Kgs. 464,21*a.*
mótti margfréttinn Sturla Kgs. 472,34*a.*

tt : t.

málunautr hvats mátti Þjóþ. hv. Wis. 10; 8,7.
brátt fló bjarga gœti Þjóþ. hv. Wis. 11; 17,1.
brautar lips of beitti Eil. Guþr. Wis. 32; 18,7.
leitt hykk Leifa brautar Hallfr. v. Wis. 35; 9,1.
meþan ítrs vinir áttu Hallfr. v. Wis. 36; 14,5.

þat frák rig at ritti Sighv. sk. Wis. 39; 11,5.
hætt's þaz allir ætla Sighv. sk. Wis. 43; 13,1.
Sighvats hugir, 's hittik Sighv. sk. Wis. 43; 17,1.
drótt hné dreyra þrútir Hallarst. Wis. 48; 20,3.
hept nýtask mér mætti Ein. Skúl. Wis. 56; 19,7.
drótt þó dýran sveita Ein. Skúl. Wis. 56; 22,1.
ætlar sér rið dýran dróttin Eyst. Ásgr. Wis. 88; 8,7.
eplit eitt ek banna at bíta Eyst. Ásgr. Wis. 89; 14,5.
litt kváþu þik láta Eyv. sk. Hkr. 111,5a.
frægt þótti þat flotnum Glúmr Geir. Hkr. 134,17b.
fátt bilar flestra ýta Þórþr Kolb. Hkr. 217,34b.
laut fyr yþr áþr létti Ótt. sv. Hkr. 226,18b.
látrs enn ek lánardróttinn Sighv. sk. Hkr. 248,34b.
rat at ek méttu Sighv. sk. Hkr. 307,34a.
ritt réþ gumna gætir Sighv. sk. Hkr. 343,3a.
friþr böttisk svá fóta Sighv. sk. Hkr. 453,24a.
líf þitt esa litit Bjarni gullbr. Hkr. 456,31b.
ritt vas fold und fótum Sighv. sk. Hkr. 490,8a.
slætt réþ sizt at bíta Sighv. sk. Hkr. 492,18b.
hrátt gafsk hold at slíta Sveinnflokkr Hkr. 513,20b.
Ólafs dótr es átti Sighv. sk. Hkr. 516,20a.
skotit frák skepti flettum Arn. jarl. Hkr. 538,1a.
ótt vas orðrif látit Arn. jarl. Hkr. 538,7b.
ritt hefk heyrt at heiti Arn. jarl. Hkr. 541,10a.
rétt vas yþr um ætlat Valg. Hkr. 559,32a.
rétt kann réþi slíta Þjóþ. sk. Hkr. 592,8b.
ritt dró sínar sveitir Þork. ham. Hkr. 639,3a.
drótt sú er dalgauta Sturla Kgs. 473,13b.

v : v [1]).

torsoþinn þá vas tírum Þjóþ. hr. Wis. 9; 3,1, vgl. Wis. II, 349.
kom á triviþar Týri Eil. Guþr. Wis. 32; 18,5.
hára leyfir hverr maþr ævi Mark. Skeggj. Wis. 50; 3,3.
því var kóngrinn horþu heyri Eyst. Ásgr. Wis. 91; 35,3.

þ : þ.

bauþa sú til bleyþi Brage Wis. 2; 9,1.
Randvés hofuþniþja Brage Wis. 2; 3,6.
fengeyþandi fljóþa Brage Wis. 3; 11,3.
fordæþa nam ráþa Brage Wis. 3; 11,4.
styþja Gjúka niþja Brage Wis. 2; 6,2.
enn af breiþum bjóþi Þjóþ. hv. Wis. 9; 5,5.

---

[1]) Doch lassen sich vielleicht diese Reime auch in die Kategorie der Reime von langem Vocal zu langem Vocal einreihen.

heyrþak svá-þat siþan Þjóþ. hv. Wis. 10; 12,1.
þar svá eþr í Óþins Þjóþ. hv. Wis. 11; 19,5.
áþr ór hneigihliþum Þjóþ. hv. Wis. 11; 20,1.
reiþi-Týs et rauþa Þjóþ. hv. Wis. 11; 20,3.
hrjóþr lét hæstrar tíþar Þorbj. hornkl. Wis. 14; 1,1.
hilmir réþ á heiþi Þorbj. hornkl. Wis. 14; 2,1.
óþr viþ óskimeiþa Þorbj. hornkl. Wis. 14; 2,3.
háþi gramr þars gnúþu Þorbj. hornkl. Wis. 14; 5,1.
rauþ fnýstu ben blóþi Þorbj. hornkl. Wis. 15; 5,3.
áþr fyr eljunfróþum Þorbj. hornkl. Wis. 15; 8,5.
lǫgþis seiþs af láþi Þorbj. hornkl. Wis. 15; 8,7.
glaþfǿþandi Gríþar Korm. Qgm. Wis. 26; 4,3.
veþrgéþis stendr víþa Ein. Skál. Wis. 27; 10,3.
móþǫflugr ræþr méþra Ulfr Ugg. Wis. 29; 2,5.
friþar vers til fljóþa Eil. Guþr. Wis. 30; 4,3.
bræþivændr á brúþi Eil. Guþr. Wis. 31; 4,7.
óþu fast enn friþar Eil. Guþr. Wis. 31; 8,1.
háþu stáli striþan Eil. Guþr. Wis. 31; 9,5 (*áþu* Codd.).
striþkveþjǫndum stǫþvar Eil. Guþr. Wis. 31; 10,3.
áþr hylhriþar hæþi Eil. Guþr. Wis. 31; 11,5.
tráþusk þar viþ tróþi Eil. Guþr. Wis. 32; 13,3 (*heiþi* Codd.).
fátiþa nam fróþi Eil. Guþr. Wis. 32; 15,1.
Óþins afli soþnum Eil. Guþr. Wis. 32; 15,7.
til þrámóþnis Þrúþar Eil. Guþr. Wis. 32; 16,7.
hlóþu Hampis klæþum Hallfr. v. Wis. 33; 1,5.
ráþ lukusk at sá síþan Hallfr. v. Wis. 33; 5,1.
rinhróþigr gaf víþa Hallfr. v. Wis. 34; 6,5.
gráþr þvarr geira hríþar Hallfr. v. Wis. 34; 9,7.
breiþleita gat brúþi Hallfr. v. Wis. 33; 4,1.
víþis veltireiþar Hallfr. v. Wis. 35; 7,7 (*meiþar Flb* I, 484; *Fms*
    II, 315).
hvars skriþr meþ liþ lyþa Hallfr. v. Wis. 35; 10,7.
bleyþiþirþr viþ bráþan Hallfr. v. Wis. 36; 12,2.
óþusk malmþings meiþar Hallfr. v. Wis. 36; 13,3.
blóþ kom á þrǫm þíþan Hallfr. v. Wis. 36; 14,3.
áþr enn Ormi næþi Hallfr. v. Wis. 36; 15,5.
áþr óx umb gram góþan Hallfr. v. Wis. 36; 16,7.
ógréþir sá auþa Hallfr v. Wis. 36; 18,1.
dynsæþinga dauþan Hallfr. v. Wis. 36; 19,3.
lýþum firþr ok láþi Hallfr. v. Wis. 36; 20,3.
frák meþ liþi lýþa Hallfr. v. Wis. 37; 23,3 (*lýþa liþi Fris.* 166,38a;
    Hkr. 217,4a; *Fms* III, 8; *lýþa liþ Fgrsk.* 67; vgl. *Thorkelss.* 63f).
grams dauþi brá góþi Hallfr. v. Wis. 37; 25,5 (vgl. *Wis.* 137;
    grams brá glepi dauþi Wis. II, 349).
biþa munk þess, 's breiþan Hallfr. v. Wis. 37; 27,5.

áþr enn glikr at góþu Hallfr. v. Wis. 37; 28,5.
þjóþ ugþi sér síþan Sighv. sk. Wis. 38; 1,3.
slóþ Hringmaraheiþi Sighv. sk. Wis. 39; 7,5.
Aþalráþs eþa Sighv. sk. Wis. 40; 1,4.
gnúþi fyr gnóþ Sighv. sk. Wis. 40; 4,5 (þar er graþr firir gnóð
    Ohs. 49; Fgrsk. 81).
hlóþr herjaþa Sighv. sk. Wis. 40; 5,7.
skreiþ vestan viþr Sighv. sk. Wis. 41; 6,5.
um leiþ liþu Sighv. sk. Wis. 41; 7,7.
skalat ráþgjǫfum reiþask Sighr. sk. Wis. 42; 8,1.
syni Óláfs biþsk snúþar Sighv. sk. Wis. 43; 15,1.
Magnús hlýþ til máttigs óþar Arn. jarl. Wis. 44; 1,1.
rauþar bárut randir síþan Arn. jarl. Wis. 44; 3,1.
breiþask vissu blágamms fóþir Arn. jarl. Wis. 44; 4,5.
síþan vas þaz supr meþ láþi Arn. jarl. Wis. 45; 1,1.
skíþi vas þá skriþar auþit Arn. jarl. Wis. 45; 1,3.
eiþendr frák at elsku þjóþir Arn. jarl. Wis. 45; 9,5.
þjóþum kunnr enn því tókt síþan Arn. jarl. Wis. 46; 14,7.
rellbjóþr vísar dáþir Hallarst. Wis. 46; 2,3.
heiþinn heiman flýþi Hallarst. Wis. 47; 7,5.
áþr enn Óláfs bíþa Hallarst. Wis. 47; 7,7.
haukjóþs harþa viþa Hallarst. Wis. 47; 8,1.
óráþ illri þjóþu Hallarst. Wis. 47; 8,5.
hafglóþ hilmir sáþi Hallarst. Wis. 47; 12,1.
ríþfrægr velja téþi Hallarst. Wis. 47; 13,5.
ormr skreiþ árar knýþi Hallarst. Wis. 48; 15,5.
hríþ óx holþar flýþu Hallarst. Wis. 48; 17,7.
síþan sýnt nam eyþask Hallarst. Wis. 49; 23,3.
hjǫrflóþs hnykkimeiþum Hallarst. Wis. 49; 24,1.
iþvandr aþrar dáþir Hallarst. Wis. 49; 24,5.
gnýþjóþs geysitiþar Hallarst. Wis. 49; 24,7.
fleinrjóþr flestra dáþa Hallarst. Wis. 49; 25,7.
skýþjóþs skelfihríþar Hallarst. Wis. 49; 29,3.
ǫrrjóþr allra dáþa Hallarst. Wis. 49; 31,1.
hringskóþs herþimeiþar Hallarst. Wis. 50; 32,1.
herr prúþr hǫrvi kvæþa Hallarst. Wis. 50; 35,7.
féþir sótti frempar ráþa Mark. Skeggj. Wis. 50; 4,1.
auþi géddu allvald prúþan Mark. Skeggj. Wis. 50; 4,3.
hlýþu studdu borþ viþ breiþan Mark. Skeggj. Wis. 51; 5,5.
síþan knátti svikfolks eyþir Mark. Skeggj. Wis. 51; 5,7.
hróþigr átti brynþings beiþir Mark. Skeggj. Wis. 51; 9,1.
bróþir gekk í Bár út síþan Mark. Skeggj. Wis. 51; 10,1.
eyþisk hitt at jafnstórt ráþi Mark. Skeggj. Wis. 51; 14,1.
hlýþan skalf enn hristi gróþir Mark. Skeggj. Wis. 52; 16,3.
blóþi dreif á randgarþ rauþan Mark. Skeggj. Wis. 52; 20,1.

heiþinn rildi herr of siþir Mark. Skeggj. Wis. 52; 21,1.
heiþin ráru hjǫrtu lýþa Mark. Skeggj. Wis. 52; 22,1.
riþu setti visdóms gróþir Mark. Skeggj. Wis. 52; 25,1.
bliþan góddi bjǫrtum auþi Mark. Skeggj. Wis. 52; 26,1.
alla leiþ áþr ǫþlingr naþi Mark. Skeggj. Wis. 53; 26,7.
áþan tók viþ allvalds skrúþi Mark. Skeggj. Wis. 53; 30,5.
siþan harma siklings dauþa Mark. Skeggj. Wis. 53; 31,5.
ógnin stǫþ af jarla meiþi Mark. Skeggj. Wis. 53; 32,4.
mjǫk's fróþr sás getr greiþa Ein. Skúl. Wis. 53; 1,3.
frægr stǫþ af þri flóþar Ein. Skúl. Wis. 54; 2,7.
þjóþ rann hann und hriþa Ein. Skúl. Wis. 54; 7,5.
þjóþ né þengill fóþisk Ein. Skúl. Wis. 55; 11,7.
ríþ ok tólf sás trúþi Ein. Skúl. Wis. 55; 13,1.
þjóþ muna þengill biþa Ein. Skúl. Wis. 55; 13,3.
móþs rann margir dáþir Ein. Skúl. Wis. 55; 14,1.
náþit bjartr þás beiþir Ein. Skúl. Wis. 56; 19,1.
áþr enn upp ór riþu Ein. Skúl. Wis. 56; 25,5.
áþr sás orþa hlýþu Ein. Skúl. Wis. 56; 26,3 (hlyru Flb I, 3).
fǫþur skulu fulltings biþja Ein. Skúl. Wis. 56; 27,1.
móþir mart á láþi Ein. Skúl. Wis. 56; 27,3.
áþr á Illýrskógsheiþi Ein. Skúl. Wis. 57; 28,5.
áþr hvat Óláfs téþu Ein. Skúl. Wis. 57; 31,3.
enn þás brúþr at brauþi Ein. Skúl. Wis. 57; 35,5.
auþar aumum beiþi Ein. Skúl. Wis. 58; 37,3.
auþskýfanda óþar Ein. Skúl. Wis. 58; 40,7.
háþisk hildr á riþum Ein. Skúl. Wis. 59; 52,1.
hriþ ór Hamþis klæþa Ein. Skúl. Wis. 59; 52,7.
rǫþuls bliku ráþn í reþri Ein. Skúl. Wis. 60; 53,7.
striþ srall ógn þás óþusk Ein. Skúl. Wis. 60; 54,3 (strid stall ognar
    eydis Flb I, 6).
nauþr í nýjum óþi Ein. Skúl. Wis. 60; 57,3.
nýta þjóþ ok nauþum Ein. Skúl. Wis. 61; 68,3.
gofugs óþar létt góþi Ein. Skúl. Wis. 62; 70,7.
hljóþs at ferþar prýþi Bjarni Kolb. Wis. 68; 1,4 (fmúþi Cod. AM
    61 fol.).
ættgóþir mér hlýþi Bjarni Kolb. Wis. 68; 1,8.
óhljóþ sǫgukvæþi Bjarni Kolb. Wis. 68; 5,8.
bǫþgjarnastir niþjar Bjarni Kolb. Wis. 68; 7,4.
rjóþendr skipum siþan Bjarni Kolb. Wis. 69; 10,4 (sinum A).
hugprúþr resa siþan Bjarni Kolb. Wis. 69; 13,4.
ótrauþr á lǫg skeiþum Bjarni Kolb. Wis. 69; 15,2.
gáþings at mér striþi Bjarni Kolb. Wis. 69; 15,8 u. ö.
hriþ kannaþi lýþi Bjarni Kolb. Wis. 69; 16,6.
eldr gnauþaþi riþa Bjarni Kolb. Wis. 70; 19,2.
hjalmaskóþs á riþum Bjarni Kolb. Wis. 70; 20,6.

ótrauþr verit rjóþa Bjarni Kolb. Wis. 70; 21,4.
Ármóþ vesa siþan Bjarni Kolb. Wis. 70; 21,6.
glaþr hofþingja enn þriðja Bjarni Kolb. Wis. 70; 21,8.
ótróþr mikinn greiþa Bjarni Kolb. Wis. 70; 23,2 (gniþu á greiþa
    Gisl. om heir. 35).
hugprúþum Ármóþi Bjarni Kolb. Wis. 71; 20,8.
óþa Holgabrúþi Bjarni Kolb. Wis. 71; 32,2.
hriþ fell byrr i váþir Bjarni Kolb. Wis. 71; 33,8.
ótrauþr á kaf réþi Bjarni Kolb. Wis. 72; 56,8.
óblauþr þar siþan Bjarni Kolb. Wis. 72; 37,6.
dauþr lá herr á skeiþum Bjarni Kolb. Wis. 72; 40,4.
bera skal lið fyr lýþa Haukr Vald. Wis. 78; 1,1.
griþar Geitis blóþi Haukr Vald. Wis. 79; 4,3.
Helgi rauþ enn hriþar Haukr Vald. Wis. 79; 7,1.
rorþu hauþr þás háþu Haukr Vald. Wis. 79; 9,1.
rauþ Finnbogi friþa Haukr Vald. Wis. 80; 14,1.
frýþut fylgimeiþar Haukr Vald. Wis. 80; 16,1.
óþ sás jarli heiþnum Haukr Vald. Wis. 80; 18,3.
vega knáþu þul þjóþir Haukr Vald. Wis. 80; 18,5.
bræþr váru þar báþir Haukr Vald. Wis. 80; 18,7.
beiþi ek þik mær ok móþir Eyst. Ásgr. Wis. 87; 3,1.
skapan ok fæþing skirn ok prýþi Eyst. Ásgr. Wis. 87; 5,1.
áþr vas hann þó jafnt ok siþan Eyst. Ásgr. Wis. 88; 6,5.
skapaþr vas góþr ok skein i prýþi Eyst. Ásgr. Wis. 88; 7,3.
guþs eingetnum syni enn siþan Eyst. Ásgr. Wis. 88; 7,3.
áþr enn fengi alla prýþi Eyst. Ásgr. Wis. 88; 10,3.
leiþkunnandi um likams æþar Eyst. Ásgr. Wis. 88; 11,7.
sjá'r liþandi maþr af móþur Eyst. Ásgr. Wis. 88; 12,1.
útleiþandi af Adáms siþu Eyst. Ásgr. Wis. 88; 13,1.
aþ ei fari vit lifs of leiþum Eyst. Ásgr. Wis. 89; 16,7.
auþgint mjok þvit Eva trúþi Eyst. Ásgr. Wis. 89; 17,1.
heimr er dauþr enn hvat er til ráþa Eyst. Ásgr. Wis. 90; 21,1.
nema hjálpræþi guþs hit góþa Eyst. Ásgr. Wis. 90; 22,7.
sé þér dýrþ meþ sannri prýþi Eyst. Ásgr. Wis. 90; 26,5 u. ö.
leiþ sigrandi páfugls prýþi Eyst. Ásgr. Wis. 90; 27,1.
fyrbjóþandi henni at hræþast Eyst. Ásgr. Wis. 91; 29,5.
guþ himnanna framm mun fæþast Eyst. Ásgr. Wis. 91; 29,7.
fimm mánuþum ok fjórum siþar Eyst. Ásgr. Wis. 91; 33,1.
bæþi senn þvit mey ok móþur Eyst. Ásgr. Wis. 91; 34,3.
umsniþningar Jesú prýþi Eyst. Ásgr. Wis. 91; 35,5.
kviþik at hans remming ráþa Eyst. Ásgr. Wis. 92; 40,7.
áþr ek sveik þau Evam bæþi Eyst. Ásgr. Wis. 92; 43,3.
augu græþing orþ at hlýþa Eyst. Ásgr. Wis. 93; 46,7.
dæmin góþ at vaxa viþa Eyst. Ásgr. Wis. 93; 47,3.
leiþan dreng at ljótum ráþum Eyst. Ásgr. Wis. 93; 48,1.

svá bjóþandi í sáran dauþa Eyst. Ásgr. Wis. 94; 52,7.
særþist bæþi sonr ok móþir Eyst. Ásgr. Wis. 94; 56,7.
hvat er tíþenda helgir leiþast Eyst. Ásgr. Wis. 95; 62,3.
hvat er tíþenda hjálpast lýþir Eyst. Ásgr. Wis. 95; 62,5.
hvat er tíþenda himnar bjóþast Eyst. Ásgr. Wis. 95; 62,7.
síþan reis meþ sigri af dauþa Eyst. Ásgr. Wis. 96; 67,1.
áþr enn upp yfir himna hæþir Eyst. Ásgr. Wis. 96; 67,7.
bjóþast hvárki blót né eiþar Eyst. Ásgr. Wis. 96; 71,7.
herrann bauþ meþ hæstri prýþi Eyst. Ásgr. Wis. 97; 74,3.
ungir glaþir frjálsir friþir Eyst. Ásgr. Wis. 97; 74,5.
tví hræþumst ek dóm ok dauþa Eyst. Ásgr. Wis. 97; 76,1.
hræþiliga meþ blindri blíþu Eyst. Ásgr. Wis. 97; 78,5.
beiþik nú fyr Márju móþur Eyst. Ásgr. Wis. 98; 82,1.
þín mik áþr enn detti á dauþinn Eyst. Ásgr. Wis. 98; 82,5.
at því miþur sék þá síþan Eyst. Ásgr. Wis. 98; 82,7.
hræþumst ek at sárt muni svíþa Eyst. Ásgr. Wis. 98; 84,1.
heitu ok rauþu hjartans blóþi Eyst. Ásgr. Wis. 98; 85,5.
þár mæþumst í nógum nauþum Eyst. Ásgr. Wis. 98; 86,5.
líknar æþr ok lífgan þjóþa Eyst. Ásgr. Wis. 99; 89,7.
máþar fyrr enn Márju prýþi Eyst. Ásgr. Wis. 99; 94,7 (móþar A,
    Magnuss. 94).
þér býþ ek ok þinni móþur Eyst. Ásgr. Wis. 100; 96,3.
svangéþir rak síþan Guth. s. Hkr. 87,33b.
Selund náþi þá síþan Guth. s. Hkr. 88,16a.
malmhríþar svall meiþum Guth. s. Hkr. 102,27a.
blóþøxar tjá beiþa Eyv. skald. Hkr. 103,17a.
bulka skips ór báþum Eyv. skald. Hkr. 106,17a.
nú hefr folkstríþir Fróþa Eyv. skald. Hkr. 111,21b.
ráþ eru rammrar þjóþar Eyv. skald. Hkr. 111,28b.
réþat oss til auþar Glúmr Geir. Hkr. 136,31a.
þá's ríþloga reiþir Eyj. Daþ. Hkr. 140,12a.
af dynheiþi dauþum Eyj. Daþ. Hkr. 140,14b.
áþr at yggjar brúþi Eyj. Daþ. Hkr. 140,22b.
stríþ um stála meiþa Þórþr Kolb. Hkr. 154,33b.
súþlǫngum frá sveiþa Þórþr Kolb. Hkr. 155,1a.
áþr vex skalds ok skeiþar Þórþr Kolb. Hkr. 155,10a.
hruþusk riþmarar rópa Tindr Hallk. Hkr. 157,32b.
áþr hjǫrmeiþr hrjóþa Tindr Hallk. Hkr. 160,19b.
liþar langra skeiþa Tindr Hallk. Hkr. 160,21b (leiþar Fris., Fms.
    I, 183; Thork. 56).
þú hefr ǫþlinga Óþni Þorl. Raupf. Hkr. 170,1b.
ljóþa litlu síþar Þórþr Kolb. Hkr. 170,27a.
auþs enn upp um kvæþi Þórþr Kolb. Hkr. 170,32a.
sótti reiþr at ráþum Þórþr Kolb. Hkr. 170,30b.

oddhriþar fór eyþa Eyj. Dap. Hkr. 199,29a.
þriþja hauþrs á þjóþir Halld. ökr. Hkr. 216,15a.
skeiþr glæstu þá þjóþir Halld. ökr. Hkr. 215,15a.
áþr varþ egg at rjóþa Halld. ökr. Hkr. 217,15b (aþr vox um gram
    godan Flb I, 520).
svanbræþir namtú síþan Ótt. sv. Hkr. 220,12b.
réþ ættstuþill áþan Ótt. sv. Hkr. 226,1b.
rauþ Hringmaraheiþi Ótt. sv. Hkr. 226,20a.
bliþr hilmir tókt breiþa Ótt. sv. Hkr. 226,32a.
náþut ungr at eyþa Ótt. sv. Hkr. 229,1a.
næþi straumr ef stáþi Ótt. sv. Hkr. 234,12b.
blágjóþa tókt bræþir Ótt. sv. Hkr. 235,16a.
hlýþ minum brag meiþir Sighv. sk. Hkr. 248,25a.
gjóþs ne gorrar hriþir Sighv. sk. Hkr. 252,21a.
mjoþ fyr malma kreþju Sighv. sk. Hkr. 253,6b.
blóþs fekk sorr þar's slæþusk Sighv. sk. Hkr. 253,17b.
þá's til góþs enn gjóþi Sighv. sk. Hkr. 253,27b.
hróþrs baþt heilan liþa Bersi Hkr. 254,8a.
brúþr man heldr at háþi Sighv. sk. Hkr. 255,19b.
áþr hefik gott viþ góþu Sighv. sk. Hkr. 274,14a.
góþs megut gott um ráþa Sighv. sk. Hkr. 274,16b.
fljóþ sjá reyk hvar riþum Sighv. sk. Hkr. 275,3a.
létk til Eiþs þrit óþumk Sighv. sk. Hkr. 307,27a.
hræþum ek viþ Óþins Sighv. sk. Hkr. 308,14a.
litt reiþik þó lýþa Sighv. sk. Hkr. 308,31a.
yþr kreþk jorþ es náþut Sighv. sk. Hkr. 310,17b.
hringstriþi varþ hlýþa Arn. jarl. Hkr. 335,14a.
þjóþ galt ræsis reiþi Arn. jarl. Hkr. 364,25a.
konungs dauþa munk kviþa Sighv. sk. Hkr. 427,25a.
ráþit hefk at riþa Hárekr Hkr. 427,25a.
láþ dynmari leiþar Hárekr Hkr. 427,27a.
suþr sæskiþum Þor. loft. Hkr. 440,30b.
þar's stóþ fyr Staþ Þor. loft. Hkr. 441,1a (storr Flb II, 306; stór
    Fgrsk. 84; stórir Fms V, 7; stoþ Ohs 59).
skeiþ hans lá svá síþan Sighv. sk. Hkr. 444,1b.
blóþ kom varmt i viþan Sighv. sk. Hkr. 444,10b.
bragningr rauþ fyr breiþan Sighv. sk. Hkr. 444,8b.
skeiþ vann skjoldungr auþa Sighv. sk. Hkr. 444,19a.
biþrat betri dauþa Sighv. sk. Hkr. 446,5a.
þýþr lét þermlask bæþi Sighv. sk. Hkr. 453,22a.
sviþa sár af móþi Jokull Hkr. 455,1a.
rjóþum vér af reiþi Har. Sig. Hkr. 479,5a (Þorm. Kolbr. Ohs 67).
þá réþ i boþ bráþa Sighv. sk. Hkr. 490,10a.
rauþ i rekka blóþi Sighv. sk. Hkr. 491,7a.

emkat rjóþr enn rauþum Þorm. Kolbr. Hkr. 497,33a.
auþn at Engla striþi Sighv. sk. Hkr. 499,9a (ǫnd: sendi Flb II, 366;
avnd: striþi OHS 223).
áþr vitu eigi meiþar Sighv. sk. Hkr. 499,12a.
þjóþ réþ þengils dauþa Sighv. sk. Hkr. 499,14a.
gøþik hélzt i hróþri Sighv. sk. Hkr. 508,31a.
nú hykk rjóþanda réþu Arn. jarl. Hkr. 515.7a (vgl. Thork. 73).
hlóþu hirþmenn þrúþir Þjóþ. sk. Hkr. 416,53b.
flýþi Sveinn enn siþan Þjóþ. sk. Hkr. 519,10b.
breiþ ok brynjur siþar Sighv. sk. Hkr. 520,30a.
þjóþ mætti fá fǫþask Sighv. sk. Hkr. 522,25b.
Ástriþi láttu óþri Sighv. sk. Hkr. 522,31a.
óþ meþ ǫxi breiþa Arn. jarl. Hkr. 535,11a.
suþr gnauþuþu súþir Þjóþ. sk. Hkr. 529,11b.
setti bjóþr at breiþu Arn. jarl. Hkr. 529,26b.
réþ Ólafs sonr eiþum Þjóþ. sk. Hkr. 532,1b.
valska rauþ fyr riþa Arn. jarl. Hkr. 536,25b.
lǫgþu gróþis glóþa Þjóþ. sk. Hkr. 537,26a.
svá þykt flugu siþan Þjóþ. sk. Hkr. 538,5b.
skeiþr nam herr at hrjóþa Þjóþ. sk. Hkr. 538,28b.
þjóþ sǫkk niþr at nauþum Þjóþ. sk. Hkr. 538,36b.
hrauþ Ólafs mǫgr áþan Þjóþ. sk. Hkr. 539,3a.
staþar hefr stafn i miþju Þjóþ. sk. Hkr. 539,17b.
slóþ drap fram at flóþi Þjóþ. sk. Hkr. 539,31b (stoþ: flóþi Fms
VI, 81).
náþi jarl at eyþa Þjóþ. sk. Hkr. 540,3a.
flýþi jarl af auþu Þjóþ. sk. Hkr. 541,25a.
réþ herkonungr hrjóþa Þjóþ. sk. Hkr. 541,25b.
skeiþr tók Bjarnar bróþur Arn. jarl. Hkr. 541,30a.
vápn gatk friþ enn fljóþi Þjóþ. sk. Hkr. 542,1b.
bauþ Ólafs sonr áþan Þjóþ. sk. Hkr. 542,9a.
rauþr leikr um bø breiþan Þjóþ. sk. Hkr. 542,25a.
sviþr um seggja búþir Þjóþ. sk. Hkr. 542,21b.
eyþir bygþ sem bráþast Þjóþ. sk. Hkr. 542,23b.
móþr berr halr um heiþi Þjóþ. sk. Hkr. 542,25b.
hlóþ enn hála tǫþu Arn. jarl. Hkr. 543,12b.
háþisk heilli góþu Þjóþ. sk. Hkr. 544,7a.
þjóþ veit at hefr háþar Þjóþ. sk. Hkr. 555,7a.
stóþusk ráþ ok reiþi Stúfr sk. Hkr. 555,28a.
þjóþ fekk visan vápa Stúfr sk. Hkr. 555,30b.
náþi gǫrr enn glóþum Þór. Skeggj. Hkr. 557,7a.
eyþir augun bœþi Þjóþ. sk. Hkr. 557,13a.
sneiþ fyr Sikiley riþa Har. harþr. Hkr. 558,10a.
Sviar tǫþu þér siþan Þjóþ. sk. Hkr. 559,24a.
skeiþr enn skelktu brúþir Valg. Hkr. 559,32b.

nú's ralmeiþum ríþis Þjóþ. sk. Hkr. 560,31a.

bauþ half ríþ sik síþan Þjóþ. sk. Hkr. 562,25b.

siklings þjóþ enn síþan Oddr Kik. Hkr. 568,14b.

leiþangr bjóttu af láþi Bǫlv. Hkr. 570,13a.

gjalfr stöþum reistu gráþi Bǫlv. Hkr. 570,15a.

auþ varþ út at reiþa Grani Hkr. 571,3b.

förir reiþr sás rauþa Þorl. f. Hkr. 572,6a.

breiþ á Buþla slíþir Þorl. f. Hkr. 572,8a.

flýþu þeir á Þjóþu Stúfr sk. Hkr. 572,18a.

bauþ sás beztrar tíþar Þorl. f. Hkr. 573,7a (Þjóþ. sk. Mork. 57;
    Flb III, 341).

ok snarráþir síþan Þorl. f. Hkr. 574,18b.

rjóþandi mun ráþa Har. harþr. Hkr. 578,22a.

rauþ enn rýrt varþ síþan Arn. jarl. Hkr. 586,16a.

skeiþ sák framm at flóþi Þjóþ sk. Hkr. 592,1a.

ráþr vas greiddr á gróþi Steinn Herd. Hkr. 594,10a.

bæþi fló þá's blóþi Steinn Herd. Hkr. 595,7b (benja flóþ í blóþi
    Fms VI, 316).

áþr enn ǫþlingr flýþi Arn. jarl. Hkr. 596,3b.

lífs báþu sér lýþir Þjóþ. sk. Hkr. 606,26b.

sköp lætr skína rauþan Trǫllk. Hkr. 613,12a.

brúþr sér ǫrnis jóþa Trǫllk. Hkr. 613,14a.

bauþ þessa fǫr þjóþum Þjóþ. sk. Hkr. 621,19a.

dræþis naut eyþir Þjóþ. sk. Hkr. 626,5a.

af góþum byr griþar Stúfr sk. Hkr. 630,24a.

þá's blóþstara bræþir Stúfr sk. Hkr. 630,22b.

þjóþ nýtr Ólafs auþar Steinn Herd. Hkr. 635,15a.

séþu hverr slíkt fé reiþir Steinn Herd. Hkr. 635,17a.

konungs prýþa þau klæþi Steinn Herd. Hkr. 635,21a.

syni Ólafs bauþ síþan Anon. Hkr. 636,19b.

svilþr bjartr logi breiþan Anon. Hkr. 640,3b.

beiþ ofmikit eyþir Þork. ham. Hkr. 641,3b.

þjóþ rann mylsk til móþi Bjǫrn krepph. Hkr. 646,34b.

sigrgóþir réþ síþan Bjǫrn krepph. Hkr. 647,16b.

framreiþar vas frauþi Anon. Hkr. 651,25b.

óþ at ensku láþi Ein. Skúl. Hkr. 662,18a.

náþi herr at hrjóþa Halld. skr. Hkr. 663,9b.

suþr vátt sigr hinn þriþja Halld. skv. Hkr. 663,29a.

áþr víþ einkar breiþa Ein. Skúl. Hkr. 667,3b.

borg heiþna tókt bræþir Halld. skv. Hkr. 668,1a.

háþisk hver viþ prýþi Halld. skv. Hkr. 668,1b.

fullríþa hefr fróþum Þór. stuttf. Hkr. 687,1a.

gramr föþir val ríþa Halld. skv. Hkr. 707,15a.

auþ gefr Eysteinn lýþum Ein. Skúl. Hkr. 738,8a.

rýþr bragnings kyn blóþi Ein. Skúl. Hkr. 738,10b.

eyþendr sá yþrar Þorbj. skakk. Hkr. 740,11b.
rauþ flugu stál í striþri Ein. Skúl. Hkr. 766,14b.
áþr á grund af gróþis Ein. Skúl Hkr. 766,16b.
síþ af slíkum ráþi Ein. Skúl. Hkr. 755,28b.
trauþr esa tenn at rjóþa Þorbj. skakk. Hkr. 781,30a.
Óláfssúþ und auþi Hallr Sn. Kgs. 71,9a.
stál bruna rauþ á reyþar Hallr Sn. Kgs. 71,9b.
enn sigrgóþi síþan Sturla Kgs. 279,3b.
rjóþr sák hlækinn heþna Jatgeirr Kgs. 286,17a.
eptir dolgstriþi dauþan Sturla Kgs. 320,13a.
þjóþ fekk ræsis reiþi Sturla Kgs. 325,8b.
folkprúþr keyrþi flota breiþan Ól. hvít. Kgs. 339,18a.
eiþar rufusk viþ Jnga bróþur Anon. Kgs. 343,32b.
fldræþi kom framm um síþir Ól. hvít. Kgs. 356,32a.
víþa settu þinar þjóþir Sturla Kgs. 426,15a.
síþan héldut suþr meþ láþi Sturla Kgs. 426,15b.
nauþa vissu nýjar súþir Sturla Kgs. 432,14b.
síþan leit es seglum hlóþu Sturla Kgs. 432,24b.
sníþa létu þinar þjóþir Sturla Kgs. 432,24a.
prúþar náþu sveitir síþan Sturla Kgs. 433,5a.
víþa fór um búkarls búþir Sturla Kgs. 433,24b.
ríþa frák ór borgum breiþum Sturla Kgs. 445,10a.
víþa glQddusk valskar þjóþir Sturla Kgs. 445,12a.
Qþlings bróþr af yþru ráþi Sturla Kgs. 445,12b.
ok sókngóþir síþan Sturla Kgs. 458,4b.
leiþir langskiþum Sturla Kgs. 469,7a.
hlóþu hugprúþir Sturla Kgs. 474,15a.
stóþ af stórráþum Sturla Kgs. 469,10a.
suþr af sæskiþum Sturla Kgs. 470,9b.
bauþ hinn bQþfróþi Sturla Kgs. 471,24a.
víþa vargféþis Sturla Kgs. 472,10a.
auþar úþjóþa Sturla Kgs. 472,36a.
áþr enn egghriþar Sturla Kgs. 474,34b.
áþr enn allvald prúþar Sturla Kgs. 482,15a.
lýþa grams yfir leiþi Sturla Kgs. 482,15b.

þg : þg.

græþgi drep meþ glæpum auþgum Eyst. Ásgr. Wis. 97; 78,3.

þl : þl.

buþlungr vildi hjart líf aþlask Mark. Skeggj. Wis. 53; 28,7.

þn : þn.

Hreþu á hQlþum roþnar Ein. Skúl. Hkr. 717,15b.

þr : þr.

hveþru brynju Víþris Brage Wís. 3; 11,2.
vaþr lá Víþres arfa Brage Ger. 23; 16,1.
kemrat yþr né óþri Þorbj. horukl. Wís. 15; 9,1.
glaþr í Gøndlar veþrum Ein. Skál. Wís. 27; 4,7.
meiþr es mørgum óþri Korm. Ogm. Wís. 26; 2,1.
sukku niþr af Naþri Hallfr. v. Wís. 35; 10,1.
biþr allskonar óþri Ein. Skál. Wís. 61; 62,1.
dauþr enn drengi aþra Haukr Vald. Wís. 79; 6,7.
fenris teþr í fóþri Haukr Vald. Wís. 79; 7,3.
sá ras vápnrjóþr Víþris Haukr Vald. Wís. 80; 16,3.
fjþrirjóþr enn fjandmenn yþra Arn. jarl. Wís. 44; 4,3.
glaþrar dvelst í jungfrú iþrum Eyst. Ásgr. Wís. 91; 31,7.
aþra sveit meþ hæstum heiþri Eyst. Ásgr. Wís. 96; 72,5.
suþr at sjávar naþri Eyj. Daþ. Hkr. 140,24a.
óþr frágum þat aþra Eyj. Daþ. Hkr. 199,8a.
Ulfs feþr vas þat aþra Sighv. sk. Hkr. 230,28b.
jarls niþr komtu yþra Bjarni gullbr. Hkr. 456,31a.
þér munk eþr unz øþrum Þorm. Kolbr. Hkr. 478,1a (vgl. Thork. 71).
skeiþr hefr hann fyr hauþri Þjóþ. sk. Hkr. 592,16b.
breþr í Bjarkey miþri Anon. Hkr. 640,1a.
meþr vituþ øþling óþra Ein. Skál. Hkr. 667,10a.

Langer Vocal : langem Vocal.

meyjar hjóls enn mæri Brage Wís. 2: 2,3.
hinn's mjótygel máva Brage Ger. 26; 22,3.
fló meþ fróþgum tíva Þjóþ. hv. Wís. 8,1 (vgl. Wís. 183).
leiþiþir ok læra Þjóþ. hv. Wís. 10; 11,3.
þá's í Qngulseyjar Ein. Skál. Wís. 57; 31,7.
fljúja getr enn frýju Sighv. sk. Hkr. 437,30a (fleira Ohs, Flb II, 304;
        flera OHS 178).
há þótti mér hlæja Sighv. sk. Hkr. 521,35a.
nú taka Norþmenn knýja Þjóþ. sk. Hkr. 542,15a.
hvé hefr til Heiþabøjar Þorl. f. Hkr. 572,28a.
þáis til þengils bøjar Þorl. f. Hkr. 572,28b.
há brynjaþar hlýja Þjóþ. sk. Hkr. 592,27b.
Hléseyjar lemr hávan Þjóþ. sk. Hkr. 592,31a.
svá lauk siklings ævi Þjóþ. sk. Hkr. 621,17b.
Jóan mun at frýja Anon. Hkr. 640,1b.
því vas nent at nýju Þorbj. skakk. Hkr. 740,13a.

B.

Aðalhendingar.

add : add.

naglskadds riþ trú stadda Ein. Skúl. Wis. 61; 68,4.
saddr varþ i gný nadda Haukr Vald. Wis. 79; 5,6.
Þórhadd viþu nadda Haukr Vald. Wis. 81; 23,8.
nadds hámána radda Guth. s. Hkr. 97,28b.
syni Maddaþar staddir Ein. Skúl. Hkr. 742,4a.
kvadda af engli dróttinn gladda Eyst. Ásgr. Wis. 94; 55,2.

af : af.

óstafr fǫþur hafþi Ein. Skúl. Wis. 27; 6,2.
hafanda staf Sighv. sk. Wis 41; 9,4.
hafa es landa krafþir Sighv. sk. Wis. 42; 6,6.
afskýfþr farit hafþi Ein. Skúl. Wis. 56; 26,4 (afskurdr Flb I, 3).
láþstafr vegit hafþi Þórþr Kolb. Hkr. 170,26b.

afl : afl.

aflfátt meþalkafla Sighv. sk. Hkr. 488,35b.
jarþar skafts af afli Eil. Guþr. Wis. 31; 8,7.

afn : afn.

heilags tafns ok hrafna Ulfr Ugg. Wis. 30; 7,7.
yþru nafni mannkyn hafna Arn. jarl. Wis. 45; 8,2.
tveir nafnar hræ jafnan Hallarst. Wis. 48; 17,4.
hrafna vins nema hafni Haukr Vald. Wis. 78; 1,3.
sins nafna lét hrafna Haukr Vald. Wis. 79; 7,8.
ulfs kom hrafn at tafni Haukr Vald. Wis. 79; 10,2.
jafnan hefr ek mæsta kafnat Eyst. Ásgr. Wis. 97; 77,4.
hafnit nefju nafna Hildr Hkr. 66,1a (!).
stafns fletbalkar hrafna Eyj. Dáþ Hkr. 140,13b.
hrafni skeiþar stafna Sighv. sk. Hkr. 253,30b.
valtafn frekum hrafni Þorm. Kolbr. Hkr. 478,2b (valtamn: ramne
     Ohs 344).
hrafni skeiþar stafna Sveinnflokkr Hkr. 513,21b.
hrafna sék til hafnar Sighv. sk. Hkr. 521,11a (!).
grafnings und kló hrafni Arn. jarl. Hkr. 529,2b.
framstafn varar hrafni Þjóþ. sk. Hkr. 538,29a (hramni Kph III. 39;
     Fris. 186,28a).
jafnþarfr bláum hrafni Arn. jarl. Hkr. 543,20b.
skafnir snekkju stafnar Þjóþ. sk. Hkr. 592,26a.
hrafgrennir lýkr stafnum Anon. Hkr. 602,20b.
stafnrúm Haralds jafnan Trǫllk. Hkr. 612,33b.

bolum tafn und klό hrafni Blakkr Kgs. 111,11*a.*
fekk tafn bláum hrafni Sturla Kgs. 279,2*b.*
nafnkunnr jofurr skipum stafna Όl. hvit. Kgs. 380,7*a.*
konungs nafn á þik jafnan Sturla Kgs. 458,7*a.*
hrafn á raltafni Sturla Kgs. 470,2*b.*

aft : aft.

aftr geirbrúar hafta Ein. Skál. Wis. 27; 9,6.
fara aftr vati krafta Hárekr Hkr. 428,31*b.*

afþ : afþ.

gramr svafþi bil hafþi Ein. Skál. Wis. 26; 1,4.
hafþi jarl um krafþa Halld. ókr. Hkr. 207,29*b.*
hafþi gulli rafþan Sighv. sk. Hkr. 488,33*a.*

ag : ag.

orþhags kyni sagþar Ein. Skúl. Wis. 62; 70,2.

agl : agl.

gagls viþ strengjar hagli Hallfr. v. Wis. 33; 7,2.
haglig ráþ meþ Agli þork. ham Hkr. 639,6*a.*
Baglar stόþu i brodda hagli Baglar Kgs. 161,29*b* (*!*).

agn : agn.

Ragnarr ok fjǫlþ sagna Brage Wis. 2; 7,4.
hagnaþr ras þat bragna Ein. Skúl. Wis. 28; 16,6.
varþ ragna konr gagni Ein. Skál. Wis. 29; 23,2, ⎫
ragn Hákonar magna Ein. Skál. Wis. 29; 23,8, ⎬ vgl. *Thork.* 51.
sagna galdrs enn Ragnir Eil. Guþr. Wis. 30; 3,4. ⎭
rá gagn faþir Magna Eil. Guþr. Wis. 32; 20,2.
Magnús alt i gagnum Sighv. sk. Wis. 42; 3,2.
Magnús konungr fagni Sighv. sk. Wis. 43; 17,4.
bragningi goþ fagni Hallarst. Wis. 50; 33,4.
hafi gagn enn ek þagna Hallarst. Wis. 50; 35,8.
bragningr vildi goþdόm magna Mark. Skeggj. Wis. 51; 11,2.
Magnúss hvatir bragnar Ein. Skúl. Wis. 56; 27,4.
Magnús Hugin fagna Ein. Skúl. Wis. 57; 29,4.
hagnaþr όr styr gagni Ein. Skúl. Wis. 57; 32,8.
ragnræfrs enn ek þagna Ein. Skúl. Wis. 62; 71,8.
ragnskreytir lét fagna Haukr Vald. Wis. 79; 4,2.
agnsvelgjandi á krόki fagna Eyst. Ásgr. Wis. 95; 60,8.
rettu bragna konr gagni Όtt. sv. Hkr. 226,31*b.*
fim bragningar gagni Όtt. sv. Hkr. 284,29*b.*
bragna konr meþgagni Sighv. sk. Hkr. 446,6*a.*
Magnúss faþir gagni Sighv. sk. Hkr. 453,23*b.*
magni keyrþr i gagnum þorm. Kolbr. Hkr. 498,10*b.*

feþr Magnús biþk fagna Sighv. sk. Hkr. 510,24b.
Magnús konungr fagna Sighv. sk. Hkr. 516,25b.
Magnús enn þri fagnum Sighv. sk. Hkr. 516,27a.
Magnús konungr fagna Sighv. sk. Hkr. 522,20a.
Magnús at ek fagna Sighv. sk. Hkr. 522,24a.
jǫfur magnar guþ fagna Sighv. sk. Hkr. 523,19a.
Magnús kjalar ragna Þjóþ. sk. Hkr. 538,27a.
gagnsælan mér fagna Stúfr sk. Hkr. 630,25a.
bekksagnir lætr bragna Steinn Herd. Hkr. 635,13b (!).
bragningr gjǫfum fagna Steinn Herd. Hkr. 635,14b.
bragningr skaut af magni Þork. ham. Hkr. 648,14a.
snjallr bragningr hlaut fagna Ein. Skúl. Hkr. 668,7b.
semr Magnús friþ bragna Ein. Skúl. Hkr. 738,11a.
gagn Sigurþar magni Ein. Skúl. Hkr. 744,6a.
snarir bragningar her at magna Ól. hvít. Kgs. 349,10a.
þungr magnaþisk agi bragna Ól. hvít. Kgs. 357,4.
bragningr ef vel hagnar Ól. hvít. Kgs. 374,14a.
bragna fjǫlþ af sínu magni Sturla Kgs. 445,11a.
bragna sigrmagnaþr Sturla Kgs. 471,25a.
bragna fjǫlmagnat Sturla Kgs. 473,3a.

agr : agr.

sjá bragr hinn hárfagra Jór. skaldm. Hkr. 77,23b.
dagr nápit lit fagrum Sighv. sk. Hkr. 491,31b.
dagr enn vífin fagru Magn. berf. Hkr. 654,28a.
heilagr konungr fagran Ein. Skúl. Wis. 54; 9,8.
lagraustaþar meþ á sjón fagri Eyst. Ásgr. Wis. 94; 52,6.

agþ : agþ.

bragþvíss at þat lagþi Þjóþ. hv. Wis. 9; 5,6.
hlífar flagþs ok lagþi Ein. Skál. Wis. 28; 15,6.
oddbragþs hinn's þat sagþi Hallfr. v. Wis. 37; 22,2.
brynflagþs reginn lagþi Halld. ókr. Hkr. 212,30b.
lagþisk suþr til Agþa Halld. ókr. Hkr. 217,35a.
Agþir nær um lagþan Sighv. sk. Hkr. 252,15b.

ak : ak.

vilge slakr es rakþesk Brage Ger. 23; 16,2.

akk : akk.

rágs blakkriþi ok Frakka Ein. Skál. Wis. 28; 19,8 (vgl. Wis. 132).
rakklyndr at því sprakka Haukr Vald. Wis. 79; 5,4.
blakkriþandi bakka Glúmr Geir. Hkr. 86,34a (!) (blikkriþandi
    Fris. 67,21a).
rígrakkr konungr blakka Ótt. sv. Hkr. 220,2a.

ögnrakkr gjafar þakka Bjarni gullbr. Hkr. 456,30a.
glsblakk viþ hræ Frakka Þork. Skall. Hkr. 624,10b.
folkrakkr gefa nakkrat Þór. stuttf. Hkr. 686,21a.

akk : ak.

rak regbrautar nakkva Þorbj. hornkl. Wis. 14; 3,8.

aks : aks (ax : ax).

haffaxa lét vaxa Ein. Skál. Wis. 27; 4,6.
salþaks megin vaxa Eil. Guþr. Wis. 31; 7,8.
ljótvaxinn hræ Saxa Hallfr. v. Wis. 34; 6,4.
vax eitt i ham faxa Anon. Hkr. 151,23a.

akks : aks.

marblakks á kaf saxi Ein. Skál. Hkr. 766,13a.

al : al.

svalheims valar Þór. loft. Hkr. 441,10a (suglheims rglur Fms V, 7;
    Flb II, 307).
Áleinn lifdvalar Sturla Kgs. 472,11b (Áleinn Wis.).

ald : ald.

oft Þrivalda haldet Brage Ger. 24; 19,2.
hjalmfaldinn mun valda Þjóþ. hv. Wis. 9; 3,4.
Hgrþa valdr of faldinn Ein. Skál. Wis. 28; 17,6.
skalmald hefr þvi valdit Hallfr. v. Wis. 37; 26,6.
allvaldr búendr gjalda Sighv. sk. Wis. 38; 2,8.
galdrs upphofum valda Sighv. sk. Wis. 38; 4,2.
ögnvaldr niu taldar Sighr. sk. Wis. 39; 9,6 (ögndiarfar OHS 4).
Haralds arfi lét haldask Sighr. sk. Wis. 42; 5,5 (!).
aldr ok herrerk sjaldan Sighv. sk. Wis. 43; 16,6.
haldask biþk hans aldr Ótt. sv. Wis. 44; 2,3 (!).
aldar hefr allvaldr Ótt. sv. Wis. 44; 5,3 (!).
flestan aldr und drifnu tjaldi Arn. jarl. Wis. 45; 7,4.
aldri frák enn visi valdiþ Arn. jarl. Wis. 45; 11,5.
aldrspelli frák valda Hallarst. Wis. 46; 5,8.
skjaldbúnum lét haldit Hallarst. Wis. 47; 7,4.
hjaldrrikr ok gaf skjaldu Hallarst. Wis. 47; 12,2.
Hyr-Baldr hvitra skjalda Hallarst. Wis. 49; 25,5.
sigrs valdari goþs log halda Mark. Skeggj. Wis. 51; 8,8.
folkvaldr i dyn skjalda Ein. Skál. Wis. 55; 13,6.
baugskjaldar lauk aldri Ein. Skál. Wis. 56; 19,2.
hauþrtjalda brá aldri Ein. Skál. Wis. 56; 19,6 (bar dauda Flb I, 3).
allsvald fyr hjgr gjalda Ein. Skál. Wis. 59; 50,1.
himnavalds þars aldri Ein. Skál. Wis. 61; 63,6.

hald blóþugra skjalda Haukr Vald. Wis. 81; 25,6.
hjaldrǫrr ok rann sjaldan Haukr Vald. Wis. 81; 26,2.
stapi haldandi i kyrrleiks valdi Eyst. Ásgr.Wis. 87; 1,4; 100; 100,4.
allsvaldanda kóngi at gjalda Eyst. Asgr. Wis. 87; 4,8.
tvá jafnaldra i sinn valdi Eyst. Ásgr. Wis. 88; 6,8.
sæmd ok vald þitt minkist aldri Eyst. Ásgr. Wis. 90; 26,8 u. ö.
allsvaldandi kóngr at gjalda Eyst. Ásgr. Wis. 96; 70,2.
alda er þeim meþ virþing haldin Eyst. Ásgr. Wis. 97; 74,8.
margfaldaþan lofsǫng gjalda Eyst. Ásgr. Wis. 100; 95,4.
allvaldr sá's gaf skaldum Glúmr Geir. Hkr. 89,29a.
aldr Hákonar skaldum Eyv. sk. Hkr. 111,29a.
tveim skjaldum lékk aldri Eyv. sk. Hkr. 112,2b.
aldrbót ok Sigvalda Skúl. Þorst. Hkr. 211,24a.
aldrgipta Rǫgnvaldi Sighv. sk. Hkr. 230,29b.
allvaldr um getr aldar Ótt. sv. Hkr. 234,19a (?).
eitt skald drasils tjalda Sighv. sk. Hkr. 249,28a.
allvaldr lofi skalda Sighv. sk. Hkr. 248,27b.
skald biþr hins at haldi Sighv. sk. Hkr. 307,20a.
Rǫgnvald konungr haldit Sighv. sk. Hkr. 310,14a.
þar á hald und Rǫgnvaldi Sighv. sk. Hkr. 310,26a.
Rǫgnvald konungr halda Sighv. sk. Hkr. 311,13a.
allvaldr gefa skaldi Sighv. sk. Hkr. 431,32b.
allvalds enn fé gjalda Sighv. sk. Hkr. 437,33a.
aldr fullara at halda Sighv. sk. Hkr. 446,6b.
kald ef ek má valda Þorm. Kolbr. Hkr. 474,9b.
allvaldr náir skaldum Þorm. Kolbr. Hkr. 478,2a.
hjaldr á breiþa skjaldu Þjóþ. sk. Hkr. 538,4a.
aldpruþr fyrir haldi Þjóþ. sk. Hkr. 539,28b.
minn skjǫld á hliþ sjaldan Þjóþ. sk. Hkr. 542,18a.
hjaldrs Danmarkar skjaldu Þjóþ. sk. Hkr. 542,26b.
allvaldr Dǫnum gjalda Arn. jarl. Hkr. 543,13a.
galdrs akkeri halda Har. harþr. Hkr. 570,6b.
kaldnefr furu halda Þjóþ. sk. Hkr. 570,10b.
allvalds skipum halda Anon. Hkr. 570,27b.
sjaldfestar guþ valda Þorl. f. Hkr. 572,4b.
liþbaldr af sér tjaldi Þjóþ. sk. Hkr. 592,9a.
skjald es dregr at hjaldri Trǫllk. Hkr. 613,13a.
haldorþ i bug skjaldar Har. harþr. Hkr. 620,14a.
haldi upp því's valda Þjóþ. sk. Hkr. 626,15a.
hjaldrs tilgerþir valda Þjóþ. sk. Hkr. 626,20b.
hyggr skald af þrjá sjaldan Magn. berf. Hkr. 654,26a.
hjaldrs lausmæli gjalda Ein. Skúl. Hkr. 662,25b.
hafkaldan lof skaldi Ein. Skúl. Hkr. 667,4a.
eykr hjaldr Sigurþar skjaldar Ein. Skúl. Hkr. 738,9a.
folktjald komit aldri Ein. Skúl. Hkr. 738,9b.

allvaldr skipum haldit Sturla Kgs. 277,18a.
Hǫrþa valdr um faldinn Sturla Kgs. 279,2a.
valdr flárœpi gjalda Ól. hvit. Kgs. 303,29a.
valdr norrónar aldar Sturla Kgs. 325,7a.
hjaldrs fýstu þeir sakar haldar Ól. hvit. Kgs. 340,31a.
aldir krápu varla haldusk Ól. hvit. Kgs. 344,2a.
járnfaldit lið saman hjaldri Ól. hvit. Kgs. 385,7.
aldar gramr af páfa valdi Sturla Kgs. 407,15a.
reiþivaldr með frægþum haldit Sturla Kgs. 407,15b.
hringa baldr af þinu valdi Sturla Kgs. 426,18b.
allvaldr griþum halda Giz. Þorr. Kgs. 441,29.
vald framm komit aldar Sturla Kgs. 458,7b.
yþrart vald um heiminn kalda Sturla Kgs. 459,4a.
allvaldr enn þú ríki haldit Sturla Kgs. 459,4b.
hjaldri járnfaldin Sturla Kgs. 474,36a (umzustellen mit 474,37a,
    vgl. S. 151).
aldir gunntjalda Sturla Kgs. 474,33b.

aldr : aldr.

hjaldrskips þrumu galdra Þorbj. hornkl. Wis. 14; 2,2.
hjaldrmǫgnuþr þér aldri Sighv. sk. Wis. 42; 10,8.
hjaldrs af vápna galdri Ein. Skúl. Wis 58; 43,2.
margfaldr ǫfund kaldri Ein. Skúl. Wis. 60; 58,4.
liþsvaldr numinn aldri Ein. Skúl. Wis. 61; 62,6.
fleingaldr vǫlu skjaldar Haukr Vald. Wis. 79; 7,4.
valdr himnanna á þritugs aldri Eyst. Ásgr. Wis. 92; 37,2.
þrǫngþr ok kvaldr af mæþing taldri Eyst. Ásgr. Wis. 97; 79,6.
herbaldr lyki aldri Bjǫrn krepph. Hkr. 641,21b.
hjaldrs einskǫpuþr galdra Snorre Sturl. Kgs. 352,2a.

alf : alf.

sjalflofta kom þjalfi Eil. Guþr. Wis. 31; 9,1.
undirjalfrs at alfi Eil. Guþr. Wis. 32; 19,3 (!).
Alfheims bliku kalfa Eil. Guþr. Wis. 32; 19,4.
halfa lest af harra sjalfum Mark. Skeggj. Wis. 53; 30,3 (!).
bengjalfrs ok þá sjalfa Ótt. sv. Hkr. 235,17a.
ek hef sjalfr krafit halfa Sighv. sk. Hkr. 249,11b.
halfger víþ Níþ sjalfa Klǫngr Br. Hkr. 249,29b (Þórþr Sjár.
    Fgrsk. 74).
guþ sjalfr enn mér halfa Sighv. sk. Hkr. 377,20b.
upp hvalfa svik sjalfan Sighv. sk. Hkr. 437,32b (!) (hvalfra: sjalfr
    OHS 178).
Kalfr víþ Bókn austr sjalfa Bjarni gullbr. Hkr. 446,35a.
Jalfaþs nema gram sjalfan Þorm. Kolbr. Hkr. 497,19b (almuedrs Flb
    II, 364; iolfaþrs Ohs 72; ialfaþs OHS 222; iálmflóds D).

Alfhildr enn þik sjalfa Sighv. sk. Hkr. 522,32a.
gjalfr enn hlýþur skjalfa Anon. Hkr. 602,18a.
sjalfr upp Nóreg halfan Anon. Hkr. 636,20b.

alfr : alfr.

fjalfrs óligra gjalfra Þjóþ. hv. Wis. 11; 18,2.

alk : alk.

galkn viþ randar balku Hallfr. v. Wis. 35; 8,4.

all : all.

ballfǫgr gǫtu allir BrageWis. 2; 6,6 (ball fann Cod. 1 eþ, vgl.Wis. 117).
dölg ballastan vallar Þjóþ. hv. Wis. 9; 6,6.
svall þá's gekk meþ gjallan Korm. Ǫgm. Wis. 26; 4,1 (!).
valfalls of sæ allan Ein. Skál. Wis. 27; 8,6.
fjall-Gauts hnefa skjalla Ulfr Ugg. Wis. 29; 4,2.
Heimdallr at mǫg fallinn Ulfr Ugg. Wis. 30; 6,4.
gall manntælir halla Eil. Guþr. Wis. 30; 3,6.
hallands of sér falla Eil. Guþr. Wis. 31; 7,2.
stall viþ -rastar falli Eil. Guþr. Wis. 31; 10,4.
hall -fylringum -vallar Eil. Guþr. Wis. 32; 14,2.
snjallráþr konungs spjalli Hallfr. v. Wis. 33; 5,2.
allvaldr í styr falla Hallfr. v. Wis. 34; 4,2 (allvandliga falla Flb
    I, 110).
allvaldi tváa snjalla Hallfr. v. Wis. 35; 3,6.
allr glepsk friþr af falli Hallfr. v. Wis. 37; 21,3 (!). 25,7 (!).
herfall vas þar alla Sighv. sk. Wis. 39; 7,6.
allan Nóreg gotna spjalli Arn. jarl. Wis. 44; 5,6.
allvaldr est þú óvægr kallaþr Arn. jarl. Wis. 46; 15,8.
allréttligum dómi halla Mark. Skeggj. Wis. 51; 8,6.
hallir náþu vitt at falla Mark. Skeggj. Wis. 52; 22,6.
harra spjalli lapmenn snjalla Mark. Skeggj. Wis. 53; 26,6.
alls stýrandi konung snjallan Mark. Skeggj. Wis. 53; 31,1.
snjallir menn of heimsbygþ alla Mark. Skeggj. Wis. 53; 31,6.
allsvaldanda ens snjalla Ein. Skúl. Wis. 53; 1,2.
veþr kallaþisk hallar Ein. Skúl. Wis. 54; 2,4.
allráþanda hallar Ein. Skúl. Wis. 54; 5,4.
goþs hallar vér allir Ein. Skúl. Wis. 56; 7,2.
dáþsnjalls verǫld alla Ein. Skúl. Wis. 56; 56,8.
Jóan kallak allrar Ein. Skúl. Wis. 54; 9,3.
vallrjóþanda allra Ein. Skúl. Wis. 55; 10,6.
hall ok Norþmenn allir Ein. Skúl. Wis. 55; 11,4.
alls heims fyr gram snjallum Ein. Skúl. Wis. 55; 16,8.
snjallr lausnara spjalli Ein. Skúl. Wis. 57; 30,2.
snjalls of Danmǫrk alla Ein. Skúl. Wis. 58; 36,4.

styrsnjallr ropins galla Ein. Skúl. Wis. 59; 48,4.
Skalla-Grims enn snjalli Haukr Vald. Wis. 79; 10,8.
Hallfrepr konung snjallan Haukr Vald. Wis. 80; 12,4.
Sipu-Hallr vip alla Haukr Vald. Wis. 81; 22,4.
allir senn mep gráti at kalla Eyst. Ásgr. Wis. 93; 50,4.
grams fall á sjá alla Glúmr Geir. Hkr. 102,28b.
fallsól brá vallar Eyv. sk. Hkr. 111,27a.
randvallar lét falla Eyj. Dap. Hkr. 140,13a.
hall bilar hára fjalla Þórþr Kolb. Hkr. 214,25b.
allvalds nutu allir Þórþr Kolb. Hkr. 217,28b (!).
Hallands um gram snjallan Halld. ókr. Hkr. 215,6b.
allvalds liþi falla Sighv. sk. Hkr. 252,28a.
grams stallara alla Sighv. sk. Hkr. 274,15a.
snjallr unz gramr vas fallinn Bjarni gullbr. Hkr. 493,16b.
hall um Nóreg allan Sighv. sk. Hkr. 521,34a.
ballr Skánungum allar Arn. jarl. Hkr. 541,31a.
allitt Svía kallum Þjóþ. sk. Hkr. 543,2b.
snjallr landreki allir Þjóþ. sk. Hkr. 559,25a.
valfalls Selund alla Valg. Hkr. 560,7a.
allr enn þat má kalla Menn Har. harþr. Hkr. 572,23a.
allvaldr í sjá falla Þjóþ. sk. Hkr. 592,15a.
all vápn þveran falla Steinn Herd. Hkr. 593,27b.
grams stallari alla Steinn Herd. Hkr. 594,11a.
snjalls landreka spjalli Steinn Herd. Hkr. 594,11b.
Halland jǫfurs spjallar Steinn Herd. Hkr. 595,2b.
alla nótt hinn snjalli Þjóþ. sk. Hkr. 595,15a.
lofsnjallr Dana allra Anon. Hkr. 602,18b.
snjallr gramr Danir allir Anon. Hkr. 602,25a.
allmǫrg búendr snjallir Anon. Hkr. 602,36a.
niþrfall Halfs galla Þjóþ. sk. Hkr. 606,29b [1]).
heilagt fall til vallar Ól. hlg. Hkr. 613,24a.
falli sjalfr til vallar Þjóþ. sk. Hkr. 620,17a.
snjalls at vér rom allir Þjóþ. sk. Hkr. 621,18b.
falla liþsmenn allir Arn. jarl. Hkr. 621,30b.
allvalda til kalla Anon. Hkr. 628,5b; 633,4b.
málsjallr hafa allan Anon. Hkr. 636,22b.
snjallr vip borg þá's kalla Halld. skv. Hkr. 663,30a.
austr um fjall meþ drengi snjalla Ól. hvít. Kgs. 344,4b.
snjallráþan þik Danir allir Sturla Kgs. 442,7b.
snjallmæltr hlutut allrar Sturla Kgs. 458,5b.
hallar lifgalli Sturla Kgs. 470,10a.

---

[1]) Hier will Sievers, Beitr. V, 516, Háva lesen, Gísl. Njál.
II, 279 ff. dagegen Háalfr.

all : al.

styrjar valdi rauþu falla Snorri Sturl. Kgs. 281,18a.
hjaldrdrifs á Kýrfjalli Jatgeirr Kgs. 286,18a.

alm : alm.

Vilhjalms fyr bö hjalma Sighv. sk. Wis. 39; 11,6 (*malma Flb* II, 21).
falma kváþu ógishjalmi Arn. jarl. Wis. 44; 4,4.
gerzkum malmi Peitu hjalma Arn. jarl. Wis. 45; 6,8.
malmi skrýddr ok faldinn hjalmi Mark. Skeggj. Wis. 52; 18,1.
bugust almar geþ falma Eyv. sk. Hkr. 111,8a.
malmþings i dyn hjalma Skúli Þorst. Hkr. 211,22b.
jalmfreyr und sik malma Hallv. Hár. Hkr. 442,2b.
skalmöld vex nú falma Þorm. Kolbr. Hkr. 476,10a.
alms meþ bjarta hjalma Sighv. sk. Hkr. 490,9b.
fjalmennr konungr hjalmum Valg. Hkr. 560,9a.
malmr kom harþr riþ hjalma Arn. jarl. Hkr. 596,3a (?).
hjalmstofn i gný malma Har. harþr. Hkr. 620,14b.
Vilhjalmr sá's rauþ malma Þork. skall. Hkr. 624,20a.
alm støkk blöþ á hjalma Bjorn krepph. Hkr. 648,16a.
alm sveigþi liþ hjalma Ein. Skúl. Hkr. 766,13b.
alm dynviþir malma Þorbj. skakk. Hkr. 781,31b.

alp : alp.

Simon skalpr of hjalpask Ein. Skúl. Hkr. 755,29b.

als : als.

sjávar bals at Halsi Glúmr Geir. Hkr. 134,22b (vgl. S. 59).

alsk : alsk.

falsk und hjalm hinn valska Sighv. sk. Hkr. 252,28b.
falsk riddarinn valski Magn. berf. Hkr. 651,23.

alt : alt.

alt meþ grönu salti Sighv. sk. Hkr. 311,15b.
alt hefr sá's fjorrallan Sighv. sk. Hkr. 416,30a.
alt brimgaltar Þór. loft. Hkr. 440,29b.
einfalt i Griksalti Ein. Skúl. Hkr. 667,6a.

am : am.

samráþu þeir Hamþir Brage Wis. 2; 5,6.
upp lét gramr i gamla Sighv. sk. Wis. 39; 13,5.
namsk þat meþ gram Sighv. sk. Wis. 40; 3,2.
liþs gramr saman Sighv. sk. Wis. 40; 4,2.
gramr iþróttir framþi Hallarst. Wis. 49; 25,4.
hvárr lézk grams i hamri Hallarst. Wis. 49; 26,6.

allframr búendr gamla Sighv. sk. Hkr. 417,4a.
grams skip framt Þór. loft. Hkr. 440,35a.
emkak tamr at samna Bjarni gullbr. Hkr. 456,12b.
lastsamr ara hins gamla Þór. stuttf. Hkr. 687,4a.

amd : amd.

samdøgris goþ framdi Ein. Skúl. Wis. 56; 20,8.

aml : aml.

hamljót regin gamlar Þjóþ. hv. Wis. 10; 10,8.
meinsamliga hamlaþr Ein. Skúl. Wis. 60; 60,8.
framligt Haraldr Gamla Glúmr Geir. Hkr. 110,21a.

amm : amm.

glamma ó-fyr-skammu Þjóþ. hv. Wis. 9; 2,4.
gammi nás und hramma Ein. Skúl. Wis. 28; 16,2.
hrægamna sá ramma Ein. Skúl. Wis. 29; 21,6.
gammleiþ Þóarr skammu Eil. Guþr. Wis. 30; 2,2 (vgl. Njál. II, 322f.).
dolgs ramms firum glamma Eil. Guþr. Wis. 31; 10,2.
rammþing háit glamma Arn. jarl. Hkr. 536,26a (ramþing : gamla
    Flb III, 275; gamma Fris 184,25).
frammi valgammar Sturl. Kgs. 474,16b.
framm i vapna glammi Þjóþ. sk. Hkr. 540,26b.
framm haf Sleipni þramma Ulfr Ugg. Wis. 30; 8,2.
hart gekk framm enn rammi Haukr Vald. Wis. 80; 14,4[1]).

amm : am.

hildar rammr enn stillar frampi Mark. Skeggj. Wis. 51; 7,6.
þrekrammr stoþal framla Ein. Skúl. Wis. 62; 71,2.
gramr sjalfr meginrammir Sighv. sk. Hkr. 492,17a.
gramr ok jarl fyr skammu Þjóþ. sk. Hkr. 537,27a.

amr : amr.

gramr fyr skorpum hamri Þjóþ. hv. Wis. 11; 18,6.
gramr meþ dreyrgum hamri Eil. Guþr. Wis. 32; 18,2.
hugframr í boþ ramri Hallfr. v. Wis. 36; 18,6.
es framr Svía gramr Ótt. sv. Wis. 141; 6,4.
framr tók herr á ramri Steinn Herd. Hkr. 615,19b.

amþ : amþ.

gram þanns gunni frampi Hallfr. v. Wis 35; 3,3.

---

[1]) Ebenso wie *enn* (vgl. S. 134) will *Sievers* auch *framm* lesen. Auch dies bestätigen die Reime. Wir haben keinen Reim zu *m*, aber drei *aþalhendingar* und eine *skothending* mit *mm*, ausserdem einen Endreim mit *mm*.

an : an.

Danmarkar þik randan Ótt. sv. Hkr. 220,4a.
Damnǫrk svana Þór. loft. Hkr. 411,10b.
svans sigrlana Þór. loft. Hkr. 410,32a (?) (*svángs Fms* V, 6; *Flb*
    II, 307; *sigr rúna Fgrsk.* 85).
Damnǫrk spanit Sighv. sk. Wis. 40; 5,2.

and : and.

saums andranar standa Brage Wis. 2; 5,4.
landa ranr á sandi Brage Wis. 3; 10,2.
Ermengandr af sande Brage Ger. 23; 16,4
band ǫllu þvi randa Þjóþ. hv. Wis. 11; 17,2.
sandmens í bý randir Þorbj. hornkl. Wis. 15; 8,4.
austrland at mun banda Ein. Skál. Wis. 26; 3,2.
grandvarr und sik landi Ein. Skál. Wis. 27; 7,4.
hofs land ok vé banda Ein. Skál. Wis. 27; 8,4.
randar dýr at landi Ein. Skál. Wis. 27; 11,8.
folklandum sá branda Ein. Skál. Wis. 28; 13,6.
sjau landrekar randa Ein. Skál. Wis. 28; 14,4.
andur ·þǫrf at landi Ein. Skál. Wis. 28; 15,8.
andvigr saman randir Ein. Skál. Wis. 28; 20,4.
Gautland frá sæ randir Ein. Skál. Wis. 29; 22,8.
andóttr rinar banda Ulfr Ugg. Wis. 29; 3,2.
landvǫrþr fyr sæ handan Hallfr. v. Wis. 36; 20,4.
landfolk tekit handum Sighv. sk. Wis. 42; 6,8.
landsfolk sótti þér til handa Arn. jarl. Wis. 44; 3,4.
skeiþar brands fyr þér ór landi Arn. jarl. Wis. 44; 5,4.
brandr gall á Englandi Hallarst. Wis. 46; 5,6.
Skotland skǫrpum brandi Hallarst. Wis. 47; 6,5.
gall brandr viþ slǫg randa Hallarst. Wis. 48; 17,2.
handsǫrum lék vandla Hallarst. Wis. 49; 25,6.
elris grand í himni standa Mark. Skeggj. Wis. 52; 22,8.
dáþvandr gjafar anda Ein. Skál. Wis. 54; 6,2.
orms landa vas blandinn Ein. Skál. Wis. 56; 23,8.
landraups huliþr sandi Ein. Skál. Wis. 56; 25,2.
grand altari standa Ein. Skál. Wis. 59; 50,8.
brandél á Girklandi Ein. Skál. Wis. 59; 51,2.
lifskinandi af helgum anda Eyst. Ásgr. Wis. 88; 11,8.
lifs andvani enn fullr af grandi Eyst. Ásgr. Wis. 89; 20,4.
ák grátandi frammi at standa Eyst. Ásgr. Wis. 90; 21,6.
bandi rétt hins nepsta fjanda Eyst. Ásgr. Wis. 90; 22,6.
lifanda vist ok kvaldar andir Eyst. Ásgr. Wis. 90; 23,6.
skapandi alt meþ syni ok anda Eyst. Ásgr. Wis. 90; 24,2.
logandi ǫll meþ skírleiks anda Eyst. Ásgr. Wis. 90; 25,6.
vandat fái nú stef til handa Eyst. Ásgr. Wis. 90; 26,4.

friþar samband á hverju landi Eyst. Ásgr. Wís. 92; 40,4.
fjandans brjóst i gegnum standa Eyst. Ásgr. Wís. 93; 45,8.
andir heilsu vizku at standa Eyst. Ásgr. Wís. 93; 46,8.
yfirvaldanda himins ok landa Eyst. Ásgr. Wís. 94; 52,2 (yfirbjóþanda
engla ok þjóþa CD).
lifandi guþ meþ feþr ok anda Eyst. Ásgr. Wís. 94; 57,4.
fjandr i kring um búka standa Eyst. Ásgr. Wís. 96; 73,4.
þú ert hitnandi heilags anda Eyst. Ásgr. Wís. 99; 90,5 (!).
grøs ilmandi dupt ok sandar Eyst. Ásgr. Wís. 99; 93,4.
randak miþr enn þætti standa Eyst. Ásgr. Wís. 100; 97,4.
nú rekit gand ór landi Hildr Hkr. 66,2.
ráþrandr á Skotlandi Glúmr Geir. Hkr. 86,32 b.
valbrands viþra landa Guth. s. Hkr. 97,29 b (!).
bands jódraugar landa Þórþr Sjár. Hkr. 105,13 a.
grandaþr Dana brandi Eyr. sk. Hkr. 106,18 b.
dolgsbands fyr ver handar Glúmr Geir. Hkr. 110,19 b.
landmens kiar sanda Eyj. Daþ. Hkr. 140,11 b.
dregr land at mun banda Eyj. Daþ. Hkr. 140,15 b.
bandum rækr i landi Anon. Hkr. 151,21 b.
Gotlands vala strandar Eyj. Daþ. Hkr. 199,7 b.
land Valdamars brandi Eyj. Daþ. Hkr. 199,32 a.
landvorþr áskip randir Ótt. sv. Hkr. 220,13 a.
þat land jofurr brandi Ótt. sv. Hkr. 226,19 b.
rand á Túskalandi Ótt. sv. Hkr. 229,2 b.
áttland fyr þvt standa Ótt. sv. Hkr. 235,19 b.
andur þér til handa Bersi Hkr. 254,15 b (endr Flb II, 45).
brand ok Vettaland Brynj. ulf. Hkr. 266,3 f (wol mit OHS 49 Vetta-
landir zu lesen?).
andurt sumar landi Sighv. sk. Hkr. 274,22 b.
landsráþundum branda Ótt. sv. Hkr. 284,23 a.
branda rjóþr ór landi Ótt. sv. Hkr. 284,31 a.
Guþbrandr hét sá landum Sighv. sk. Hkr. 343,4 a.
fjandr leygr oss til handa Sighv. sk. Hkr. 473,31 b.
rand 's i hlýtk standa Har. Sig. Hkr. 479,6 a (Þorm. Kolbr. Ohs 67).
andprútt hofuþ landi Sighv. sk. Hkr. 510,16 a.
hand kristit lið standa Sighv. sk. Hkr. 510,23 b.
Jótlandi gramr branda Arn. jarl. Hkr. 529,29 b.
Vestlandi gramr branda Arn. jarl. Hkr. 536,26 b.
brandleikr saman randir Þjóþ. sk. Hkr. 537,29 a.
strandhogg numit landi Þjóþ. sk. Hkr. 539,18 b.
brand vá gramr til landa Þjóþ. sk. Hkr. 541,28 b.
upp á land at standa Þjóþ. sk. Hkr. 542,10 a.
snekkju brand fyr landi Bolv. sk. Hkr. 547,17 a.
tandrauþs á Serklandi Þjóþ. sk. Hkr. 550,2 a.
Grikklands jofurr handa Þór. Skeggj. Hkr. 557,9 a.

fjanda grams til strandar Grani Hkr. 571,2b.
rand hefr oft fyr landi Þorl. f. Hkr. 572,7a.
randir Sveinn á landi Þorl. f. Hkr. 573,10a (Þjóþ. sk. Mork. 57;
    Flb III, 341).
dróttinvandr ok standa Þjóþ. sk. Hkr. 577,31a.
randabliks ór landi Har. harþr. Hkr. 578,23a.
friþrandr jǫfurr standa Þjóþ. sk. Hkr. 594,2a.
hallandi framm brandar Anon. Hkr. 602,20a.
randmælt srút af standisk Þjóþ. sk. Hkr. 607,6a.
lifs grand í staþ vandum Þjóþ. sk. Hkr. 621,20b.
Halland farit brandi Bjǫrn. krepph. Hkr. 638,13a.
þýtr vandar bǫl standa Anon. Hkr. 640,4a.
Saudey konungr randir Bjǫrn. krepph. Hkr. 647,15a.
orþvandr á Serklandi Þór. stuttf. Hkr. 687,2b.
grandmeiþ Sigars fjanda Halld. skv. Hkr. 707,14b (*branda* Fris.
    312,18b).
friþum land jǫfurs brandi Blakkr Kgs. 111,9b.
brand i Verma landi Sturla Kgs. 305,27b.
hallar gandr á sviþum landi Sturla Kgs. 433,27a.
landa útstrandir Sturla Kgs. 464,27b.
landa stýrandi Sturla Kgs. 466,18a.
brands á Skotlandi Sturla Kgs. 469,28b.
grand at Skotlandi Sturla Kgs. 473,5b.

ang : ang.

srangr vas þat fyr langu Þjóþ. hv. Wis. 9; 6,2.
herfangs ofan stangu Þjóþ. hv. Wis. 9; 6,8.
fangsæll of veg langan Þjóþ. hv. Wis. 9; 8,2.
fangsæll þaþan ganga Ein. Skál. Wis. 28; 16,8 (*fengsæll þaþan*
    gengi Fris. 107,28b).
angrþjóþ sega tangu Eil. Guþr. Wis. 32; 15,6.
langrinr stu Þrangvar Eil. Guþr. Wis. 32; 16,4.
þangs rauþbita tangar Eil. Guþr. Wis. 32; 21,2.
heiftar strangr at ganga Sighv. sk. Wis. 42; 10,2.
ǫlna rang enn langi Hallarst. Wis. 48; 15,6.
gangr umb Orm enn langa Hallarst. Wis. 48; 19,4.
strangr á Orm enn langa Hallarst. Wis. 48; 22,4.
sóknstrangr Ormr enn langi Hallarst. Wis. 49; 23,4.
strangr í bjarg at ganga Hallarst. Wis. 49; 27,4.
langan veg til Róms at ganga Mark. Skeggj. Wis. 51; 10,2.
ǫldugangi skipum þangat Mark. Skeggj. Wis. 52; 16,2.
hjaldrganga vas snǫruþ þangat Mark. Skeggj. Wis. 52; 19,2.
vangi mest á hǫnd at ganga Mark. Skeggj. Wis. 52; 21,4.
langvinr frá krǫl stangri Ein. Skál. Wis. 61; 68,2.
sá hanganda á nǫglum stangast Eyst. Ásgr. Wis. 94; 56,4.

svanvangs liþi þangat Guth. s. Hkr. 89,6b.
gangr um Orminn langa Halld. ókr. Hkr. 212,22a.
langar Ormr hinn langi Halld. ókr. Hkr. 212,32a.
þangat Ormr hinn langi Halld. ókr. Hkr. 217,16a.
allsvangr gøtur langar Sighv. sk. Hkr. 274,30a.
svanvangs í fǫr langa Sighv. sk. Hkr. 310,9b.
langum heldr enn ganga Hárekr Hkr. 427,28a.
svangs mjǫk langar Þór. loft. Hkr. 441,6a.
þangs fjǫlmennan ganga Har. harþr. Hkr. 578,21a.
xjáfang í tvau gangi Þjóþ. sk. Hkr. 592,13b.
xjáfang ór mar strangum Þjóþ. sk. Hkr. 592,17a.
hugstrangr skipa langra Steinn Herd. Hkr. 594,29a.
sóknstrangr í kaupangi Steinn Herd. Hkr. 628,8a.
angr makligra at hanga Þork. ham. Hkr. 641,4b.
svangr flaug ǫrn til hanga Bjǫrn krepph. Hkr. 641,23b.
sangvan ill ok þunt un stangir Anon. Kgs. 343,31b (saungvan Flb
    III, 112; sángvan Fms IX, 439; sangvan Kph V, 187).
sóknarstrangs á land at ganga Sturla Kgs. 433,6a.

angr : angr.

strangr kaupskipum angra Ótt. sv. Hkr. 234,13b.
dolgstrangr skipa langra Þjóþ. sk. Hkr. 529,12a.

ann : ann.

rǫstu vann í ranni Brage Wis. 2; 3,5.
brann upphiminn manna Þjóþ. hv. Wis. 10; 16,4.
mannskǫþs raddar tanna Þorbj. hornkl. Wis. 14; 3,6.
annarr konungmanna Þorbj. hornkl. Wis. 15; 9,2.
sannreynis fentanna Korm. Ogm. Wis. 26; 1,2.
vann sins fǫþur hranna Ein. Skál. Wis. 26; 3,8.
mannfall vip styr annan Ein. Skál. Wis. 28; 15,4.
engi mannr und ranni Ein. Skál. Wis. 29; 22,2
rann fetrunar Nannu Eil. Guþr. Wis. 31; 5,2.
hann lét of sǫk sanna Hallfr. v. Wis. 36; 12,5.
kannkak margt vip manna Hallfr. v. Wis. 37; 24,7 (!).
hann ras menskra manna Hallfr. v. Wis. 37; 28,3.
kannk til margs enn manna Sighv. sk. Wis. 38; 1,5.
fjǫrbann lagit mannum Sighv. sk. Wis. 39; 12,4 (manna Hkr. 228;
    Fms IV, 55).
þann jarl es varþ annarr Sighv. sk. Wis. 40; 15,6.
ætt manna fannsk Sighv. sk. Wis. 41; 8,2.
hann telk yfirmann Ótt. sv. Wis. 44; 2,4.
manngi veit ek fremra annan Arn. jarl. Wis. 44; 1,2.
manngi ryþr sér mildingr annarr Arn. jarl. Wis. 45; 5,7.
hann's rikstr konungmanna Hallarst. Wis. 47; 9,8 u. ö.

hann sem Nóregs manna Hallarst. Wis. 47; 11,6.
annarr øþlings manna Hallarst. Wis. 49; 27,1 (!).
hann réþ prútt ept manni Hallarst. Wis. 49; 28,2.
hvar ritu þann es anni Hallarst. Wis. 50; 32,2.
annarr gramr til þurftar mannum Mark. Skeggj. Wis. 51; 14,2.
hann gerþi før út at kanna Mark. Skeggj Wis. 53; 28,6.
berask mannr und skýranni Ein. Skúl. Wis. 54; 2,6 (*maþr:skýjaþri*
    Flb I, 1).
ranni fremþarmanna Ein. Skúl. Wis. 55; 10,8.
ranns ferr hvert á annat Ein. Skúl. Wis. 59; 46,8.
rann sex tigir manna Ein. Skúl. Wis. 60; 54,8.
hann gerir sér manna Ein. Skúl. Wis. 61; 66,8.
hann armviþu fannar Haukr Vald. Wis. 80; 12,6.
þann ok Óláf annan Haukr Vald. Wis. 80; 18,6.
hann ófáum manni Haukr Vald. Wis. 80; 19,8.
hǫfuþsmanna reg sannan Haukr Vald. Wis. 81; 22,8.
duldist hann fyr augsjón manna Eyst. Ásgr. Wis. 89; 15,6.
bannat lofat enn flest alt annat Eyst. Ásgr. Wis. 89; 16,4.
át hann nú þat er vissi bannat Eyst. Ásgr. Wis. 89; 18,4.
rann þá glæpr af hverjum til annars Eyst. Ásgr. Wis. 89; 20,2.
sannliga hverr at þyngir annan Eyst. Ásgr. Wis. 90; 21,4.
sannr hǫfþinginn engla ok manna Eyst. Ásgr. Wis. 90; 28,6.
mann ok guþ bauþ trúan at sanna Eyst. Ásgr. Wis. 91; 34,4.
ungan mann at prisa á þann veg Eyst. Ásgr. Wis. 92; 36,4.
meiri er hann enn gǫrvalt annat Eyst. Ásgr. Wis. 92; 38,4.
fæddan mann er skilja var bannat Eyst. Ásgr. Wis. 92; 39,2.
þanninn ferr þeim unga manni Eyst. Ásgr. Wis. 92; 41,6.
lokkar hann svá Jesú manna Eyst. Ásgr. Wis. 93; 48,2.
sannheilug fyr græþing manna Eyst. Ásgr. Wis. 94; 56,8.
hverr vann sigrinn skapari manna Eyst. Ásgr. Wis. 95; 62,2.
sannr lífgari dauþra manna Eyst. Ásgr. Wis. 95; 63,2.
Eva mann fyr epli bannat Eyst. Ásgr. Wis. 96; 66,2.
hann er guþs meþ virþing sannri Eyst. Ásgr. Wis. 96; 68,6.
manns náttúru ok líkam sannan Eyst. Ásgr. Wis. 96; 69,2.
eru kannaþar hvers sem annars Eyst. Ásgr. Wis. 96; 71,6.
sanna gipt er leysi ór banni Eyst. Ásgr. Wis. 98; 80,6.
leys mitt bann fyr iþran sanna Eyst. Ásgr. Wis. 98; 83,2.
Norþmanna gram þannig Eyv. sk. Hkr. 106,8b.
mannr lét ǫnd ok annar Þórþr Sjár. Hkr. 107,3b.
rann engi því manna Þórþr Kolb. Hkr. 170,31b.
hann þverþi friþ mannum Eyj. Daþ. Hkr. 200,6b.
hann yfir Nóregs mannum Þórþr Kolb. Hkr. 217,31b.
annar lendra manna Sighv. sk. Hkr. 231,8a.
hranna dýrra manni Bersi Hkr. 254,11b.
þann day konungs mannum Sighv. sk. Hkr. 307,35b.

engr mannr und skýranni Arn. jarl. Hkr. 323,32*b.*
rann þess's fremstr vas manna Arn. jarl. Hkr. 364,26*a.*
hann engum svá manni Sighv. sk. Hkr. 378,4*b.*
mann veitk engi annan Sighv. sk. Hkr. 446,3*b (!).*
friþbann var þar mannum Sighv. sk. Hkr. 490,9*a.*
hann rauþ járn enn annan Hofgarþr Hkr. 491,26*b (!).*
gunnranns konungmanna Sighv. sk. Hkr. 492,26*b.*
hann verþungar mannum Bjarni gullbr. Hkr. 493,19*b.*
ræþr grann skǫgul manni Þorm. Kolbr. Hkr. 497,34*a.*
fannk ǫrva drif svanni Þorm. Kolbr. Hkr. 498,12*a.*
þann styrk búandmanna Sighv. sk. Hkr. 499,15*a.*
morgin þann sem manni Sveinnfl. Hkr. 513,20*a (!).*
annara þau manna Sighv. sk. Hkr. 521,31*b.*
hungrbann framast manna Þjóþ. sk. Hkr. 535,24*a.*
mann rǫskliga annan Þjóþ. sk. Hkr. 538,17*a.*
manna Sveins ok hanna Þjóþ. sk. Hkr. 540,20*b.*
rann þat svikum manna Stúfr sk. Hkr. 555,29*a.*
rann eldr um sjǫt manna Arn. jarl. Hkr. 586,17*a* (vgl. *Gísl. om*
    helr. 9).
annat Þingamanni Ulfr st. Hkr. 612,4*b.*
svanni holdi manna Trǫllk. Hkr. 613,13*b.*
Haraldr sannar þat manna Þjóþ. sk. Hkr. 626,6*b.*
sanns nýtr hverr viþ annan Þjóþ. sk. Hkr. 626,13*b.*
hann's ríkr jǫfurr banna Steinn Herd. Hkr. 628,10*a.*
hann vas nýztr at kanna Stúfr sk. Hkr. 630,23*a.*
hann's beztr alinn manna Anon. Hkr. 636,20*a.*
Lǫgmanni þar bannat Bjǫrn krepph. Hkr. 647,28*a.*
vasat hann kominn þannug Anon. Hkr. 651,28*a.*
falsk annat lið manna Eldjárn Hkr. 652,13*a.*
þann harm es skalk svanna Magn. berf. Hkr. 654,26*b.*
annan vetr und ranni Ein. Skúl. Hkr. 662,27*a.*
þann jarl drasil hranna Ein. Skúl. Hkr. 742,4*b.*
þann ok Hildilanni Snorri Sturl. Kgs. 352,4*a.*
friþbann hóf þá ǫfund manna Ól. hvít. Kgs. 356,33*a.*
éztra manna gǫfugr svanni Sturla Kgs. 445,13*b.*

ann : an.

manndýrþir stef vanda Ein. Skúl. Wis. 55; 18,4.
manndráp á Englandi Þork. Skall. Hkr. 624,22*b.*

ans : ans.

folkit hans ok lízt þat vansi Eyst. Ásgr. Wis. 93; 47,2.
hans forvitni honum til vansa Eyst. Ásgr. Wis. 95; 60,6.

app : app.

happ Þórarinn kappi Haukr Vald. Wis. 81; 26,4.

apt : apt.

beyggþist aptr i þina kjapta Eyst. Ásgr. Wis. 96; 66,8.
aptr geirbrúar hapta Anon. Kgs. 476,19a.

ar : ar.

snarir herfarir Sighv. sk. Wis. 40; 3,4.
var glæstr sá's bar Sighv. sk. Wis. 41; 6,6.
farlystir's bar Sighv. sk. Wis. 41; 9,2.
ari getr verþ þar Ótt. sv. Wis. 44; 3,4.
rura kostr fara Ein. Skúl. Hkr. 709,28a.

arf : arf.

ógndjarfan hlaut arfi Eil. Guþr. Wis. 31; 10,5 (!).
arforþr Haralds starfi Sighv. sk. Wis. 39; 7,8.
vigdjarfs frǫmum arfa Ein. Skúl. Wis. 57; 30,4.
mannþarfr Haralds arfi Ein. Skúl. Wis. 59; 51,4.
ógndjarfs fyr kné hvarfa Sighv. sk. Hkr. 274,17a.
aftr hvarf dreginn karfa Sighv. sk. Hkr. 307,28a.
rápndjarfr Haralds arfi Bjarni gullbr. Hkr. 446,33a.
þingdjarfr um kné hvarfa Þorm. Kolbr. Hkr. 478,4a.
starf til krǫks at hvarfi Þjóþ. sk. Hkr. 607,2b.
innan þarf at hvarfa Ulfr st. Hkr. 612,4a (*hverfa Fris* 242,11a
  Fms 401).
Ulfs þarfa þar arfi Steinn Herd. Hkr. 628,9b (!).
hvarf Guþrøþar arfi Bjǫrn krepph. Hkr. 647,26a.

arg : arg.

margspakr Niþarvarga Þorbj. hornkl. Wis. 15; 8,2.
barg ópyrmir varga Ein. Skúl. Wis. 26; 2,6.
gunn vargs himintargu Eil. Guþr. Wis. 30; 4,2.
varghollr þrimu marga Hallfr. v. Wis. 35; 7,8.
gaf margan val vargi Sighv. sk. Wis. 41; 1,7 (!).
margs fýsa skǫp varga Þórþr Kolb. Hkr. 170,26a.
margr býr um þrek varga Ótt. sv. Hkr. 222,5b.
margdýrr konungr varga Sighv. sk. Hkr. 453,19a.
marg hvar sundr flaug targa Sighv. sk. Hkr. 520,29a.
vargteitir hrauþ marga Arn. jarl. Hkr. 541,13a.
teitr vargr i ben marga Bjǫrn krepph. Hkr. 646,31b.
deyr sá margr er engi bjargar Eyst. Ásgr. Wis. 97; 76,2.
hvar getr þann er sér megi bjarga Eyst. Ásgr. Wis. 90; 21,2.

ark : ark.

barklaust i Danmarku Hallfr. v. Wis. 34; 5,2.
hold barkaþra sarka Hallfr. v. Wis. 35; 6,8.

barkrjóþr ok Danmarku Hallv. Hár. Hkr. 442,4a.
hér er skark í Danmarku Þjóþ. sk. Hkr. 542,10b.

arl : arl.

hjarl Sigurþi jarli Korm. Qym. Wis. 26; 2,4.
hjarl ok sextán jarla Ein. Skál. Wis. 29; 24,4.
farligs at vin jarla Hallfr. v. Wis. 35; 9,6.
tryggs jarl háit snarla Sighv. sk. Wis. 39; 11,8.
karlfolk ok svá jarla Sighv. sk. Wis. 42; 5,2.
farligt eiki Vísundr snarla Arn. jarl. Wis. 45; 7,8.
jarl af sínu hjarli Hallarst. Wis. 47; 7,8.
ítr jarl einkar snarla Hallarst. Wis. 48; 21,1.
undarlig svát skil ek þat varla Eyst. Asgr. Wis. 92; 41,4.
farlig söing jarli Tindr Hallk. Hkr. 157,33a.
Sarla blés fyr jarli Tindr Hallk. Hkr. 157,35a (vgl. Thork. 55)[1].
jarl goþ rqrþu hjarli Eyj. Daþ. Hkr. 199,17b; 200,8b.
farlands vinir jarla Þórþr Kolb. Hkr. 217,31a.
hjarls dróttna boþ jarli Þórþr Kolb. Hkr. 232,14a.
karlhofþa lét jarli Sighv. sk. Hkr. 252,15a.
húskarl nefi jarla Sighv. sk. Hkr. 310,4a.
varla Knútr ok jarlar Sighv. sk. Hkr. 416,30b.
húskarlar þar jarli Sighv. sk. Hkr. 431,16a.
húskarla liþ jarli Þjóþ. sk. Hkr. 538,29b.
húskarlar grams varla Oddr Kik. Hkr. 568,13b.
húskarla liþ jarli Har. harþr. Hkr. 578,21b.
hjarlsókn banat jarli Þork. ham. Hkr. 648,16b.
snarlyndr frqmum jarli Ein. Skál. Hkr. 662,27b.
Sigurþr jarl meþ húskarla Anon. Hkr. 781,26a.
karl sd's vegr at jarli Anon. Kgs. 50,20.
Húkarlastrqnd frqmum jarli Ól. hvít. Kys. 339,19b.
jarl veitti svqr ræsi snarla Ól. hvít. Kys. 340,29a.

arm : arm.

harma Erps of barmar Brage Wis. 2; 3,8.
farmr Sigynjar arma Þjóþ. hv. Wis. 9; 7,2.
farmr meinsvarans arma Eil. Guþr. Wis. 30; 3,2.
tollr karms sá es harmi Eil. Guþr. Wis. 32; 18,6 (barms Cod. Sparfv.).
barmfqgr háum armi Bqlv. sk. Hkr. 547,19b.
harm á borgar armi Menn Har. harþr. Hkr. 572,25b.
hnotgarmr búendr arma Þjóþ. sk. Hkr. 606,21b.
varma dráþ á Harmi Bjqrn krepph. Hkr. 641,14a.
varmr fylkingararma Halld. skv. Hkr. 705,23b.
elris garmr í ræfrit varma Sturla Kys. 437,7.

---

[1] Vgl. Nor. aisl. Gr.[2] § 3 Anm.

arml : arml.

varml ǫldr i men Karmtar Ein. Skúl. Hkr. 766,19a.

arn : arn.

varnendr goþa farnir Þjóþ. hr. Wis. 9; 4,8.
arnsúg faþir Marna Þjóþ. hv. Wis. 10; 12,8.
þorns barna sér marnar Eil. Guþr. Wis. 31; 7,6.
hróþrargjarn ok Bjarni Hallarst. Wis. 50; 34,8.
gjarn hjálmþrimu Bjarni Haukr Vald. Wis. 79; 4,4.
veþrgjarn hugar Bjarna Haukr Vald. Wis. 80; 16,4.
þrætugjarn meþ klókar varnir Eyst. Ásgr. Wis. 96; 72,2.
Márja barn ok hjálpar varna Eyst. Ásgr. Wis. 98; 85,4.
barnungr þaþan farna Glúmr Geir. Hkr. 86,35a.
heiptgjarn konungr arnat Þorl. f. Hkr. 572,29a
arnar væng af jarni Þjóþ. sk. Hkr. 592,19b   } vgl. S. 58.
arnar hungrs á jarnum Þorbj. Skakk. Hkr. 740,12b)
illgjarn riþ tré Bjarni Þorbj. Skakk. Hkr. 795,8b.

arp : arp.

garp ókafra snarpan Haukr Vald. Wis. 81; 20,4.
gullvarpaþr snarpar Glúmr Geir. Hkr. 89,31b.

arr : arr.

varr sinn bana þarri Þjóþ. hr. Wis. 10; 16,8 (vgl. Wis. 121).
Varrandi sæ fjarri Sighv. sk. Wis. 40; 14,6.
fylkir snarr riþ Dana harra Mark. Skeggj. Wis. 53; 23,8.
gómsparra sér fjarri Ein. Skúl. Wis. 59; 48,8.
snarr hljómboþi darra Haukr Vald. Wis. 80; 19,4.
snarr hljómviþu darra Haukr Vald. Wis. 81; 20,6.
snarr Hólmgǫngu Starri Haukr Vald. Wis. 81; 27,2.
flugvarr konungr sparra Glúmr Geir. Hkr. 102,26a.
snarr búþegna harri Sighv. sk. Hkr. 230,27b.
snarr Skjalgs vinum fjarri Sighv. sk. Hkr. 444,18b.
snarr Skánunga harri Þjóþ. sk. Hkr. 539,26b.
snarr enn minn vas harri Þork. Skall. Hkr. 624,20b.
snarr rauþ Sygna harri Bjǫrn krepph. Hkr. 641,11a (?).
óyis marr und harra Ein. Skúl. Hkr. 662,19a.
varrar eld á móti svarra Sturla Kgs. 445,13a.
darra flugskjarrir Sturla Kgs. 472,2a.

arr : ar.

Jvarr ara Sighv. sk. Wis. 41; 11,3 (!).
bleyþiskjars á móti harra Mark. Skeggj. Wis. 53; 29,2.

art : art.

fullsnart frøkna hjarta Hallarst. Wis. 46; 5,1
jarteignir rann bjartar Hallarst. Wis. 49; 31,2.
bjartan auþ ok frøknligt hjarta Mark. Skeggj. Wis. 51; 9,2.
snart rekninga bjartar Bersi Sk. Hkr. 254,17a.
hart kolsvartir Þór. loft. Hkr. 440,27b.
hart knîþi svǫl svartan Bǫlr. sk. Hkr. 547,16a (?).
fljóþ mart hǫrundbjarta Valg. Hkr. 560,15b (vgl. S. 82).
rîgbjartr snǫru hjarta Þjóþ. sk. Hkr. 596,20b.
bǫþsnart konungs hjarta Arn. jarl. Hkr. 621,6a.

artr : artr.

sá lét bjartr frá bjartri Ein. Skúl. Wis. 54; 2,5 (bert Flb I, 1).

arþ : arþ.

harþgeþr neþan starþe Brage Ger. 24; 18,4.
garþi bœr of farþir Þjóþ. hv. Wis. 11; 20,6.
harþrúþr skipa barþum Þorbj. hornkl. Wis. 14; 1,2.
harþr Lopts vinar barþa Ein. Skál. Wis. 27; 5,2.
garþs Hlórriþi farþi Ein. Skál. Wis. 27; 8,8.
Hagbarþa gram varþa Ein. Skál. Wis. 28; 18,8.
garþ-Rǫgnir styr harþan Ein. Skál. Wis. 28; 19,2.
garþ yrþjóþum varþi Ein. Skál. Wis. 28; 20,8.
loptvarþaþar barþa Ein. Skál. Wis. 29; 22,6.
Njarþ-ráþ fyr sér -gjarþar Eil. Guþr. Wis. 31; 7,4.
harþ-Gleipnis dyn barþi Eil. Guþr. Wis. 31; 11,4.
fjarþeplis krán jarþar Eil. Guþr. Wis. 32; 15,2.
barþi Brezkrar jarþar Hallfr. v. Wis. 34; 9,5.
harþfengr Dǫnum varþi Hallfr. v. Wis. 35; 5,4.
barþmána vann skarþan Hallfr. v. Wis. 37; 27,6.
Harþa Knúts í garþi Sighv. sk. Wis. 43; 17,2.
meingarþr margra jarþa Hallarst. Wis. 49; 30,3 (!).
harþla ríkr í Miklagarþi Mark. Skeggj. Wis. 53; 30,4.
harþfengr jǫfurr barþisk Ein. Skúl. Wis. 57; 28,6.
Miklagarþs ok jarþar Ein. Skúl. Wis. 60; 53,2.
barþraukns fáir harþa Ein. Skúl. Wis. 60; 53,6.
barþisk hann viþ harþa Haukr Vald. Wis. 79; 6,3.
sem blývarþa í djúpleik jarþar Eyst. Ásgr. Wis. 88; 9,4.
garþs Eylimafjarþar Glúmr Geir. Hkr. 134,24a.
harþa ríkr þú's barþisk Eyj. Dap. Hkr. 140,9b.
harþ komt austr í Garþa Eyj. Dap. Hkr. 199,32b.
harþa langt at garþi Sighv. sk. Hkr. 275,2b.
yeþharþr konungr jarþar Sighv. sk. Hkr. 307,21b.
vandar garþs ens harþa Þorl. m. Hkr. 476,3a.
varþr at þér í Garþa Sighv. sk. Hkr. 522,18b.

varþ þar's Magnús barþisk Þjóþ. sk. Hkr. 535,22b.
harþéts riþir barþusk Þjóþ. sk. Hkr. 538,35a.
jarþ muna Sveinn um varþa Þjóþ. sk. Hkr. 539,16b.
harþfengr Dani barþi Þjóþ. sk. Hkr. 542,4b.
Miklagarþs fyr barþi Bǫlr. sk. Hkr. 547,17b.
borinn varþ und miþgarþi Þorl. f. Hkr. 573,8a (Þjóþ. sk. Mork. 57;
    Flb III, 341).
hryngarþ konungr barþi Þjóþ. sk. Hkr. 592,32a.
Giparþr þar's lið barþisk Anon. Hkr. 651,26a.
hvaljarþar Giparþi Eldjárn Hkr. 652,4b.
Giparþr í hel barþir Eldjárn Hkr. 652,15b.
harþa austan fjarþar Anon. Kgs. 279,18a.
roþnu barþi austan fjarþar Snorre Sturl. Kgs. 281,20a.
harþr ok ranngarþi Sturla Kgs. 464,29b.
jarþir vestrgarþa Sturla Kgs. 469,13a.

ask : ask.

rask til Rúms í haska Sighv. sk. Hkr. 521,29b (vgl. S. 58).

ass : ass.

Alkasse styr hrassan Halld. skr. Hkr. 664,4a.

ast : ast.

lasta vinds í bylja kasti Eyst. Ásgr. Wis. 98; 81,2.
glepinnar past ok eyþing lasta Eyst. Ásgr. Wis. 99; 89,6.
rastar varþ at kasta Tindr Hallk. Hkr. 157,33b.
last ef sjá's hinn bazti Sighv. sk. Hkr. 308,32a (vgl. S. 79).
fast harþliga kastat Þjóþ. sk. Hkr. 539,18a.
blés kastar hel fasta Bjǫrn krepph. Hkr. 638,11b.

at : at.

at lét hinn's sat Sighv. sk. Wis. 41; 11,2.
hvatlyndum Þorkatli Hallarst. Wis. 49; 29,6.
hvatir feldu gram skatnar Ein. Skúl. Wis. 55; 17,6.
hvatum norróna skatna Haukr Vald. Wis. 80; 13,6.
flatvǫllr héþan batnar Þjóþ. hv. Hkr. 75,27a.
hygg þú at jǫfurr skatna Sighv. sk. Hkr. 429,28a.
þat vildi guþ batni Sighv. sk. Hkr. 522,32b.
sat oft hnipin vatni Oddr Kik. Hkr. 568,15b.
þat sá herr at skatna Arn. jarl. Hkr. 621,6b.
þat líkar vel skatnum Steinn Herd. Hkr. 629,13a.
hvatir guldut þess skatnar Blakkr Kgs. 111,30a.
hvatir fundu þat skatnar Sturla Kgs. 443,2b.

atl : atl.

hratlyndum Þorkatli Hallarst. Wis. 49; 29,6.
hraun Atla Þorkatli Haukr Vald. Wis. 79; 5,2.

atn : atn.

hás batnaþar ratni Ein. Skál. Wis. 56; 22,4.
ratni herskatnar Sturla Kgs. 472,1b.

atr : atr.

hratr Jordánar ratri Ein. Skál. Hkr. 667,11b (ratni Jofrask. Pering.
II, 241; hratt : ratni Fms VII, 88).

ats : ats (az : az).

Hildar fats ok Þjaza Þjóþ. hv. Wis. 9; 1,8.
faz véltu goþ Þjaza Korm. Ogm. Wis. 26; 5,4.

att : att.

flaust hratt af sér brattum Ótt. sr. Hkr. 234,18b.
satt einarþar latta Þork. ham. Hkr. 641,4a.

att : at.

Sighvatr hefr gramr lattan Sighr. sk. Wis. 42; 9,2.

auf : auf.

vallrauf fjǫgur haufoþ Brage Ger. 26; 24,8 (vgl. Ger. S. 8).

aug : aug.

baug erlygis draugi Brage Wis. 2; 8,8.
mundlaug fǫþor augom Brage Ger. 25; 20,4.
haugs-Grjótúna baugi Þjóþ. hv. Wis. 10; 14,4.
brodda flaug áþr bauga Hallfr. v. Wis. 35; 4,3.
Droplaugar sun bauga Haukr Vald. Wis. 79; 6,8.
fagnaþarlaug af hvers manns augum Eyst. Ásgr. Wis. 91; 32,2.
éldraugr skarar hauga Eyv. skald. Hkr. 106,16b.
flaugar dǫrr um hauga Þjóþ. sk. Hkr. 539,32b.
baugum grimmr at Haugi Stúfr sk. Hkr. 630,23b.

auk : auk.

rauk Danmarkar auka Brage Ger. 26; 24,4.
hauks flaug hjalfa aukinn Þjóþ. hv. Wis. 10; 12,4.
hauka ná mun kræþit aukask Arn. jarl. Wis. 46; 15,4.
Gaukr Trandils sun hauka Haukr Vald. Wis. 80; 19,6.
i munlauks á hauka Eyv. sk. Hkr. 111,22a.
lauki gæft til auka Har. harþr. Hkr. 587,35b.

aum : aum.

draum i sverþa flaumi Brage Wis. 2; 3,4.
draum sinn konungr Rauma Ein. Skúl. Wis. 55; 15,1.
sólar straums i drauma Ein. Skúl. Wis. 57; 28,2.
harþan taum riþ Rauma Þjóþ. sk. Hkr. 606,19a.
glaum rak ná fyr straumi Ein. Skúl. Hkr. 766,15a.

aun : aun.

afl raun vas þat skaunar Eil. Guþr. Wis. 31; 9,2.
raundýrliga launaþr Ein. Skúl. Wis. 61; 69,4.

aup : aup.

hlaupir of vér gaupu Eil. Guþr. Wis. 31; 5,4.
hlaupsildr Egils gaupna Eyr. sk. Hkr. 123,34b.
úthlaupum gram kaupask Sighv. sk. Hkr. 453,14a.

aus : aus.

haus enn rægþarlausi Haukr Vald. Wis. 80; 16,6.
haus úfalan lausa Sighv. sk. Hkr. 431,6a.
lausn Valdamar hausi Sighv. sk. Hkr. 508,32b.
hausa friþlausir Sturla Kgs. 469,11b.

auss : aus.

ólauss burar hausi Þjóþ. hv. Wis. 11; 19,6.

aust : aust.

austr at miklu trausti Hallfr. v. Wis. 33; 1,2.
austr í malma gnaustan Hallfr. v. Wis. 37; 24,2.
þat haust es komt austan Sighv. sk. Wis. 42; 6,2.
vist austr munarlaust Ótt. sv. Wis. 44; 5,2.
gnaust sex tegum flausta Hallarst Wis. 48; 18,4.
reyligt flaustr ór Gorþum austan Mark. Skeggj. Wis. 51; 5,2.
hraustir menn af trausti Ein. Skúl. Wis. 60; 54,2.
flausta einkar hraustum Haukr Vald. Wis. 80; 16,2.
ifunarlaust meþ fullu trausti Eyst. Ásgr. Wis. 93; 50,2.
austr geþbóti hraustan Guth. s. Hkr. 89,6a.
austr í Salt meþ flaustum Ótt. sv. Hkr. 220,11a.
austr svafk fátt á hausti Sighv. sk. Hkr. 310,7b.
ifla flausts á hausti Hárekr Hkr. 428,29b.
austr bragningi at trausti Giz. g. Hkr. 475,33b.
hraustr þjóþkonungr austan Arn. jarl. Hkr. 515,14b.
hraustr í Nóreg austan Þjóþ. sk. Hkr. 519,13a.
vestr sjau tigu flausta Þjóþ. sk. Hkr. 529,14a.
austr á bragning hraustan Þjóþ. sk. Hkr. 557,12b.
grunlaust Haraldr austan Valg. Hkr. 559,10a.

flaust í Danmǫrk austan Þjóþ. *sk. Hkr.* 562,28a.
þarflaust Haraldr austan Þorl. *f. Hkr.* 572,29b.
Austmenn á veg flausta Þorl. *f. Hkr.* 574,11a.
saklaust hinn forhrausti Arn. jarl. Hkr. 596,2a.
þarflaust Haraldr austan Þjóþ. *sk. Hkr.* 621,20a.
bǫþhraustr viþ gram traustan Sturla Kgs. 320,12b.
bǫþhraustr fregit austan Ól. hvít. Kgs. 374,12a.
vægþarlaust fyr Geitkjǫrr austan Sturla Kgs. 433,6b.
austan sigrflaustan Sturla Kgs. 464,22b.

aut : aut.

hlaut andskoti Gauta Þorbj. *hornkl. Wis.* 15; 7,6.
teinhlautar fjǫr Gauta Ein. Skál. Wis. 28; 21,8.
Gauts herþrumu brautir Eil. Guþr. Wis. 30; 1,6.
flaut eiþsvara Gauta Eil. Guþr. Wis. 31; 8,2.
sigr hlaut arin brauti Eil. Guþr. Wis. 32; 18,4.
braut enn breki þaut Ótt. sv. Wis. 44; 4,1 (!).
sverþbautinn her Gauti Glúmr Geir. Hkr. 86,35b.
skautjalfaþar Gauta Guth. s. Hkr. 88,24a.
sverþgautr fǫrunautar Þjóþ. *sk. Hkr.* 539,7a.
braut háskrautum Ein. Skúl. Hkr. 709,28b.
laut hrafn í ben Gauta Kolli Hkr. 726,31a.

autsk : autsk (zk : zk).

hlauzk mér til þess gauzkan Þjóþ. *sk. Hkr.* 542,2a.

auþ : auþ.

hauþrs runn kykva nauþar Eil. Guþr. Wis. 31; 8,6.
Auþs-systur mjǫk trauþan Hallfr. v. Wis. 33; 6,4.
auþ lǫnd at gram dauþan Hallfr. v. Wis. 37; 21,2.
ótrauþr skarar rauþar Sighv. sk. Wis. 39; 21,2.
sauþungs konungr nauþir Sighv. sk. Wis. 40; 15,2.
lauþri bifþisk goll et rauþa Arn. jarl. Wis. 45; 10,2.
auþit vas þá flotnum dauþa Arn. jarl. Wis. 45; 12,2.
auþig skrín meþ golli rauþu Mark. Skeggj. Wis. 51; 12,4.
hǫfgan auþ í golli rauþu Mark. Skeggj. Wis. 53; 30,2.
ónauþigr tók dauþa Ein. Skúl. Wis. 54; 3,8.
auþarmildr frá hauþri Ein. Skúl. Wis. 54; 5,2.
lætrauþr konungr nauþum Ein. Skúl. Wis. 57; 33,4.
metins auþar fekk dauþum Haukr Vald. Wis. 80; 11,8.
snauþ ok nǫkt í myrkr ok dauþa Eyst. Ásgr. Wis. 89; 19,4.
bauþ sik fram viþ hvers manns dauþa Eyst. Ásgr. Wis. 89; 20,8.
ærusnauþ í myrkr ok dauþa Eyst. Ásgr. Wis. 93; 43,4.
bifaþist hauþr í þínum dauþa Eyst. Ásgr. Wis. 95; 59,8.
fremdarsnauþr á Jésú dauþa Eyst. Ásgr. Wis. 95; 65,2.

eilif nauþ enn krikr er dauþinn Eyst. Ásgr. Wis. 97; 73,8.
auþmjúkligast ok firraxt dauþa Eyst. Ásgr. Wis. 97; 79,4.
ǫllum bauþ til lifs frá dauþa Eyst. Ásgr. Wis. 98; 85,8.
auþván Haralds dauþi Glúmr Geir. Hkr. 136,32a.
sagþr es dauþr enn auþir Þórþr Kolb. Hkr. 217,33b.
auþsætt vas þat rauþa Sighv. sk. Hkr. 253,16a.
úthauþrs boþa trauþir Bersi Hkr. 254,13a.
lætrauþr skipi auþu Sighv. sk. Hkr. 444,20b.
útrauþ legi rauþum Jǫk. Hkr. 455,4a.
hróþrauþigs sá dauþi Bjarni gullbr. Hkr. 493,21b.
harmdauþa mér rauþu Sighv. sk. Hkr. 523,21b.
auþtróþu varþ auþit Þjóþ. sk. Hkr. 539,29a (!) *(aur trádo ver
    áðan Kph III, 41).*
trauþr viþ Ólaf dauþan Þjóþ. sk. Hkr. 546,10b.
brandr hrauþ af sér rauþu Steinn Herd. Hkr. 595,8b.
ónauþigr fæk auþar Ulfr st. Hkr. 612,3a (!).
auþligr konungs dauþi Arn. jarl. Hkr. 621,28a.
rauþan lifs ok auþar Bjǫrn krepph. Hkr. 646,35a.
fulltrauþr á jó rauþum Anon. Hkr. 651,26b.
auþgrimms búin rauþu Hallr Sn. Kgs. 71,10a.
auþit léztu flotnum dauþa Sturla Kgs. 432,13b.
auþar glóþrauþum Sturla Kgs. 466,20b.

auþr : auþr.

hauþr Eydana skjaldborg rauþri Mark. Skeggj. Wis. 52; 24,8.
auþr frá verþung dauþri Arn. jarl. Hkr. 596,4b.

aþ : aþ.

leikblaþs Reginn fjaþrar Þjóþ. hv. Wis. 10; 12,6.
vaþs af fránum naþri Ulfr Ugg. Wis. 29; 4,6.
Aþalráþs þaþan Sighv. sk. Wis. 41; 6,8.
glaþmæltr þegi aþrir Ein. Skúl. Hkr. 744,6b.

aþn : aþn.

hlaþnar illa staþnir Bǫlv. Hkr. 570,16b.

aþr : aþr.

maþr und sólar jaþri Hallfr. v. Wis. 36; 13,4.
glaþr ok báþa Naþra Hallfr. v. Wis. 36; 18,4.
glaþr visi drakk þaþra Hallfr. v. Wis. 47; 13,4.
risnumaþr svát hver tók aþra Mark. Skeggj. Wis. 52; 17,2.
glaþr vettrimar naþri Ein. Skúl. Wis. 59; 47,4.
glaþr tók jarl viþ naþri Halld. ókr. Hkr. 217,14b.
saþr vas engr fyr þaþra Sighv. sk. Hkr. 308,30b.
glaþr i nótt á Jaþri Ól. heil. Hkr. 446,26a.

glaþr hvártveggi aþrum Anon. Hkr. 603,17a.
heiptglaþr ok ras þaþra Ein. Skúl. Hkr. 662,17b.
þaþra alt meþ Blálands jaþri Sturla Kgs. 461,33a.
naþr svát hverr tók aþra þjóþ. sk. Hkr. 594,4b.
maþr es hann fór þaþra Þorbj. skakk. Hkr. 795,8a.

áf : áf.

Óláfar friþ gáfu Sighv. sk. Wis. 42; 5,4.

ág : ág.

endilág fyr mági Þjóþ. hr. Wis. 10; 15,2.
bág sefgrimnis mága Eil. Guþr. Wis. 31; 4,8.
vér frágum þat rága Eyj. Daþ. Hkr. 200,7a (?).
bág þat krefþk mik frágu Bjarni gullbr. Hkr. 493,16a.
mágum heim sem frágum Jllugi Brynd. Hkr. 550,7a.

ál : ál.

hróþrmál sunar báli Ulfr Ugg. Wis. 30; 7,4.
stála rikismálum Hallfr. v. Wis. 33; 4,4.
Áláf[1]) kominn stála Hallfr. v. Wis. 37; 22,6.
Áláfr né svik fálusk Sighv. sk. Wis. 38; 2,2.
Áláfr sem ferk máli Sighv. sk. Wis. 39; 7,4.
þunn stál á bak málum Sighv. sk. Wis. 42; 10,4.
alt's háligt svá mála Sighv. sk. Wis. 43; 15,4.
stálum bifþusk fyrir álar Arn. jarl. Wis. 45; 10,6.
Áláfs gervik slikt at málum Arn. jarl. Wis. 46; 15,2.
Áláfr ok klauf stálum Hallarst. Wis. 46; 4,8.
Áláfr of galt dála Hallarst. Wis. 47; 8,6.
válaust muninn máli Ein. Skúl. Wis. 58; 37,6.
Áláf i gný stála Ein. Skúl. Wis. 60; 54,4.
taki af mál enn þurftug sálin Eyst. Ásgr. Wis. 97; 75,2.
nálæg vertu minni sálu Eyst. Ásgr. Wis. 98; 86,6.
bæna mál fyr kristnum sálum Eyst. Ásgr. Wis. 99; 88,6.
Áláfr konungr mála Sighv. sk. Hkr. 307,19a.
Áláfr hugat málum Sighv. sk. Hkr. 310,12a.
Áláfr tekit málum Sighv. sk. Hkr. 310,20b.
Áláfr búinn hála Sighv. sk. Hkr. 414,9b.
Áláf af þvi mála Sighv. sk. Hkr. 417,6a.
Áláfr þrimu stála Þórþr Sjár. Hkr. 422,26a.
hálikt fyr þvi máli Sighv. sk. Hkr. 431,16b.
Áláf um tók málum Sighv. sk. Hkr. 445,6b.
útála haf stáli Bjarni gullbr. Hkr. 456,12a.

---

1) Über die verschiedenen Formen dieses Namens vgl. Gislason
AnO. 1860 S. 331 ff.

útdla vel máli Bjarni gullbr. *Hkr.* 456,32a.
gall bál Hárs stála Hofgarþr *Hkr.* 491,25a.
Áláfs sonar málum Sighv. sk. *Hkr.* 516,25a.
Áláfs í þeim málum Bjarni gullbr. *Hkr.* 526,7b.
sonr Áláfs þér hála Þjóþ. sk. *Hkr.* 526,26b.
mál ǫll vega í skálum Anon. *Hkr.* 603,4a.
Áláfr ok friþmálum Anon. *Hkr.* 628,5a u. 633,3a.
Áláfr konungr hála Steinn Herd. *Hkr.* 628,8b.
þrályndr til friþmála Steinn Herd. *Hkr.* 629,13b.
hála réktar málum Magn. berf. *Hkr.* 654,36b.
hrannbáls glǫtuþr mála Halld. skv. *Hkr.* 707,16b.
sitt mál í kné lituþr stála Ól. hvít. *Kgs.* 340,31b.
varbáls hǫtuþr kardináli Sturla *Kgs.* 407,13a.
liþbáls at veþmáli Sturla *Kgs.* 427,28b.

álf: álf.

Þórálfr Hnikars hjálfa Haukr Vald. *Wis.* 80; 13,4.
Jesús sjálfr í musteris hválfi Eyst. Ásgr. *Wis.* 92; 36,8.
ǫll skjálfandi enn himnar sjálfir Eyst. Ásgr. *Wis.* 95; 59,6.

álm: álm.

jurtir málmr sem laufgir pálmar Eyst. Ásgr. *Wis.* 99; 94,4.
frægra málma œgishjálmi Sturla *Kgs.* 433,12b.

ám: ám.

forn Adám í Jesú kvámu Eyst. Ásgr. *Wis.* 95; 64,4.

án: án.

Mána vegr und hánum Þjóþ. hv. *Wis.* 10; 14,8.
grán hǫtt Fenris kvánar Eil. Guþr. *Wis.* 32; 13,8.
fráneygjum sunr gránum Sighv. sk. *Wis.* 41; 1,6.
fimtán fjǫrnis mána Hallarst. *Wis.* 48; 16,5 (!).
grán ok skinn á hánum Hallarst. *Wis.* 49; 30,6.
ossa ván meþ hánum Ein. Skúl. *Wis.* 54; 4,8.
Óþs kvánar byr mána Guth. s. *Hkr.* 102,6b.
folk ránar þér mána Þorl. Rauþf. *Hkr.* 170,4a.
sliks vas ván at hánum Þórþr Kolb. *Hkr.* 170,31a.
fráns leggbita hánum Halld. ókr. *Hkr.* 212,20b.
mitt rán gefisk hánum Ól. heil. *Hkr.* 446,26b.
auþván róit hánum Sighv. sk. *Hkr.* 253,30a.
Skánunga gramr hánum Þórþr Sjár. *Hkr.* 422,26b.
segi ván Heþins kvánar Giz. y. *Hkr.* 475,31b.
ormfrán séa hánum Sighv. sk. *Hkr.* 491,4b.
fimtán á því láni Sighv. sk. *Hkr.* 510,18a.
Skánunga gramr hánum Þjóþ. sk. *Hkr.* 532,4b.

Skáney yfir sláni Þjóþ. sk. Hkr. 543,16*b.*
Skánunga lokvánir Þjóþ. sk. Hkr. 542,24*a.*
ráns galt herr frá hánum Arn. jarl. Hkr. 543,21*a (!).*
Skáney Dǫnum nánar Valg. Hkr. 559,33*b.*
fráns sizt ýtt vas hánum Þjóþ. sk. Hkr. 592.2*b.*
þrotna ván frá hánum Steinn Herd. Hkr. 593,27*a.*
afls ván þaþan hánum Þjóþ. sk. Hkr. 605,13*b.*
vánar dags á Spáni Halld. skv. Hkr. 663,19*a.*
rán gekk slíkt at vánum Sturla Kgs. 325,9*b.*

áp : áp.

hryngráp Egils vápna Hallfr. v. Wis. 33; 8,4.
hjǫrgráps hugþa drápu Hallarst. Wis. 50; 34,7 (!).

ár : ár.

ár-Gefnar mat báru Þjóþ. hv. Wis. 9; 2,6.
már valkastar báru Þjóþ. hv. Wis. 9; 3,6 (vgl. *Gisl. Ark.* VIII, 52).
Fárbauta mǫy Várar Þjóþ. hv. Wis. 9; 5,2.
váru heldr ok hárar Þjóþ. hv. Wis. 10; 10,7 (!).
hárs ǫl-Gefjon sára Þjóþ. hv. Wis. 11; 20,2.
Fárbauta mǫg vári Ulfr Ugg. Wis. 29; 2,4.
randfárs brumaþr hári Hallfr. v. Wis. 33; 1,4.
loyndrungum váru Hallfr. v. Wis. 35; 9,2.
naddfárs í bǫþ sárir Hallfr. v. Wis. 35; 10,2.
fár beiþ ór staþ sára Sighv. sk. Wis. 38; 2,6.
frár ok gekk at árum Hallarst. Wis. 49; 25,8.
ár grimmliga skáru Ein. Skúl. Wis. 58; 40,8.
undbáru flug váru Ein. Skúl. Wis. 60; 54,6.
bláróst konungr árum Guth. s. Hkr. 87,34*a.*
ófár búendr sárir Þórþr Sjár. Hkr. 107,4*b.*
sárgamms blǫþum ára Þórþr Kolb. Hkr. 156,4*b.*
már fekk á sjá sára Halld. ókr. Hkr. 206,8*b* (!).
sárlauk roþinn bárum Skúli Þorst. Hkr. 211,24*b.*
ár at hersar váru Þórþr Kolb. Hkr. 217,29*a.*
fár hans býir váru Þórþr Kolb. Hkr. 217,35*b.*
mǫry ár und þér báru Útt. sv. Hkr. 220,11*b.*
ófár búendr sárir Sighv. sk. Hkr. 253,13*b.*
sára linns í ári Bersi Sk. Hkr. 254,13*b.*
fell sár á il hvára Sighv. sk. Hkr. 307,33*b.*
sárs leyfum vér árar Sighv. sk. Hkr. 431,30*a.*
hvárungi frák váru Sighv. sk. Hkr. 488,35*b.*
árstrauma vann sáran Hofgerþ. Hkr. 491,27*b.*
hyggr fár um mik sáran Þorm. Kolbr. Hkr. 497,34*b.*
hárvǫxt konungs áru Sighv. sk. Hkr. 508,32*a.*
vígtár konungs árum Sighv. sk. Hkr. 521,6*b.*

nár á hverri báru Þjóþ. sk. Hkr. 538,37*b.*
sjár þýtr auþs um árum Þjóþ. sk. Hkr. 539,8*b (?).*
mǫrg tár í grǫf báru Oddr Kik. Hkr. 568,13*a.*
Danir váru þá báru Bǫlv. Hkr. 570,14*b.*
hvert ár Danir váru Stúfr sk. Hkr. 571,19*b.*
hár sjau tigum ára Þjóþ. sk. Hkr. 592,19*a.*
ófár Mǫrukára Steinn Herd. Hkr. 615,21*a.*
knár riddarinn hári Eldjárn Hkr. 652,4*a.*
hár þar's staddir várut Eldjárn Hkr. 652,13*b.*
nár drekkr suþr ór sárum Magn. berf. Hkr. 654,22*a (?).*
eljunþrár und hári Ein. Skúl. Hkr. 717,16*a.*
váru sogns meþ sára Ein. Skúl. Hkr. 742,3*a (?).*
kapps hár logi sára Ól. hvít. Kgs. 303,29*b.*
fár eldingar meginsára Ól. hvít. Kgs. 386,35*b.*
ógnarbáru hǫfuþsára Sturla Kgs. 433,15*b.*
feþgin vár meþ nógu dari Eyst. Ásgr. Wis. 89; 18,8.
Márja hlýþ nú orþum várum Eyst. Ásgr. Wis. 90; 28,2.
geislinn brár fyr augum várum Eyst. Ásgr. Wis. 91; 33,4.
fyr Máriu grát hinn sára Eyst. Ásgr. Wis. 94; 57,2.
son Máriu er naglar skáru Eyst. Ásgr. Wis. 98; 87,4.
Márja léttu syndafári Eyst. Ásgr. Wis. 99; 91,4.
Márja líttu klǫkk á tárin Eyst. Ásgr. Wis. 99; 91,6.
Márja ber þú smyrsl í sárin Eyst. Ásgr. Wis. 99; 91,8.

árr : ár.

sárr mun gramr at hváru Hallfr. v. Wis. 36; 19,6.
Márja lifþu sæmd í hárri Eyst. Ásgr. Wis. 99; 91,2.

ársk : ársk.

árskaptan grun vinir hvárskis Ól. helt. Kgs. 344,4*a.*

ás : ás.

hrafnásar viþ blása Þjóþ. hv. Wis. 9; 4,4.
þais ellilyf Ása Þjóþ. hv. Wis. 10; 9,3 (?).
atblásendr því vási Þjóþ. sk. Hkr. 542,28*a.*
hrás þaut vargr í ási Bǫlv. sk. Hkr. 547,4*a.*

ásk : ásk.

sásk vítt búendr háska Þórþr Kolb. Hkr. 154,34*a* (*sázt vík búendr ríkir Fris.* 120,14*a*).

áss : ás.

áss hretviþri blásin Eil. Guþr. Wis. 31; 8,8 (vgl. *Gisl. Ark. VIII,* 57).

át : át.

*firrist hlátr enn kann at grála Eyst. Ásgr. Wis. 92; 42,2.
ógrátandi vǫrrum láta Eyst. Ásgr. Wis. 95; 59,2.
fyrlátiþ mér ek vil grála Eyst. Ásgr. Wis. 97; 79,1.
rátr til glóps á báti Sighv. sk. Hkr. 307,30a.
oflátinn skal gráta Sighv. sk. Hkr. 521,6a.
litt kátr meþ brá váta Sturla Kgs. 482,16b.*

átt : átt.

*vátt sinn bana þátti Þjóþ. hv. Wis. 10; 16,8.
átta mærþar þáttum Ulfr Ugg. Wis. 29; 2,8.
Vinþum háttr enn átta Sighv. sk. Wis. 39; 8,2.
hátt 's víkingar áttu Sighv. sk. Wis. 39; 10,6.
brátt réþ hann þeims átti Hallarst. Wis. 46; 2,6.
hljómváttandi knátti Hallarst. Wis. 46; 3,6.
hátt fjall hvártki mátti Hallarst. Wis. 49; 27,5 (!).
slíkr háttr svá munk rátta Hallarst. Wis. 50; 35,5 (!).
sátta rof þaz buþlungr átti Mark. Skeggj. Wis. 52; 15,4.
hersa máttir sex ok átta Mark. Skeggj. Wis. 53; 30,8.
máttigs framir váttar Ein. Skúl. Wis. 54; 6,4.
máttigt hǫfuþ áttar Ein. Skúl. Wis. 54; 8,8.
Evam brátt sem Moises váttar Eyst. Ásgr. Wis. 88; 13,2.
náttúran sér ekki mátti Eyst. Ásgr. Wis. 91; 31,4.
átti dagr af fæþing váttar Eyst. Ásgr. Wis. 91; 35,6.
er nú váttr er þann dag mátti Eyst. Ásgr. Wis. 92; 37,6.
sjálf náttúran manndóm váttar Eyst. Ásgr. Wis. 96; 65,4.
fátt er þat er siþuna váttar Eyst. Ásgr. Wis. 97; 76,8.
átt er skjǫldungr máttit Sighv. sk. Hkr. 230,27a.
máttit jarl þau's áttuþ Ótt. sv Hkr. 235,18b (!).
hátt vápna brak knátti Sighv. sk. Hkr. 253,11a.
þǫrf nátt ok dag sáttum Sighv. sk. Hkr. 311,15a.
áttungr í sal knátti Sighv. sk. Hkr. 416,23b.
eigi smátt er máttit Sighv. sk. Hkr. 491,31a.
átt leifþ Haralds knátti Sighv. sk. Hkr. 516,23b.
átt hafa þeira sáttir Þjóþ. sk. Hkr. 532,2b.
áttján Haraldr sáttir Þjóþ. sk. Hkr. 555,10a.
fátt's til nema játta Þjóþ. sk. Hkr. 577,29b.
eigi brátt viþ sáttum Anon. Hkr. 602,36b.
sátt lauksk þar meþ váttum Anon. Hkr. 603,15b.
fráttu hve fylkir mátti Bjǫrn krepph. Hkr. 641,11b (?).
fátt liþ galeiþr átta Halld. skv. Hkr. 663,12b.
knátti enn hin átta Halld. skv. Hkr. 666,1a (!).
máttigr tigir átta Ein. Skúl. Hkr. 742,6a.*

átt : át.

látr valrugar máttu Eil. Guþr. Wis. 32; 19,6.
látr minn faþir átti Eyv. sk. Hkr. 112,13b.
allbrátt at fjǫrláti Sighv. sk. Hkr. 446,4b.

ár : ár (doch vgl. S. 21).

þá vá Þorsteinn hávan Haukr Vald. Wis. 81; 23,7 (!).
ná vas hjǫrr ens háva Ein. Skúl. Wis. 59; 44,5.

áv : áf (doch vgl. S. 21).

svá frák hitt át hára Hallfr. v. Wis. 34; 3,1 (!).

áþ : áþ.

ráþalfs af mar bráþum Brage Wis. 3; 11,8 (vgl. Wis. 117).
dagráþ Heþins váþa Ein. Skúl. Wis. 28; 21,4.
háþi jarl þars áþan Ein. Skúl. Wis. 29; 22,1 (!).
heiptbráþr umb sik váþir Hallfr. v. Wis. 33; 2,4.
dáþ ǫflgan gram kváþu Hallfr. v. Wis. 34; 2,4.
randláþs riþir kváþu Hallfr. v. Wis. 36; 17,6.
áþr bragningi ráþit Sighv. sk. Wis. 43; 11,6.
áþr skalt viþ því ráþa Sighv. sk. Wis. 43; 13,2.
ulfa gráþar þeira ráþi Arn. jarl. Wis. 44; 5,2.
sóknbráþr sigri ráþa Hallarst. Wis. 46; 3,7 (!) (*sannfróþr* Flb
    I, 94; Fms I, 105).
sóknbráþs jǫfurs dáþir Ein. Skúl. Wis. 55; 12,2.
tírbráþr á goþ láþi Ein. Skúl. Wis. 55; 13,2.
dáþmilds koma láþi Ein. Skúl. Wis. 56; 25,8.
happsdáþir því ráþi Ein. Skúl. Wis. 62; 70,4.
láþvǫrþr Aþalráþi Ótt. sv. Hkr. 225,34a.
hǫfum ráþit vel báþir Sighv. sk. Hkr. 248,33b.
áþr at slíku láþi Ótt. sv. Hkr. 284,33b.
ógnbráþr áþr þér náþum Ótt. sv. Hkr. 334,22b.
ormláþs hati báþa Sighv. sk. Hkr. 343,2b.
áþr var stýrt til váþa Arn. jarl. Hkr. 364,24b.
alldáþgǫfugr báþum Sighv. sk. Hkr. 377,18a.
hvatráþr ertu láþi Ótt. sv. Hkr. 422,21b.
sá var áþr búinn ráþa Sighv. sk. Hkr. 445,6b.
ráþinn varþ frá láþi Bjarni gullbr. Hkr. 447,1b.
framráþr tjogu háþi Sighv. sk. Hkr. 510,25a.
sannráþinn frá láþi Þjóþ. sk. Hkr. 519,11b.
bráþ fekk hrafn's háþum Þjóþ. sk. Hkr. 538,3a (!).
bráþr at váru ráþi Þjóþ. sk. Hkr. 542,26a.
hvatráþr konungr láþi Þorl. f. Hkr. 573,8b (Þjóþ. sk. Mork. 57;
    Flb III, 341).
ráþandi manndáþa Þjóþ. sk. Hkr. 594,2b.

snarráþs enn þá báþa Þjóþ. sk. Hkr. 620,17b.
leyft ráþ vax þat nápi Ein. Skúl. Hkr. 667,9b.
folkbráþr konungr hápi Hallr Sn. Kgs. 71,12b.
geþbráþir landráþa Sturla Kgs. 320,14b.
ógnarbráþs at fylkis lápi Sturla Kgs. 433,4a.
varma bráþ at þinu rápi Sturla Kgs. 433,17a.

ef : ef.

rekstefju tekk hefja Hallarst. Wis. 46; 1,4.
hefk þar lokit stefjum Hallarst. Wis. 49; 24,4.
gefit á jǫrþ mik leystan hefþi Eyst. Ásgr. Wis. 90; 22,8.

efl : efl.

steflig orþ megi tungan efla Eyst. Ásgr. Wis. 94; 51,4.

efn : efn.

hefnir fenguþ yrkis efni Arn. jarl. Wis. 46; 15,1.
sóknefnandi at hefna Haukr Vald. Wis. 80; 17,6.
Júþas nefndr er óvænt stefndi Eyst. Ásgr. Wis. 93; 48,4.
hefnendr setuefni Eyv. skald. Hkr. 103,20a.
Gefnar sinni stefnu Eyv. skald. Hkr. 106,8a.
Skjalgs hefnir sér nefna Sighv. sk. Hkr. 444,32a.
vefgefn þriar stefnur Þjóþ. sk. Hkr. 540,22b.
efni mæltrar stefnu Anon. Hkr. 602,27a.
hefnendr konungs efni Þjóþ. sk. Hkr. 620,19b.

efnd : efnd.

hefnd sins fǫþur efnda Hallarst. Wis. 46; 5,4.

efr : efr.

hefr hann langt yfir spheras efri Eyst. Ásgr. Wis. 96; 72,6.

efs : efs.

refsing firum efsa Sighv. sk. Hkr. 453,16b (hnefsa Flb II, 316;
ofsa OHS 190).

eft : eft.

heftuþ ér enn eftir Útt. sv. Hkr. 284,24b.

eg : eg.

hegju hilmis segja Hallarst Wis. 49: 23,7.
hás vegs megi segja Ein. Skúl. Wis. 61; 64,2.
veg þinn konungr segja Eyv. skald. Hkr. 103,18b.
segik þat megi Þór. loft. Hkr. 441,8b.

þegi seimbrotar segja Arn. jarl. Hkr. 515,9a (?) (sic OHS 234; Flb
III, 262; Fris 168,3a; Kph. III, 1; Fms. VI, 22; þeigi : seigja
Pering. II, 1; þe(y)gi Hkr. 515; vgl. Thork. 73).
hvatt segir hinn's þat feyrir Þjóþ. sk. Hkr. 605,15b.

egg : egg.

gunnvegjar brú leggja Þjóþ. hv. Wis. 9; 1,2.
hreggs døgling tveggja Þorbj. hornkl. Wis. 14; 4,4.
geira hregg riþ seggi Þorbj. hornkl. Wis. 14; 5,2.
réþ egglituþr seggir Þorbj. hornkl. Wis. 14: 5,6 (red egghrodr
    leggia Flb I, 572; egghróþr Fms X, 187,18; vgl. Njál. II, 115).
eggþings Heþins reggjar Ein. Skál. Wis. 28; 14,6.
hreggs vafreyþa tveggja Eil. Guþr. Wis. 32; 14,6.
fótlegg þurnis reggjar Eil. Guþr. Wis. 32; 17,4.
hnitregg meþ fjǫlþ seggja Hallfr. v. Wis. 35; 7,6.
hvárttveggja mér seggir Hallfr. v. Wis. 36; 19,8.
folksveggs drífar hreggi Sighv. sk. Wis. 39; 10,2.
óskeggjaþr þá beggju Sighv. sk. Wis. 43; 17,8.
myrkt hregg mækis eggja Hallarst. Wis. 48; 20,1 (!).
armleggjar rǫf dýrum seggjum Mark. Skeggj. Wis. 51; 7,4.
eggjar týndan lífi seggja Mark. Skeggj. Wis. 52; 19,6.
frán beit egg at leggja Ein. Skúl. Wis. 57; 29,6.
seggs marglitendr eggja Ein. Skúl. Wis. 60; 59,2.
seggr døglinga tveggja Haukr Vald. Wis. 80; 12.2.
eggdjarfr fyrir seggi Haukr Vald. Wis. 80; 15,6.
hregg Miþfjarþar Skeggi Haukr Vald. Wis. 81; 21,2.
seggir blandit gall meþ drengjum Eyst. Ásgr. Wis. 95; 58,2.
ráþlauss seggr at ýmsum veggjum Eyst. Ásgr. Wis. 99; 92,6.
seggi mækis eggjar Glúmr Geir. Hkr. 87,4b.
sóknheggr und sik leggja Glúmr Geir. Hkr. 136,32b.
sverþs eggja spor leggja Tindr Hallk. Hkr. 160,22a (leggi Kph.
    I, 241; Pering I, 258; Thork. 56; doch vgl. Wimmer, navne-
    ord. bøjn. S. 57).
seggir hvárirtveggju Sighv. sk. Hkr. 252,22b.
skeggi aþrartveggju Sighv. sk. Hkr. 255,22b.
beggja kost á veggjum Sighv. sk. Hkr. 310,4a.
sakar leggit þit beggja Sighv. sk. Hkr. 310,22b.
þess eggjumk vér hreggi Þorf. m. Hkr. 476,5b.
seggr hné margr und eggjar Sveinfl. Hkr. 513,19a.
seggjum hneitis eggja Arn. jarl. Hkr. 515,10a.
hreggi óst ok leggi Þjóþ. sk. Hkr. 539,7b.
hregg af eikiveggjum Þjóþ. sk. Hkr. 540,20a.
reggbuss saman leggja Arn. jarl. Hkr. 541,11b.
eggdjarfr und sik leggja Stúfr sk. Hkr. 555,18a.
eggjumk vígs ok tveggja Har. harþr. Hkr. 586,33a.

skeleggjaþr framm leggja Steinn Herd. Hkr. 594,9b.
hvárstveggja mjǫk seggir Anon. Hkr. 602,34a.
eggjask vestr at leggja Trǫllk. Hkr. 612,31a.
eggdjarfr í frið leggja Steinn Herd. Hkr. 629,15a.
seggja kind und eggjar Bjǫrn krepph. Hkr. 647,15b.
hvártveggja Breiðskeggi Blakkr Kgs. 121,5a.
hreggmildr jǫfurr leggja Guþm. Odds. Kgs. 274,19a.
stála hregg þvít æ mun beggja Ól. hvít. Kgs. 356,33b.

egl : egl.

véglig flaust und búnu segli Sturla Kgs. 441,12b.

eglþ : eglþ.

neglþum straum hinn heglþa Þjóþ. sk. Hkr. 592,17b.

egn : egn.

þegns gnótt mǽilregni Ein. Skál. Wis. 27; 4,4.
sverþregns loft þegna Ulfr Ugg. Wis. 30; 9,4.
fjǫlgegn ok réþ hegna Sighv. sk. Wis. 42; 4,2.
hjaldrgegnir bú þegna Sighv. sk. Wis. 42; 11,2.
drergs regn dreyra megnum Hallarst. Wis. 50; 31,3 (dverg regns
      djŕþar magnat Fms II, 282; dyggregns dyrdar mǻggnut
      Flb I, 468).
þegnum kunni ósiþ hegna Mark. Skeggj. Wis. 51; 8,4.
rógs hegnir drap ótal þegna Mark. Skeggj. Wis. 52; 20,2.
hvargegnan má Qzur fregna Mark. Skeggj. Wis. 53; 27,6.
liþgegn snara þegna Ein. Skál. Wis. 55; 14,6.
regn dreif stáls í gegnum Ein. Skál. Wis. 60; 55,2 (regn dreif staal
      á þegna Flb I, 6).
friþgegns af jartegnum Ein. Skál. Wis. 61; 67,2.
naddregns hvǫtum þegni Eyr. sk. Hkr. 103,34a.
gegn eru þér at þegnum Ótt. sv. Hkr. 334,21a (!).
þegns dóttir mik fregna Giz. y. Hkr. 475,33a.
regndjarfr tváa þegna Hofgarþ. Hkr. 491,27a.
regni haust nótt gegnum Arn. jarl. Hkr. 541,13b.
fegnir lǫnd ok þegna Þjóþ. sk. Hkr. 562,28b.
þegnar alt í gegnum Anon. Hkr. 602,34b.
gram fregn at því gegnan Guþm. Odds. Kgs. 274,20a (!).
gegn létuþ kyr hegna Ól. hvít. Kgs. 303,30b (!).
hyggju gegn enn líf gaf þegnum Ól. hvít. Kgs. 373,6b.
vegnat brǫgþum fegnir Ól. hvít. Kgs. 374,14b.
grár regnbogi Hnikars þegna Ól. hvít. Kgs. 386,33b.
yþrir þegnar rána hegnir Sturla Kgs. 426,18a.
þegnar úfegnir Sturla Kgs. 471,25b.

egr : egr.

fár vegr es mér fegri Þjóþ. sk. Hkr. 542,17 b (!).

eidd : eidd.

greiddr sárliga meiddu Ein. Skúl. Wis. 58; 40,4.
leiddr af móþur faþminn breiddi Eyst. Ásgr. Wis. 94; 55,6.
lamdr ok meiddr er valdit beiddi Eyst. Ásgr. Wis. 95; 61,8.

eif : eif.

raddsveif at Þorleifi Þjóþ. hv. Wis. 9; 1,4 *(raddkleif W).*
bifkleif at Þorleifi Þjóþ. hv. Wis. 10; 13,8 u. 11; 20,8.
hugreifum Óleifi Úlfr Ugg. Wis. 29; 1,2.
folkreifum Óleifi Hallfr. v. Wis. 35; 11,4.
benkneif fyr Óleifi Hallfr. v. Wis. 36; 15,8.
hugreifum Óleifi Hallfr. v. Wis. 37; 28,2.
portgreifar Óleifi Sighv. sk. Wis. 39; 8,8.
dreif mest at Óleifi Sighv. sk. Wis. 39; 9,8.
fǫþurleifþ konungs greifum Sighv. sk. Wis. 43; 14,8 *(fulleiþ : reiþi*
  Fms VI, 44; *fulleidr : greifum Flb III,* 269).
ǫrn reifir Óleifi Ótt. sv. Wis. 141; 6,3 (!)
hugreifr meþ Óleifi Halld. ókr. Hkr. 215,6 a.
gunnreifum Óleifi Sighv. sk. Hkr. 252,22 a.
hugreifum Óleifi Sighv. sk. Hkr. 430,7 a.
Óleifr funa kleifar Jǫk. Hkr. 454,22 b.
gunnreifr meþ Óleifi Þorm. Kolbr. Hkr. 476,10 b.
þreifsk sókn meþ Óleifi Sighv. sk. Hkr. 480,21 a.
gunnreifum Óleifi Sighv. sk. Hkr. 491,2 a.
vigreifr fyr Óleifi Bjarni gullbr. Hkr. 493,14 a.
fjǫruskeifr á her veifat Þór. stuttf. Hkr. 687,2 a.

eifþ : eifþ.

ættleifþir svan reifþan Guþm. Odds. Kgs. 274,21 b.

eig : eig.

geigurþing at eiga Hallfr. v. Wis. 35; 9,4.
ódeigr Skota feiga Hallarst. Wis. 47; 6,8.
hneigendr Dvalins veigum Haukr Vald. Wis. 78; 1,4.
krýpk eigi srá sveigir Bersi Hkr. 254,12 b (!).
feigr eþa Danmǫrk eiga Arn. jarl. Hkr. 529,4 b.
valteigs brakan eigi Har. harþr. Hkr. 620,12 a.
hyrsveigir mér eigi Guþm. Odds. Kgs. 274,19 b.
geigurþing viþ yþr at eiga Sturla Kgs. 412,9 a.
feigir svanteigar Sturla Kgs. 470,8 b.

eigþ : eigþ.

Visundr hneigþi þrǫm sveigþan Þjóþ. sk. Hkr. 529,14 b.

eik : eik.

sveik opt Ása leikum Þjóþ. hv. Wis. 10; 12,2.
folkleikr Heþins reikar Ein. Skál. Wis. 29; 24,6.
skáleik Heþins reikar Eil. Guþr. Wis. 31; 11,8.
illbleikum gaf steikar Ein. Skúl. Wis. 58; 43,4.
léttleikann í svaranna reikan Eyst. Ásgr. Wis. 89; 17,2.
eik sá's rauþ hin bleika Sighv. sk. Hkr. 444,2a.
eik hrí vér 'rom bleikir Þorm. Kolbr. Hkr. 498,10a.
bleikr verþungar leiki Sighv. sk. Hkr. 521,24a.

eil : eil.

feþr Meila sér deila Þjóþ. hv. Wis. 9; 4,2.
þrymseilar hval deila Þjóþ. hv. Wis. 9; 5,4.
heilagr á þvi deili Ein. Skúl. Wis. 58; 41,8.
geþ deilisk mér seilar Haukr Vald. Wis. 78; 2,8.
heilagt riþ þau deila Sighr. sk. Hkr. 308,8b.
heilráþ Svía deila Sighv. sk. Hkr. 516,19b.

eim : eim.

reimuþ Jǫtunheima Þjóþ. hv. Wis. 9; 7,6.
lǫgseims faþir heiman Eil. Guþr. Wis. 30; 1,4.
þeim skævaþar geima Hallfr. v. Wis. 35; 5,6.
geima vals í þessum heimi Arn. jarl. Wis. 45; 9,8.
þeim es fremstr varþ beima Hallarst. Wis. 46; 1,8.
þeim bauþ Kristr af heimi Hallarst. Wis. 50; 33,2.
þeirar heims í heimi Ein. Skúl. Wis. 54; 2,1 (!).
heims myrkrum brá þeima Ein. Skúl. Wis. 54; 2,2.
heims læknir gram þeima Ein. Skúl. Wis. 60; 57,8.
þeim sárjǫkuls geima Haukr Vald. Wis. 80; 14,8.
þeim í gegn enn seima Haukr Vald. Wis. 81; 26,6.
nálgist heim ok ættir beima Eyst. Ásgr. Wis. 92; 39,6.
heimleiþar þvít verþa beimar Eyst. Ásgr. Wis. 97; 74,4.
heimkvámu styr þeima Sighv. sk. Hkr. 255,18a.
ýgr tveim viþ kyn beima Ótt. sv. Hkr. 422,23b.
seims þjóþkonungr beimum Sighv. sk. Hkr. 429,28b.
seims enn þat veitk heiman Sighv. sk. Hkr. 492,24a.
heimkvámu fyr beima Þjóþ. sk. Hkr. 539,9a.
þeim's hann gaf seima Oddr Kík. Hkr. 568,15a.
þeim markar bǫl sveima Bjǫrn krepph. Hkr. 641,23a; Sturla Kgs.
    305,27a.

ein : ein.

hvé hreingróit steini Brage Wis. 2; 1,2.
myrk hreins loka reinar Þjóþ. hv. Wis. 10; 16,6.
hein at Grundar sveini Þjóþ. hv. Wis. 11; 19,4.
morþteins í dyn fleina Korm. Ǫgm. Wis. 26; 2,2 (morþreins Codd.).

rein at Singasteini Ulfr Ugg. Wis. 29; 2,2.
friþsein vas þar hreini Eil. Guþr. Wis. 32; 13,6.
mein þótt smátt sé und einum Hallfr. v. Wis. 37; 26,4.
Aþalsteins búendr seinir Sighv. sk. Wis. 42; 4,8.
meinilla gekk Sveini Hallarst. Wis. 48; 20,2.
hreins ok flokka eina Hallarst. Wis. 50; 34,4.
einart lá þat fyrr und Sveini Mark. Skeggj. Wis. 52; 23,8.
hrein musteri fimm at steini Mark. Skeggj. Wis. 52; 25,4.
sín mein goþi einum Ein. Skúl. Wis. 55; 14,4.
hreins grimmligra meina Ein. Skúl. Wis. 61; 61,6.
fleinglygg Aþalsteini Haukr Vald. Wis. 79; 9,4.
Aþalsteins dunu fleina Haukr Vald. Wis. 80; 13,2.
einvigis til hreina Haukr Vald. Wis. 80; 15,2.
ǫllbeinir hlaust fleini Haukr Vald. Wis. 80; 16,8.
fleins at morni einum Haukr Vald. Wis. 81; 23,6.
Steinars syni fleina Haukr Vald. Wis. 81; 26,8.
eining sonn í þrennum greinum Eyst. Ásgr. Wis. 87; 1,8; 100; 100,8.
einfalt boþ meþ dyggleik hreinum Eyst. Ásgr. Wis. 89; 14,6.
svá'r greinanda at húsi einu Eyst. Ásgr. Wis. 90; 27,6.
hold ok bein af líkam hreinum Eyst. Ásgr. Wis. 91; 30,8.
ein persóna þrennrar greinar Eyst. Ásgr. Wis. 91; 31,8.
hreinferþugastra meydómsgreina Eyst. Ásgr. Wis. 91; 33,8.
sex daga grein ok fjórum einum Eyst. Ásgr. Wis. 92; 36,6.
flein ódygþar honum at meini Eyst. Ásgr. Wis. 92; 42,8.
sex daga grein ok fjórum einum Eyst. Ásgr. Wis. 96; 68,2.
hreinferþugastan lærisveinum Eyst. Ásgr. Wis. 96; 68,4.
tveim einum selmeina Guth. s. Hkr. 88,10a.
rein í hǫfn at Sveini Sighv. sk. Hkr. 252,8a.
meinum tolf ok eina Sighv. sk. Hkr. 307,35a.
eins þat's tókt af Sveini Sighv. sk. Hkr. 310,16b.
gein hauss firir steini Þjóþ. sk. Hkr. 539,16a.
steinblindr aþalmeini Þór. Skeggj. Hkr. 557,9b.
meinfért þaþan Sveini Þjóþ. sk. Hkr. 541,28a.
segik eina spá fleini Þjóþ. sk. Hkr. 570,10a.
Sveins fagrdrifin steini Þorl. f. Hkr. 572,7b.
Einar þann's kann skeina Har. harþr. Hkr. 578,19a.
þar's eindagaþr Sveini Þjóþ. sk. Hkr. 593,4b.
meinfért Haraldr Sveini Steinn Herd. Hkr. 595,2a.
Heina illum steini Þjoþ. sk. Hkr. 606,29a.
hrein skulu tveir fyr einum Ulfr. st. Hkr. 612,2b.
mein um afl sér steini Þork. ham. Hkr. 639,6b.
ein es sú's mér meinan Magn. berf. Hkr. 654,20a (?).
rísa grein á sumri einu Öl. hvít. Kgs. 259,20.
einart viþ guþ hreinan Sturla Kgs. 458,12b.
fleins í staþ einum Sturla Kgs. 464,29a.

einn : einn.

Eysteinn konungr beinna Ein. Skúl. Wis. 54; 8,2.
fœþist sveinn af meyju hreinni Eyst. Ásgr. Wis. 91; 33,2.
einn er dróttinn Márju hreinni Eyst. Ásgr. Wis. 100; 95,8.
einn hefsk friþr at beinni Hallv. Hár. Hkr. 442,2a.
Sveinn at Danmǫrk einni Bjarni gullbr. Hkr. 519,18a.
Sveinn rómǫldu einnar Bǫlv. Hkr. 565,18b.

einn : ein.

tálhreinn meþal beina Þjóþ. hv. Wis. 9; 3,2.
Sveinn harþliga skeina Sighv. sk. Hkr. 253,28a.
Haraldr ok Sveinn viþ meinum Anon. Hkr. 603,15a.

eiþ : eiþ.

sveiþr varþ i fǫr Greiþar Þjóþ. hv. Wis. 10; 13,4.
ógnsveiþinni blóþgum greipum Ól. hvít. Kgs. 387,18a.

eir : eir.

meir Hákonar fleira Korm. Ǫgm. Wis. 26; 3,2 (meirr Sigrǫðar
    fleira SnE I, 466; fleina Cod. 1 eʒ).
meir hollvinir fleiri Hallfr. v. Wis. 35; 5,8.
Eirikr eþr hlut meira Hallfr. v. Wis. 36; 15,6.
geirar upp at Leiru Sighv. sk. Wis. 40; 14,4.
meiri verþi þinn enn þeira Arn. jarl. Wis. 44; 1,7 (!).
fleiri skip til óþals þeira Arn. jarl. Wis. 45; 11,8.
þeira flaust viþ sigri meira Arn. jarl. Wis. 46; 14,8.
Eirikr i dyn geira Hallarst. Wis. 48; 22,6.
geira hóti fleira Hallarst. Wis. 49; 24,8.
Eirikr vas sás mátti meira Mark. Skeggj. Wis. 51; 9,7 (!).
Eirikr vas til Róms i þeiri Mark. Skeggj. Wis. 51; 12,8.
Eirikr brendi sali þeira Mark. Skeggj. Wis. 52; 22,6.
Eirikr þótt vas gefit fleira Mark. Skeggj. Wis. 53; 30,6.
meir jarteigna þeira Ein. Skúl. Wis. 57; 34,6.
hykk meir geta þeira Haukr Vald. Wis. 79; 7,2.
atgeirs i fǫr þeiri Haukr Vald. Wis. 79; 9,6.
geirveþr i fǫr þeiri Guth. s. Hkr. 88,24b.
Eiriks of rak geira Glúmr Geir. Hkr. 102,26b.
geirveþr i fǫr þeiri Glúmr Geir. Hkr. 121,8b.
Eirikr i hug meira Þórþr Kolb. Hkr. 170,33a.
Eirikr und sik geira Eyj. Daþ. Hkr. 199,9a u. 200,4a.
Eirikr koma þeira Þórþr Kolb. Hkr. 232,14b.
eirlaust konungr þeira Sighv. sk. Hkr. 252,6b.
þeir áttu flug þeira Sighv. sk. Hkr. 255,26b.
meir fannsk þinn enn þeira Ótt. sv. Hkr. 284,32a.
meir kunnum skil fleiri Sighv. sk. Hkr. 307,17b.

Eiríks svika þeira Sighv. sk. Hkr. 310,11b.
framt's Eiríks kyn meira Sighv. sk. Hkr. 417,4b.
geirs ofrhugi meiri Sighv. sk. Hkr. 444,32b.
lið þeira frák meira Bjarni gullbr. Hkr. 447,4b.
þeir at halfu fleiri Sighv. sk. Hkr. 488,33b.
geirs orrostu meiri Þjóþ. sk. Hkr. 537,29b.
þeir létu skip fleiri Þorl. f. Hkr. 574,11b.
drepum meira hlut þeira Blakkr Kgs. 111,11b.
meir hofþingi þeira Blakkr Kgs. 120,34a.
herrar tveir af drengskap meira Ól. hvít. Kgs. 384,20a.
eiransamt við brúþfor þeiri Sturla Kgs. 422,4b.

eir : eirr.

geirrasár her þeira Ein. Skúl. Wis. 28; 19,4.
meir skyldumst enn nokkurr þeirra Eyst. Ásgr. Wis. 87; 4,6.

eis : eis.

svá geisar þá eldr ok eisa Eyst. Ásgr. Wis. 96; 70,5 (!) (*æsir A, F.-J.; æstist C*).

eist : eist.

iarþar vreist of freista Brage Ger. 23; 19,4.
reist gerþut þess jofrar freista Mark. Skeggj. Wis. 53; 32,4.
hreistr ok ull sem dropar ok gneistar Eyst. Ásgr. Wis. 99; 93,8.

eit : eit.

veitkat hitt hvárt Heita Hallfr. v. Wis. 36; 19,1.
bér heitir svá Peitu Sighv. sk. Wis. 40; 14,8.
sverþ beit enn fló peita Hallarst. Wis. 48; 17,6.
sveiti fell á valkost heitan Mark. Skeggj. Wis. 52; 19,8.
brenn heitu tók leita Ein. Skúl. Wis. 57; 35,6.
veitk son Hugins teiti Ein. Skúl. Wis. 58; 41,6.
heitfastr jofurr veitir Ein. Skúl. Wis. 61; 64,6.
þogn veiti hlyn peitu Haukr Vald. Wis. 78; 2,6.
Geitir réþ at beita Haukr Vald. Wis. 79; 3,6.
hrægeitunga feitir Halld. ókr. Hkr. 206,7b.
sleit orn gera beitu Halld. ókr. Hkr. 216,13b.
ógnteitir jofurr Peitu Ótt. sv. Hkr. 229,2a.
gammteitondum heita Sighr. sk. Hkr. 249,9a.
ulfs beitu fekk heitir Ótt. sv. Hkr. 422,23a.
olum teitan má sveita Þorf. m. Hkr. 476,3b.
hneitis egg i sveita Þjóþ. sk. Hkr. 541,26b.
frami veitisk þér beiti Valg. Hkr. 559,8a.
fylkis sveit hinn's veitat Þorl. f. Hkr. 572,31a.
ógnteitum lið veita Þjóþ. sk. Hkr. 605,13a.
veit orna sér beitu Trollk. Hkr. 612,31b.

beit döglinga hneitis Arn. jarl. Hkr. 621,8b.
sveita leik ok teiti Magn. berf. Hkr. 654,23a.
eitrköld roþin heitu Ein. Skúl. Hkr. 766,17a.
jöfra sveit þóat ráþug heiti Ól. hvit. Kgs. 356,35a.
sveitir háleitan Sturla Kgs. 464,22a.

eitr : eitr.

fránleitr ok blés eitri Ulfr Ugg. Wis. 29: 3,8.

eitt : eitt.

reitt er lif þat er Adám neitti Eyst. Ásgr. Wis. 90; 23,2.
eitt hans barn er miskunn veitti Eyst. Ásgr. Wis. 95; 64,8.

eitt : eit.

eitt kveld meginsveitum Sturla Kgs. 312,11.

eiþ : eiþ.

reiþr at Reifnis skeiþi Brage Wis. 3; 11,7 (!).
Veiþr mælti svá leiþir Þjóþ. sk. Wis. 10; 11,6.
heiþ sitr Þórr í reiþu Korm. Ogm. Wis. 26; 3,4.
eiþvandr flota breiþan Ein. Skúl. Wis. 26; 1,2.
stikleiþar veg breiþan Eil. Guþr. Wis. 30; 5,7.
heiþrekr of kom breiþu Eil. Guþr. Wis. 32; 17,2.
hleypimeiþr fyr Heiþa Hallfr. v. Wis. 34; 5,3 (!).
hann gekk reiþr of skeiþar Hallfr. v. Wis. 35; 6,2.
sæmeiþr konungs reiþi Sighv. sk. Wis. 38; 1,4.
leiþ vikinga skeiþar Sighv. sk. Wis. 38; 3,6.
reiþ herr ofan skeiþum Sighv. sk. Wis. 39; 5,6.
reiþr's herr konungr leiþask Sighv. sk. Wis. 43; 11,8.
skeiþarhúf meþ Gerzku reiþi Arn. jarl. Wis. 44; 2,4.
reiþar búningr upp í heiþi Arn. jarl. Wis. 45; 8,6.
heiþit folk í virki breiþi Arn. jarl. Wis. 45; 12,6.
baþ hann heiþin goþ meiþa Hallarst. Wis. 47; 9,4.
hvessimeiþr á skeiþum Hallarst. Wis. 47; 14,4.
heiþar manns í lofi reiþa Mark. Skeggj. Wis. 51; 4,8.
hristimeiþar konungs reiþi Mark. Skeggj. Wis. 53; 32,2.
heiþbjartrar lof greiþir Ein. Skúl. Wis. 61; 67,8.
fólkmeiþa vá beiþir Haukr Vald. Wis. 79; 4,6.
heiþinn unz varp meiþir Haukr Vald. Wis. 79; 6,6.
eldmeiþir tók reiþa Haukr Vald. Wis. 80; 15,8.
heiþingjar sem Júþar leiþir Eyst. Ásgr. Wis. 94; 53,2.
leiþa mik í dróttins reiþi Eyst. Ásgr. Wis. 97; 76,4.
allreiþr Dana skeiþar Guth. s. Hkr. 88,8b.
rymleiþ flota breiþan Eyv. sk. Hkr. 103,34b (*rimseiþ Fris* 80,31b).
viggmeiþr Dana skeiþum Þórþr Kolb. Hkr. 155,2b.

leiþangr Dana skeiþum Þórþr Kolb. Hkr. 157,15a.
folkmeiþar Dana skeiþar Eyj. Daþ. Hkr. 200,6a.
meiþr sjau tigum skeiþa Halld. ökr. Hkr. 207,31a.
rápneiþr lokit skeiþum Halld. ökr. Hkr. 215,8b (*rápneirþ Ólafss.*
     Oddii 59; *rápnreiþ Fgrsk.* 65).
skeiþ Hákonar reiþi Ótt. sv. Hkr. 235,19a.
greiþendr á skip reiþir Sighv. sk. Hkr. 253,7a.
reiþir upp á skeiþar Sighr. sk. Hkr. 253,13a.
heiþmildr eþa þá leiþumk Bersi Hkr. 254,17b.
breiþ eru austr til Eiþa Ótt. sv. Hkr. 284,30b (?).
reiþr um skóg frá Eiþum Sighr. sk. Hkr. 307,33a.
erum heiþnir vér reiþi Sighv. sk. Hkr. 308,15a.
Eiþaskóg á leiþu Sighr. sk. Hkr. 308,26b.
Eiþaskógr á leiþu Sighr. sk. Hkr. 309,4b.
heiþmanns tǫlu greiþri Sighr. sk. Hkr. 310,18a.
reiþr gekk hann um skeiþar Sighr. sk. Hkr. 444.8a.
ekk gekk reiþr um skeiþar Ól. heil. Hkr. 446,24b.
heiþsær á mik reiþi Jǫk. Hkr. 455,4b.
meiþr þess konungs leiþi Sighr. sk. Hkr. 523,12b.
heiþi rastar breiþa Þjóþ. sk. Hkr. 535,24b.
reiþr þorþir þú meiþa Þjóþ. sk. Hkr. 540,4b.
Magnús reiþr af skeiþum Þjóþ. sk. Hkr. 542,12a.
skreiþask lítils heiþar Har. harþr. Hkr. 546,19a.
skeiþr brynjaþar reiþi Bǫlv. sk. Hkr. 547,19a.
Haralds skeiþ und ref breiþum Þjóþ. sk. Hkr. 559,25b.
leiþ fyr yþr til skeiþa Valg. Hkr. 560,13b.
Heiþabœr af reiþi Menn Har. harþr. Hkr. 572,25a.
eiþ láta sér skeiþar Þjóþ. sk. Hkr. 592,26b.
eiþfastr Haraldr skeiþum Anon. Hkr. 602,14b.
greiþ dróttinssvik leiþa Bjǫrn krepph. Hkr. 641,14b.
ofanreiþ hinn þjóbreiþi Anon. Hkr. 650,13.
breiþ húfum þér reiþa Eldjarn Hkr. 652,2b.
reiþorþr tǫlur greiþir Ein. Skúl. Hkr. 744,4b.
breiþskeggs yfir leiþi Blakkr Kgs. 120,32a.
reiþr á land af skeiþum Sturla Kgs. 277,20b.
eiþvandr konungs reiþi Sturla Kgs. 305,25b.
þunnar skeiþr und búnu reiþi Sturla Kgs. 432,25a.
hlaþnar skeiþr á ratnit breiþa Sturla Kgs. 438,26b.
alla leiþ af flota breiþum Sturla Kgs. 441,17a.
skeiþum brynreiþar Sturla Kgs. 464,34b.
breiþa guþleiþum Sturla Kgs. 470,4a.
breiþar strandleiþir Sturla Kgs. 472,4a.

eiþr : eiþr.

reiþr atseti Hleiþrar Steinn Herd. Hkr. 594,29b.

ek : ek.

drekar landreka Sighv. sk. Wis. 41; 7,4.
þrekr dǫglinga rekna Ótt. sv. Hkr. 284,33a.
frændsekju styr rekja Sighv. sk. Hkr. 446,11a.

ekk : ekk.

hekk Vǫlsunga drekko Brage Ger. 25; 21,4.
sepr gekk Svǫlnis ekkja Þjóþ. hv. Wis. 10; 15,7.
straum hrekk-Mímis ekkjur Eil. Guþr. Wis. 31; 9,6.
bekk falljǫtuns rekka Eil. Guþr. Wis. 32; 18,8.
hugrekki sér þekkja Hallfr. v. Wis. 34; 1,4.
hnekkir sinna rekka Hallfr. v. Wis. 85; 2,6.
bekkdóm Heþins rekka Hallfr. v. Wis. 36; 12,4.
gekk hilmis lið rekkum Sighv. sk. Wis. 39; 5,8.
stillir fekk ok ekki Hallarst. Wis. 47; 12,6.
hrekkvíbaugs ens dekkra Ein. Skúl. Wis. 55; 16,2 (vgl. S. 45).
hastrekka mjǫþ drekki Haukr Vald. Wis. 78; 1,8.
hrekkjum vǫn í synd at blekkja Eyst. Ásgr. Wis. 93; 45,4.
flekklausastan vann til ekki Eyst. Ásgr. Wis. 96; 65,8.
gekk næst hugins drekka Þórþr Sjár. Hkr. 107,8b.
fekk regnþorins rekka Þórþr Kolb. Hkr. 232,24b (?).
þat's ekkju munr nekkvat Har. Sg. Hkr. 479,4a (?) (Þorm. Kolbr.
   Ohs 67; noccur Ohs 67; Flb II, 344).
þróask ekki mér rekka Sighv. sk. Hkr. 521,22a.
ek hefi ekki at drekka Þjóþ. sk. Hkr. 543,1a (?).
gekk á Fjón enn fekkat Valg. Hkr. 560,8a (?).
gekk at Sveinn af snekkju Arn. jarl. Hkr. 596,1a (?).
gekk sjalfr á mik drekka Stúfr sk. Hkr. 630,25b.
gekk hátt Skota stekkvir Bjǫrn krepph. Hkr. 646,33b.
gekk eldr um sjǫt rekka Ól. hvít. Kgs. 303,31a.
fekk sætt af því stilli rekka Ól. hvít. Kgs. 340,29b.

ekk : ek.

Eireks á haf snekkjum Guth. s. Hkr. 98,4b.
folkreks enn ǫl drekka Sighv. sk. Hkr. 255,27b.
hnektumk heiþnir rekkar Sighv. sk. Hkr. 308,7b (?).
úþekk sú's mér hnekti Sighv. sk. Hkr. 308,13b.
hnekt dýrloga bekkjar Sighv. sk. Hkr. 309,8b.
ekin dúþisk rá snekkju Þjóþ. sk. Hkr. 516,32a.
vekjandi mér snekkju Þjóþ. sk. Hkr. 626,20a.
Frireks ofar nekkvi Þorbj. skakk. Hkr. 795,6b.

ekn : ekn.

teknir menn ok dǫrrin reknu Arn. jarl. Wis. 44; 3,8.

eks : eks (ex : ex).

sex þeim es hvǫt rexa Þjóþ. sk. Hkr. 596,20a.

el : el.

selr út í þvi telja Sighv. sk. Wis. 43; 14,6 (dvelja Flb III, 269;
    Fms VI, 44).
veljendr glaþir telja Ein. Skúl. Wis. 61; 68,6.
velr svá mǫrg i kræþi at selja Eyst. Ásgr. Wis. 100; 98,2 (fela AB).
tel ek þenna svá skilning dvelja Eyst. Ásgr. Wis. 100; 98,4.
veljandi þér selja Eyv. sk. Hkr. 112,11b.
Steinkels gefin helju Þjóþ. sk. Hkr. 605,15a (Steinkel Fms VI, 336).

eld : eld.

Gauts eld hinn's styr beldi Korm. Qgm. Wis. 26; 4,2.
hjalmelda mar felldu Ulfr Ugg. Wis. 30; 8,4.
elds þeim svikum beldi Hallfr. v. Wis. 36; 20,6.
eldi glík í Danaveldi Arn. jarl. Wis. 45; 10,8.
heldr ok niþr í feldi Sighv. sk. Wis. 43; 13,6.
heldr náliga at kveldi Ein. Skúl. Wis. 59; 47,2.
lagar eldbrota veldi Ein. Skúl. Wis. 60; 53,4.
feikt ofbeldit krelr i eldi Eyst. Ásgr. Wis. 88; 9,6.
váru ofbeldit lǫngum feldan Eyst. Ásgr. Wis. 97; 77,2 (hreldan
    Magnuss.).
eldr ok reykr at beldir Ótt. sv. Hkr. 226,33b.
eld ef nú biþk fellda Sighv. sk. Hkr. 249,11a.
eldr hykk at sal feldi Klǫngr B. Hkr. 249,22a (Þórþr Sjár. Fyrsk. 74).
orþ seldum þau elda Bersi Sk. Hkr. 254,12a (!).
hás elds svikum belldu Sighr. sk. Hkr. 499,13b.
enn helzk þeim's sun seldi Sighv. sk. Hkr. 508,29b (!).
hyrfeld gefa eldi Þjóþ. sk. Hkr. 540,6b.
bjartr eldr Danaveldi Þjóþ. sk. Hkr. 542,24b.
bjartr eldr Hróiskeldu Valg. Hkr. 560,5b.
svipukveld vas þat eldi Þork. Skall. Hkr. 624,10a.
elds né ráns es kveldar Anon. Hkr. 640,2b.
veldr þvi karl í feldi Sig. Jors. Hkr. 686,2.
heldr i stuttum feldi Þór. stuttf. Hkr. 686,5a.
metumk heldr at val feldan Nefari Kgs. 110,10b.
hljóþ eldr i sal felldan Sturla Kgs. 205,25a.
heitan eld á Danaveldi Sturla Kgs. 433,25a.
harþa sveld ór Nóregs veldi Sturla Kgs. 437,19b.
himna eldr i Danaveldi Sturla Kgs. 441,19a.

eldr : eldr.

hitt veldr mér at meldrar Þorm. Kolbr. Hkr. 498,1a (!) (þat velldr
    mér en mæra Ohs 73).

elf : elf.

helfing sinn at Elfi Þjóþ. sk. Hkr. 593,4a.

elg : elg.

elgreynir Brodd-Helga Haukr Vald. Wis. 79; 3,4.
elgs fenviþu Helgi Haukr Vald. Wis. 79; 6,2.
elgs í gegnum Helga Haukr Vald. Wis. 79; 8,8.
Helganes þar's elgi Arn. jarl. Hkr. 541,11a.

ell : ell.

herr fell of gram velli Ein. Skál. Wis. 27; 12,8.
felli-Njǫrþr á velli Ein. Skál. Wis. 28; 21,2.
Ellu steins of bella Eil. Guþr. Wis. 32; 19,8.
ellifta styr fellu Sighv. sk. Wis. 39; 11,2.
rǫysvellir baþ fella Hallarst. Wis. 48; 22,2.
vellum grims enn ellri Ein. Skál. Wis. 61; 69,8.
bellir bragningr elli Eyv. sk. Hkr. 112,3a (!).
fellr á hendr mér elli Eyv. sk. Hkr. 112,4b.
hví bellit því stellir Hildr Hkr. 66,4a (vgl. Thork. 43).
reykvell ofan fella Valg. Hkr. 560,7b.
bleikir fellu menn at velli Ól. hvít. Kgs. 385,9.
felli gunnspelli Sturla Kgs. 472,9b.

els : els.

ló hels sumum frelsi Valg. Hkr. 560,9b (hel Eirsp., Fgrsk. 114;
    Mork. 18; Fris. 203,17b; Fms. VI, 75).

elt : elt.

veltilig um sjóvarbelti Eyst. Ásgr. Wis. 88; 10,2.

emr : emr.

skemr landreki fremri Sighv. sk. Hkr. 510,18b.

en : en.

men dreyrugra benja Brage Wis. 2; 9,4.
fens vá gramr til menja Korm. Ǫgm. Wis. 26; 6,4.
Feneyjar líþ dýrþ at venja Mark. Sk. Wis. 51; 10,4.
beni ték viþ þrek venjask Jǫk. Hkr. 455,2b.
morþvenjandi Fenju Þorm. Kolbr. Hkr. 498,2a (mot œggiaþra
    spiota Ohs 73).

end : end.

ende seiþs of kende Brage Ger. 24; 17,4.
hendr sem fötr of kendu Brage Wis. 2; 4,4.
hendr viþ stangar enda Þjóþ. hv. Wis. 9; 7,8.
lofkendr himins endum Ein. Skál. Wis. 29; 24,8.

endr bark mærþ af hendi Ulfr Ugg. Wis. 30; 9,2.
Endils á mó spendi Eil. Guþr. Wis. 30; 3,8.
hendi flotna sendis Sighv. sk. Wis. 43; 16,8.
Venda sorg at dœglingr spendi Arn. jarl. Wis. 45; 11,6.
endr fikular brendar Hallarst. Wis. 47; 6,5.
fleygjendr at gram rendu Hallarst. Wis. 48; 16,6.
endr fimm skipum rendi Hallarst. Wis. 48; 12,2.
þat vas endr und hendi Hallarst. Wis. 49; 28,6.
snilli kendr viþ Danmǫrk lenda Mark. Sk. Wis. 51; 5,8.
sendist fram af Adáms lendum Eyst. Ásgr. Wis. 89; 19,8.
sendist fram af guþdóms hendi Eyst. Ásgr. Wis. 90; 23,4.
tendrat brjóst mest liknar vendi Eyst. Ásgr. Wis. 98; 81,4.
endr ór þinni hendi Eyv. sk. Hkr. 111,6b.
oss lendingar sendu Eyv. sk. Hkr. 123,34a.
viþlendr niu senda Þorl. Raupf. Hkr. 170,4b.
lofkenda frák sendu Þórþr Kolb. Hkr. 232,12a.
Upplendingar sendi Sighv. sk. Hkr. 255,25a.
sendimenn fyr hendi Sighv. sk. Hkr. 309,2a.
Hjaltlendingar hendir Ótt. sv. Hkr. 334,24a.
Upplendinga brendi Arn. jarl. Hkr. 364,24a.
rask endr meþ þér sendi Sighv. sk. Hkr. 431,30b.
endr stallarum kendu Bjarni gullbr. Hkr. 493,19a.
heims enda sér kendan Sighv. sk. Hkr. 510,16b.
endr þeir er Óláfr grendi Sighv. sk. Hkr. 521,13b (!).
hendr tvær jǫfurs spendu Sighv. sk. Hkr. 535,14b.
brendr vas upp meþ endum Menn Har. harþr. Hkr. 572,22a (!).
endr býrskipum rendi Þorl. f. Hkr. 572,31b.
Upplendingum kendi Þjóþ. sk. Hkr. 607,8a.
endr Skjálgs vinum lendir Þork. ham. Hkr. 639,4b.
afrendr konungr viþa lendum Ól. hvit. Kgs. 339,17a.

eng : eng.

hraundrengr þaþan lengi Þjóþ. hv. Wis. 11; 17,6[1]).
gengis Þrönzkra drengja Hallfr. v. Wis. 35; 3,4.
lengi slikra drengja Hallfr. v. Wis. 35; 10,8.
nú's þengill framgenginn Hallfr. v. Wis. 37; 25,2.
snarr þengill bauþ Englum Hallfr. v. Wis. 39; 6,2.
gengit jarl of fenginn Hallfr. v. Wis. 39; 13,8.
engla fylki himnaþengils Arn. jarl. Wis. 45; 9,4.
þengils á bý gengu Hallarst. Wis. 47; 8,4.
engi kann svá lengi Hallarst. Wis. 49; 23,6.

---

[1]) Von *Nor. aisl. Gr.[2]* § 66,3 als frühester Beleg angeführt für die Periode, in welcher *i*-Umlaut zum zweiten Mal auftritt, bewirkt durch erhaltenes *i*.

sinn dreng ok gekk lengra Hallarst. Wis. 49; 28,8.
engi maþr veit fremra þengil Mark. Skeggj. Wis. 50; 2,2.
stengr báru fram risi drengir Mark. Skeggj. Wis. 52; 17,2.
engi maþr viþ Dana þengil Mark. Skeggj. Wis. 53; 29,8.
engi þorþi kapp at strengja Mark. Skeggj. Wis. 53; 32,6.
gofugr þengill baþ drengjum Ein. Skúl Wis. 60; 56,2.
engr brimloga slengvir Ein. Skúl. Wis. 60; 56,6 (engr : slengvir Wis.,
     ungr : slungins Flb I, 6; vgl. S. 46).
engill mekt þá'r hafþi fengit Eyst. Ásgr. Wis. 88; 7,6.
engill bann þat er hafþi fengit Eyst. Ásgr. Wis. 89; 15,2.
hofuþ engillinn talaþi lengra Eyst. Ásgr. Wis. 91; 29,6.
hér samtengþust menn ok englar Eyst. Ásgr. Wis. 91; 34,8.
engi kvǫl megi dróttna lengi Eyst. Ásgr. Wis. 98; 87,6.
strengir himna lopt ok englar Eyst. Ásgr. Wis. 99; 94,2.
slitu drengir friþ lengi Halld. ökr. Hkr. 212,20a.
þengill sina drengi Halld. ökr. Hkr. 215,8a.
engi nýtri drengi Ótt. sv. Hkr. 234,20a.
þengils á jó strengjar Sighv. sk. Hkr. 253,5b.
búin fengusk skip gengu Sighv. sk. Hkr. 253,11b.
drjúggenginn vas drengjum Sighv. sk. Hkr. 309,1b (!).
drengr magnar lof þengils Sighv. sk. Hkr. 309,2b.
fulldrengila gengit Sighv. sk. Hkr. 309,15b.
þengill þinna drengja Sighv. sk. Hkr. 310,25a (!).
Englands enn vér fengum Sighv. sk. Hkr. 437,19a.
þengils vina gengi Sighv. sk. Hkr. 437,31b.
Erlengr sá's vel lengi Sighv. sk. Hkr. 445,4a.
saman tengja baþ drengi Sveinnflokkr Hkr. 513,19b.
geng um þvert frá þengils Sighv. sk. Hkr. 521,21a (!).
snarfengjan bar þengil Arn. jarl. Hkr. 529,27a.
þengils enn óx fengi Þjóþ. sk. Hkr. 538,27b.
vengis hjǫrtr und drengjum Har. harþr. Hkr. 558,13a.
fengr varþ Þrónda þengils Þorl. f. Hkr. 574,10b (!).
þengill snekkju strengja Þjóþ. sk. Hkr. 592,34a.
þengils hofuþ fengit Þjóþ. sk. Hkr. 607,8b.
ráþgegn konungr þegnum Þjóþ. sk. Hkr. 626,13a.
þengill af sér drengi Steinn Herd. Hkr. 635,20b.
hlaut drengja vinr fengi Halld. skv. Hkr. 663,10b.
þengill ef stef fengak Þór. stuttf. Hkr. 686,19a.
margs gengis naut lengri Halld. skv. Hkr. 705,23a.
margar stengr enn bǫrþusk lengi Baglar Kgs. 161,28b; Birkibein.
     Kgs. 161,33b.
engi vildi fylgja lengra Anon. Kgs. 343,33b.
engi maþr var Jóta þengils Sturla Kgs. 426,19 (!).
herskips stengr í kyrþum lengi Sturla Kgs. 432,15a.
snarfengr konungr yþrir drengir Sturla Kgs. 432,25b.

hraustr þengils sonr fengit Sturla Kgs. 458,10a.
þengill hefr þar annarr engi Sturla Kgs. 459,3b (!).
Engus herfengna Sturla Kgs. 469,6b.
drengja lof þengils Sturla Kgs. 473,12b.

engr : engr.

armi drengr enn lengra Sighv. sk. Hkr. 308,13a.

enn : enn.

salpenningi kenna Brage Wis. 3; 11,2.
menn ølteiti kenna Eil. Guþr. Wis. 32; 15,4.
menn at vápna sennu Hallfr. v. Wis. 34; 2,2.
enn þeir's vlþa nenna Hallfr. v. Wis. 35; 11,2.
enn segir auþar kenni Hallfr. v. Wis. 37; 24,1 (!).
hlenna dolgr eþr vitar brenni Arn. jarl. Wis. 45; 8,8.
þrenn kristnaþi ok tvenna Hallarst. Wis. 47; 10,2.
hirþmenn konungs spenna Hallarst. Wis. 47; 13,2.
senn døglinga þrenna Hallarst. Wis. 48; 16,4.
viti menn at frák tvenna Hallarst. Wis. 49; 26,2.
goþs þrenning mér kenna Ein. Skúl. Wis. 53; 1,4.
høfuþsmenn í staþ þenna Ein. Skúl. Wis. 61; 65,2.
allnennins brag þenna Ein. Skúl. Wis. 61; 68,8.
yfirspennanda heima þrennra Eyst. Ásgr. Wis. 90; 22,4.
henni bæri til fognuþ þenna Eyst. Ásgr. Wis. 91; 30,2.
guþs þrenning meþ lýþum kennast Eyst. Ásgr. Wis. 92; 37,8.
svá mun enn um Jesúm þenna Eyst. Ásgr. Wis. 92; 43,6.
son menniligr guþs ok hennar Eyst. Ásgr. Wis. 93; 44,2 (minniligr B,
  ynniligr A, eingetinn D).
kenning tók um bygþ at renna Eyst. Ásgr. Wis. 93; 46,2.
þenna leik er hafþan kennir Eyst. Ásgr. Wis. 93; 47,6.
þessi spenna um blessat ennit Eyst. Ásgr. Wis. 93; 49,6.
fylgþarmenn viþ storminn þenna Eyst. Ásgr. Wis. 94; 53,4.
helga menn er fjøtrar spenna Eyst. Ásgr. Wis. 95; 61,6.
dreifast menn í flokka tvenna Eyst. Ásgr. Wis. 96; 72,4.
drepnir menn er þar skulu brenna Eyst. Ásgr. Wis. 96; 73,2.
viþrkennandi mjúkleik þenna Eyst. Ásgr. Wis. 98; 83,4.
brennanda sdk renna Glúmr Geir. Hkr. 121,10a.
sønska menn at sennu Halld. økr. Hkr. 212,21b (!).
enn brauztu éla kennir Ótt. sv. Hkr. 225,28a (!).
hagkennanda þenna Bersi Sk. Hkr. 254,9a.
hirþmenn þeir's svan grenna Sighv. sk. Hkr. 310,2a.
landsmenn konung þenna Sighv. sk. Hkr. 437,19b.
enn þeir's austan nenna Sighv. sk. Hkr. 480,31b (!).
snargnenninn son hennar Sighv. sk. Hkr. 516,21b.
menn at vápna sennu Þjóþ. sk. Hkr. 538,6a.

Norþmenn sali brenna Þjóþ. sk. Hkr. 540,26*a.*
menn Sveins þeir's nú renna Þjóþ. sk. Hkr. 542,30*b.*
Sveins menn fyrir renna Þjóþ. sk. Hkr. 542,28*b.*
hirþmenn ara grenni Arn. jarl. Hkr. 543,13*b.*
enn Bolgara brennir Þjóþ. sk. Hkr. 546,9*a (!).*
muni enn þinnig nenna Har. harþr. Hkr. 558,11*b.*
hirþmenn jǫfurs brenna Þork. Skall. Hkr. 624,8*a.*
allvalds menn á brennur Bjǫrn krepph. Hkr. 647,17*a.*
viti menn at hykk hennar Magn. berf. Hkr. 654,35*b (!).*
hernenninn fjǫlmennum Halld. skv. Hkr. 665,18*b.*
bæjarmenn viþ rennu Þorbj. skakk. Hkr. 781,29*b.*
menn drifu hart til vápna sennu Baglar Kgs. 161,28*a; Birkibein.*
    Kgs. 161,33*a.*
menn báru þá ávǫxt tvennan Ól. hvít. Kgs. 259,18*a.*
menn seldusk þar gisla tvenna Ól. hvít. Kgs. 349,8*a.*

ent : ent.

pental innan firmamentum Eyst. Ásgr. Wis. 90; 27,2.

er : er.

ferk ef þó skulum berjask Sighv. sk. Wis. 42; 9,4.
verfákum lét herjat Hallarst. Wis. 46; 4,6.
hverjum þræl er lysti at berja Eyst. Ásgr. Wis. 94; 52,4.
verit meþ oss unz verþi Þjóþ. hv. Hkr. 75,28*b (!).*
herland skal svá verja Þorm. Kolb. Hkr. 474,9*a.*
Verdéla liþ berjask Þorf. m. Hkr. 476,5*a.*
hverja vík í skerjum Þjóþ. sk. Hkr. 592,28*b.*
hermǫnnum gram berjask Halld. skv. Hkr. 663,19*b.*
berjask útverja Sturla Kgs. 471,27*b.*

erf : erf.

erfþir fram at hverfa Sighv. sk. Wis. 42; 3,8.
erfþ sem til réþ hverfa Bjarni gullbr. Hkr. 519,16*a.*
grams erfingjum hverfa Þjóþ. sk. Hkr. 620,19*a.*

erg : erg.

dvergranns í Túnsbergi Jatg. Kgs. 286,20*b.*

erk : erk.

verkendr meginserkjar Hallfr. v. Wis 35; 10,4 *(Heþins serkjar*
    Fms II, 319; *Flb* I, 486; *Fgrsk.* 65; *Ólafss. Oddii* 58).
merki fremþar verka Hallarst. Wis. 47; 10,6.
sterkligt jǫfurs merki Hallarst. Wis. 48; 19,2.
erkistól umb Saxa merki Mark. Skeggj. Wis. 51; 13,2.
merki blés umb hilmi sterkan Mark. Skeggj. Wis. 52; 19,4.

sóknsterkr hvé ferk verka Ein. Skúl. Wis. 54: 8,4.
folksterks af því verki Ein. Skúl. Wis. 56; 26,6.
tírarsterks úr hverkum Ein. Skúl. Wis. 58; 40,6.
verk fyr þjóþ at merkja Ein. Skúl. Wis. 60; 57,2.
berserk at því verki Haukr Vald. Wis. 80; 18,8.
fǫgr stórmerkin dróttins verka Eyst. Ásgr. Wis. 88; 5,8.
ráþsterkr framar merkjum Guth. s. Hkr. 102,4a.
serk hringofinn merki Tindr Hallk. Hkr. 157,35b.
gǫndlar serks und merkjum Sighv. sk. Hkr. 253,5a.
þess verks búendr merki Sighv. sk. Hkr. 490,15b.
stórverk enn óþ merki Bjarni gullbr. Hkr. 493,14b.
merkendr Heþins serkjar Þjóþ. sk. Hkr. 537,27b.
merki jarls hins sterka Þjóþ. sk. Hkr. 539,30b.
berkak Magnús merki Þjóþ. sk. Hkr. 542,17a (!).
merki stórra verka Þjóþ. sk. Hkr. 542,32b.
hringserks litaþr merki Arn. jarl. Hkr. 543,22a.
bragnings verk á Serkjum Halld. skv. Hkr. 665,18a.
serkrjóþr Háva merki Ein. Skúl. Hkr. 717,19a.
Skǫglar serks fyr Skúla merkjum Snorri Sturl. Kgs. 281,20b.
hildar serki framar merkjum Ól. hvit. Kgs. 386,35a.

ern : ern.

þjóf hvern konungr ernan Sighv. sk. Hkr. 453,23a.
hvern dag frekir ernir Sighv. sk. Hkr. 521,12b.
hernaþr á Foxerni Eldjárn Hkr. 652,15a.

err : err.

allr herr Skota þverri Þorbj. hornkl. Wis. 15; 8,6.
ferr jǫrþ und menþverri Hallfr. v. Wis. 33; 6,2.
mjǫk es verr enn svá ferri Hallfr. v. Wis. 37; 22,8.
oft þverri stóþk ferri Hallfr. v. Wis. 37; 26,2.
landherr búendr verri Sighv. sk. Wis. 42; 8,6.
hverr gramr es þér stórum verri Arn. jarl. Wis. 44; 1,6.
verri brǫgþ ok lýtin þverra Eyst. Ásgr. Wis. 93; 47,4.
maþrinn hverr enn glœpir þverri Eyst. Ásgr. Wis. 99; 88,4.
herr fyr málma þverri Guth. s. Hkr. 102,4a (*mána Thork.* 44).
gerra gramr í snerru Guth. s. Hkr. 102,3b (*geyrra Fris.* 79,13b).
þinn herr skipum ferri Ótt. sv. Hkr. 226,19a (*herskipum Flb* I, 20).
erringar lið verra Ótt. sv. Hkr. 252,20b.
berr mik Dǫnum ferri Ótt. sv. Hkr. 274,30b (*fjarri Flb* II, 58).
þér hverr konungr ferri Ótt. sv. Hkr. 284,23b.
herr sákak far verra Sighv. sk. Hkr. 307,28b.
hverr skal þegn þót þverri Sighv. sk Hkr. 437,30b (!) (*hvarr Kph.*
II, 294; *herr Pering.* II, 709; *þo at kynni Flb* II, 304).
herr gekk snart at snerru Þjóþ. sk. Hkr. 538,36a (!).

ræsis herr ór verri þjóþ. sk. Hkr. 592,9b.
ferr Magnúsi ok Sverri Anon. Kgs. 51,12b.
beri Sverrir hlut verra Nefari Kgs. 110,10a.
hverr mun hringþverris Sturla Kgs. 474,17b.

err : er.

her Sónskan ferr Sighv. sk. Wis. 40; 3,8.
herr frá Þursaserkjum Arn. jarl. Hkr. 335,15a.
hverr veitk nema verþa Haraldr harþr. Hkr. 546,18b (!).
hungrþverrir lét herjat Bjǫrn krepph. Hkr. 646,28b (!).

ers : ers.

vers Hólmgǫngu Bersi Haukr Vald. Wis. 81; 24,4.
útvers frǫmum hersi Eyj. Dap. Hkr. 140,11a.
óynar skers né hersa Sighv. sk. Hkr. 499,13a.
hersar gunnversum Sturla Kgs. 474,33a.

erst : erst.

gerstr þá's illr hinn versti Sighv. sk. Hkr. 308,30a (gestr Flb II, 114).

erþ : erþ.

sverþ þjóþkonungs ferþar Þorbj. hornkl. Wis. 15; 7,4.
sóknherþir lét sverþa Ein. Skál. Wis. 27; 11,3.
sverþs liþhatar gerþu Eil. Guþr. Wis. 31; 11,2.
sverþleik í Mǫn skerþir Hallfr. v. Wis. 34; 8,8.
sverþjalmr óx þar verþa Hallfr. v. Wis. 36; 12,6.
verþung jǫfurs sverþum Hallfr. v. Wis. 36; 14,8.
holms verþa Týr sverþa Hallfr. v. Wis. 36; 15,2.
landher þar skǫp verþa Hallfr. v. Wis. 37; 23,4.
sverþþing háit verþa Sighv. sk. Wis. 39; 7,2.
verþung konungs sverþum Sighv. sk. Wis. 41; 1.8.
snjallri ferþ áþr berþisk Ein. Skúl. Wis. 55; 15,2.
harmskerþanda ferþum Ein. Skúl. Wis. 58; 38,4.
verþr bragi af því skerþi Ein. Skúl. Wis. 58; 40,2.
ferþ himneska verþan Ein. Skúl. Wis. 58; 42,4.
herþendr þrimu sverþa Haukr Vald. Wis. 79; 6,4.
verþ meþ brugþnu sverþi Haukr Vald. Wis. 79; 10,4.
sverþs rǫskvari verþa Haukr Vald. Wis. 80; 17,2.
dugi nú ferþ svát lífguþ verþi Eyst. Ásgr. Wis. 90; 21,8.
sverþi nist í bringu ok herþar Eyst. Ásgr. Wis. 94; 56,2.
sverþleiks reginferþir Glúmr Geir. Hkr. 89,29b.
eldgerþr falar verþi Eyv. sk. Hkr. 123,26b.
verþung Haraldr sverþum Glúmr Geir. Hkr. 134,16b.
oddherþir fat gerþa Þórþr Kolb. Hkr. 155,9b.
gerþr bjúglimum herþa Tindr Hallk. Hkr. 157,31a.

verþþjóþr hugins ferþar Tindr Hallk. Hkr. 160,20*a.*
eitt es sverþ þat's sverþa Hallfr. v. Hkr. 194,26*a* (?).
sverþ auþgan mik gerþi Hallfr. v. Hkr. 194,27*a.*
sverþótt mun nú rerþa Hallfr. v. Hkr. 194,29*a.*
mana vansverþat verþa Hallfr. v. Hkr. 194,26*b* (?).
verþr emk þriggja sverþa Hallfr. v. Hkr. 194,27*b.*
umgerþ at þvi sverþi Hallfr. v. Hkr. 194,29*b.*
fúrherþir styr gerþi Eyj. Daþ. Hkr. 200,2*a.*
gerþisk harþr um herþar Sighv. sk. Hkr. 252,29*a* (?) *(gerþisk Hkr.)*
sverþ upp i skip gerþu Sighv. sk. Hkr. 253,18*b.*
verþung um fǫr gerþak Sighv. sk. Hkr. 310,9*a.*
ferþ liþ þrota verþa Sighv. sk. Hkr. 437,21*b.*
sverþi laust um herþar Sighv. sk. Hkr. 492,19*b.*
þess gerþuzk þér verþir Bjarni gullbr. Hkr. 526,5*a.*
gerþum þar svát þverþi Þjóþ. sk. Hkr. 538,26*b* (?).
Sveins ferþ bana verþir Þjóþ. sk. Hkr. 541,20*a.*
friþskerþi þér verþa Bǫlv. sk. Hkr. 547,2*b.*
ferþ at hvárgi skerþi Anon. Hkr. 603,17*b (fylld at hvárgi skyldi*
        Fms VI, 333).
verþung Háva gerþar Steinn Herd. Hkr. 635,22*b (Hárs Mork.* 135;
        Hálfs Hkr., Háva Sievers, Bcitr. V, 516).
sverþ á úthlaups ferþum Bjǫrn krepph. Hkr. 641,12*a.*
hné ferþ enn lét verþa Þork. ham. Hkr. 648,14*b.*
grams ferþ Manork verþa Halld. skr. Hkr. 666,2*b.*
hrafns verþar liþ sverþum Kolli Hkr. 726,4*b.*
glaum herþundum sverþa Kolli Hkr. 726,31*b.*
ýta ferþar hringa skerþir Snorri Sturl. Kgs. 281,22*a.*
lá ferþ vegin skǫrpum sverþum Ól. hvít. Kgs. 373,6*a.*
málma skerþir Svía ferþar Sturla Kgs. 422,2*b.*
øþri ferþ af heimangerþum Sturla Kgs. 438,19*a.*
ferþ var friþskerþis Sturla Kgs. 465,18*b* (?).
herþi bǫþgerþir Sturla Kgs. 467,10*b.*
ferþ vann friþskerþis Sturla Kgs. 470,1*a* (?).
herþu herferþir Sturla Kgs. 472,8*a* (?).
sverþa bliþskerþir Sturla Kgs. 473,12*a.*

es : es.

flesdrótt Jvu nesja Eil. Guþr. Wis. 31; 12,4.
Helganes fyr kesjum Þjóþ. sk. Hkr. 541,18*a.*

ess : ess.

þess lifa þjóþar sessa Hallfr. v. Wis. 35; 2,7 (!).
jǫfra sess i verǫld þessi Mark. Skeggj. Wis. 50; 2,4.
eljunhress i þessu Ein. Skúl. Wis. 61; 11,6.
baugness vesa þessi Ein. Skúl. Wis. 61; 69,2.

goþs blessun liþs þessa Ein. Skúl. Wis. 62; 70,8.
hennar vess á diktan þessa Eyst. Ásgr. Wis. 100; 99,4.
þess hefr seggja sessi Tindr Hallk. Hkr. 157,34a (?).
hressförs jǫfurs þessar Sighv. sk. Hkr. 310,7a.

est : est.

mest bifgyrþil nestu Eil. Guþr. Wis. 32; 17,8.
leiknar hest á lesti Hallfr. v. Wis. 34; 6,3.
vil's mest ok dul flestum Eil. Guþr. Wis. 37; 26,8.
mest gótt í trau bresta Eil. Guþr. Wis. 37; 28,4.
vestr hernaþ rak mestan Hallarst. Wis. 46; 3,4.
mest fylgþu því hvergi lestir Mark. Skeggj. Wis. 51; 9,4.
mestr ofrhugi jǫfri flestum Mark. Skeggj. Wis. 51; 9,8.
vas hann mestr konungr flestar Ein. Skúl. Wis. 55; 18,2.
mest of heims bygþ flesta Ein. Skúl. Wis. 58; 39,4.
auk prest þeirs lǫg lestu Ein. Skúl. Wis. 60; 59,5 (!).
alls mest vini flesta Ein. Skúl. Wis. 61; 63,2.
eitt er mest er þó'r at lesti Eyst. Ásgr. Wis. 89; 20,6.
rignestr saman bresta Guth. s. Hkr. 97,28a.
valkesti hrauþ flestar Þórþr Kolb. Hkr. 157,15b.
mest enn ór á lesti Sighv. sk. Hkr. 231,10b.
gróþis hests fyr vestan Þórþr Kolb. Hkr. 232,25a.
alls mest konungr flestra Sighv. sk. Hkr. 307,19b.
alls mest reka gesti Sighv. sk. Hkr. 308,21b.
flest es ek kom vestan Sighv. sk. Hkr. 310,12b.
fest viþ arm hinn vestra Sighv. sk. Hkr. 416,13b.
frest urþu þess vestan Bjarni gullbr. Hkr. 456,30b.
hestr um Skáney vestan Þjóþ. sk. Hkr. 542,12b.
vestr helmingi mestum Ein. Skúl. Hkr. 662,17a.
ulfnestir skip festi Ein. Skúl. Hkr. 667,4b.
úlestr ok meþ veg mestum Sturla Kgs. 443,4b.
gestils skeiþlestum Sturla Kgs. 464,34a.
flestum bauglestis Sturla Kgs. 472,37b.
úlest fyr haf vestan Anon. Kgs. 476,19b.

et : et.

etjulund at setja Ein. Skúl. Wis. 26; 1,8.
fjǫrnets goþa at hvetja Eil. Guþr. Wis. 30; 1,2 (Fornjóts R, flornatzW).
fetum suþr metinn Sighv. sk. Wis. 41; 10,2.
setbergs gamall vetra Eyj. Daþ. Hkr. 140,25a.
élhretjandi setja Eyj. Daþ. Hkr. 140,23b.
etr hrafn af ná getnum Þorl. Raupf. Hkr. 170,2b.
hrafn etr af ná getnum Ól. heil. Hkr. 446,24a.
setit hefk oft viþ betra Jǫk. Hkr. 455,2a.

etr : etr.

ýsetrs hati vetra *Hallfr. v. Wis.* 33; 1,2.
reyrar setrs á einum vetri *Arn. jarl. Wis.* 46; 15,6.
setr vas þat fyr betra *Ein. Skúl. Wis.* 54; 3,2
þrjá vetr konungs betra *Ein. Skúl. Wis.* 55; 13,4.
linnsetrs es telsk betri *Sighv. sk. Hkr.* 343,4b.
ormsetrs hati vetra *Arn. jarl. Hkr.* 515,8b.
hjalmsetr gamall vetra *Þjóþ. sk. Hkr.* 546,8b.
vetrlengis stígr betri *Ein. Skúl. Hkr.* 662,19b.

ett : ett.

málhvettan byr settu *Eil. Guþr. Wis.* 31; 6,2.
flærþum settr ok talar meþ prettum *Eyst. Ásgr. Wis.* 89; 17,7.
fyrstan prett ok manndráp settir *Eyst. Ásgr. Wis.* 96; 66,6 (*mann-
    dráp þyrstan F.-J.* 430).
þetta verk er í einn staþ settik *Eyst. Ásgr. Wis.* 100; 96,4.
grimsetta il hjarna kletti *Snorri Sturl. Kgs.* 281,24b.

ett : et.

heinflets viþ mér settu *Sighv. sk. Hkr.* 308,19a.
geirnets sumar þetta *Guþm. Odds. Kgs.* 274,21a.

eyf : eyf.

hungrdreyfi skalk leyfa *Hallfr. v. Wis.* 36; 19,2.
ferkleyf á þat leyß *Þjóþ. sk. Hkr.* 592,15b.

eyfþ : eyfþ.

hreyfþi hjǫr kleyfþan *Sturla Kgs.* 470,1b (!).

eyg : eyg.

báleygs at sér teygja *Hallfr. v. Wis.* 33; 4,2.

eyg : eyj.

leygs í Suþreyjum *Sturla Kgs.* 469,8a.
fleygr í Suþreyjum *Sturla Kgs.* 470,4b.

eyr : eyr.

reyrar leggs viþ eyra *Ulfr Ugg. Wis.* 29; 4,4.
frumseyris kom dreyra *Eil. Guþr. Wis.* 31; 4,4.
almreyrs lituþr dreyra *Ein. Skúl. Wis.* 55; 17,4.
sverþa Freyr í dreyra *Haukr Vald. Wis.* 79; 10,6.
keyra járn svát stǫkk um dreyrinn *Eyst. Ásgr. Wis.* 93; 49,8.
freyr í manna dreyra *Glúmr Geir. Hkr.* 87,2b.
reyr Hákonar dreyra *Glúmr Geir. Hkr.* 110,21b.
hnitu reyr saman dreyra *Halld. ókr. Hkr.* 212,30a.
keyrum hnoss svát heyri *Sighv. sk. Hkr.* 275,1b (!).

eyst : eyst.

hlunni geyst i salt et eystra Arn. jarl. Wis. 44; 2,2.

Eysteinn hvé brag leystak Ein. Skúl. Wis. 62; 71,6 (*æztann : leysta Flb* I, 7).

hana leystir ok þvi mák treysta Eyst. Ásgr. Wis. 98; 85,6.

eyt : eyt.

þreyta fyrr at skeytum Þjóþ. sk. Hkr. 538,4 b.

eyþ : eyþ.

bleyþivandr á seyþi Þjóþ. hv. Wis. 9; 2,8.

eyþi dalreyþar Sturl. Kgs. 469,8 b.

eþ : eþ.

geþjarþar lá kveþja Ulfr Ugg. Wis. 29; 1,4.

feþju þaut meþ steþja Eil. Guþr. Wis. 31; 6,8.

marbeþjum meþ Sighv. sk. Wis. 40; 4,3 (*marbiðiom Ohs* 49).

hirþmeþr konungs veþja Hallarst. Wis. 49; 26,4.

itrgeþs loft kveþja Ein. Skúl. Wis. 54; 10,4.

dyljat meþr þess gleþja Ein. Skúl. Wis. 56; 21,2 (*dylezt menn viþ þat gleþja B., dragisk mærþ þanniy hrærþa Flb* I, 3; *dyljask meþr viþ þat geþja Cedersch.*).

glepiligur i lopt hin neþri Eyst. Ásgr. Wis. 90; 27,4.

meþr þvilikri tignarkveþju Eyst. Ásgr. Wis. 91; 29,4.

eþr : eþr.

meþr fengu mikit reþr Ótt. sv. Wis. 44; 4,3 (!).

veþr nú's brim fyr eþri Þjóþ. hv. Hkr. 75,29 b (vgl. *Hoffory Ark. f. n. F.* I, 45 ff.)

ék : ék.

vist ef léki Dominus tecum Eyst. Ásgr. Wis. 100; 99,8.

él : él.

þú skalt réttr nema vélum Þjóþ. hv. Wis. 10; 11,5 (*vellt W, vælum R*).

hélug borþ i stefjaméli Arn. jarl. Wis. 45; 11,4.

hjaldréls frǫmuþr vélar Ót. hvit. Kgs. 303,31 b.

éll : éll.

hélt i trygþ um réttan Þork. Skall. Hkr. 624,22 a.

és : és.

Hléseyjar þrǫm blésu Ein. Skúl. Hkr. 717,19 b.

ét : ét.

lézt at Hákon héti Þór. stuttf. Hkr. 686,18 b.

étt : étt.

rétt's atsókn enn sétta Sighv. sk. Wis. 39; 6,1.
gat rétt viþ þrọm sléttan Ein. Skúl. Wis. 57; 31,2.
réttferþugast í vísum sléttum Eyst. Ásgr. Wis. 87; 3,4.
þat er rétt trúa mín englastéttum Eyst. Ásgr. Wis. 88; 6,4.
léttliga hrọpum í daupans stéttir Eyst. Ásgr. Wis. 89; 16,8.
rétt á stag fyr slétta Valg. Hkr. 559,31 b.

éþ : éþ.

gramr réþ enn þá tépi Þjóþ. sk. Hkr. 606,19 b.

if : if.

háklifs jọfurr lifþi Hallfr. v. Wis. 36; 20,8.
stafnklifs drifu Þór. loft. Hkr. 441,2 a.
klif meþan Ólafr lifþi Sighv. sk. Hkr. 521,36 a.
drifu þeir's eft lifþu Valg. Hkr. 560,13 a.

ifn : ifn.

þrifnuþr allr unz himinn rifnar Arn. jarl. Wis. 44; 1,8.

ift : ift.

skrift þjóþkonungr niftar Sighv. sk. Hkr. 522,20 b.

ig : ig.

hnigu fjọrvanir sigri Þorbj. hornkl. Wis. 15; 5,8.
Sigtún enn skip hnigþu Valg. Hkr. 559,10 b.

igg : igg (vgl. S. 47 ff.) [1]).

trigglaust of far þriggja Þjóþ. hv. Wis. 9; 1,6.
jarþbiggvi svá liggja Ein. Skúl. Wis. 29; 24,2.
viggs Geirrọþar liggja Eil. Guþr. Wis. 30; 1,8.
snarr þiggjandi viggjar Hallfr. v. Wis. 33; 3,2.
seimþiggjandi liggja Ein. Skúl. Wis. 59; 48,6.
viggjum hollr at liggja Glúmr Geir. Hkr. 134,22 a.
stafnviggs họfuþ liggja Eyj. Daþ. Hkr. 199,15 a.
viggruþr eþa hér liggjum Þorm. Kolbr. Hkr. 478,4 b.
Falstrbiggva lið tiggi Arn. jarl. Hkr. 543,15 a.
tiggi tolf ok þriggja Þjóþ. sk. Hkr. 546,9 b (?).
gligg fell ótt um tiggja Þjóþ. sk. Hkr. 559,23 b.
hniggu þú andskotum tiggi Valg. Hkr. 560,5 a.
Fjónbiggra lið tiggi Arn. jarl. Hkr. 586,17 b.
flagþviggs und kló liggja Þork. Skall. Hkr. 624,8 b.

---

[1]) Von den Wörtern, welche nach späterem, allgemeinem Sprachgebrauch *y* haben, sind hier nur diejenigen eingereiht, deren *i* ich durch den Reim für gesichert halte.

igr : igr.

sigr flugbeiddra vigra Þorbj. hornkl. Wis. 15; 7,8.
vas þér sigr skaftr grams ens digra Arn. jarl. Wis. 15; 13,6.
oft vas sá sigr hinn digri Sighv. sk. Hkr. 378,2b.
flestan sigr hins digra Sighv. sk. Hkr. 453,25b.
sigri ræntr hinn digri Jǫk. Hkr. 454,24b.
ǫflgan sigr hinn digri Sighv. sk. Hkr. 480,32a.
jǫfurr sigr hvatastr digri Sighv. sk. Hkr. 516,21a.
jǫfurr vá sigr hins digra Þjóþ. sk. Hkr. 539,4a.
flestan sigr hinn digri Ól. hlg. Hkr. 613,22a.

ik : ik.

dýrbliks efr þó kvikvan Hallfr. v. Wis. 36; 19,4.
blikrufr brigþa miklum Hallarst. Wis. 46; 2,5 (!).
sik jarteignir miklar Ein. Skúl. Wis. 56; 20,4.
unnar bliks frá miklum Ein. Skúl. Wis. 57; 33,2.
gunnbliks liþi miklu Halld. ókr. Hkr. 206,9a.
þik remmir guþ miklu Ótt. sv. Hkr. 284,27b.
bliks vildastan miklu Sighv. sk. Hkr. 308,28a.
þik beztan vin miklu Sighv. sk. Hkr. 311,15b.
sik lengst hafa miklu Sighv. sk. Hkr. 437,33b.
mikill varþ á staþ Stikla Sighv. sk. Hkr. 490,10b.
sik beztan gram miklu Steinn Herd. Hkr. 635,18a.
hjaldrbliks enn sik miklu Þork. ham. Hkr. 641,2b.

ikk : ikk.

stikka vápn ok skikkjur Hallarst. Wis. 47; 12,4.

ikk : ik.

mikit dýrligri skikkju Hallarst. Wis. 49; 30,4.
mik vildir þú skikkju Þór. stuttf. Hkr. 686,5b.

ikl : ikl.

siklings ór styr miklum Hallfr. v. Wis. 37; 24,6.
siklingr ýtti flota miklum Arn. jarl. Wis. 45; 6,2.
siklingr numin miklu Ein. Skúl. Wis. 61; 63,4.
siklings þess's goþ miklar Ein. Skúl. Wis. 61; 67,6.
ætt siklinga mikla Ótt. sv. Hkr. 226,31a.
siklingr flrum mikla Sighv. sk. Hkr. 252,6a.
siklinga fǫr mikla Sighv. sk. Hkr. 309,4a.
siklingr ǫrr enn mikla Þórþr Sjár. Hkr. 422,21a.
siklings í her miklum Sighv. sk. Hkr. 444,2b.
ǫrstiklandi miklu Þorm. Kolbr. Hkr. 476,8a.
siklingr í her miklum Þjóþ. sk. Hkr. 542,22b.
siklings vinir mikla Þorl. f. Hkr. 574,19a.

seima stiklir flota miklum Sturla Kgs. 426,16b.
miklum framstiklir Sturla Kgs. 472,35a.

il : il.

Silunds kilir Sighv. sk. Wis. 40; 3,4 (*Selunz* Flb II, 277; *Sælunz* Fgrsk. 81; Fms IV, 351).
kilir vestan til Sighv. sk. Wis. 41; 7,6.
til hvat bumen vilja Sighv. sk. Wis. 43; 12,8.
svá'r skiljanda dróttins vilja Eyst. Ásgr. Wis. 88; 11,6.
skili þjóþir minn ljósan vilja Eyst. Ásgr. Wis. 100; 98,6.
vil ek at drápan heiti Lilja Eyst. Ásgr. Wis. 100; 99,8.
skilk hvat gramr lézk vilja Þórþr Kolb. Hkr. 232,12b.
þilblakks konungs vilja Sighv. sk. Hkr. 255,27a.
þú ert til borinn vilja Sighv. sk. Hkr. 307,23b.
til Hringstaþa iljar Þjóþ. sk. Hkr. 539,32a (*illra* Fms VI, 80).
bilstyggr Haraldr vilja Þorl. f. Hkr. 573,10b (Þjóþ. sk. Mork. 57; Flb III, 341).
vili girndar þvi skiljask Anon. Hkr. 603,4b.

ild : ild.

fémildr konungr vildi Ein. Skál. Wis. 27; 12,2 u. 28; 18,2.
hoddmildum ték hildar Ulfr Ugg. Wis. 29; 1,1 (*hialdrgegnis* U).
Hildr en Hropts of gildar Ulfr Ugg. Wis. 30; 8,3.
bragþmildr Loka vildi Eil. Guþr. Wis. 31; 4,6.
fémildum gramr vildi Sighv. sk. Wis. 41; 2,2.
vildak meþ þér mildum Sighv. sk. Wis. 43; 15,6.
hildings und gram mildum Hallarst. Wis. 46; 4,4.
hildingr né þar vildi Hallarst. Wis. 47; 7,6.
fémildr fylkingr vildi Hallarst. Wis. 47; 9,1.
hildings höfþi mildi Hallarst. Wis. 47; 12,7 (!).
ómildr baka vildi Ein. Skúl. Wis. 57; 35,4.
leikmildr Sigurþr Hildar Ein. Skúl. Wis. 61; 69,6.
hildfrökn Kraka ens milda Haukr Vald. Wis. 81; 21,8.
orþasnild þótt prófa vildi Eyst. Ásgr. Wis. 95; 64,2.
mildin sjálf þótt deyja vildi Eyst. Ásgr. Wis. 96; 67,4.
mildin sjálf þrit gjarna vildak Eyst. Ásgr. Wis. 100; 95,2.
hlymmildingum gildir Guth. s. Hkr. 97,30a.
hoddmildingar vildu Eyj. Daþ. Hkr. 140,25b.
veþrmildr ok semr hildi Eyj. Daþ. Hkr. 199,9b; 200,8a.
herskildi fór hildar Eyj. Daþ. Hkr. 200,5b (!).
hildr óx viþ þat skildir Ótt. sv. Hkr. 225,29b.
mildr ef konum vildak Sighv. sk. Hkr. 430,5a.
óx hildr meþ gram mildum Sighv. sk. Hkr. 480,32b.
hildr sem Magnús vildi Þjóþ. sk. Hkr. 544,8a.
hildar leik und skildi Þjóþ. sk. Hkr. 550,2b.

ögnar mildr þá's vildi Stúfr sk. Hkr. 594,4*a.*
hildings vinir skilda Þjóþ. sk. Hkr. 594,4*a (skjalda Fms* VI, 314).
mildings enn griþ vildi Arn. jarl. Hkr. 621,28*b.*
mildr enn Magnús vildi Anon. Hkr. 636,21*b (?).*
Mathildr ok rekr hildi Magn. berf. Hkr. 654,21*a.*
hildr enn gaft af mildi Halld. skv. Hkr. 668,2*b.*
hildingr muni vildri Þór. stuttf. Hkr. 686,7*b.*
hildingr hinn fémildi Þór. stuttf. Hkr. 686,19*b.*
hringmildr fara vildi Kolli Hkr. 726,7*a.*
auþmildr sakar gildi Sturla Kgs. 279,4*a.*
ögnmildr friþask vildi Sturla Kgs. 320,12*a.*
hildar tungl meþ skata mildum Ól. hvít. Kgs. 385,5.
svá vildi guþ framiþr mildi Ól. hvít. Kgs. 387,20*b.*
snildar brúþr þann er eiga vildi Sturla Kgs. 445,11*b.*

ill : ill.

villan gerþisk þeim at illu Mark. Skeggj. Wis. 52; 15,2.
illr gerisk hugr af villu Ein. Skúl. Wis. 60; 58,2.
sem engillinn tók at spillast Eyst. Ásgr. Wis. 88; 9,2.
faþma vill enn siþnum spilla Eyst. Ásgr. Wis. 88; 9,8.
andspilli fekk stillis Sighv. sk. Hkr. 416,23*a.*
illa sát í milli Þjóþ. sk. Hkr. 538,8*b.*
illa galt frá stilli Stúfr sk. Hkr. 555,29*b.*
gǫtu illa fór stillir Þjóþ. sk. Hkr. 557,14*b.*
illa hélt viþ stilli Halld. skv. Hkr. 707,14*a.*
margillr ok sveik stilli Ein. Skúl. Hkr. 755,29*a.*

ilt : ilt.

ilt nú kveþk her stiltan Þjóþ. sk. Hkr. 621,18*a.*

im : im.

þreifsk brims þrima Sighv. sk. Wis. 40; 4,7 (*þoru hæims þrimu*
Ohs 49; *þornheims þrimu Fyrsk.* 81).
Limafjarþar brim Hallarst. Wis. 41; 7,8.
eljunfimr á himnum Hallarst. Wis. 50; 33,6.
styrjafimr til himna Ein. Skúl. Wis. 55; 15,6.
ögnfimr berum himni Ein. Skúl. Wis. 59; 47,8.
lim salkonungs himna Ein. Skúl. Wis. 61; 66,6.
ginsteinn brúþa ok dróttning himna Eyst. Ásgr. Wis. 99; 89,4.
fimr gramr Lima Þór. loft. Hkr. 440,28*a (fira Flb* II, 306; *Fms* V, 6).
brimdýr fyr Stim Þór. loft. Hkr. 441,8*a.*
limsorg nær himni Bjǫrn krepph. Hkr. 646,29*a.*
vigfimr konungr himni Kolli Hkr. 726,7*b.*
brims á bjarthimna Sturla Kgs. 465,20*a (?).*

imm : imm.

régrimmr á þat snimma Hallfr. v. Wis. 34; 4,1.
malmgrimmu háiþ rimma Oddr Kik. Hkr. 543,28a (marggrim
    Þjóþ. sk. Flb III, 284).
hvar grimmligar rimmu Þjóþ. sk. Hkr. 555,8a.

imm : im.

grimmum stöþ á Gǫndlar himni Ól. hrit. Kgs. 346,32b (?).

imt : imt.

hjalmum grimt et fimta Sighv. sk. Wis. 39; 5,2.
dimt i sinn et fimta Hallarst. Wis. 50; 31,4.

ind : ind.

Vindversk of hræ gindu Ein. Skúl.Wis. 57; 29,8 (gindu Cedersch.).
baþat valgrindar vinda Eyr. sk. Hkr. 106,5a (!).
Vinda skeiþr ok gindu Halld. ökr. Hkr. 216,14a (sic Thork. 62;
    gindo Fris. 166,13a).
vindblásit skóf Strindar Sighv. sk. Hkr. 274,22a.

ing : ing.

hringa þeir of fingu Brage Wis. 3; 10,8 (vgl. S. 3 f. u. 54 f.).
Jngifreys at þingi Þjóþ. hv. Wis. 10; 10,6 (vgl. S. 49).
heimþingaþar Vingnis Þjóþ. hv. Wis. 11; 19,2.
afspring meþ þér þingat Korm. Qgm. Wis. 26; 5,2.
hringbalkar fram gingu Eil. Guþr. Wis. 33; 13,4.
hringskyrtur fram gingu Hallfr. v. Wis. 35; 9,8.
Hringsfirþi liþ þingat Sighv. sk. Wis. 39; 10,4.
þingmenn nǫsum stinga Sighv. sk. Wis. 43; 13,8.
dróttins þing meþ hringum Sighv. sk. Wis. 43; 16,4.
hildingr ór lyptingu Hallarst. Wis. 49; 23,2.
hringvarpaþar gjalfri kringþum Mark. Skeggj. Wis. 50; 3,4.
ǫþlinga hnigr þingat Ein. Skúl. Wis. 54; 5,6.
mildings þess's gaf hringa Ein. Skúl. Wis. 59; 46,2.
þingdjarfs firar inga Ein. Skúl. Wis. 59; 49,6.
heiþingja liþ gingi Ein. Skúl. Wis. 60; 55,4.
hrings fell á því þingi Haukr Vald. Wis. 79; 9,7 (!).
erfingja fram gingu Haukr Vald. Wis. 80; 13,8.
hrings ófáir gingu Haukr Vald. Wis. 80; 14,6.
þing allsnarpra hringa Haukr Vald. Wis. 80; 18,2.
brynþings fetilstinga Eyr. skald. Hkr. 103,18a.
hrings at miklu þingi Halld. ökr. Hkr. 217,13a.
gunnþinga jarnhringar Ótt. sv. Hkr. 225,31b (vgl. SnE II, 26¹²;
    Gisl. AnO. 1863, 406 Anm. 3 u. Njál. II, 318; Sievers, Beitr.
    V, 515).

þings mágrennir hingat Ótt. sv. Hkr. 235,17b.
hringmiþlǫndum þingat Sighv. sk. Hkr. 253,18a.
ǫþling þann's klauf hringa Þórþr Sjár. Hkr. 422.28a.
Erlingr vas þá finginn Bjarni gullbr. Hkr. 447,2a.
hrings's blindr kom þingat Sighv. sk. Hkr. 523,14b.
brynþings fetilstinga Arn. jarl. Hkr. 529,27b.
þingat gramr með hringum Arn. jarl. Hkr. 541,31b.
þing akkeris hringa Anon. Hkr. 570,27a.
fylking Haralds gingu Þjóþ. sk. Hkr. 606,21a.
logi þingaþi Hringum Þjóþ. sk. Hkr. 606,27b.
maþr brings tǫpuþ finginn Bjǫrn krepph. Hkr. 647,26b.
Erlingr at víkingum Þorbj. skakk. Hkr. 795,6a.
siklingr kominn hingat Hallr Sn. Kgs. 71,14a.
døglingr kominn hingat Hallr Sn. Kgs. 71,14b.
ǫrþingaþr víkinga Sturla Kgs. 277,18b.
hingat skelk í bringu Anon. Kgs. 279,18b.
ddþfinginn hǫfþingja Sturla Kgs. 320,14a.
þingfrøkn jǫfurr vǫlum stinga Ól. hvít. Kgs. 373,4b.
hringa eldingum Sturla Kgs. 465,21b.
Hringa viþþingaþr Sturla Kgs. 469,5a.
Jnga gerningum Sturla Kgs. 472,37a.
hrings í brynþingi Sturla Kgs. 474,16a.

inn : inn.

skǫpt ginnregin brinna Þjóþ. hv. Wís. 10; 13,2.
Finns ilja brú minni Þjóþ. hv. Wís. 10; 13,6.
ginnungavé brinna Þjóþ. hv. Wís. 10; 15,4.
hlaut innan svá minnum Ulfr Ugg. Wís. 30; 4,8 u. 7,8.
minni fyrsta sinni Sighv. sk. Wís. 38; 1,6.
vinnask fjórþa sinni Sighv. sk. Wís. 38; 4,4.
innanlands at rinna Sighv. sk. Wís. 42; 11,4.
hollvinr minn í lypting innan Arn. jarl. Wís. 45; 7,6.
inndrótt þín es hǫfþ at minnum Arn. jarl. Wís. 45; 9,6 (en : minom
     Flb III, 322).
fǫrnuþr þinn við helming minna Arn. jarl. Wís. 45; 13,4.
hrælinns hverju sinni Hallarst. Wís. 46; 8,5 (!) (hrænadrs Flb I, 94).
morþlinns mǫrgu sinni Hallarst. Wís. 47; 14,1 (!) (morþbrands
     Cod. Berg.).
efsta sinn ok þrinnum Hallarst. Wís. 48; 15,2.
annat sinn at linna Hallarst. Wís. 48; 18,2.
oftinn aldri rinna Hallarst. Wís. 49; 22,7 (!) (olinn Cod. Berg. ǫftinn
     Fms II, 329; jtrann Flb I, 491).
dólgminnigs skalk inna Hallarst. Wís. 49; 29,2.
linns þrimr hlutum minna Ein. Skúl. Wís. 57; 32,2.
innendr megu finna Ein. Skúl. Wís. 59; 51,6.

gekk inn at Frey linna Haukr Vald. Wis. 79; 8,2.
minn dróttinn i holdgan þinni Eyst. Ásgr. Wis. 91; 32,4.
lagast minnilig tár af kinnum Eyst. Ásgr. Wis. 91; 35,8.
skapari minn fyr á sjö þinni Eyst. Ásgr. Wis. 94; 51,8 u. ö.
mildast vildi eitthvert þinni Eyst. Ásgr. Wis. 94; 53,8.
grefst hér inn meþ krókum stinnum Eyst. Ásgr. Wis. 97; 78,4.
linna eitr um hjartat innan Eyst. Ásgr. Wis. 97; 80,4.
sinni rétt fyr hjálp ok minni Eyst. Ásgr. Wis. 100; 99,2.
optsinn enn þess minnumk Guth. s. Hkr. 98,2a.
sigrminnigr vilt finna Eyv. sk. Hkr. 106,6b.
sinn róþrs viþ þröm stinnan Þórþr Sjár. Hkr. 107,2b.
þinn góþan byr finna Eyv. sk. Hkr. 112,13a.
svá höfum inn sem Finnar Eyv. sk. Hkr. 123,12a.
finns ölknarar linna Eyj. Daþ. Hkr. 140,23a.
dolglinns at för þinni Ótt. sv. Hkr. 220,13b (*döglings* Flb II, 15).
linns hefr lönd at vinna Ótt. sv. Hkr. 225,30a (!).
sinn þvit fyrst gekk innan Sighv. sk. Hkr. 231,8b.
Jnnþrönsk þót liþ minna Sighv. sk. Hkr. 255,16b.
hrælinns megu vinna Sighv. sk. Hkr. 255,25b.
hugsvinn kona innan Sighv. sk. Hkr. 275,4b.
hér finnumk meir þinnar Sighv. sk. Hkr. 307,17a.
inni fjórum sinnum Sighv. sk. Hkr. 308,32b.
minn dróttin komk finna Sighv. sk. Hkr. 309,6b.
Þorfinns til Dýflinnar Arn. jarl. Hkr. 335,15b.
þinn skáli mér innan Sighv. sk. Hkr. 429,30b.
sinn helvíti innan Sighv. sk. Hkr. 431,6b.
minn vinr þinnig Þór. loft. Hkr. 440,25a.
Jnney þau's vér finnum Þorm. Kolbr. Hkr. 474,7a.
Jnnþréndir kol sinna Þorm. Kolbr. Hkr. 474,7b.
Jnnþrándum lét finnask Sighv. sk. Hkr. 491,8b (*Jnnþrændir sokun
    stinna* Flb II, 355).
hræs minnask þeir sinna Sighv. sk. Hkr. 521,12a.
innan mörgu sinni Sighv. sk. Hkr. 521,14b.
minn dróttinn lék sinna Sighv. sk. Hkr. 521,22b.
Jnnþrénda liþ finni Þorl. f. Hkr. 572,4a.
hugstinnir liþ minna Þorl. f. Hkr. 574,21a.
finnk oft at drifr minna Har. harþr. Hkr. 578,19b.
ginn enn grdleik inna Har. harþr. Hkr. 586,32b (!).
hugi minn's þat sinni Arn. jarl. Hkr. 596,4a.
svinns at æ mun vinnask Þjóþ. sk. Hkr. 607,6b.
minn aldregi finna Magn. berf. Hkr. 654,28b.
fjorþa sinn at vinna Halld. skv. Hkr. 664,4b.
drengr minnisk þess vinna Ein. Skúl. Hkr. 668,5a.
sinni ferþ at hjaldri stinnum Ól. hvít. Kgs. 380,9b.
innan lands viþ dóttur þinni Sturla Kgs. 438,19b.

innan lands svát dómi finnisk Sturla Kgs. 441,17b.
innan lands af mildi sinni Sturla Kgs. 461,31a.

inn : in.

inndæll skapi lindis Þjóþ. sk. Hkr. 592,32b.
vindsamt Harald finna Anon. Hkr. 602,27b.
Sintre konungs inna Halld. skr. Hkr. 663,21a.

ip : ip.

sjau skip konur hnipnar Þjóþ. sk. Hkr. 539,4b (sic Kph III, 40;
vgl. Thork. 75; *hnipnar* Hkr.).

ipt : ipt.

vinda ript né gramr baþ sripta Ól. hvít. Kgs. 380,7b.
sviptilundr á dýrþar skriptum Sturla Kgs. 439,16a.
gullsviptir hlaut giptu Sturla Kgs. 443,3a (!).

irk : irk.

virki skrýddar hǫfuþkirkjur Mark. Skeggj. Wis. 52; 25,2.
virk Jórsali ok Girkjum Stúfr sk. Hkr. 555,20a.

irr : irr.

emk skirr um þat firrask Sighv. sk. Hkr. 521,31a (sic Kph. III, 12;
vgl. S. 57).

irþ : irþ.

veþrhirþir baþ stirþan Ein. Skál. Wis. 28; 18,6.
geþstirþir konungs firþa Sighv. sk. Hkr. 444,30a.
hirþ svát engis virþir Steinn Herd. Hkr. 635,20a.
hirþmanni geþstirþum Eldjárn Hkr. 652,2a.
virþar geþstirþir Sturla Kgs. 472,11a.
virþar baugnirþi Sturla Kgs. 474,18a

iss : iss.

jarl vissi sik foldar missa Arn. jarl. Wis. 46; 14,6.

ist : ist.

ítr lista vann kristnat Hallarst. Wis. 47; 11,2.
himinsvistar til kristni Ein. Skál. Wis. 54; 6,8.
ulfnistanda kistu Ein. Skál. Wis. 56; 25,6.
fái þar vist er sjálfr hann misti Eyst. Ásgr. Wis. 99; 15,4.
ættir Krist er spjótit nisti Eyst. Ásgr. Wis. 96; 66,4.
listuligrar móþur Kristi Eyst. Ásgr. Wis. 100; 95,6.
Kristr er fjörir broddar nistu Eyst. Ásgr. Wis. 100; 96,2.
kilir ristu men Listu Sighv. sk. Hkr. 274,24a.
úkristinn hal ristar Sighv. sk. Hkr. 308,28b.

jafnvist er þat Lista Sighv. sk. Hkr. 310,24*a.*
vist um aldr með Kristi Stúfr sk. Hkr. 555,31*b.*
Jvist búendr mistu Bjǫrn krepph. Hkr. 646,33*a.*

it : it.

harþa vitr á Fitjum Haukr Vald. Wis. 80; 11,6.
slitinn af fjandans króki bitrum Eyst. Ásgr. Wis. 98; 82,8.
hnits í Storþ á Fitjum Þórþr Sjár. Hkr. 105,15*a.*
hjaldvitjaþar sitja Þjóþ. sk. Hkr. 577,29*a.*

itr : itr.

margvitr ok hjǫr bitran Sighv. sk. Hkr. 377,18*b.*

its : its.

friþlits til Jvizu Halld. skv. Hkr. 665,31*b.*

iþ : iþ.

óniþraþan þriþja Brage Wis. 3; 14,4.
mildings friþar biþja Þjóþ. hv. Wis. 10; 8,10.
enn sunr biþils sviþnar Þjóþ. hv. Wis. 10; 13,3.
Yggs niþr friþar biþja Ein. Skál. Wis. 27; 12,4.
leikmiþjungr þriþja Ein. Skál. Wis. 28; 20,2.
þorns niþjum sik biþja Eil. Guþr. Wis. 30; 2,4.
Jþja setrs frá þriþja Eil. Guþr. Wis. 30; 2,8.
meina niþr í miþjan Eil. Guþr. Wis. 32; 17,7.
biþkvin und sik Þriþja Hallfr. v. Wis. 33; 3,4.
liþsuþr ór Niþ Sighv. sk. Wis. 40; 2,6.
fylkis niþs enn þriþja Sighv. sk. Wis. 38; 3,4.
jǫfra liþs á miþli Sighv. sk. Wis. 38; 4,6.
hliþ þars stóþk í miþjum Sighv. sk. Wis. 42; 2,6.
upp eþr niþr frá miþju Hallarst. Wis. 49; 27,8.
liþhraustr konungr sár enn iþri Mark. Skeggj. Wis. 53; 28,2.
iþvandr of dag þriþja Ein. Skál. Wis. 54; 4,2.
heilagr viþr sem biþjum Ein. Skál. Wis. 61; 65,6.
uppi ok niþri ok þar í miþju Eyst. Ásgr. Wis. 87; 1,6 u. 100; 100,6.
upp ok niþr af himni þriþja Eyst. Ásgr. Wis. 92; 40,2.
ǫþrum niþr í fjandann miþjan Eyst. Ásgr. Wis. 96; 72,8.
biþkak mér hins þriþja Tindr Hallk. Hkr. 160,22*b.*
friþlands á vit niþja Ótt. sv. Hkr. 226,2*a.*
niþjungr Haralds miþjan Ótt. sv. Hkr. 234,20*b.*
friþkaup vas þat miþjo Sighv. sk. Hkr. 378,4*a.*
siþ nœmr með liþ Þór. loft. Hkr. 440,23*a* (*hliþnœmr Fyrsk.* 85).
liþu framm viþir Þór. loft. Hkr. 440,25*b.*
friþmenn liþu Þór. loft. Hkr. 440,33*b.*
grein varþ liþs á miþli Sighv. sk. Hkr. 510,23*a.*

fylkis niþs á miþli Sighv. sk. Hkr. 522,12*b* (*liþz Fris.* 173,31*b*).
iþula róg á miþlum Bjarni gullbr. Hkr. 526,5*b* (vgl. *Gisl. Aarb.*
1886, 227).
liþs skjǫldunga á miþli Þjóþ. sk. Hkr. 542,32*a.*
liþs oddr vas þat miþju Þjóþ. sk. Hkr. 593,32*b.*
viþrnám friþar biþja Steinn Herd. Hkr. 595,4*a.*
skamt vas liþs á miþli Steinn Herd. Hkr. 595,8*a.*
friþr namsk ár hit þriþja Þjóþ. sk. Hkr. 607,2*a.*

iþl : iþl.

allfriþliga á miþli Bǫlv. Hkr. 565,16*b.*

iþr : iþr.

niþr ok jarl enn þriþja Hallfr. v. Wis. 35; 3,8.
friþr gekk sundr í sliþri Sighv. sk. Wis. 38; 4,7 (!).
friþr fylkis niþr Sighv. sk. Wis. 40; 6,3 (!).
viþr þeims nú ferr hiþra Sighv. sk. Wis. 43; 12,2 (*heþra* Codd.,
      heþra Hkr. 527,18*b*; vgl. *Thork.* 74; *Njál.* II, 604; *Sievers*
      PBB. XVI, 241).
viþr Helganes blóþugt fiþri Arn. jarl. Wis. 46; 14,4.
konungs niþr gaf þat miþri Ein. Skál. Wis. 57; 34,8 (*viþr Flb* I, 4).
sviþrar mér um bláxin iþrir Eyst. Ásgr. Wis. 97; 77,6.
framm iþrask nú miþri Þjóþ. sk. Hkr. 490,15*a.*
Fiþr Árnason miþri Þjóþ. sk. Hkr. 596,22*b* (*Finnr Hkr., Fiþr*
      Kph III, 127; *Mork.* 81; *Fgrsk.* 130).

if : if.

oddavifs né drífu Ein. Skál. Wis. 26; 2,2.
lífkǫld Hávars drífu Ein. Skál. Wis. 27; 4,8.
líf skjótt firum hlífa Hallfr. v. Wis. 35; 8,2.
Oska rif gótt líf Ott. sv. Wis. 44; 6,4.
hans líf v(a)s þrotit klífa Hallarst. Wis. 49; 27,6.
baugdríf numinn lífi Ein. Skál. Wis. 55; 17,8.
viþrlíf skorin knífi Ein. Skál. Wis. 60; 60,4.
xjálft hreinlífi gimsteinn rífa Eyst. Ásgr. Wis. 90; 27,8.
mistar rífs í drífu Guth. s. Hkr. 87,36*a.*
geirvífa sér hlífa Guth. s. Hkr. 102,4*b.*
gífrs hlémána drífu Þórþr Sjár. Hkr. 105,13*b.*
hjǫrdrífa brá lífi Glúmr Geir. Hkr. 136,30*a.*
hjálmdrífu viþr lífi Sighv. sk. Hkr. 307,21*a.*
fleindrífu sér hlífa Þorm. Kolbr. Hkr. 497,22*b.*
hlíf raufsk fyr gram lífi Sighv. sk. Hkr. 499,8*a.*
ífs sem kykvir tífar Sighv. sk. Hkr. 508,30*a* (vgl. *Kph.* II, 390;
      yxx Flb II, 376; *ys OHS* 230).
Alfífu son drífa Þjóþ. sk. Hkr. 519,13*b.*

þingdrifu vel lið Sighv. sk. Hkr. 522.26a.
hlifðl á gram drifa Þjóð. sk. Hkr. 546.8a.
úxrifr Kraka drifu Grani Hkr. 571.2a.
hlifar landreki drifa Steinn Herd. Hkr. 595.17a.
heiþins rif at drifu Halld. skr. Hkr. 664.7b.
sóknar gifr i fleina drifu Sturla Kgs. 433.10a (gaugl: kofa Flb
   III, 192).

ig : ig.

rigfrekr ofan sigask Þjóð. hr. Wis. 9; 4,6.
himna stig til biskups rigþan Mark. Skeggj. Wis. 53; 27,8.
snáka stigs af vigi Haukr Vald. Wis. 79; 8,6.
rigs á rakna stigum Þorl. f. Hkr. 572.2a.
gagnstig ofan siga Halld. skr. Hkr. 665.20a.
rigs i Sarp at stiga Halld. skr. Hkr. 707.16a.

ik : ik.

jarls riki fram slika Ein. Skál. Wis. 27; 6,8.
rikr ásmagni slikn Ein. Skál. Wis. 27; 9,4.
rik Hákonar riki Ein. Skál. Wis. 27; 10,4.
geirbrikar frið slikan Ein. Skál. Wis. 27; 10,8.
gunnrikr hinn's hrøt likar Hallfr. r. Wis. 33; 2,2.
rikr valkera liki Hallfr. r. Wis. 34; 7,2.
læsiks und gram rikjum Hallfr. r. Wis. 36; 14,2.
glikligs ór styr slikum Hallfr. r. Wis. 37; 23,8.
heiptfiknum varþ rikri Hallfr. r. Wis. 37; 27,2.
rikingar þar diki Sighv. sk. Wis. 39; 6,6.
rikingum hlut slikan Hallarst. Wis. 47; 8,8.
hans riki frák slikum Hallarst. Wis. 47; 10,4.
gunnfikinn lét blikja Hallarst Wis. 48; 14,6 (gunnfilinn: blikra
   Cod. Berg.).
óþrikr frama slikum Hallarst. Wis. 50; 32,4.
rikingum gramr hepti fikjum Mark. Skeggj. Wis. 51; 8,2.
riks keisara gjafara lika Mark. Skeggj. Wis. 52; 26,4.
jöfra rikir metnaþ slikan Mark. Skeggj. Wis. 53; 29,6.
þrilikr konungs riki Ein. Skál. Wis. 55; 11,8.
liknsamr himinriki Ein. Skál. Wis. 55; 16,6.
döglings riks af liki Ein. Skál. Wis. 56; 22,2.
öþlings rik af sliku Ein. Skál. Wis. 58; 39,2.
rikr hendingar slikar Ein. Skál. Wis. 59; 49,4.
slik verk á jarþriki Ein. Skál. Wis. 61; 62,8.
hræsiks þrimu likar Ein. Skál. Wis. 62; 70,6.
at viþrlikjast yfrit rikjum Eyst. Ásgr. Wis. 88; 8,2.
horsk ok rik riþ guþdóm likjast Eyst. Ásgr. Wis. 89; 17,8.
rikr herra fyr ódyggþ slika Eyst. Ásgr. Wis. 89; 19,2.
guþi likjandi i dyggþum slikum Eyst. Ásgr. Wis. 90; 25,8.

likam tók hann meyjar rikrar Eyst. Ásgr. Wis. 96; 65,6.
merkin slik um himnariki Eyst. Ásgr. Wis. 98; 87,8.
Yggs valbrikar slikan Hildr Hkr. 66,2b.
beusiks rita rikis Guth. s. Hkr. 98,4a.
allrikr i styr slikum Þórþr Sjár. Hkr. 107,6b.
rik i máþur liki Eyr. sk. Hkr. 111,29b.
úrikr fyrir liki Anon. Hkr. 151,23b.
una likar vel sliku Þórþr Kolb. Hkr. 217,29b.
riki eftdr at sliku Ótt. sv. Hkr. 225,34b.
fast skalt rikr viþ rikan Ótt. sv. Hkr. 311,12a (!).
jalks briktoþuþ likan Sighr. sk. Hkr. 343,2a.
sliks rikari Þór. loft. Hkr. 440,23b.
rikingum skør rikis Sighr. sk. Hkr. 453,21b.
febr likr konung slikan Sighr. sk. Hkr. 522,26b.
hafi riks þars vel likar Stúfr sk. Hkr. 555,20b.
slikt alt es her likar Anon. Hkr. 603,2b.
fiks veldra guþ sliku Ól. hlg. Hkr. 613,24b.
rikingar gram rikum Halld. skv. Hkr. 663,12a.
benja likr af riki Halld. skv. Hkr. 668,1a.
rikilátr meþ afla slikan Sturla Kgs. 441,19b.
rikelds gjafir rikjum Sturla Kgs. 443,2a.

ikr : ikr.

Gandrikr skøtum rikri Eil. Guþr. Wis. 30; 2,6.
nú'st rikr af hrot slikri Ótt. sv. Hkr. 220,2b.
allrikr skipan slikri Sighr. sk. Hkr. 446,4a.

im : im.

hrimi stokkin búin grima Arn. jarl. Wis. 44; 2,8.

in : in.

jast-Rín Haralds mina Korm. Øgm. Wis. 26; 1,4.
rinheims fiandr sina Ein. Skál. Wis. 27; 5,4.
febr sinum vel mina Sighr. sk. Wis. 41; 2,4.
fjandmenn þinir resøld sina Arn. jarl. Wis. 44; 4,8.
rin húskørlum sinum Hallarst. Wis. 47; 13,6.
Rinar sól á marfjøll skina Mark. Skeggj. Wis. 51; 6,2.
min jarteignum skina Ein. Skál. Wis. 54; 7,8.
sin tákn røþull skina Ein. Skál. Wis. 56; 19,4.
skrin dýrþarvin þinum Ein. Skál. Wis. 60; 64,8.
minum at fyr umsjá þina Eyst. Ásgr. Wis. 87; 3,2.
i náttúruskærleik sinum Eyst. Ásgr. Wis. 88; 7,2.
tunga min af herra þinum Eyst. Ásgr. Wis. 90; 22,2.
frúin skinandi af holdi þinu Eyst. Ásgr. Wis. 91; 29,8.
sina qat fyr nauþsyn mina Eyst. Ásgr. Wis. 94; 52,8.

hvi nú þvi lét Jesús pinast Eyst. Ásgr. Vís. 95; 62,6.
bǫrn sin ǫll í dauþans pinu Eyst. Ásgr. Vís. 95; 64,6
min dróttinn í ríki þinu Eyst. Ásgr. Vís. 96; 69,4.
þína rægþ í nauþum minum Eyst. Ásgr. Vís. 97; 79,8.
faþir skinandi krjúpak þinum Eyst. Ásgr. Vís. 98; 81,6.
sina eign á hjarta minu Eyst. Ásgr. Vís. 98; 85,4.
min dróttning fyr barni þinu Eyst. Ásgr. Vís. 98; 87,2.
fyr skinanda barni þinu Eyst. Ásgr. Vís. 99; 88,2.
min dróttning af heiþri þinum Eyst. Ásgr. Vís. 99; 92,4.
ǫndin min at furþist pinu Eyst. Ásgr. Vís. 100; 96,8.
min þá'r ligg ek kraldr í pinum Eyst. Ásgr. Vís. 100; 99,6.
hraf rins at mun sinum Guth. s. Hkr. 87,36b.
unnsvin rinnum minum Eyr. sk. Hkr. 123,28b (*vin sinn Fris.* 95.38b).
úvin í bó sinum Sighv. sk. Hkr. 308,15b (vgl. *Gísl. Njál.* II, 371 ff.;
     Thork. 66 f.).
min ókunnar þinum Sighv. sk. Hkr. 309,13b.
rinleygs héþan minum Hárekr Hkr. 427,26a.
min stallarar þinir Sighv. sk. Hkr. 429,30a.
gullit skrin at minum Sighv. sk. Hkr. 523,12a.
sinar hendr at skríni Þjóþ. sk. Hkr. 532,4a.
úvin skipi sinu Þjóþ. sk. Hkr. 541,26a.
lineik reri sinum Har. harþr. Hkr. 570,6a.
ermlin á glæ sinum Magn. berf. Hkr. 654,34a (*armlinnz:sinnom*
     Eirsp., Fris. 276,13a; *ormlinnz:sinom Mork.* 152; *ormlina:*
     sinum Fms. VII, 62).
sina dóttur arfa þinum Sturla Kgs. 422,4a.
hirþmenn þinir frelsi sinu Sturla Kgs. 433,4b.
Rinar logs of dreka þinum Sturla Kgs. 439,18a.
fjandmenn þinir lífi sinu Sturla Kgs. 442,9b.
þína dýrþ enn rauþull skini Sturla Kgs. 459,6b.
hnossir þinar mærþar tinir Sturla Kgs. 461,33b.

inn : in.

faþir sinn liþi sinu Sighv. sk. Vís. 42; 3,4.
minn dróttinn leggr sina Sighv. sk. Vís. 43; 14,2.
linhjartaþr af pinu þinni Eyst. Ásgr. Vís. 95; 59,4 (*sic Magnuss.* 60:
     af pislum þinum Vís.).
sá's minn vili þinu Sighv. sk. Hkr. 248,35a.
þinn hollvini mina Bersi sk. Hkr. 254,19b.
sinn halda vel Rinar Sighv. sk. Hkr. 310,20a.
minn dróttin fram sinum Sighv. sk. Hkr. 490,30a.

ins : ins.

hróþrs mins bragar sins Ótt. sv. Vís. 43; 1,4.

ip : ip.

rip i bratta gnipu Hallarst. Wis. 49; 28,4.

ir : ir.

þrir jarlssynir tirar Ein. Skál. Wis. 27; 5,8.
tirar gjarn ok Jra Hallfr. v. Wis. 31; 9,4.
þrir samnafnar tíri Sighv. sk. Hkr. 308,21 a.
eru rir um srik skirir Sighv. sk. Hkr. 431,18 b *(rær: skærir Kph.*
II, 285; vgl. S. 86).

is : is.

Brisings goþa disi Þjóþ. hr. Wis. 10; 9,6.
risi margra Frisa Hallfr. v. Wis. 34; 6,6.
risu gaf þeim paradisar Eyst. Ásgr. Wis. 88; 13,4.
lýkk risu nú þvísa Sighv. sk. Hkr. 307,23 a.
islenzk konan risat Sighv. sk. Hkr. 309,13 a.
iskqld á líþ risa Þjóþ. sk. Hkr. 542,22 a.
sárisa rauþ risi Kolli Hkr. 726,33 a.

iss : is.

iss rildu svá disir Þjóþ. hr. Wis. 10; 17,4.
iss fyr mér at risa Sighv. sk. Hkr. 274,15 b.

it : it.

rit casa friþr at lita Hallarst. Wis. 48; 16,2.
itrir menn es hneggri slíta Mark. Skeggj. Wis. 51; 4,4.
hritings of sqk litla Ein. Skál. Wis. 58; 27,2 (vgl. Aarb. 1866, 304 f.).
annlits hvit þótt eplit bitiþ Eyst. Ásgr. Wis. 89; 17,6.
bita kremja rifa ok slíta Eyst. Ásgr. Wis. 98; 84,8.
hlit annara nitiþ Sighv. sk. Hkr. 248,28 b.
hqfum lítinn dag slíta Sighv. sk. Hkr. 274,32 a.
á liti þeir nita Sighv. sk. Hkr. 446,9 b.
Hvitakristr at viti Sighv. sk. Hkr. 521,29 b.
öhlitulig litlu Oddr Kik. Hkr. 543,28 b (*Þjóþ. sk. Flb* III, 284).
rit erfþi litit Valg. Hkr. 560,11 a.
hlitstyggr fyr sér litit Arn. jarl. Hkr. 621,8 a.
hvitjarpr sofa litit Magn. berf. Hkr. 654,23 b.

itt : it.

vitt svá skal friþ slíta Þórþr Sjár. Hkr. 107,2 a.
litt mun halr hinn hvíti Ól. hlg. Hkr. 446,22 a (?).
vitt nam vargr at slíta Bjqrn krepph. Hkr. 641,13 a (?).

iþ : iþ.

ok sliþrliga siþan Þjóþ. hr. Wis. 9; 6,4.
grjót-Níþaþar siþan Þjóþ. hv. Wis. 10; 9,8.

tiþr fjǫrlama at biþa þjóþ. hr. Wis. 11; 17,8.
riþviggs lagar skiþum Þorbj. hornkl. Wis. 11; 2,8.
hriþremmis fjǫr riþa Ein. Skúl. Wis. 27; 4,2.
folkskiþs ne mun siþan Ein. Skúl. Wis. 27; 6,6.
riþfrægt enn gramr siþan Ein. Skúl. Wis. 28; 15,2.
riþr at vilgi viþu Ulfr Ugg. Wis. 30; 7,1 (!).
riþfrægr enn mér liþa Ulfr Ugg. Wis. 30; 7,2.
striþlundr meþ vǫl Gríþar Eil. Guþr. Wis. 31; 9,8.
ǫgnbliþr Skotum viþa Hallfr. v. Wis. 34; 8,6.
riþ lǫnd Breta striþir Hallfr. v. Wis. 36; 12,2.
munuma striþ of biþa Hallfr. v. Wis. 36; 20,2.
hriþ varþ stáls í striþri Sighv. sk. Wis. 38; 3,1.
brimskiþum lá siþa Sighv. sk. Wis. 38; 3,8.
hriþ Kinnlima siþu Sighv. sk. Wis. 39; 5,4.
siþ kreþa aptans biþa Sighv. sk. Wis. 43; 15,2.
meita hliþir sævar skiþi Arn. jarl. Wis. 45; 9,2.
skalk friþum lof smiþa Hallarst. Wis. 46; 1,6.
friþr þengill lét siþan Hallarst. Wis. 46; 5,2.
ókviþinn lét siþan Hallarst. Wis. 47; 6,2.
friþr til Nóregs siþan Hallarst. Wis. 47; 7,2.
brynskiþs viþum sviþa Hallarst. Wis. 48; 21,6.
ókviþinn réþ siþan Hallarst. Wis. 49; 27,2.
siþan jǫfn eþr friþri Hallarst. Wis. 49; 30,8.
hriþþǫflgum rann smiþat Hallarst. Wis. 50; 34,6.
einkar tiþr enn mærþar bliþi Mark. Skeggj. Wis. 51; 4,6.
foldar siþu brimi kniþa Mark. Skeggj. Wis. 52; 24,2.
liþa flaustr es gramr lét smiþa Mark. Skeggj. Wis. 52; 25,6.
aldrstriþ þat es fregit viþa Mark. Skeggj. Wis. 53; 31,4.
hriþblásnum sal viþa Ein. Skúl. Wis. 54; 7,6.
látrstriþandi siþan Ein. Skúl. Wis. 55; 16,4.
riþlendr stǫþum siþan Ein. Skúl. Wis. 55; 17,2.
goþs riþari striþum Ein. Skúl. Wis. 55; 18,6.
lǫgskiþs yfir siþan Ein. Skúl. Wis. 56; 20,6.
bliþ verk muni siþar Ein. Skúl. Wis. 56; 23,2.
margfriþr jǫfurr siþan Ein. Skúl. Wis. 56; 26,2.
hátiþ verit siþan Ein. Skúl. Wis. 58; 36,2.
hliþ fám ríkum siþar Ein. Skúl. Wis. 58; 37,8.
siþan málmastriþir Ein. Skúl. Wis. 58; 38,2.
skiþrennandi siþan Ein. Skúl. Wis. 58; 41,2.
harmstriþanda siþan Ein. Skúl. Wis. 59; 44,6.
oddhriþar þar siþan Ein. Skúl. Wis. 59; 50,6.
hjaldrstriþr skapi bliþu Ein. Skúl. Wis. 60; 58,8.
ófriþan réþ smiþu Haukr Vald. Wis. 80; 18,4.
þat er bliþan mest lifþi siþan Eyst. Ásgr. Wis. 89; 13,6.
viþa lands þar er nær ǫll siþan Eyst. Ásgr. Wis. 89; 19,6.

jungfrú blíþ þa'r sveinn er smiþaþr Eyst. Ásgr. Wis. 91; 30,6.
jofu liþendin fyrr né siþar Eyst. Ásgr. Wis. 91; 34,2.
riþi mér at báþum siþum Eyst. Ásgr. Wis. 92; 40,8.
dróttinn blíþr ok hall mér siþan Eyst. Ásgr. Wis. 95; 63,1.
sciþur brjóst ok hefndum kveiþir Eyst. Ásgr. Wis. 97; 76,6.
riþfrægr héþan biþa Þjóþ. hr. Hkr. 75,27b.
riþfrægr at þat siþan Guth. s. Hkr. 88,10b.
riþ Skáneyjar siþu Guth. s. Hkr. 88,66 (siþa Fris. 68,33; vgl. Aarb.
        1866, 241 ff.).
iþrandr um kom siþan Guth. s. Hkr. 89,4b (vgl. Aarb. 1866, 277;
        Thork. 43).
skiþrennandi siþan Eyr. sk. Hkr. 112,11a.
liþum hallinskiþa Glúmr Geir. Hkr. 112,31a.
mjǫk siþ um dag skiþi Eyj. Daþ. Hkr. 140,9a.
malmhriþ jofurr siþan Eyj. Daþ. Hkr. 199,7a.
gunnblíþr ok réþ siþan Eyj. Daþ. Hkr. 199,17a u. 200,4b.
óx hriþ at þat siþan Eyj. Daþ. Hkr. 199,30a.
hriþ riþ Fáfnis siþu Halld. ókr. Hkr. 212,32b.
leyfþ iþ er þat siþan Sighv. sk. Hkr. 218,33a (vgl. Aarb. 1866, 276).
út hriþboþa siþan Bersi Sk. Hkr. 254,9b.
iþir hlýtk at riþa Sighv. sk. Hkr. 274,26b (iþir Kph. II, 82; iþnir
        Flb II, 58; vgl. Aarb. 1866, 276; Thork. 78).
hafskiþs muni siþan Sighv. sk. Hkr. 308,19b.
friþs cættak mér siþan Sighv. sk. Hkr. 308,26a (vgl. Thork. 78).
riþbotn ne kemr siþan Sighv. sk. Hkr. 411,30b.
siþ fregn at ek kriþa Jǫk. Hkr. 454,22a.
gunnblíþr þar's slǫg riþa Har. Sig. Hkr. 479,1b (Þorm. Kolbr. Ohs. 67).
Dags hriþar spor sriþa Þorm. Kolbr. Hkr. 498,2b.
riþlendan Ástriþi Sighv. sk. Hkr. 516,29a.
þann tíþ í haf skriþa Þjóþ. sk. Hkr. 516,34a.
mitt striþ er svá hliþir Sighv. sk. Hkr. 521,31b (mitt striþ vera
        siþan Fris. 173,16b).
óblíþari siþan Sighv. sk. Hkr. 521,36b.
riþ Skáneyjar siþa Þjóþ. sk. Hkr. 543,4b.
berr iþula siþan Þjóþ. sk. Hkr. 544,8b (vgl. Aarb. 1866, 277; Thork. 78).
riþa frægr um siþir Haraldr harþr. Hkr. 546,19b.
ógnblíþr í haf siþan Valg. Hkr. 559,31a.
hoddstriþir þér siþan Bǫlr. Hkr. 565,16a.
riþs mǫrg herǫþ siþan Bjǫrn krepph. Hkr. 638,13b.
hriþar gagls á Skiþi Bjǫrn krepph. Hkr. 646,29b.
oddhriþ rakiþ siþan Halld. skr. Hkr. 666,2a.
ógnblíþr und sal riþum Ein. Skúl. Hkr. 667,11a.
hriþ ralslǫngur riþa Ein. Skúl. Hkr. 668,7a.
oddhriþ ok brátt siþan Kolli Hkr. 726,1a.
griþar fáks i viþu Þorbj. skakk. Hkr. 781,29a.

riþu hart ok tiþum Nefari Kgs. 110,12a.
gerum hriþ þá's þann sriþi Nefari Kgs. 110,12b.
bliþs hertuga gjǫfum friþum Ól. hvit. Kgs. 349,10b.
brodda hriþ fyr Nóregs siþu Ól. hvit. Kgs. 380,9a.
rógstriþr Dǫnum siþar Sturla Kgs. 427,26a.
gullstriþi þá siþan Sturla Kgs. 427,26b.
ógnar striþr á Hallands siþu Sturla Wis. 83; 11,6.
hriþar herskiþum Sturla Kgs. 464,28b (!).
hriþar brimskiþum Sturla Kgs. 473,5a.
siþ til brynhriþar Sturla Kgs. 473,14a.
mikil striþ vas þat siþan Sturla Kgs. 482,14b.

odd : odd.

helmings oddr í sumars broddi Mark. Skeggj. Wis. 51; 5,4.
hoddum roþnir oddar Arn. jarl. Hkr. 621,30a (reknir broddar Fms.
    VI, 420).
hoddǫrr sá's rýþr odda Steinn Herd. Hkr. 635,12b.

of : of.

ofrask mun konungs lof Ótt. sv. Wis. 43; 1,2.

ofn : ofn.

dagr rofnaþisk sofna Ein. Skúl. Wis. 59; 47,6.

oft : oft.

oft blóþvǫlum Skofta Eyj. Daþ. Hkr. 140,15a.
Hrofts riþ dreyrgar toftir Þórþr Kolb. Hkr. 214,25a (vgl. Gísl.
    Aarb. 1866, 258; Cl.-Vgf. 636).
oft skjǫldunga þofti Ótt. sv. Hkr. 234,15a   } (vgl. Aarb. 1866, 259;
oft guþrefjar þoftu Magn. berf. Hkr. 654,34b }   Thorkels. 78).
oft á óþaltoftum Sighv. sk. Hkr. 521,23b (!).

og : og.

bogmenn at hǫr tognum Þjóþ. sk. Hkr. 538,2b.

okk : okk.

hers flokki riþ þjokkva Sighv. sk. Wis. 41; 2,8.
flokka áþokkuþ Sturla Kgs. 465,19b.

old : old.

hold Flæmingja goldit Hallfr. v. Wis. 34; 7,4.
blóþ ok hold af vatni ok moldu Eyst. Ásgr. Wis. 88; 11,2.
moldu þó'r meþ skæru holdi Eyst. Ásgr. Wis. 88; 12,2.
ifla folds um goldit Ótt. sv. Hkr. 284,25a.

olg : olg.

berg sólgnum þar dolgi Þjóþ. hv. Wis. 10; 16,2.
dolg Sviþjóþar kolgu Eil. Guþr. Wis. 31; 12,2.
folgin jofurs dolga Sighv. sk. Wis. 42; 7,2.
benja kolgu yþrir dolgar Arn. jarl. Wis. 44; 4,6.
mellu dolgs um folginn Eyv. sk. Hkr. 111,24 b.
jotna dolgs um folginn Eyv. sk. Hkr. 111,27 b.

oll : oll.

hollr af fornum þolli Þjóþ. hv. Wis. 9; 3,8.
þollr í Grislupollum Sighv. sk. Wis. 39; 11,4.
goll bauþ dróttinhollum Sighv. sk. Wis. 41; 1,2.
trolls marr trýni sollinn Hallarst. Wis. 48; 17,3 (!) (trollan trúr var
     sollinn Fms. II, 316; tröll maar tryne sollinn Flb I, 484).
seggjum holla ok golli Ein. Skúl. Wis. 57; 34,2.
ulfum hollr þás ollu Haukr Vald. Wis. 79; 4,7 (!).
goll döglingi hollum Ótt. sv Hkr. 227,17 b (gull : þollar Flb II, 21;
     gull : hollost OHS 22; goll : holloz Kph. II. 15).
þollr gazt húskarl hollan Sighv. sk. Hkr. 248,32 b (!).
hollan selr viþ golli Sighv. sk. Hkr. 431,4 b.
hollust búin golli Sighv. sk. Hkr. 431,32 a.
skollaust þess's bjó golli Sighv. sk. Hkr. 523,19 b (scollaust OHS 253;
     scull-laust Þering. II, 15; skuldlaust Eirsp.).
gollhrings viþ mér skolla Har. harþr. Hkr. 558,12 b.
golls es ferr meþ skolli Har. harþr. Hkr. 546,33 b.
varghollr dreka skolla Þjóþ. sk. Hkr. 539,32 a.

olm : olm.

bolm á randar holmi Þjóþ. hv. Wis. 11; 18,4.
holmreyþar lét olman Þorbj. hornkl. Wis. 15; 6,6.

om : om.

somr eþr brott of komnum Hallfr. v. Wis. 37; 24,1 (vgl. Thorkels. 64).

opt : opt.

rundin opt enn snerust á lopti Eyst. Ásgr. Wis. 93; 45,6.
optar spjótskoptum Sturla Kgs. 471,27 a.

org : org.

borg Kantara sorgar Sighv. sk. Wis. 39; 8,6.
Gunnvaldsborg of morgin Sighv. sk. Wis. 39; 13,6.
Skotborgar á Veuþa sorgum Arn. jarl. Wis. 45; 13,2.
morginn vas þá borgar Ein. Skúl. Wis. 59; 48,2.
borg Kantara um morgin Ótt. sv. Hkr. 226,33 a.
morgun Rúþuborgar Sighv. sk. Hkr. 416,13 a.

borgum nær um morgin Sighv. sk. Hkr. 520,31a.
ormtorgs hotupr borgu Þjóþ. sk. Hkr. 550,4a.
eyddri borg til sorga Halld. skr. Hkr. 664,7a,
Akrsborg feginn morgin Ein. Skál. Hkr. 667,6b.
ar morgin til Sverris borgar Baglar Kgs. 161,30a.
þann morgin til Sverris borgar Birkib. Kgs. 161,35a.

orm : orm.

ranr mun Ormr þótt Ormi Hallfr. v. Wis. 35; 10,5.
premja storms at Ormi Hallarst. Wis. 48; 21,4.
storms fyr borþ af Ormi Hallarst. Wis. 49; 29,8.
ormi tók hann mál at forma Eyst. Ásgr. Wis. 89; 15,8.

orn : orn.

þornrauns hugum bornir Eil. Guþr. Wis. 32; 13,2.
hagþorns á mö sporna Sighv. sk. Hkr. 274,24b.
dýrshorn Visund sporna Sighv. sk. Hkr. 414,11b.
bornir mál hin fornu Sighv. sk. Hkr. 446,11b.
forntraddan mö spornat Þjóþ. sk. Hkr. 542,30a.
Hornskógi brá þorna Grani Hkr. 571,4a.

orr : orr.

orrostur stopþorrinn Sighv. sk. Hkr. 231,10a.

orr : or.

Þorroþr konung forþum Sighv. sk. Hkr. 520,31b.

orþ : orþ.

borþhǫlkri rak norþan Þorbj. hornkl. Wis. 14; 4,2.
orþalaust at morþi Þorbj. hornkl. Wis. 14; 4,6.
i munborþs fyr norþan Ein. Skál. Wis. 27; 10,2.
jarl borþmǫrum norþan Ein. Skál. Wis. 27; 11,2.
morþfikinn lét norþan Ein. Skál. Wis. 27; 13,2.
aurborþs á vit norþan Ein. Skál. Wis. 28; 17,2.
morþ alfs þess's kom norþan Ein. Skál. Wis. 28; 18,4.
orþsæll á men storþar Ulfr Ugg. Wis. 29; 3,4.
storþar leggs fyr borþi Ulfr Ugg. Wis. 29; 3,6.
Norþimbra þei morþi Hallfr. v. Wis. 34; 8,4 (Nordimbra þar timbre
    Flb I, 120).
innan borþs at morþi Hallfr. v. Wis. 36; 14,6.
orþsæll jǫfurr norþan Hallfr. v. Wis. 36; 16,2.
norþr eru ǫll of orþin Hallfr. v. Wis. 37; 21,1 (!).
morþ reifanar orþi Hallfr. v. Wis. 37; 24,8.
norþr goþfoþur orþinn Hallfr. v. Wis. 37; 27,4.
borþ óx viþar morþ Ótt. sv. Wis. 44; 4,2.

skorþu rendi Visundr norþan Arn. jarl. Wis. 45: 6,4.
Skøglar borþs enn fjorþu Hallarst. Wis. 49; 29,1.
hingat norþr at skjǫldungs orþum Mark. Skeggj. Wis. 51; 13,4.
borþi merkþ fyr Saxa norþan Mark. Skeggj. Wis. 52; 25,8.
Norþmanna val þorþi Ein. Skúl. Wis. 60; 55,8.
orþs hans fǫþur morþi Haukr Vald. Wis. 79; 4,8.
borþs hálfan teg fjorþa Haukr Vald. Wis. 81; 24,8.
liflig orþ i stuþla skorþum Eyst. Ásgr. Wis. 87; 2,6.
rorþin svá at mætti orþin Eyst. Ásgr. Wis. 87; 3,5.
svá vorþinna spádómsorþa Eyst. Ásgr. Wis. 88; 12,8.
orþin slik af tungu forþum Eyst. Ásgr. Wis. 92; 39,4.
forþum hefr ek slægvitr orþit Eyst. Ásgr. Wis. 93; 43,8.
orþum hyggst i kceþi at skorþa Eyst. Ásgr. Wis. 99; 92.2.
þrǫngskorþoþra kveþisorþa Eyst. Ásgr. Wis. 100; 96,6.
Norþmanna gram þorþi Þórþr Sjár. Hkr. 105,15b.
orþrakkr fyr bý norþan Glúmr Geir. Hkr. 121,8a.
orþ á Vinu borþi Glúmr Geir. Hkr. 121,10b.
sporþfjǫþruþum norþan Eyv. sk. Hkr. 123,28a.
þróttarorþ es þorþi Glúmr Geir. Hkr. 134,17a (?).
fylkis orþ at morþi Glúmr Geir. Hkr. 134,18b.
orþ heppinn þvi morþi Glúmr Geir. Hkr. 134,24b.
velk orþ at styr norþan Þórþr Kolb. Hkr. 217,33a.
morþárr sá's för norþan Sighv. sk. Hkr. 255,16a.
herskorþandi forþum Ótt. sv. Hkr. 284,27a.
orþ reyr þess's sat norþast Ótt. sv. Hkr. 284,25b.
orþsnjallr Visund norþan Sighv. sk. Hkr. 414,29a.
borþvǫll Joþar norþan Sighv. sk. Hkr. 444,9b.
borþ fyr Utstein norþan Bjarni gullbr. Hkr. 447,4a.
orþ fregni þat borþa Giz. g. Hkr. 475,31a (*skorþa Ohs* 69 B; vgl.
      Thork. 70).
seggr skyli orþ um forþask Þorm. Kolbr. Hkr. 476,8b.
tóksk morþ af þvi norþan Tryggvafl. Hkr. 513,13a.
Norþmanna skip forþum Sighv. sk. Hkr. 521,14a.
orþsæll ok cér forþum Sighv. sk. Hkr. 521,24b.
hléborþs Visundr norþan Arn. jarl. Hkr. 529,29a.
orþ Jórdanar borþum Stúfr sk. Hkr. 555,31a.
morþs klunngotum norþan Valg. Hkr. 560,32b.
borþrǫkn Haraldr norþan Þorl. f. Hkr. 572,9a.
morþ ráþbani orþinn Har. harþr. Hkr. 586,35a.
menskorþ bera forþum Har. harþr. Hkr. 620,12b.
Norþmenn i kaf borþi Þorbj. Skakk. Hkr. 740,14a.
flugu borþ um haf stillir norþan Ól. heit. Kgs. 339,13a.
hildar borþs á Upplǫnd norþan Ól. heit. Kgs. 373,4a.
Norþmanna gramr fyri borþum Sturla Kgs. 432,15b.
storþar ulfr fyr Glymstein norþan Sturla Wis. 83; 11,8.

storþar gaudr fyr Elfi norþan Sturla Kgs. 138,28b.
inn um borþ á legi norþan Sturla Kgs. 141.12a.

oss : oss.

hnossum gǫfguþ skrin ok krossa Mark. Skeggj. Wis. 53; 29,4.
oss þás lif á krossi Ein. Skúl. Wis. 54; 3,6.
oss piningarkrossi Ein. Skúl. Wis. 61; 65,8.
fossum blóþit niþr á krossum Eyst. Ásgr. Wis. 94; 54,4.
oss var flutt at gǫgzt á krossinn Eyst. Ásgr. Wis. 95; 60,2.
hverjum oss vér prisum krossinn Eyst. Ásgr. Wis. 95; 62,8.
hnossfjǫlþ loft ossu Sighv. sk. Hkr. 516,19a.

ost : ost.

frost ágirni mér i brjosti Eyst. Ásgr. Wis. 97; 78,2.
kostalausu i glæpa frosti Eyst. Ásgr. Wis. 98; 81,8.
viþ orrostu kosta Anon. Hkr. 781,24a.

ot : ot.

otrheims flota Þór. loft. Hkr. 440,29a.
snotran úþrotlig Sturla Kgs. 464,36b.

otn : otn.

flotna randar botni Brage Wis. 2; 7,2.
sliks skotnaþar brotna Sighv. sk. Wis. 39; 10,8.
flotna vǫrþr á élkers botni Mark. Skeggj. Wis. 50; 3,2.
gotneskum her flotna Ótt. sv. Hkr. 222,5a (*gottnerskum herflotta Flb II, 17*).

ots : os (oz : os) vgl. S. 79.

skozkir alþroskins Sturla Kgs. 474,37b.

oþ : oþ.

goþ rétti sér boþnum Halld. skv. Hkr. 663,21b.

óf : óf.

hófu skjótt enn skófu Þjóþ. hv. Wis. 10; 13,1 (!).
hóf skotnaþra sófu Eil. Guþr. Wis. 31; 6,4, doch vgl. *Gisl. Ark. VIII,* 57 (*háf : sváfu*).
þjófs skal hǫnd i hófi Sighv. sk. Wis. 43; 12,3 (!).
ófs dýnviþir grófu Sturla Kgs. 482,16a.

óf : óv (vgl. S. 69).

óvarliga sem ritning prófar Eyst. Ásgr. Wis. 88; 8,6.

óg : óg.

hógreiþar framm drógu Þjóþ. hv. Wis. 10; 15,6.
rógsegl Heþins bógu Ein. Skál. Wis. 26; 1,6.

hôgbrotningi skógar Eil. *Gupr. Wis.* 32; 19,2.
hoddlögendr byr gnógan Haukr Vald. *Wis.* 78; 2,4.
Ormr skógarnef rógi Haukr Vald. *Wis.* 80; 19,2.
fagran plóg sem aldinskóga Eyst. Ásgr. Wis. 88; 10,8.
hôgr ef renn til skógar Hildr Hkr. 66,4b (vgl. *Thork.* 43).
yfir um skóg at spróga Þjóþ. *sk. Hkr.* 539,30a.
nú lætk skóg af skógi Haraldr harþr. Hkr. 546,18a (!).
róg á Krókaskógi Kolli Hkr. 726,33b.
drógusk litt um fjoll ok skóga Anon. Kgs. 343,33a.

ók : ók.

forn ok klök á heipnum bókum Eyst. Ásgr. Wis. 87; 4,2.
sókn er orþum tókusk Þorl. *f. Hkr.* 574,19b.
snóka dúnbróka Sturla Kgs. 469,26b (*dýn bróka Fris.*, *dýnkróka Flb* III, *dýnflóka Fms* X).

ókn : ókn.

skipsókn viþ þrǫm Bóknar Sighr. sk. Hkr. 444,20a.

ól : ól.

gnapstól Haraldr sólar Þorbj. *hornkl. Wis.* 15; 9,4.
Óláfr skipa stóli Hallarst. Wis. 46; 2,8.
Óláfr und veg sólar Hallarst. Wis. 47; 10,8 u. ö.
itrbóls meþ gram sólar Hallarst. Wis. 50; 33,8.
Óláfi brag sólar Ein. Skúl. Wis. 54; 1,8.
dagbóls konungr stóli Ein. Skúl. Wis. 54; 5,8.
Óláfr af gram sólar Ein. Skúl. Wis. 55; 18,8 u. ö.
maltöl skini sólar Ein. Skúl. Wis. 56; 19,8.
Óláfs dreka bóli Ein. Skúl. Wis. 58; 41,4.
Óláfr bragar tölum Ein. Skúl. Wis. 59; 50,4.
sólar erkistóli Ein. Skúl. Wis. 61; 65,4.
Óláfs bragarstóli Ein. Skúl. Wis. 61; 67,4.
bóls taki seggr hverr's sólar Ein. Skúl. Wis. 61; 67,5 (!).
gólig fǫng til jóla Bjarni gullbr. Hkr. 446,33b.
Óláfr borinn sólu Steinn Herd. Hkr. 629,15b u. 635,18b.
ból þat's ek reit gólast Anon. Hkr. 640,2a.
ól þjóþkonungr sólar Ein. Skúl. Hkr. 662,25a.
morþhjóls skipa stóli Halld. skv. Hkr. 665,31a.

óm : óm.

hljóms lof toginn skjóma Ein. Skúl. Wis. 26; 3,6.
hyrjar ljóma suþr á Jómi Arn. jarl. Wis. 45; 12,4.
Svǫlnis dóms í rómu Hallarst. Wis. 46; 3,8.
helga dóma út frá Rómi Mark. Skeggj. Wis. 51; 12,2.
heims dómari sóma Ein. Skúl. Wis. 58; 42,2.

at hón blóm enn tapaþi sóma Eyst. Ásgr. Wis. 89; 18,2.
mektar blóm enn full af sóma Eyst. Ásgr. Wis. 90; 25,2.
sóma-orr á efsta dómi Eyst. Ásgr. Wis. 96; 70,4.
Márju blómi fyr ybrarn sóma Eyst. Ásgr. Wis. 98; 80,8.
hljóms þá's hvítir kómu Sighv. sk. Hkr. 253,17a (!).
hjordóm rolundr rómu Snorri Sturl. Kgs. 352,4b.

ón : ón.

Ónars viþi gróna Hallfr. r. Wis. 33; 5,4.
Jón baptista dróttni þjónar Eyst. Ásgr. Wis. 92; 37,4.
lóns í hrassar sjónir Sighv. sk. Hkr. 491,4a.
hjónum nær á Fjóni Þjóþ. sk. Hkr. 540,24a.
Lizibón at fróni Halld. skr. Hkr. 663,30b.

óp : óp.

hóps triskelfþa drápu Hallarst. Wis. 50; 35,4 (vgl. *Gisl. om helr.* 41).

ór : ór.

mórar skar for Þóre Brage Ger. 26; 22,4.
upp þjórhluti fjóri Þjóþ. hr. Wis. 9; 5,8.
Nóregr saman fóru Ein. Skál. Wis. 28; 14,8.
ór á svik hré fóru Sighv. sk. Wis. 42; 7,4.
Þórólfr enn hugstóri Haukr Vald. Wis. 79; 9,8.
Ormr Stórolfs sun fjórum Haukr Vald. Wis. 80; 15,4.
stórhersogur fóru Þórþr Kolb. Hkr. 154,34b.
stór þing ofan fóru Ott. sv. Hkr. 227,19b.
ér fórut sjá stóran Ott. sv. Hkr. 234,18a.
saman fóru rit stórar Bersi Sk. Hkr. 254,19a.
Nóregs þinnig fórum Sighv. sk. Hkr. 309,8a.
fullstórum barg Þóri Sighv. sk. Hkr. 492,19a.
hugstórs es frýr Þóri Sighv. sk. Hkr. 492,26a.
Nóregs konungr stórum Steinn Herd. Hkr. 635,16b.
fór meþ Steigarþóri Anon. Hkr. 636,22a.
saman stórhugaþr Þórir Þork. ham. Hkr. 639,4a.
stórfjarri mér Þóri Jatg. Kgs. 286,20a.
hilmir fór meþ herskap stóran Ól. hvít. Kgs. 373,3a (!).

ós : ós.

ómjós roþuls ljósi Ein. Skál. Wis. 54; 3,4.
Þrós hné þar til drósar Haukr Vald. Wis. 80; 17,7 (!).
ljósum raldrósar Sturla Kgs. 465,19a.

óst : óst.

þjóst af Greipar brjósti Eil. Gubr. Wis. 32; 16,8.
grenjaþi þjóstr í þeirra brjóstum Eyst. Ásgr. Wis. 93; 48,8.

öt : öt.

snótar ulfr at móti Þjóþ. hr. Wis. 9; 2,2.
brjótr rið jǫrmunþrjóti Þjóþ. hr. Wis. 11; 18,8.
Hlakkar móts til blóta Ein. Skál. Wis. 27; 9,2.
jótes reglangar þrjóti Eil. Guþr. Wis. 32; 17,6.
brjótendr skyti spjótum Hallfr. r. Wis. 35; 4,4.
snót Eiriki á móti Hallfr. c. Wis. 36; 16,4.
armgrjóts Trǫnu fljóta Hallfr. r. Wis. 36; 18,2.
mót aldrigi bóta Hallfr. r. Wis. 37; 27,8.
ulfs fót rið sker Sóta Sighv. sk. Wis. 38; 1,8.
hót skjǫldungi at móti Sighv. sk. Wis. 43; 13,4.
Jóta gramr í kræpi fljóta Arn. jarl. Wis. 44; 1,4.
spjótrunns staþa bótir Hallarst. Wis. 49; 30,2.
grjóti danskrar snótar Ein. Skúl. Wis. 58; 35,8.
fót aldrtrega rótum Ein. Skúl. Wis. 60; 59,4.
lamiþs fótar gramr rjóta Ein. Skúl. Wis. 60; 61,2.
synda brjót at drepa sem skjótast Eyst. Ásgr. Wis. 93; 47,8.
lǫgsóta ver fótum Eyr. sk. Hkr. 123,26a.
hót Sigvalda at móti Þórþr Kolb. Hkr. 156,4a.
njótr veg Jóta Þór. loft. Hkr. 441,6b.
arnarfót at móti Þór. loft. Hkr. 444,4a.
flettugrjóts ok spjóta Bjarni gullbr. Hkr. 446,35b.
mót á hæl fyr spjótum Har. Sig. Hkr. 479,6b (Þorm. Kolbr. Ohs 67).
Jótlands hafi fljóta Þorl. f. Hkr. 574,13b.
grjót ok reþr hin ljótu Þjóþ. sk. Hkr. 592,34b.
fljótmælts rinar Jóta Arn. jarl. Hkr. 593,2b.
hljótendr es sér brjóta Þjóþ. sk. Hkr. 626,15b.
Fjǫlnis hróts at móti Halld. skr. Hkr. 663,10a.
hóts annan veg þjóta Blakkr Kgs. 111,32b.
Bót af baugnjótum Sturla Kgs. 470,3a (?).

ött : ött.

þróttig Heþins sóttu Brage Wis. 3; 10,6.
fljótt baþ foldar dróttinn Þjóþ. hv. Wis. 9; 5,1 (!).
ótti lét of sóttan Þjóþ. hv. Wis. 10; 14,2.
gný-Þróttar jǫru dróttar Þorbj. hornkl. Wis. 14; 3,2.
dróttinn fund of sótti Ein. Skál. Wis. 28; 17,8.
sǫki-Þróttr á flótta Ein. Skál. Wis. 28; 20,6.
Þróttarsteinn rið ötta Eil. Guþr. Wis. 31; 10,8 u. 32; 20,4.
sótti ferþ á flótta Eil. Guþr. Wis. 31; 12,3 (!).
þróttar orþ á flótta Hallfr. r. Wis. 35; 2,8.
mǫrg kom drótt á flótta Hallfr. r. Wis. 35; 3,2.
minn dróttinn framm sótti Hallfr. r. Wis. 35; 4,8.
þróttharþan gramr sóttu Hallfr. r. Wis. 37; 23,2.
dróttin und lok sóttan Hallfr. c. Wis. 37; 25,4.

þat v's flótta bol dróttinn Sighv. sk. Wis. 39; 13,2.
ótta lánardróttni Sighv. sk. Wis. 42; 7,8.
hótt Norrénar dróttir Hallarst. Wis. 47; 8,2.
drótt hné morg þars sótti Hallarst. Wis. 48; 18,6.
óttu leið enn uppi þótti Mark. Sk. Wis. 52; 22,7 (!).
orþgnóttar bioþk dróttin Ein. Skúl. Wis. 54; 10,2.
Óttar of gram dróttar Ein. Skúl. Wis. 55; 12,4.
ynótt rið heiþnar dróttir Ein. Skúl. Wis. 57; 28,8.
margþróttar leizk ná dróttum Haukr Vald. Wis. 81; 24,2.
annat gótt enn af þér dróttinn Eyst. Ásgr. Wis. 87; 2,4¹).
svara mér skjótt enn hri hefr dróttinn Eyst. Ásgr. Wis. 89; 16,2.
grimmilig sótt i myrkri ok ótta Eyst. Ásgr. Wis. 97; 73,6.
bið ek óttandi hjálp mér dróttinn Eyst. Ásgr. Wis. 97; 75,4.
dróttinn minn i krolum ok sóttum Eyst. Ásgr. Wis. 98; 82,6.
dóttir guþs ok lækning sótta Eyst. Ásgr. Wis. 99; 89,2.
drótt kom morg á flótta Glúmr Geir. Hkr. 87,2a.
skjótt Jalfaþar flótta Guth. s. Hkr. 87,34b.
fljótt hersogn dróttni Eyv. sk. Hkr. 103,20b.
ótta vanr á flótta Þórþr Sjdr. Hkr. 107,6.
iþróttir framm sótti Glúmr Geir. Hkr. 112,31b.
drótt kom morg á flótta Halld. ókr. Hkr. 216,16b.
drótt vas drjúgligr ótti Ótt. sv. Hkr. 220,12b (!).
ótt enn morg á flótta Ótt. sv. Hkr. 226,21b.
ungr sóttir þú Þróttar Ótt. sv. Hkr. 235,16b (!).
hafa drótt þá's fram sótti Sighv. sk. Hkr. 255,20b.
svara þóttumk dróttin Sighv. sk. Hkr. 430,5b.
dróttinrækt um sóttu Sighv. sk. Hkr. 431,9a.
skjótt lézt Knútum sóttan Bjarni gullbr. Hkr. 456,14b.
þótti hersa dróttinn Sighv. sk. Hkr. 491,2b.
drótt þjóþkonung sótti Sighv. sk. Hkr. 491,10a.
þróttr hinn's framm um sótti Sighv. sk. Hkr. 492,24b.
hann sótti framm dróttin Bjarni gullbr. Hkr. 493,21b.
drótt sem Óláfr þótti Sighv. sk. Hkr. 499,15b.
fljótt-skorum guþ dróttinn Þjóþ. sk. Hkr. 516,32b.
fljóttstyggr sá's varþ dróttin Sighv. sk. Hkr. 521,4b.
hann sótti guþ dróttni Sighv. sk. Hkr. 523,14a.
orþgnótt sú's hlaut dróttinn Arn. jarl. Hkr. 529,2a.
fold sótti gramr dróttar Arn. jarl. Hkr. 543,20a.
ynótt ok bragnings dóttur Stúfr Hkr. 559,2b.
hljótt i skóg á flótta Valg. Hkr. 560,11b.

---

¹) So ist mit Gisl. Aarb. 1866, 298 zu lesen, und nicht wie
Wisén hat gott : drottinn, denn sonst braucht, wie die Reime zeigen.
Eysteinn immer dróttinn, also liegt kein Grund vor, hier Kürzung
des langen Vocals vor Geminata anzunehmen.

reit drótt mikinn ótta Þjóþ. sk. Hkr. 560,32a.
fila dróttinn rak flótta Grani Hkr. 571,1b (!).
allskjött faþir Dóttu Grani Hkr. 571,4b.
fekk drótt mikinn ótta Stúfr sk. Hkr. 571,19a.
vask i nótt fyr óttu Menn Har. harþr. Hkr. 572,23b[1]).
fira dróttinn rak flótta Steinn Herd. Hkr. 615,18b.
varþ skjótt rekinn flótti Bjǫrn krepph. Hkr. 638,11a.
Þrǿnzka drótt es þótti Bjǫrn krepph. Hkr. 641,22a (!).
gnýþróttr neþan sóttir Halld. skv. Hkr. 665,20b.
óttalauss viþ Nóregs dróttin Sturla Kgs. 426,20b.
vígadrótt i reknum flótta Sturla Kgs. 433,10b.
birkisótt enn hræddar dróttir Sturla Kgs. 433,25b.
gnótt þjóþkonungs dóttur Sturla Kgs. 458,12a.
ótti vígdróttir Sturla Kgs. 464,27a.
ótta rándróttar Sturla Kgs. 469,13b.
sóttir herdróttum Sturla Kgs. 470,10b.
skjótt af skozkum dróttum Anon. Kgs. 476,20a (!).

ótt : ót.

sótt Ragnfreþi at móti Ein. Skál. Wis. 27; 11,4.
óttlaust ok nam brjóta Hallarst. Wis. 46; 3,2.
ótrautt Enskrar dróttar Hallarst. Wis. 46; 5,7 (!).
þat bar skjótt at móti Tryggvafl. Hkr. 513,13b.
skjótt ok mǫrgu spjóti Þjóþ. sk. Hkr. 538,2a.

óþ : óþ.

móþr svall Meila bróþur Þjóþ. hv. Wis. 10; 14,7 (!).
stóþ Eindriþa blóþi Þjóþ. hv. Wis. 11; 19,8.
ættum góþr nema Fróþi Ein. Skál. Wis. 27; 10,6.
hlaut Óþinn val Tróþa Ein. Skál. Wis. 29; 23,4.
bǫþfróþr sunar Óþins Ulfr Ugg. Wis. 30; 5,2.
kynfróþs þeims goþ hlóþu Ulfr Ugg. Wis. 30; 6,2.
hrjóþendr fjǫru þjóþar Eil. Guþr. Wis. 31; 11,6.
flóþrifs Danir stóþu Eil. Guþr. Wis. 31; 12,6.
vreiþr stóþ Vrǫsku bróþir Eil. Guþr. Wis. 32; 20,1.
rjóþask bjǫrt i blóþi Hallfr. v. Wis. 33; 8,7.
hræskóþ roþin blóþi Hallfr. v. Wis. 34; 2,2 (Óláfsdrápa).
hlóþ valkǫstu blóþi Hallfr. v. Wis. 34; 3,4.
blóþ kveldriþu stóþi Hallfr. v. Wis. 34; 6,8.
gjóþi Kumbrskar þjóþir Hallfr. v. Wis. 34; 9,8.
skóþ mær roþin blóþi Hallfr. v. Wis. 36; 12,8.
þjóþ varliga hrjóþa Hallfr. v. Wis. 36; 14,4.
mǫrg óþ bitr i blóþi Hallfr. v. Wis. 36; 15,7 (!).

---

[1]) Vgl. Nor. aisl. Gr.[3] § 73,2, Gisl. Ark. VIII, 69.

göþu ófarar þjóþar *Hallfr. v.* Wis. 37; 25,6.
blöþ í Nýjamöþu *Sighv. sk.* Wis. 39; 9,4.
hljóþs kreþk mér at óþi *Hallarst.* Wis. 46; 1,2.
blóþugr bragnings þjóþar *Hallarst.* Wis. 46; 5,5 (!).
sannfróþr trúu góþa *Hallarst.* Wis. 47; 9,6.
bróþir Knúts í reþri óþu *Mark. Skeggj.* Wis. 51; 5,6.
Fróþa stóls af hánum góþir *Mark. Skeggj.* Wis. 51; 7,8.
broddrjóþr viþ kyn þjóþar *Ein. Skúl.* Wis. 56; 20,2.
fjǫlgóþr konungs blóþi *Ein. Skúl.* Wis. 56; 24,4.
fremdarþjóþ enn góþa *Ein. Skúl.* Wis. 56; 27,2.
arnar jóþs enn góþi *Ein. Skúl.* Wis. 57; 29,2.
hǫnum tjóþi vel móþur *Ein. Skúl.* Wis. 57; 32,6.
grams hróþr es þat róþu *Ein. Skúl.* Wis. 57; 34,4.
þjóþknýtr Haralds bróþir *Ein. Skúl.* Wis. 59; 49,2.
Lóþurs vinar glóþa *Haukr Vald.* Wis. 78; 1,2.
fróþr vaskliga bróþur *Haukr Vald.* Wis. 79; 8,4.
Fjǫlnis glóþ í blóþi *Haukr Vald.* Wis. 80; 14,2.
harþglóþar sté *Móþi Haukr Vald.* Wis. 81; 24,6 (steinóþi Cod.
    AM 748).
yfirþjóþandinn engla ok þjóþa *Eyst. Ásgr.* Wis. 87; 1,2 u. 100; 100,2.
góþu ok huldist Márju blóþi *Eyst. Ásgr.* Wis. 91; 31,6.
glepiligt jóþit skinn af móþur *Eyst. Ásgr.* Wis. 91; 33,6.
ríkust móþir ætti góþa *Eyst. Ásgr.* Wis. 91; 35,2.
finnst móþernit hér meþ þjóþum *Eyst. Ásgr.* Wis. 92; 41,2.
Jesús góþr er lífgar þjóþir *Eyst. Ásgr.* Wis. 94; 51,2.
móþir guþs í tárum flóþi *Eyst. Ásgr.* Wis. 94; 53,6.
dǫpr ok móþ í tára flóþi *Eyst. Ásgr.* Wis. 94; 54,8.
hæfi blóþ þat er tók af móþur *Eyst. Ásgr.* Wis. 96; 67,8.
hold ok blóþ þat er tókt af móþur *Eyst. Ásgr.* Wis. 98; 83,6.
móþir guþs ok lækning þjóþa *Eyst. Ásgr.* Wis. 98; 86,4.
fróþr Skáneyjar góþa *Glúmr Geir.* Hkr. 86,33a.
gjóþum írskrar þjóþar *Glúmr Geir.* Hkr. 87,4a.
svellrjóþr at því fljóþi *Guth. s.* Hkr. 102,28a.
málmóþinn sá blóþi *Glúmr Geir.* Hkr. 134,16a.
þjóþum vall at rjóþa *Glúmr Geir.* Hkr. 134,18a.
hans bróþir mér góþu *Glúmr Geir.* Hkr. 136,30b.
ógnfróþr á lǫg stóþi *Þórþr Kolb.* Hkr. 156,2a.
élmóþr af Sviþjóþu *Halld. ökr.* Hkr. 206,7a.
ættgóþr Hæmings bróþir *Halld. ökr.* Hkr. 217,16b.
Sviþjóþar nes rjóþa *Ótt. sv.* Hkr. 220,15b.
hlóþ valkǫstu blóþi *Ótt. sv.* Hkr. 226,21b.
linns blóþa mér góþan *Sighv. sk.* Hkr. 248,35b.
blóþ fell rautt á róþa *Sighv. sk.* Hkr. 252,7a.
Ulfs bróþurliþ stóþusk *Sighv. sk.* Hkr. 310,18b.
þjóþskjǫldunga góþra *Ótt. sv.* Hkr. 334,22a.

á flatslóþir Tróþa Hárekr Hkr. 428,30b.
þjóþ býþr oft meþ sjóþa Sighv. sk. Hkr. 431,4a.
óþu blǫkk í blóþi Bjarni gullbr. Hkr. 447,3a (!).
vigmóþr Haralds bróþir Bjarni gullbr. Hkr. 456,14a.
hjaldrmóþum gram bróþir Sighv. sk. Hkr. 480,21b.
blóþrǫst Sviar óþu Sighv. sk. Hkr. 481,34b.
óþ framm konungr blóþi Þorm. Kolbr. Hkr. 497,20a.
eygrjóþandi þjóþum Arn. jarl. Hkr. 515,14a.
ilrjóþr af Svíþjóþu Þjóþ. sk. Hkr. 519,11a.
Haralds bróþurson góþan Bjarni gullbr. Hkr. 526,7a.
Haralds bróþurson stóþu Þjóþ. sk. Hkr. 535,22a.
óþr í loft upp glóþum Þjóþ. sk. Hkr. 540,22a.
fljóþs dugir vápn at rjóþa Þjóþ. sk. Hkr. 540,24b.
vápn hljóþi mjǫk þjóþir Oddr Kik. Hkr. 543,30a.
hróþigr konungr blóþi Þjóþ. sk. Hkr. 555,8b.
óþal frá Svíþjóþu Valg. Hkr. 559,33a.
ríkri þjóþ at rjóþa Þorl. f. Hkr. 573,9a (Þjóþ. sk. Mork. 57; Flb
    III, 341).
þjóþ ǫll konungr bjóþa Steinn Herd. Hkr. 595,4b.
blóþugr oddr þar's stóþu Þjóþ. sk. Hkr. 595,15b.
Sveins þjóþar skip hrjóþa Þjóþ. sk. Hkr. 596,14b.
glóþ varþ fǫst í tróþi Þjóþ. sk. Hkr. 606,27a.
óþlát kona blóþi Trollk. Hkr. 613,15b.
þjóþ fórsk mǫrg í móþu Hallarst. Herd. Hkr. 615,18a (!).
góþ um skald í hljóþi Magn. berf. Hkr. 654,36a.
yþr tjóþi guþ rjóþu Halld. skv. Hkr. 664,15a.
súrflóþs þess's rýþr blóþi Ein. Skúl. Hkr. 744,4a.
stafn blóþug skip móþu Ein. Skúl. Hkr. 766,15b.
góþ er stillis fǫr róþa Hallr Sn. Kgs. 71,8a.
óþusk allar þjóþir Sturla Kgs. 305,24a (!).
ramri þjóþ meþan jǫrþ heldr flóþi Ól. hvít. Kgs. 356,35b.
óþa straumr meþ heitu blóþi Ól. hvít. Kgs. 386,33a.
hilmis þjóþ hins mærþan fróþa Sturla Kgs. 426,14b.
órnu blóþi danskrar þjóþar Sturla Kgs. 433,12a.
grimmrar þjóþar meginblóþi Sturla Kgs. 433,17b.
fróþr af Nesþjóþum Sturla Kgs. 467,8a.

ug : ug.

hug vel duga Sighv. sk. Wis. 40; 2,4.
hug þvit eigi brugþumk Sighv. sk Wis. 42; 7,6.
smugul er ástar fuglar Sighv. sk. Hkr. 522,10b.

ugg : ugg.

ugglauss vera þótt miskunn huggi Eyst. Ásgr. Wis. 97; 78,8.
ugglaust hvatir glugga Þorbj. Skakk. Hkr. 740,12a.

ugg : ug.

huggendr bana ugþu Þórþr Kolb. Hkr. 156,2b.

ugþ : ugþ.

sem marg brugþinn fjandinn hugþi Eyst. Ásgr. Wis. 89; 16,6.

ukk : ukk.

hrukku litt meþan full var skrukka Anon. Kgs. 343,31a.

ukk : uk.

menn druknuþu sukknir Steinn Herd. Hkr. 615,19a (sokknir Hkr.).

uld : uld.

huldr at mætti firrast kulda Eyst. Ásgr. Wis. 91; 35,4.
duldr em ek þrit ferr af kuldu Eyst. Ásgr. Wis. 92; 39,8.

ulf : ulf.

Ulfkell blár skulfu Þórþr Kolb. Hkr. 232,27b (vgl. S. 63; entweder
Ulfketill oder *bláar* zu lesen, vgl. *Sievers,* Beitr. V, 515
u. ebd. Anm. 2).
Ulfr hákesjur skulfu Hallarst. Herd. Hkr. 594,9a.

ull : ull.

Hr gulli laust Ullar Eil. Guþr. Wis. 32; 17,5 (!).
skynsemd full at betri er gulli Eyst. Ásgr. Wis. 87; 5,2.
fullegg Haraldr gullu Eyv. sk. Hkr. 111,8b.
ullar fars af slegnu gulli Sturla Kgs. 439,16b[1]).

um : um.

brums at miþju sumri Eyv. sk. Hkr. 123,12b.

umn : umn.

gumnar váru sigri numnir Mark. Skeggj. Wis. 52; 23,4.
oss numnask skilgumna Eyj. Daþ. Hkr. 199,30b (nunnaz : gunna
Kph. I, 296).

und : und.

sundr Ulfs faþir mundi Þjóþ. hr. Wis. 10; 8,4.
hund ǫl-Gefnar fundu Þjóþ. hv. Wis. 10; 11,2.
lund ǫl-Gefnar bundu Þjóþ. hv. Wis. 10; 11,4.
grund vas grápi hrundin Þjóþ. hv. Wis. 10; 15,3 (!).

---

[1]) Die älteren Skalden brauchen ausschliesslich den Stamm
golla-, nach *Gisl. om helr.* 44 wäre *Snorre* der Erste, welcher *gulla-*
hat. Vielleicht ist also, in dem an ungerader Stelle stehenden Vers
des *Eil. Guþr.* daher auch in *golli* zu ändern.

sundr at Hrungnis fundi Þjóþ. hv. Wis. 10; 15,8.
lundprúþr viþ stik bundinn Þorbj. hornkl. Wis. 10; 6,8.
þrimlundr of jók þundi Ein. Skál.Wis. 27; 4,3 (þrerlyndr Fris. 90,8b).
hraut unda fjǫlþ þundar Ein. Skál. Wis. 10; 11,6.
þrimr hundruþum lunda Ein. Skál. Wis. 28; 16,4.
hundfornan kjǫl sprundi Eil. Guþr. Wis. 32; 14,8.
hundmargr drasil sunda Hallfr. v. Wis. 35; 5,2.
sunds Þorketill undan Hallfr. v. Wis. 36; 18,8.
jǫfra kund at sundi Sighv. sk. Wis. 38; 1,2.
fund Hákonar sundi Sighv. sk. Wis. 40; 15,4.
hans grund til þess fundar Sighv. sk. Wis. 42; 9,8.
hilmis kundr til Venda grundar Arn. jarl. Wis. 45; 11,2.
Danir skunduþu undan Hallarst. Wis. 48; 20,4.
sjaldstundum verþr fundinn Hallarst. Wis. 50; 35,6.
hauklundaþan Danagrundar Mark. Skeggj. Wis. 50; 1,2.
undan flýþu Vindr af stundu Mark. Skeggj. Wis. 52; 23,2.
Jóta grundar Cesars fundi Mark. Skeggj. Wis. 53; 26,8.
døglingr grundar skamt frá Lundi Mark. Skeggj. Wis. 53; 27,2.
undreyr bitu sundi Ein. Skúl. Wis. 57; 31,8.
harþr fundr vas sjá grundar Ein. Skúl. Wis. 57; 32,4.
fylkis kundr til grundar Ein. Skúl. Wis. 58; 44,2.
gunndjarfs liþi fundinn Ein. Skúl. Wis. 59; 44,8.
þúsundum laut undan Ein. Skúl. Wis. 59; 52,6.
hundraþ brimis sunda Ein. Skúl. Wis. 60; 55,6.
rápnsundruþ hræ fundu Ein. Skúl. Wis. 60; 56,4.
Hundings á snægrundu Haukr Vald. Wis. 79; 3,2.
leik-þundr á Snægrundu Haukr Vald. Wis. 80; 17,4.
legir á grundu stóþu ok undrast Eyst. Ásgr. Wis. 91; 31,2.
fundinn hrǫktu lǫmdu ok bundu Eyst. Ásgr. Wis. 93; 49,2.
fundu þeir enn heimrinn stundi Eyst. Ásgr. Wis. 95; 58,4.
mundu at eigi skiljumst undan Eyst. Ásgr. Wis. 99; 88,8.
undirstaþan sé réttlig fundin Eyst. Ásgr. Wis. 100; 97,6.
undan hljóti at vikja stundum Eyst. Ásgr. Wis. 100; 97,8.
vápnunduþum sunda Glúmr Geir. Hkr. 97,30b.
þars í sundr á sundi Tindr Hallk. Hkr. 157,34a (!) (sanndi Fris.
  122,31b).
sundr Skánunga fundar Halld. ókr. Hkr. 207,31b.
sundvarpaþi stundum Ótt. sv. Hkr. 220,15a.
Jatmundar þar grundu Ótt. sv. Hkr. 226,2b.
Lundún saman bundit Þórþr Kolb. Hkr. 232,27a.
saman bundusk skip fundi Sighv. sk. Hkr. 252,8b.
undan skeiþr at sundi Sighv. sk. Hkr. 274,26a.
fundi ef sjalfr kemsk undan Sighv. sk. Hkr. 416,32b.
lundr í Eyrarsundi Hárekr Hkr. 427,26b.
sund Eikunda Þór. loft. Hkr. 440,31b.

riklunduþum undan Sighv. sk. Hkr. 453,16*a.*
hundmǫrgum lét grundar Sighv. sk. Hkr. 453,19*b.*
Lundúna gramr fundna Bjarni gullbr. Hkr. 456,32*b.*
framlundaþr Qgmundar Sighv. sk. Hkr. 480,23*b.*
fund enn Dagr hélt undan Sighv. sk. Hkr. 499,10*b.*
hundmargr Svía grundar Sighv. sk. Hkr. 516,23*a.*
mundak þann es undi Sighv. sk. Hkr. 520,28*a (!)* *(munþa : unþi*
    OHS 237; *varþi Fris.* 172,15*b*).
undr's nema allvaldr Lundar Þjóþ. sk. Hkr. 539,3*b (!)* *(verþr : yrþi*
    Fris. 187,23*b*; *rátr sem reigþu skauti Fms* VI, 80).
fundinn supr til Lundar Þjóþ. sk. Hkr. 542,18*b.*
fǫgr sprund Danir undan Valg. Hkr. 560,15*a.*
grund es Magnús fundut Bǫlv. Hkr. 565,18*a.*
þengils fund af stundu Stúfr sk. Hkr. 572,19*a.*
snar lundaþr hélt undan Þorl. f. Hkr. 574,13*a.*
fagrt sprund í á hrundit Þjóþ. sk. Hkr. 592,2*a.*
hans fundr Danir undan Þjóþ. sk. Hkr. 593,6*b.*
hundrap Dana fundar Steinn Herd. Hkr. 594,31*a.*
þrimr hundruþum sunda Steinn Herd. Hkr. 594,31*b.*
grund frá Eyrarsundi Anon. Hkr. 602,14*a.*
eysund konungs fundar Anon. Hkr. 602,16*b.*
riklundaþr veit undir Steinn Herd. Hkr 615,21*b.*
lundr í Qngulssundi Bjǫrn krepph. Hkr. 648,11*a.*
Nǫrvasund til unda Halld. skv. Hkr. 664,15*b.*
Qnundr kvaþsk eigi mundu Anon. Hkr. 781,23*a.*
hart skunduþu undan Anon Hkr. 781,26*b.*
sumir skunduþu undan Sturla Kgs. 279,4*b.*
heila grundar meginundir Snorre Sturl. Kgs. 281,24*a.*
lunda vǫll Mustrarsundi Sturla Kgs. 432,27*a.*
malma lunds á viþri grundu Sturla Kgs. 433,15*a.*
ógnar lundr á þinni grundu Sturla Kgs. 437,17*b.*
auþar lundr viþ þik til fundar Sturla Kgs. 438,26*a.*
hilmis kundr til jǫrmungrundar Sturla Kgs. 441,14*a.*
grundar vǫrþr at Eyrasundi Sturla Kgs. 441,14*b.*
grundar gjalfrundit Sturla Kgs. 473,4*b (!).*
undan viglundum Sturla Kgs. 474,35*b.*
skundu skýþundar Sturla Kgs. 474,36*b (!)* *(skyndo Kph* V, 373; *Fms*
    X, 141).

ung : ung.

lung Vafaþar gungnes Brage Ger. 26; 23,2.
þungr vas Loftr of sprunginn Þjóþ. hv. Wis. 10; 8,8.
barnungr á lǫg þrungit Þorbj. hornkl. Wis. 14; 1,4.
tungls brá sólar þungu Eil. Guþr. Wis. 32; 14,4.
ungr á Danska tungu Sighv. sk. Wis. 40; 15,8.
fekk mér ungum tunga Sighv. sk. Wis. 43; 17,6.

ungr of nam hann margar tungur Mark. Skeggj. Wis. 51; 9,6.
fylkir ungr enn brynjur sprungu Mark. Skeggj. Wis. 52; 20,4.
eljunþungr á Danska tungu Mark. Skeggj. Wis. 53; 27,4.
ungs á Danska tungu Ein. Skúl. Wis. 56; 26,8.
ungs manns skera tungu Ein. Skúl. Wis. 58; 37,4.
slungins mál ok tungu Ein. Skúl. Wis. 58; 38,8.
lofþungs vinar tungla Ein. Skúl Wis. 59; 46,6.
hungr slakþi vel þungan Ein. Skúl. Wis. 59; 52,2.
himintungl þegar stungu Ein. Skúl. Wis. 60; 59,8.
útstunginna tungu Ein. Skúl. Wis. 60; 61,4.
lofþungs gjafar tunga Ein. Skúl. Wis. 60; 64,4.
sungu lof með Danskri tungu Eyst. Ásgr. Wis. 87; 4,4.
sunginn heiþr af ǫllum tungum Eyst. Ásgr. Wis. 90; 26,6 u. ö.
fekk ungr þar's spjǫr sungu Skúli Þorst. Hkr. 211,22a.
þar's svaltungur sungu Bersi Sk. Hkr. 254,18a (!).
hungr Nóregi þrungit Hallv. Hár. Hkr. 442,4b.
þung vas sókn fyr Tungum Sighv. sk. Hkr. 444,11a.
ungr fyr norþan Tungur Sighv. sk. Hkr. 444,18a.
ungr valkǫstu þunga Arn. jarl. Hkr. 543,15b.
ungr vettrima tungur Bjǫrn krepph. Hkr. 647,28b.
rerum þungir Kuflungum Blakkr Kgs. 111,9a.
forapstungur Kuflunga Blakkr Kgs. 111,32a.
Ribbunga hlut þungan Sturla Kgs. 277,20a.
skýþrungnum Foldungum Anon. Kgs. 279,16b.
Ribbungum skóp bana þungan Snorri Sturl. Kgs. 281,22b.
lungtorgs við Ribbunga Jatg. Kgs. 286,18b (*lyngtorgs* Flb III, 51).
herþrungit Ribbungum Sturla Kgs. 312,10.
gyltar sungu hjalta tungur Ól. hvít. Kgs. 385,11.

unn : unn.

brunn ǫlskakki runna Brage Wis. 2; 4,6.
áttrunnr Hýmis kunni Þjóþ. hv. Wis. 10; 9,4.
-unn nýkomin sunnan Þjóþ. hv. Wis. 10; 10,4.
gunnmás fyr haf sunnan Þorbj. hornkl. Wis. 15; 6,2.
gunnr komsk Urþr at brunni Korm. Qgm. Wis. 26; 4,4.
sunnr Danmarkar runnu Ein. Skál. Wis. 28; 17,4.
fór gunn-Viþurr sunnan Ein. Skál. Wis. 28; 19,6.
strǫng varþ gunnr áþr gunnar Ein. Skál. Wis. 28; 16,1.
svarþ runnar fen gunnar Eil. Guþr. Wis. 31; 8,4.
hrapmunnum svalg gunnar Eil. Guþr. Wis. 32; 16,2.
unndýrs frǫmum runnum Hallfr. v. Wis. 33; 8,2.
hlunnviggja bó sunnan Hallfr. v. Wis. 34; 5,4.
hvarkunnr fyr lǫg sunnan Hallfr. v. Wis. 35; 4,6.
sunnr eldriþum kunnum Hallfr. v. Wis. 35; 6,5 (!).
gunnþings á hjǫr þunnum Hallfr. v. Wis. 35; 6,6.

gunnr Hákonar sunnan Hallfr. v. Wis. 36; 16,8.
gunnr óx fyr haf sunnan Hallfr. v. Wis. 36; 17,2.
sunnarla styr kunnan Sighv. sk. Wis. 39; 13,4.
munnrjóþr es kom sunnan Sighv. sk. Wis. 40; 14,2.
virþum kunn enn vlþa runnin Arn. jarl. Wis. 45; 13,7 (!).
vígrunnr velja kunni Hallarst. Wis. 47; 8,7 (!).
unnelds yppirunnum Hallarst. Wis. 49; 23,5.
gunnelds geymirunnum Hallarst. Wis. 50; 32,5.
Krists unnandi pávi sunnan Mark. Skeggj. Wis. 51; 14,4.
gunnǫflugr miskunnar Ein. Skúl. Wis. 53; 1,6.
kunn réttlætis sunna Ein. Skúl. Wis. 54; 4,4.
munnrjóþr Hugins kunna Ein. Skúl. Wis. 55; 14,2 (*gunna Flb* I, 2).
seggium kunns í brunni Ein. Skúl. Wis. 56; 23,6.
sunnr Skáneyjum kunnir Ein. Skúl. Wis. 57; 35,2.
þunnvaxin ský Gunnar Ein. Skúl. Wis. 58; 43,6.
tírkunn numin munni Ein. Skúl. Wis. 60; 60,2.
unnit mærþ sem kunnum Ein. Skúl. Wis. 62; 71,4.
runnar hlustar munnum Haukr Vald. Wis. 78; 1,6.
áþr grunnungi Gunnar Haukr Vald. Wis. 79; 3,5 (!).
Gunnhildar bǫr kunnu Haukr Vald. Wis. 79; 11,4.
Gunnarr snǫrum runnum Haukr Vald. Wis. 81; 20,2.
úlfr mun fyr haf sunnan Haukr Vald. Wis. 81; 21,4.
fúrrunna lǫg kunni Haukr Vald. Wis. 81; 22,2.
vunnin yþr af þessum munni Eyst. Ásgr. Wis. 87; 2,8.
runnin upp viþ lifandi brunna Eyst. Ásgr. Wis. 90; 25,4.
full miskunnar sætleiks brunna Eyst. Ásgr. Wis. 90; 28,4.
kunnigt lof þar er hirþar runnu Eyst. Ásgr. Wis. 91; 34,6.
fjǫlkunnigan enn þér at unna Eyst. Ásgr. Wis. 93; 44,4.
sunnudag ok gǫrþi kunnan Eyst. Ásgr. Wis. 96; 67,2.
óbrunnit ok niþr at grunnum Eyst. Ásgr. Wis. 96; 70,8.
samvizkunnar bygþ af grumnum Eyst. Ásgr. Wis. 98; 84,2.
élrunnr mǫrum sunnar Guth. s. Hkr. 88,8a.
gunnborþ Haraldr sunnan Eyv. sk. Hkr. 103,36b.
Gunnhildar kom sunnan Þórþr Sjár. Hkr. 107,8a.
morþkunnr Haraldr sunnan Anon. Hkr. 151,21a.
sunnr af dregnum hlunni Þórþr Kolb. Hkr. 155,2a.
hafizk hefir runnr af gunni Þorl. Rauþf. Hkr. 170,2a.
hlunnvigs í bé runnu Eyj. Daþ. Hkr. 200,2b.
sunnr hélt gramr til gumnar Halld. ókr. Hkr. 206,8a (!).
unnviggs konungr sunnan Halld. ókr. Hkr. 207,29a.
sunnr ok danska runna Halld. ókr. Hkr. 212,22b.
þunn galkn ísarnmunnum Halld. ókr. Hkr. 216,16a (vgl. *Njál.*
II, 319 f.; *Sievers* Beitr. V, 515; *Mork.* 62).
enn sunnr at gný gunnar Halld. ókr. Hkr. 217,12b (!) (*en sneri ..
Flb* I, 520).

svarat unnum vér gunnar Bersi Sk. Hkr. 254,11a.
sunnu margr til grunna Sighv. sk. Hkr. 255,20a.
gunnrjóþr alls vel kunnut Sighv. sk. Hkr. 274,17b.
hlunns af hilmis runnum Sighv. sk. Hkr. 309,7b (?).
unnheim dreka sunnan Sighv. sk. Hkr. 414,29b.
vér unnum gný Gunnar Ól. hlg. Hkr. 446,25a (?).
sunnan ferþ at gunni Tryggvafl. Hkr. 513,15a.
sunnudag um unnin Þjóþ. sk. Hkr. 538,37a.
unnr á sanda grunni Þjóþ. sk. Hkr. 539,9b.
sunnr leikr eldr um unnin Þjóþ. sk. Hkr. 540,21a (?).
gunnr fyr Árós sunnan Oddr Kik. Hkr. 543,30b (Þjóþ. sk. Flb
      III, 284).
munn es létzt af gunni Bǫlv. sk. Hkr. 547,2a.
úbrunnin kom gunnar Stúfr sk. Hkr. 555,18b.
unnvigg Haraldr sunnan Valg. Hkr. 560,34b.
gullmunnuþ rýþr sunnan Þorl. f. Hkr. 572,9b.
øxar munn hinn þunna Har. harþr. Hkr. 578,23b.
brunnit goll af hlunni Þjóþ. sk. Hkr. 592,4b.
unnar dags á munni Þork. ham. Hkr. 641,2a.
vals munnlitaþr gunnar Ein. Skúl. Hkr. 668,5b.
hrafns munnlitaþr þunnar Ein. Skúl. Hkr. 717,16b.
munnfagra Jórunni Anon. Hkr. 51,12a (*Jngunni* Flb II, 575; Fms
      VIII, 118; Kph IV, 83).
brunnu skip þá's kappar runnu Baglar Kgs. 161,30b, Birkib. 161,35b.
þunnum reiþ til Þrándheims sunnan Ól. hrtt. Kgs. 373,3b (?).
unnviggs skipuþr Dǫnum sunnan Sturla Kgs. 426,14a.
þunnar skeiþr af fyrihlunnum Sturla Kgs. 426,16a.
brunnit land til skógar runnu Sturla Kgs. 433,27b.
unnar meiþ ór dregnum hlunni Sturla Kgs. 437,19a.
unnartams fyr lægi sunnan Sturla Kgs. 438,17b.
gunnar logs fyr gróþi sunnan Sturla Kgs. 442,8a (?).
sunnan logrunnar Sturla Kgs. 469,28a.

unn : un.

kunleggs alinmunni Eil. Guþr. Wis. 32; 21,4.
Hákun firar unnu Sighv. sk. Wis. 42; 4,4.

unnr : unnr.

vípkunnr um skǫr þunnri Þjóþ. sk. Hkr. 562,26a.

urþ : urþ.

mjúkhurþum fram þurþu Ein. Skál. Wis. 28; 14,2.
hurþ vas aftr enn spurþumk Sighv. sk. Hkr. 308,6a.
atburþ konungs furþa Sighv. sk. Hkr. 491,32b.

óraburþ sem furþr Þjóþ. sk. Hkr. 591,11b.
furþa gramr at jǫfnum burþum Ól. hvit. Kgs. 387,18b (fyrþa Kgs).

ust : ust.

stálgustr ofan þustu Sighv. sk. Hkr. 490,10b.

uþr : uþr.

áttruþr i gin Suþra Eil. Guþr. Wis. 32; 15,8.
suþrvik Dǫnum kuþri Sighv. sk. Wis. 38; 4,8.

úf : úf.

fellr húfr i srig dúfu Hallr Sn. Kgs. 71,12a.
húfum bládúfur Sturla Kgs. 466,20a.

úg : úg.

drjúgr vas Loftr at ljúga Eil. Guþr. Wis. 30; 1,3 (!).

úk : úk.

járnstikur vel lúka Sighv. sk. Hkr. 416,25b.
úmjúk konung sjúkan Sighv. sk. Hkr. 499,10a.
búk reiþir lá sjúkan Blakkr Kgs. 111,30b.

ún : ún.

snúnaþr vas þat brúna Ein. Skál. Wis. 27; 7,2 (snúdadr C. Kph ;
suarr : barma Flb I, 86).
Lundúna þér snúnat Ótt. sv. Hkr. 225,31a (snuþat OHS 21).
rauþ brúnan hjǫr túnum Sighv. sk. Hkr. 491,10b.
húna gulli búnu Sighv. sk. Hkr. 492,17b.
brún veþr á Sigtúnum Arn. jarl. Hkr. 515,16b.
hinskrift i Sigtúnum Þjóþ. sk. Hkr. 516,34b.
Túnsbergi þér snúna Þorbj. skakk. Hkr. 781,31a.
brún i rauþtúnum Sturla Kgs. 474,31b.

únn : ún.

húnn skrautliga búnar Sighv. sk. Hkr. 377,20a.

úp : úp.

djúpráþ kona stjúpi Sighv. sk. Hkr. 516,29b.

úr : úr.

fúrs i Þróttar skúrum Ein. Skál. Wis. 27; 5,6.
benfúr meilskúrum Hallfr. v. Wis. 33; 8,8.

ús : ús.

Klúspetrúsi Sighv. sk. Wis. 41; 9,8.
kappfúsum Magnúsi Bjarni gullbr. Hkr. 519,16b.

Magnús foþur húsi Sighv. sk. Hkr. 523,21a.
fús gaus eldr ór húsum Bjǫrn krepph. Hkr. 646,31a (*fúss* Kph.
III, 209).
ǫgnfúsir Ljóþhúsa Sturla Kgs. 325,9a.

úss : ús.

dýrþar fúss i húsi Hallarsl. Wis. 50; 31,8.
fúss i braut ór vǫlundarhúsi Eysl. Ásgr. Wis. 99; 92,8.

út : út.

útvés fyrir lúta Eil. Guþr. Wis. 31; 12,8.
út flæmþi Knútr Sighv. sk. Wis. 40; 4,4.
hrafns sút i gras lúta Haukr Vald. Wis. 81; 25,4.
samknúta vers úti Sighv. sk. Hkr. 255,22a.
út sin hǫfuþ Knúti Sighv. sk. Hkr. 378,2a.
Knútr ok Hákon úti Sighv. sk. Hkr. 416,32a.
Knútr herskipum úti Hárekr Hkr. 427,28b.
út heiþingja sútar Þjóþ. sk. Hkr. 557,14a.
út i lǫnd á geima þrútinn Sturla Kgs. 438,17a.

útt : út.

niþrhútt fyrir útan Sighv. sk. Hkr. 308,8a (*útan* Hkr. vgl. Nor. aisl.
Gr. § 127).

úþ : úþ.

Súþvirki lið búþir Sighv. sk. Wis. 39; 6,8.
húþlendinga búþar Haukr Vald. Wis. 78; 2,2.
hugprúþr á sik trúþi Haukr Vald. Wis. 81; 25,8.
allsnúþula prúþar Sighv. sk. Hkr. 275,2a.
súþ várum þá prúþir Har. harþr. Hkr. 558,11a.
lǫng súþ drekans prúþa Þjóþ. sk. Hkr. 592,4a.
orms súþ ór bó prúþar Þjóþ. sk. Hkr. 592,11a.
minn snúþr es þat prúþa Trollk. Hkr. 612,33a.
snúþigt Hugans prúþa Bjǫrn krepph. Hkr. 648,11b.

ygg : ygg (doch vgl. auch igg : igg).

hyggrendr at þat hryggvir Þjóþ. sk. Wis. 10; 10,2.
óhryggva vé byggva Ein. Skál. Wis. 27; 9,8.
Tryggva sunr fyrstyggvan Hallfr. v. Wis. 34; 6,2.
byggvendr ok hjó tyggi Hallfr. v. Wis. 34; 9,6.
hugdyggvan sun Tryggva Hallfr. v. Wis. 36; 13,2.
flugstyggs sunar Tryggva Hallfr. v. Wis. 37; 21,4 u. 25,8.
læstyggs sunar Tryggva Hallfr. v. Wis. 37; 22,4.
Yggs Lundúna bryggjur Sighv. sk. Wis. 39; 6,4.
hvar dyggr ok sunr Tryggva Sighv. sk. Wis. 42; 5,6.
Yggjar veþr meþan heimrinn byggvisk Arn. jarl. Wis. 46; 14,2.

alldyggr arfi Tryggva Hallarst. Wis. 46; 4,7 (!).
hrygg arfþegi Tryggva Hallarst. Wis. 50; 32,8.
hugdyggs of sun Tryggva Hallarst. Wis. 50; 34,2.
dyggvan þat tér verold hryggva Mark. Skeggj. Wis. 53; 31,8.
hygg rin roþuls tyggja Ein. Skúl. Wis. 54; 9,6.
dyggr enn þjóþ of hyggi Ein. Skúl. Wis. 61; 62,4.
í byggurum viþ dóminn hryggva Eyst. Ásgr. Wis. 96; 71,2.
byggring meþaldyggvan Eyv. sk. Hkr. 106,16a.
hygg kómu son Tryggva Þórþr Kolb. Hkr. 170,28b.
yggs gunnþorinn bryggjur Ótt. sv. Hkr. 225,29a.
aldyggs sonar Tryggva Sighv. sk. Hkr. 230,29a.
ygglaust es þat dyggra Sighv. sk. Hkr. 310,2b (vgl. Thork. 68).
flugstyggs sonar Tryggva Sighv. sk. Hkr. 414,9a.
hvardyggr jofurr glyggvi Valg. Hkr. 559,8b.
aldyggr Selund byggja Þjóþ. sk. Hkr. 626,6a.

ygg : yg.

hvatt tortrygþar hyggju Hallfr. v. Wis. 35; 2,5 (!).
rimmu-Yggr af Sönskar bygþir Arn. jarl. Wis. 44; 3,2.
Yggjar más i Þrónda bygþir Arn. jarl. Wis. 44; 4,2.
hlífar styggr i bygþum Bjorn krepph. Wis. 611,21a.
glyggs Jórsala bygþar Ein. Skúl. Hkr. 667,9a.
glyggs ór Finnbygþum Sturla Kgs. 464,24a.
hryggs i stórbygþir Sturla Kgs. 472,9a.

ygþ : ygþ.

hrygþafull i Vinþa bygþum Mark. Skeggj. Wis. 52; 22,2.
bygþ Jórsala friþi trygþa Mark. Skeggj. Wis. 53; 28,8.
hrygþin jarþar neþstu bygþar Eyst. Ásgr. Wis. 88; 5,6.
bygþ geymandi hreinleiks dyyþa Eyst. Ásgr. Wis. 91; 30,1.
háleit bygþin allra dygþa Eyst. Ásgr. Wis. 98; 86,2.
hrygþar folk i Dana bygþum Sturla Kgs. 432,27b.
hrygþar stund i Dana bygþum Sturla Kgs. 434,9.
dygþar menn ór Finna bygþum Sturla Kgs. 438,28a.
bygþir údygþar Sturla Kgs. 470,8a.

ykk : ykk.

ykkr kveþk jafna þykkja Sighv. sk. Hkr. 343,1b (!).

yld : yld.

herskyldir løg fyldi Arn. jarl. Hkr. 543,22b.

ylg : ylg.

sylgs valkyrjur fylgja Ulfr Ugg. Wis. 30; 7,6.
sylg Óláfi fylgja Hallfr. v. Wis. 36; 17,8.

tirfylgjandi ylgjar Sighv. sk. Wis. 39; 12,2.
fylgþak þeim es fylgju Sighv. sk. Wis. 41; 2,1.
ylgr fær at hræm sylg Ótt. sv. Wis. 44; 3,2.
ylgr saddisk vel fylgju Haukr Vald. Wis. 79; 11,2.
sylg Eiríki fylgja Halld. ökr. Hkr. 206,9b.
gunn sylg es vér fylgþum Sighv. sk. Hkr. 253,16b.
jarls fylgjurum dylgjur Þjóþ. sk. Hkr. 540,10b.
sylg es jǫfri fylgik Þjóþ. sk. Hkr. 543,4a.

ym : ym.

hlymræks of trǫþ glymja Þorbj. hornkl. Wis. 14; 3,4.
rymr knáttu spjǫr glymja Þorbj. hornkl. Wis. 15; 7,2.
hlymþél viþ mǫl glymja Eil. Guþr. Wis. 31; 6,6.
rymr knáttu spjǫr glymja Hallfr. v. Wis. 35; 7,4.

yms : yms.

vápnglyms Finna ymsir Ól. hvít. Kgs. 734,12b (vgl. S. 58).

yn : yn.

kynstirr viþum brynju Haukr Vald. Wis. 81; 25,2.
skjaldhlynr á brim dynja Þórþr Kolb. Hkr. 155,11a.
hrynserk Viþurr brynju Tindr Hallk. Hkr. 157,31b.
hjǫrdynr svalar brynjur Sighv. sk. Hkr. 252,30a.
kynstórs at viþ brynju Bersi Sk. Hkr. 254,15a.
synjor framm í brynju Sighv. sk. Hkr. 480,34a (*sinjor* Hkr., *sinnior*
    Kph II, 353; *sinior* OHS 210; *syniur* Flb II, 346)[1]).
brynjat folk at dynja Sighv. sk. Hkr. 490,11a.
hjǫrdynr enn varp brynju Arn. jarl. Hkr. 535,14a.
sverþdynr ok þó brynju Þjóþ. sk. Hkr. 542,4a.
hábrynjuþ skip synja Steinn Herd. Hkr. 635,14a.
kynstórr firum brynjur Steinn Herd. Hkr. 635,22a.
þinghlynr til Bjǫrgynjar Sturla Kgs. 482,14a.

ynd : ynd.

framlyndum gram myndu Ein. Skúl. Wis. 57; 28,4.
syndalíkn ok dagligt yndi Eyst. Ásgr. Wis. 88; 5,4.
synda líkn at þeirra myndir Eyst. Ásgr. Wis. 97; 80,2.
hauklyndr resa myndu Steinn Herd. Hkr. 593,25a (*hauklundr : mundu*
    Flb III, 361).

yng : yng.

ynglingr und sik þryngvi Ótt. sv. Hkr. 334,24b.

---

[1]) Andererseits ist, gleichfalls bei *Sighv.*, die Form *sinjor*
gesichert, im Reim auf *þinna.* SnE. I, 514.

ynn : ynn.

brynn úr Þrándheims mynni Hallarst. Wis. 48; 15,4 (vgl. S. 57).

yr : yr.

yrþjóþ Heþins byrjar Ein. Skál. Wis. 28; 13,8.
hyr né malm í broddi styrjar Arn. jarl. Wis. 45; 8,4.
hyr gǫllungum styrjar Haukr Vald. Wis. 81; 23,2.
oft byrjuþ lof spyrja Sighv. sk. Hkr. 522,12*a.*
styrjǫld vas þá byrjuþ Þjóþ. sk. Hkr. 557,12*a.*

yrk : yrk.

allstyrkan vel dyrka Ein. Skúl. Wis. 54; 7,4 (vgl. S. 58).
styrkjan vant at yrkja Ein. Skúl. Wis. 59; 46,4.
geþstyrks lofi dyrka Ein. Skúl. Wis. 60; 57,6 (vgl. S. 58).
harþan styrk í súta myrkri Eyst. Ásgr. Wis. 97; 77,8.
myrkblás þvit hauk yrkja Sighv. sk. Hkr. 248,26*a.*

yrkr : yrkr.

undrast myrkr er ljós er styrkra Eyst. Ásgr. Wis. 95; 61,2.

yrn : yrn.

Hyrningr áþr þat fyrnisk Þórþr Kolb. Hkr. 214,26*b.*

yrr : yrr.

jǫfurr dyrr enn þik fyrri Eyc. sk. Hkr. 112,2*a* (vgl. S. 57).
gnógr styrr var þar fyrri Sighv. sk. Hkr. 490,30*b.*
fyrr sagþak þat kyrru Þjóþ. sk. Hkr. 542,2*b.*
jungfrú kyrr þvit vissi fyrri Eyst. Ásgr. Wis. 91; 29,2.

yrr : yr.

húsdyrr fyrir spyrjask Sighv. sk. Hkr. 416,25*a.*

yrst : yrst.

fyrstr enum golli byrsta Ulfr Ugg. Wis. 30; 5,4.

yrþ : yrþ (vgl. S. 58 f.).

sú dyrþ muna fyrþum Ein. Skúl. Wis. 56; 24,2.
gǫfug dyrþ konungs fyrþa Ein. Skúl. Wis. 59; 45,2.
vyrþi sǫk til himnadyrþar Eyst. Ásgr. Wis. 89; 14,2.
fyrþa laþar til himna dyrþar Eyst. Ásgr. Wis. 96; 68,8.
fyrþa hverr's til sinnar dyrþar Eyst. Ásgr. Wis. 97; 74,2.
sibyrþ viþ skip fyrþar Sighv. sk. Hkr. 444,4*b.*
dyrþar son ef yrþi Sighv. sk. Hkr. 522,24*b.*

yst : yst.

vel tyst konung lystir Sighv. sk. Wis. 42; 9,6.

ytt : ytt.

hǫlþa kytt of stytta Sighv. sk. Wis. 43; 12,4.

yþ : yþ.

skjaldfrybr of nam ryþja Hallarst. Wis. 47; 6,6 (skiol froþr : rioda Flb I, 120; skjaldrjóþr : hrjóþa Njál. II, 55).
yþvarrar biþk styþja Ein. Skúl. Wis. 54; 8,6.

yþr : yþr.

ryþr þat konung yþrum Sighv. sk. Wis. 42; 8,2.

ýdd : ýdd.

sénn vas skrýddr meþ prýddum Hallarst. Wis. 50; 31,6.
niþjum prýddr ok siklings skrýddi Ól. hvit. Kgs. 349,8b.
kynprýddr jǫfurr yþr um skrýdda Sturla Kgs. 407,13b.

ýfþ : ýfþ.

hann stýfþi svá þýfþir Sighv. sk. Hkr. 453,22a.

ýn : ýn.

friþarsýn gleþi týnisk Ein. Skúl. Wis. 61; 63,8.

ýnd : ýnd.

segl hýnd viþ stag rýndu Þjóþ. sk. Hkr. 529,12b (hund : rundo Kph. III, 25).

ýr : ýr.

ættrýri goþ stýra Ein. Skúl. Wis. 29; 23,6.
hlýrvigg enn mól stýri Hallfr. v. Wis. 33; 1,8.
hlýrs þeim gota stýrþi Hallfr. v. Wis. 36; 16,6.
hvártki flýr þú hlenna rýrir Arn. jarl. Wis. 45; 8,3 (!) (þreytir Flb III, 322; Mork. 32; Fms. VI, 197; vgl. Glsl. om helr. 56).
fýris garmr um skeiþar stýri Arn. jarl. Wis. 45; 10,4 (fyris Hkr. 529,23a; fýris Kph. III, 25; Wis.).
Bjarnar hlýra Frakklands stýrir Mark. Skeggj. Wis. 52; 26,2.
hlýrar tveir meþ dýrum Haukr Vald. Wis. 79; 9,2.
heimstýranda fekk hann skýra Eyst. Ásgr. Wis. 86; 12,6.
fiskar djr sem holt ok mýrar Eyst. Ásgr. Wis. 99; 93,6.
hlýrvangs skipi stýra Jǫk. Hkr. 454,24a.
sólrýrandi hinn dýri Þjóþ. sk. Hkr. 538,31a.
nýri skeiþ at stýra Þjóþ. sk. Hkr. 592,13a.
rýr Hákonar dýrum Ein. Skúl. Hkr. 766,19b.
hlýrs fagngota stýrir Hallr Sn. Kgs. 71,8b.
Gauta stýrir megindýrum Sturla Kgs. 422,2a.
stýri brimdýra Sturla Kgs. 469,11a.

ýrr : ýr.

Týr vas tjǫrva dýrra Hallfr. v. Wis. 34; 9,3 (!).
alldýrr konungr stýri Hallfr. v. Wis. 35; 10,6.
margdýrr koma stýrir Hallfr. v. Wis. 37; 23,6.
órýrr framast dýrþar Sighv. sk. Wis. 43; 16,2.
alldýrr konungr stýra Sturla Kgs. 458,10b.

ýrþ : ýrþ.

jǫfurs dýrþ hǫfum skýrþa Ein. Skúl. Wis. 61; 66,2.
dýrþ englanna sliku stýrþi Eyst. Ásgr. Wis. 90; 23,8.
dýrþarmenn er rikjum stýrþu Eyst. Ásgr. Wis. 92; 36,2.

ýs : ýs.

vigskýs enn þat lýsisk Hallfr. v. Wis. 35; 7,2 (vigskyrs Flb I, 484).
ek fýsumk nú lýsa Hallarst. Wis. 49; 24,6.

ýst : ýst.

fýstusk þeir at þrýsta Eil. Guþr. Wis. 30; 2,3 (!).
gǫndlar fýst sem lýstak Hallarst. Wis. 50; 32,6.
lýst skal hitt es lofþungr fýstisk Mark. Skeggj. Wis. 51; 10,1 (!).
lýst skal hitt es læknask fýstisk Mark. Skeggj. Wis. 53; 28,1 (!).
því's sýst frama lýstan Ein. Skúl. Wis. 55; 12,6.

ýt : ýt.

nýtr herflýtir Þór. loft. Hkr. 441,2b.

ýtr : ýtr.

harþla nýtr of landet ýtra Mark. Skeggj. Wis. 52; 24,6.
brýtr stundum friþ nýtra Ein. Skúl. Wis. 60; 58,6.

ýþ : ýþ.

hlýþut járni sýþar Hallfr. v. Wis. 33; 7,4 (hlǫþur : sǫþur W., seþar E,
   vgl. Wis. 135).
vǫrnuþ býþr enn hlýþiþ Sighv. sk. Wis. 43; 12,6.
alþýþa varþ stilli at hlýþa Mark. Skeggj. Wis. 52; 23,6.
alþýþ goþi hlýþir Ein. Skúl. Wis. 54; 6,6.
alþýþu brag hlýþa Ein. Skúl. Wis. 54; 9,4.
þegnprýþis brag hlýþa Ein. Skúl. Wis. 55; 11,2.
sóknþýþr jǫfurr prýþask Ein. Skúl. Wis. 57; 31,6.
býþr þeim í skyldu at hlýþa Eyst. Ásgr. Wis. 89; 14,4.
erendi býþr enn þessi hlýþir Eyst. Ásgr. Wis. 90; 24,4.
hlýþinnar vill bjǫrtu skrýþast Eyst. Ásgr. Wis. 90; 24,8.
gagnprýþanda hlýþa Arn. jarl. Hkr. 364,26b.
óprýþi mér hlýþa Þór. stuttf. Hkr. 686,7a.

ædd : ædl.

fœddr maþr er ek næsta hræddumst Eyst. Ásgr. Wis. 92; 41,8.
mjólku fœddr enn reifum klæddist Eyst. Ásgr. Wis. 92; 42,4.
hæddan rægþan slógu afklæddan Eyst. Ásgr. Wis. 93; 49,4.
fœddan sveinin reifum klæddi Eyst. Ásgr. Wis. 94; 55,4.
græddi oss er helstriþ mæddi Eyst. Ásgr. Wis. 94; 55,8.
hræddr varliga brædda Þór. stuttf. Hkr. 687,4b.
hrædd viþ herklæddan Sturla Kgs. 467,9b (?).

æf : ær.

ærinliga ok þakkir gæfi Eyst. Ásgr. Wis. 89; 13,8.

æfr : æfr.

dagræfrs konung hæfra Ein. Skúl. Wis. 59; 51,8.
ræfr þola nauþ ok næfrar Þjóþ. sk. Hkr. 540,25a (?).

æg : æg.

rægja kind of bægjask Korm. Qym. Wis. 26; 6,2.
óvægr konungr vægja Hallfr. v. Wis. 34; 8,2.
frægr aldrigi vægja Hallfr. v. Wis. 34; 1,2.
sér nægjandist engum vægja Eyst. Ásgr. Wis. 88; 8,4.
tíu dægranna rásir hægar Eyst. Ásgr. Wis. 96; 67,6.
víþfrægr viþ sér bægja Ótt. sv. Hkr. 227,19a.
ofvægir fé þægi Sighv. sk. Hkr. 431,18a.
vá frægr konungr ægi Sighv. sk. Hkr. 444,11b (vgl. Thork. 69).
hilmir frægr enn vægja Steinn Herd. Hkr. 593,25b.
hilmir frægr á saltan ægi Sturla Kgs. 437,17a.
ægiligt hinn viþa frægi Sturla Kgs. 442,7a (ógiligt Wis. 84!).
ægis nafn frægjum Sturla Kgs. 464,36a.
fræg ok úvægin Sturla Kgs. 470,2a.

ægr : ægr.

ægr viþ vigslu frægri Sturla Kgs. 458,5a.

ægþ : ægþ.

yþra vægþ er tjndum nægþist Eyst. Ásgr. Wis. 98; 82,4.
vægþarlaust af yþrum frægþum Sturla Kgs. 461,30b.

æl : æl.

goþs þræl ǫfugmæli Ein. Skúl. Wis. 61; 61,8.
uruggt mælik þat sælu Ein. Skúl. Wis. 61; 62,2.
illmælis rak tælir Haukr Vald. Wis. 81; 23,4.
angrtælir réþ mæla Arn. jarl. Hkr. 529,4a.

æm : æm.

eru æ minnilig eptirdæmi Eyst. Ásgr. Wis. 94; 52,1 (!).
ódæmïn þeir søgþu at kæmi Eyst. Ásgr. Wis. 95; 61,4.

æn : æn.

mjúka bæn ok fagran tænaþ Eyst. Ásgr. Wis. 98; 82,2.

ær : ær.

nær vasa trauþr at særa Hallarst. Wis. 48; 19,6.
telk þærs ek reit færi Hallarst. Wis. 49; 25,2.
særendr goþi kæran Ein. Skúl. Wis. 56; 22,6.
Væringjar framm bæri Ein. Skúl. Wis. 60; 53,8.
guþi værik þau skyldr at færa Eyst. Ásgr. Wis. 87; 3,8.
ærinn sér enn skepnan væri Eyst. Ásgr. Wis. 88; 6,6.
færagløggr ef nøkkur væri Eyst. Ásgr. Wis. 95; 60,4.
súthrærandi ok pislarfæri Eyst. Ásgr. Wis. 96; 71,4.
færir máttkir vitrir skærir Eyst. Ásgr. Wis. 97; 74,6.
færast at meþ ópi ok kæru Eyst. Ásgr. Wis. 98; 84,6.
blessuþ mær þú ert dróttni kærust Eyst. Ásgr. Wis. 99; 90,4.
allar þær af fyrnsku væri Eyst. Ásgr. Wis. 99; 94,6.
mær heiþ þegnum bæri Sighv. sk. Hkr. 253,7b.
snotr mær konungs væri Sighv. sk. Hkr. 255,18b.
þær sem engar væri Sighv. sk. Hkr. 310,24b.
liþ færa ok skip smæri Sighv. sk. Hkr. 437,21b.
mær lauk eþr ølbæri Sreinnfl. Hkr. 513,21a.
Selunds mær hverr ve bæri Þjóþ. sk. Hkr. 539,28a.
mær hlær at þri færi Anon. Hkr. 570,25b.
nær at landamæri Þjóþ. sk. Hkr. 593,6a.
nær til landamæris Anon. Hkr. 602,25b.
rærir mildr ef mæra Þór. stuttf. Hkr. 686,4b (?).
hæra nafn enn mundang væri Ól. hvít. Kgs. 357,2.
kæris Norþmæra Sturla Kgs. 474,31a.

ærr : ær.

blessuþ mær þú ert sprundum hærri Eyst. Ásgr. Wis. 91; 28,8.
loftig mær þú ert englum hærri Eyst. Ásgr. Wis. 99; 89,8.

ærþ : ærþ.

upp's mærþ kominn lærþrar Ein. Skúl. Wis. 54; 9,2.

æs : æs.

ódæsinn framm ræsir Arn. jarl. Hkr. 535,12a.

æst : æst.

næst riþra þat smæstum Ein. Skúl. Wis. 60; 57,4.
skapara næstr i vegsemd hæstri Eyst. Ásgr. Wis. 88; 7,4.

glæstum ár it næsta Bǫlv. Hkr. 570,16a.
glæst sjautigi hit fæsta Þjóþ. sk. Hkr. 596,14a.
fæst gott ok dul hæsta Blakkr Kgs. 121,3b.

æt : æt.

fimm nætr vala strætis Ein. Skúl. Wis. 56; 25,4.
ágætr sunu mæsta Haukr Vald. Wis. 81; 22,6.·
mætri þeirri'r ek skal gæta Eyst. Ásgr. Wis. 90; 24,6.
mætr guþi hann Adám sæti Eyst. Ásgr. Wis. 92; 43,2.
hvert ágæt í tignarsæti Eyst. Ásgr. Wis. 95; 62,4.
ágætust fyr lítillæti Eyst. Ásgr. Wis. 99; 90,2.
mætir upp á stræti Anon. Hkr. 781,24b.
nætr sex ok friþ gæta Giz. Þorv. Kgs. 441,31.
gætis hásæti Sturla Kgs. 464,24b.
gætir norþsætra Sturla Kgs. 467,10a.
gætis vegmæta Sturla Kgs. 469,26a (geitis vegmeita Flb III, 222).
gætis hásæta Sturla Kgs. 474,35a.

ætt : ætt.

varga ætt of klífa mætti Arn. jarl. Wis. 45; 13,8.
ættgóþr skǫrungr mætti Haukr Vald. Wis. 79; 5,8.
brjóst er mætt af þessum hætti Eyst. Ásgr. Wis. 94; 56,6.
fættust orþ enn þurru mættir Eyst. Ásgr. Wis. 95; 58,6.
mætti skýra fullum hætti Eyst. Ásgr. Wis. 99; 94,8.
vættisk þess í kvæþis hætti Eyst. Ásgr. Wis. 100; 97,2.
hætting vas þat mætti Tindr Hallk. Hkr. 160,20b.
sætt gekk seggja ættar Halld. ókr. Hkr. 207,30b (?).
hætt fǫrsk betr enn vættak Sighv. sk. Hkr. 307,30b.
hættlig járn es vættik Þorm. Kolbr. Hkr. 498,12b (hetligt: ætla Flb
    II, 365; hætlect : vænte Ohs 73).
hætt góþs friþar vætta Þjóþ. sk. Hkr. 560,34a.
allhætt ef skal sættask Anon. Hkr. 603,2a.
úsætt enn vel mætti Snorri Sturl. Kgs. 352,2b.
ættum góþr at rofna sættir Sturla Kgs. 432,13a.

ætt : æt.

mætr gramr viþ þik sættu Ótt. sv. Hkr. 284,29a.

æþ : æþ.

hræþask menn viþ ættar klæþi Arn. jarl. Wis. 45; 6,6.
hátt kvæþi skal bæþi Ein. Skúl. Wis. 58; 38,6.
æþra sess ok virþing bæþi Eyst. Ásgr. Wis. 88; 7,8.
mæþist þegar er um skal ræþa Eyst. Ásgr. Wis. 92; 38,2.
lofræþandi á kné sín bæþi Eyst. Ásgr. Wis. 94; 51,6 u. ö.
hervæþr ara bræþis Arn. jarl. Hkr. 515,16a.

ók : ók.

rökilundr of téki Ein. Skál. Wis. 26; 3,4.
geþfrökn ok til sökja Arn. jarl. Hkr. 323,32b.
vegrökjandi framat sökja Snorri Sturl. Kgs. 281,18b.

ól : ól.

ryþs hóliþọl góli Þjóþ. hv. Wis. 11; 20,4 (heyli : gọli SnE I, 284;
heili : giæli W; heile : gọle S).

óm : óm.

her's of slóm at dóma Hallarst. Wis. 49; 24,2.
goþ dómi mér sóma Sighv. sk. Hkr. 430,7b.

ómd : ómd.

démdi herr sómda Sturla Kgs. 473,14b.

ón : ón.

allhóns viþ goþ bónir Ein. Skál. Wis. 57; 31,4.
sónskr maþr af gram þrönzkinn Ein. Skál. Wis. 58; 44,4[1]).
þrénzkr jarl konung sónskan Þórþr Kolb. Hkr. 170,33b[1]).

ór : ór.

gnýstórandi fóri Þorbj. hornkl. Wis. 14; 2,6.
sorgóra mey fóra Þjóþ. hv. Wis. 10; 9,2.
Móra gramr til landa óri Arn. jarl. Wis. 45; 5,8 (vgl. Gisl. om helr. 47).
borþmórar skæ fórar Eyv. sk. Hkr. 103,36a.
órins golls á Móri Þórþr Kolb. Hkr. 157,13b.
snóridọrr um skóru Þjóþ. sk. Hkr. 538,6b.
Móra gramr í snóri Þjóþ. sk. Hkr. 541,18b.
sóknstórir mér fóri Þjóþ. sk. Hkr. 544,10a.
hlór áþr hingat fórir Þjóþ. sk. Hkr. 555,10b.

órr : órr.

stórra ọþrum fórri Hallarst. Wis. 49; 26,8.

óst : óst.

óstar þjóþar fnóstu Eil. Guþr. Wis. 31; 5,8.

ót : ót.

móþum fóti sál at bóta Mark. Skeggj. Wis. 51; 12,6.
dóyr métask fóti Sighv. sk. Hkr. 274,32b.

---

¹) Oder liegt hier ein Reim ónskr : ónzkr vor? resp. ist nzk =
ntsk zu nsk geworden?

ötsk : ötsk (özk : özk).

fözk háleitri gözku Ein. Skúl. Wis. 55; 14,8.

óþ : óþ.

göþingr muni fóþask Hallfr. v. Wis. 37; 28,6.
öþverþrs á skelfþan gróþi Arn. jarl. Wis. 45; 7,2.
hersa möþir sál at gróþa Mark. Skeggj. Wis. 53; 28,4.
alls gróþari fróþask Ein. Skúl. Wis. 56; 21,4.
armglóþr í brag róþu Ein. Skúl. Wis. 59; 45,4.
hjalmsköþ Girkir flóþu Ein. Skúl. Wis. 59; 52,8.
bróþr sinu ok rak flóþa Guth. s. Hkr. 98,2b.
göþinga vin sköþar Þjóþ. sk. Hkr. 540,8b (greiþlendinga skeiþum
   Fms VI, 81).
bróþr sínum vel tóþi Þjóþ. sk. Hkr. 546,10a.
bróþr und sól hin óþri Ein. Skúl. Hkr. 738,11b.
göþinga lið flóþi Ein. Skúl. Hkr. 766,17b.

ǫdd : ǫdd.

rǫdd dynskotum krǫddusk Þorbj. hornkl. Wis. 14; 4,8.

ǫf : ǫf.

hǫfuþ fremstr jǫfurr Sighv. sk. Wis. 40; 5,8 u. ö.
hǫfuþskald fira jǫfri Ein. Skúl. Wis. 55; 12,8.
jǫfurs bein þregit hǫfþu Ein. Skúl. Wis. 56; 23,4.
gǫfug lét Hǫrn ór hǫfþi Ein. Skúl. Wis. 58; 37,1 (!).
hǫfuþ sitt frǫmum jǫfri Ein. Skúl. Hkr. 742,6b.
gǫfugr oddviti jǫfra Sturla Kgs. 325,7b.
gǫfugr Skánunga jǫfri Sturla Kgs. 443,4a.

ǫfg : ǫfg.

ǫfgast búendr gǫfgir Sighv. sk. Wis. 43; 14,4.

ǫfn : ǫfn.

laukjǫfn af þeim nǫfnum Sighv. sk. Wis. 41; 5,8.
hǫfn langskipa stǫfnum Anon. Hkr. 602,16a.
hǫfn af skipstǫfnum Sturla Kgs. 466,18b.

ǫfþ : ǫfþ.

líknarkrǫfþ ór hǫfþi Ein. Skúl. Wis. 60; 59,6.

ǫg : ǫg.

mǫgr Sigurþar Hǫgna Brage Wis. 2; 2,4.

ǫgl : ǫgl.

bryngǫgl í dyn Skǫglar Þorbj. hornkl. Wis. 14; 5,4.
dǫglingr rið bersǫgli Sighv. sk. Wis. 42; 8,4.
treim dǫglingum Skǫglar Hallarst. Wis. 48; 20,6.

ǫgn : ǫgn.

Rǫgnvalds í bǿ gǫgnum Sighv. sk. Hkr. 275,4a.

ǫgr : ǫgr.

mǿgr hafnýra fǫgru Ulfr Ugg. Wis. 29; 2,6.
Ulfs mǿgr ok hét fǫgru Þjóþ. sk. Hkr. 532,2a.
lǫgr gekk um skip fǫgru Bǫlv. Hkr. 570,14a.
lǫgr hin skaut fǫgru Sturla Kgs. 472,35b.

ǫgþ : ǫgþ.

hans brǫgþ í grǫf lǫgþu Ein. Skúl. Wis. 56; 22,8.
brǫgþ jarteignir sǫgþu Ein. Skúl. Wis. 59; 49,8.
herþibrǫgþ enn lǫgþis Jór. skalldm. Hkr. 77,23a.
flǫgþ bafþk enn þau sǫgþu Sighv. sk. Hkr. 308,6b.

ǫk : ǫk.

sǫkrammir mjǫk Þór. loft. Hkr. 440,33a (sǫkk- Fms V, 6; sac-
    Ohs 59).

ǫkk : ǫkk.

varta hrǫkk enn niþr nam sǫkkra Arn. jarl. Wis. 44; 2,6 (sic Fms
    VI, 23).

ǫkt : ǫkt.

hold er klǫkt enn andinn snǫktir Eyst. Ásgr. Wis. 94; 54,6.

ǫl : ǫl.

ǫlrishaug frá bǫlvi Ein. Skúl. Wis. 55; 14,8 (Aulfis : baulfi Flb I, 2).
úfǫl búendr drǫlldu Þorl. f. Hkr. 574,21b.

ǫld : ǫld.

ǫlldum kunnr meþ hvíta skjǫlldu Arn. jarl. Wis. 44; 3,6.
hǫfuþskjǫlldunga fimm at gjǫlldum Mark. Skeggj. Wis. 51; 21,4.
gjǫld festu þá grimmir hǫlldar Mark. Skeggj. Wis. 52; 23,3 (!).
meginfjǫlldi reis hǫlldu Ein. Skúl. Wis. 54; 4,6.
þat sá ǫld í jǫlldu Anon. Hkr. 151,22b (!).
ǫld þá's tókt viþ gjǫlldum Ótt. sv. Hkr. 227,17a.
ǫld rann ossa skjǫlldu Sighv. sk. Hkr. 253,15a (!).
skjǫlldungs viþ ey tjǫllduþ Sighv. sk. Hkr. 274,20b.
ǫld þars herr klauf skjǫlldu Sighv. sk. Hkr. 499,8b.
ǫld blóþroþna skjǫlldu Þjóþ. sk. Hkr. 539,26a.
hǿru skjǫld at gjǫlldum Þjóþ. sk. Hkr. 544,10b.
Finna gjǫld í skjǫlldum Þjóþ. sk. Hkr. 595,17b.
ǫld á stórrǫlldum Sturla Kgs. 467,8b (stórveldum Fms X, 125; Kph
    V, 361).
ǫld meþ hrskjǫlldum Sturla Kgs. 473,3b.

ǫll : ǫll.

ralfǫllum hláp rǫllu Ein. Skúl. Wis. 29; 23,1.
hǫll ok fremstr at ǫllu Hallarst. Wis. 47; 11,8 u. ö.
jǫrþ ok fjǫll at i heimi ǫllum Eyst. Ásgr. Wis. 96; 70,6.
hǫll ok prýdd meþ dúþum ǫllum Eyst. Ásgr. Wis. 99; 90,6.
hǫll's dýr meþ ǫllum Sighv. sk. Hkr. 310,4b.
rymrǫll und gram snjǫllum Hallr Sn. Kgs. 71,10b.

ǫln : ǫln.

gjǫlnar gulli mǫlnu Sighv. sk. Hkr. 414,10a (?).

ǫm : ǫm.

dauþum krǫmdum ærum lǫmdum Eyst. Ásgr. Wis. 93; 46,6.

ǫml : ǫml.

hǫmlu vigs ór porti gǫmlu Mark. Skeggj. Wis. 52; 21,2.

ǫn : ǫn.

Ǫnundr Dǫnum Sighv. sk. Wis. 40; 3,6.

ǫnd : ǫnd.

ǫndurgoþs i hǫndum Þjóþ. hv. Wis. 9; 7,4.
konungs ǫnd ofar lǫndum Hallfr. r. Wis. 37; 28,8.
úrga strǫnd ok svalri rǫndu Mark. Skeggj. Wis. 52; 21,4.
ǫnd lætr maþr á strǫndu Ein. Skúl. Wis. 60; 60,6.
leysir er ǫnd af holdsins bǫndum Eyst. Ásgr. Wis. 98; 83,8.
benrǫndr konungs hǫndum Eyr. sk. Hkr. 106,18a.
ǫndvert folk at lǫndum Þórþr Sjár. Hkr. 107,4b (rendo Fris. 120,25b).
lǫnd sins fǫþur rǫndum Þórþr Kolb. Hkr. 155,11b.
ættlǫnd und þér gǫndlar Ótt. sv. Hkr. 284,31b.
rǫnd meþ gumna hǫndum Sighv. sk. Hkr. 491,8a.
ǫndverþan brum lǫndum Sighv. sk. Hkr. 520,29b.
hǫnd enn vel mátt lǫndum Sighv. sk. Hkr. 522,18a.
Sunnlǫnd Haraldr rǫndu Jllugi Brynd. Hkr. 550,7b.
ǫndu nemr eþa lǫndum Þorf. f. Hkr. 572,2b.
Haralds ǫnd ofar lǫndum Stúfr sk. Hkr. 572,19b.
lǫnd herskipa brǫndum Þjóþ. sk. Hkr. 592,28a.
sin lǫnd es verr rǫndu Magn. berf. Hkr. 654,21b.
flesta rǫnd á skeiþa brǫndum Sturla Kgs. 439,18b.
skattlǫnd megingrǫnduþs Anon. Kgs. 476,21a.
rǫnd veþrboþi gǫndlar Anon. Kgs. 476,21b.

ǫng : ǫng.

strǫng Herdala gǫngu Sighv. sk. Wis. 38; 3,2.
krapta þrǫng né lostinn ǫngvan Eyst. Ásgr. Wis. 99; 90,3.

fǫng eru stór viþ gǫngur Sighv. sk. Hkr. 309,6a.
nær gǫngum vér stǫngum Þjóþ. sk. Hkr. 542,16a.

ǫnn : ǫnn.

sǫnn Einriþa mǫnnum Ein. Skál. Wis. 27; 8,2.
fjǫrrǫnn at því mǫnnum Hallfr. v. Wis. 36; 17,4.
ǫnnur enn hézt mǫnnum Sighv. sk. Wis. 42; 8,8.
rǫnn um þingamǫnnum Þórþr Kolb. Hkr. 232,25b.
sǫnn at fá mun ǫnnur Sighv. sk. Hkr. 516,27b.
hófsk ǫnn af því lendum mǫnnum Ól. hvít. Kys. 339,17b.

ǫr : ǫr.

hjǫrs rakkliga fjǫrvi Ein. Skál. Wis. 26; 2,8.
hjǫrreþrs konung fjǫrvi Ein. Skál. Wis. 27; 6,4.
fǫr til Sogns of gǫrva Ein. Skál. Wis. 28; 13,4.
hjǫrdjarfr Gota fjǫrvi Hallfr. v. Wis. 34; 4,6.
liþu ǫrvar framm gǫrvar Hallfr. v. Wis. 35; 4,2.
ǫrva hríþir frökn of gǫrvar Arn. jarl. Wis. 46; 15,8.
hjǫrs berdraugar fjǫrvi Glúmr Geir. Hkr. 110,19a.
grams vǫr bláum hjǫrvi Þórþr Kolb. Hkr. 214,24b.
fǫr þín konungr gǫrva Ótt. sv. Hkr. 220,4b.
svǫrt skǫr viþ her gǫrva Sighv. sk. Hkr. 252,30b.
ǫrbeiþis fǫr Þór. loft. Hkr. 440,31a u. 441,4a.
skǫr baþ hann meþ hjǫrvi Sighv. sk. Hkr. 453,13b.
hjǫrgǫll vas þat fjǫrvi Tryggvafl. Hkr. 513,15b.
rógǫrs þvit reitk gǫrva Arn. jarl. Hkr. 515,8a (*rógaurs : gerva*
    Fris. 168,2a; *rögaurs : gjörfa* Fms VI, 21).
dǫrvar grjóts ok ǫrva Þjóþ. sk. Hkr. 538,8a.
fjǫrgríþ stǫfum hjǫrva Þjóþ. sk. Hkr. 538,31b.
fjǫr gnýstafir hjǫrva Þjóþ. sk. Hkr. 538,35b.
fjǫrvi grjót ok ǫrvar Hallarst. Herd. Hkr. 595,10b.
ófǫr konungs gǫrva Trollk. Hkr. 613,15a.
mǫrstrútr á þat gǫrva Þór. stuttf. Hkr. 686,21b.

ǫrg : ǫrg.

hǫrgbrjótr í staþ mǫrgum Hallfr. v. Wis. 34; 3,2.
mǫrg nefbjǫrgum Sighv. sk. Wis. 40; 4,4.
hermǫrg hála tjǫrguþ Hallarst. Wis. 46; 4,3 (!).
firna mǫrg ok hǫrga Hallarst. Wis. 47; 9,2.
gunnhǫrga slǫg mǫrgum Glúmr Geir. Hkr. 89,31a.

ǫrl : ǫrl.

hjǫrlautar kom Sǫrla Ein. Skál. Wis. 29; 22,4.
freguk gǫrla þat Sǫrla Hallfr. v. Wis. 33; 8,6.

ǫrlyndr fǫþur Sǫrla Haukr Vald. Wis. 79; 3,8.
ǫrleiks Dana jǫrlum Þjóþ. sk. Hkr. 596,22a.

ǫrn : ǫrn.

okbjǫrn faþir Mǫrna Þjóþ. sk. Wis. 9; 6,4.
fǫrnuþr rǫþull stjǫrnu Ein. Skút. Wis. 54; 2,8.
Þorbjǫrn í gný fjǫrnis Haukr Vald. Wis. 80; 17,8.
hjǫrn ok eld sem merkistjǫrnur Eyst. Ásgr. Wis. 88; 10,6.
landrǫrn klóask ǫrnu Sighv. sk. Hkr. 445,6a.
fjǫrnis alfr und leiþarstjǫrnu Sturla Kgs. 459,6a.

ǫrr : ǫrr.

hjǫrr fær hildibǫrrum Korm. Ogm. Wis. 26; 2,3 (!).
þreksgǫrr ok vigǫrr Ótt. sv. Wis. 44; 2,2.
ǫrr fylkir gaf sverþ ok knǫrru Mark. Skeggj. Wis. 51; 7,2.
mærþar ǫrr sem knǫrru Þórþr Kolb. Hkr. 155,9a.
ceþrǫrr tvá knǫrru Ótt. sv. Hkr. 234,13a.
ǫrr landreki dǫrrum Þjóþ. sk. Hkr. 541,20b.
ǫrr ok steinda knǫrru Steinn Herd. Hkr. 635,12a.

ǫrt : ǫrt.

bjǫrtum eldi stalldræp hjǫrtu Arn. jarl. Wis. 45; 12,8.
gǫrt fengum hræ svǫrtum Sighv. sk. Hkr. 253,28b.
hjǫrtum langt hin svǫrtu Sighv. sk. Hkr. 309,15a.
gǫrt vig saman hjǫrtu Sighv. sk. Hkr. 480,23a.

ǫrþ : ǫrþ.

geþrǫrþr und sik jǫrþu Þorbj. hornkl.Wis. 15; 6,4 (goþvarþr Kringla,
 Jófrask., vgl. Wis. 124, daher Thorkelss. 42 f. goþvarþr : jarþu).
Hǫrþarinr ór Gǫrþum Hallfr. r. Wis. 33; 1,4.
hǫrþ ok austr í Gǫrþum Hallfr. v. Wis. 34; 2,4.
vǫrþr þá fóstr í Gǫrþum Hallarst. Wis. 46; 2,2.
snekkjubǫrþ ór Gǫrþum Hallarst. Wis. 46; 4,2.
foldar vǫrþu austr í Gǫrþum Mark. Skeggj. Wis. 50; 4,2.
hélug bǫrþ fyr Vinda gǫrþum Mark. Skeggj. Wis. 52; 16,4.
Hǫrþa gramr af jǫrþu Ein. Skút. Wis. 55; 15,8.
allhǫrþ í gras bǫrþum Haukr Vald. Wis. 80; 12,8.
himin ok jǫrþ í fyrstu gǫrþi Eyst. Ásgr. Wis. 88; 6,2.
jǫrþ ok lopt þat er dróttinn gǫrþi Eyst. Ásgr. Wis. 88; 10,4.
landvǫrþr er brast Hǫrþa Eyv. sk. Hkr. 111,6a.
fjǫrþ ok galt viþ hjǫrþu Eyv. sk. Hkr. 123,32a.
svǫrþ vikinga hǫrþu Eyj. Daþ. Hkr. 199,15b.
ǫrþigt vefr á fjǫrþum Sighv. sk. Hkr. 274,20a.
malma vǫrþs í Gǫrþum Sighv. sk. Hkr. 310,16a.
er vǫrþr drepinn Hǫrþa Sighv. sk. Hkr. 446,9a.

svǫrþr þann's rǫx i Gǫrþum Sighv. sk. Hkr. 508,30b.
Hǫrþa vinr ór Gǫrþum Arn. jarl. Hkr. 515,10b.
jǫrþ um fekk ór Gǫrþum Bjarni gullbr. Hkr. 519,18b.
erut um spǫrþ ór Gǫrþum Sighv. sk. Hkr. 522,10a.
skaprǫrþr himins jǫrþu Arn. jarl. Hkr. 535,12b.
hǫrþ þrifusk bǫrþ þar's bǫrþusk Þjóþ. sk. Hkr. 538,16b (?).
orþiglyndr i Gǫrþum Bǫlv. sk. Hkr. 547,4b.
orþigt vatn ór Gǫrþum Þjóþ. sk. Hkr. 559,23a.
rigskǫrþ ofan bǫrþut Þorbj. Skakk. Hkr. 740,14b.

ǫst : ǫst.

fǫstumǫþs á ymsum lǫstum Eyst. Ásgr. Wis. 93; 45,2.

ǫþ : ǫþ.

hǫþ glamma at mun stǫþra Brage Wis. 3; 10,4.
glǫþ djúproþuls ǫþla Brage Ger. 26; 24,2.
stǫþum valbastar rǫþli Ein. Skúl. Wis. 58; 43,3.
stǫþum kraddi liþ bǫþvar Þorm. Kolbr. Hkr. 497,22a.

á : á.

á hendr at há Sighv. sk. Wis. 40; 3,7.
grá hjalmunla Sighv. sk. Wis. 40; 4,6.
blá segl riþ rá Sighv. sk. Wis. 41; 7,2.
fár má konungr srá Ótt. sv. Wis. 141; 6,2.
frák hvar fleina sjáran Eyj. Daþ. Hkr. 200,1a (?) (vgl. S. 23).

ey : ey.

mey aftr Loki deyja Þjóþ. hv. Wis. 10; 11,8.
ey regbrautar heyja Þorbj. hornkl. Wis. 14; 2,4.
ratmey konungr heyja Ein. Skúl. Wis. 27; 12,6.
geirþey á Skáneyju Hallfr. r. Wis. 34; 4,8.
eyrerskan her deyja Hallfr. r. Wis. 34; 9,2.
rigþey Heþins meyja Hallfr. r. Wis. 36; 15,4.
eysýslu gekk heyja Sighv. sk. Wis. 38; 2,4.
haukey lifa ok deyja Sighv. sk. Wis. 43; 15,8.
Gǫndlar þeys ok Eyjar Hallarst. Wis. 47; 11,4.
reþrheyjandi Skreyju Eyr. sk. Hkr. 106,5a.
Eysýslu liþ þeyja Ótt. sv. Hkr. 222,7b.
ey né danskar meyjar Hárekr. Hkr. 428,31a.
meyjar faþms at deyja Sighv. sk. Hkr. 521,4a.
Sikileyju gekk heyja Þjóþ. sk. Hkr. 550,4b.
ey baugs Dana meyjar Anon. Hkr. 570,25a.
meyjar suþr i eyjum Bjǫrn krepph. Hkr. 616,35b.
fleyrangs til Ekreyja Sturla Kgs. 427,28a.
eyjar geirþeyjum Sturla Kgs. 472,2b.

ó : ó.

sló hvern ok þó Sighv. sk. Wis. 40; 1,2.
mjó fyr ofan sjó Ott. sv. Wis. 44; 4,4.

ý : ý.

svangþýjaþi at frýja Ein. Skál. Wis. 26; 2,4.
hjǫrva gnýs ok skýjum Hallfr. v. Wis. 33; 1,6.
fǫglýjaþra þýja Eyv. sk. Hkr. 111,22b.
sverþa gnýs at frýja Sighv. sk. Hkr. 252,20a.
skýlauss rǫþull hlýja Sighv. sk. Hkr. 491,33a.
bǫþský framar knýja Þjóþ. sk. Hkr. 538,17b.
bý leggr reyk til skýja Anon. Hkr. 640,4b.

æ : æ.

unz hrunsæra hræra Þjóþ. sk. Wis. 10; 11,1 (!).
hræ þess konungs æri Sighv. sk. Wis. 41; 1,4.
fræ Hákonar æri Eyv. sk. Hkr. 111,24a.
mæ riþ ǫrum sævar Eyv. sk. Hkr. 123,32b.
glæheims skriþu mærar Þórþr Kolb. Hkr. 157,13a.
læ Hákonar æri Þórþr Kolb. Hkr. 170,28a.
slær þaut ulfr um hræri Þórþr Sjár. Hkr. 422,28b (slæfr : hræfi
     Kph II, 273; slægr Flb II, 281; sonst alle Lesarten slær).
læbaugs at þei hlæja Hárekr Hkr. 428,29a.

ó : ó.

lóbrautar varþ flója Þorbj. hornkl. Wis. 14; 8,8 (sic Gísl. Njál.
     II, 387; F-Jónss. 78 f.; lýbrautar : flýja Wis. a. a. O.; læbrautar :
     flója Hkr. 64,24b; lýbrautar : flýja Fris. 50,26b).

Kurzer Vocal : langem Vocal.

Skáney Dana Sighv. sk. Wis. 40; 5,6.
fráneygr Dana Sighv. sk. Wis. 40; 6,4.
fæst rán Dana Sighv. sk. Wis. 41; 8,6.
Jórvík skorit Sighv. sk. Wis. 41; 11,4 (Jorvík Gísl. Aarb. 1866, 279).
Griklands himinríki Þór. loft. Hkr. 440,15a (Griklands Kph.?).

II.

Endreime.

addi : addi.

rǫdd engilsins krennmann kvaddi }
kvaddu af engli dróttinn gladdi } *Eyst. Ásgr. Wis.* <u>94</u>; <u>55,1</u> f.

afa : afa.

fylki skal til frægþar hafa }
fregna eignum langt til gafa } *Mkr. Wis.* <u>73</u>; 6,1 f.

afni : afni.

gnúþi hrafni }
á hǫfuþstafni } *Eg. Skall. Wis.* 21; 11,7 f.

ag : ag.

stefjum verþr at stæla brag }
stuttligt hefk á kvæþi lag } *Mkr. Wis.* 74; 11,1 f.

dýrligra brag }
þat's drápulag } *Gunnl. ormst. Wis.* 38; 3,7 f.

aga : aga.

heyrinkunn's frá hánum saga }
~~hrat~~ þarf ok of slíkt at jaga } *Mkr. Wis.* <u>74</u>; <u>9,7</u> f.

agþr : agþr.

fasthaldr varþ á Fenri lagþr }
fíkjum var mér ramligr sagþr } *Mkr. Wis.* <u>75</u>; <u>21,7</u> f.

aka : aka.

lætr snót saka }
sverþ-Frey vaka }
enn skœs Haka } *Eg. Skall. Wis.* <u>22</u>; <u>16,5</u> ff.
skipgarþ braka }

akar : akar.

jafnan verþr at árflóþ stakar }
auþfengnar 'ru gelti sakar } *Mkr. Wis.* <u>76</u>; <u>26,7</u> f.

al : al.

gagarres skaptr þvit geyja skal | Mkr. Wis. 73; 4,3 f.
gørva œtlak mér létt of tal |

alda : alda.

tili skaut óst alda | Þork. Gisl. Wis. 66; 2,7 f.
upr enn sviþ kalda |

aldr : aldr.

Hermóþr vildi auka aldr | Mkr. Wis. 74; 9,3 f.
Eljuþnir rann sólginn Baldr |
jók hilmir hjaldr | Ein. Skúl. Hkr. 742,23a f.
þar vas hjǫrva galdr |

ali : ali.

eigi spillir hyggins hjali | Mkr. Wis. 75; 15,7 f.
hefkat spurt at bersa kali |

almar : almar.

gnustu gráir malmar | Þork. Gisl. Wis. 67; 7,5 f.
gengu í sundr hjalmar |

alt : alt.

kræpit skal meþ kynjum alt | Mkr. Wis. 74; 13,7 f.
konungs morgunn er langr dvalt |
yndit líta øngvir fall | Mkr. Wis. 75; 21,1 f.
allopt verþr í hreggi svalt |
þrýtra þann er verr hefr valt | Mkr. Wis. 76; 26,1 f.
verþa kann á ýmsa halt |
Víkverjum gjalt | Ein. Skúl. Hkr. 741,18 f.
varþ þannug halt |
rann vísi alt | Ein. Skúl. Hkr. 743,1b f.
fyr vestan salt |

am : am.

ór hlátra ham (od færi eg fram K. 456. 929. Rk)
hróþr bark fyr gram
svá fór þat fram (ur hlatra ham K. 456. 929. Rk.
at flestr of nam (man 128. 458)

Eg. Skall. Wis. 22; 20,5 f.

óx hjǫrva hlam (hlǫm Bj. 252; hlǫmm 145. 426; glaum Kr 456. 929. Rk)
riþ hlífar þram (þøm 145. Bj. 426; þ(r)aum Kr 456. 929. Rk)

Eg. Skall. Wis. 21; 4,1 ff.

guþr óx umb gram
gramr sótti fram

aman : aman.

fára ætlum forn orþ saman | *Mkv. Wis.* 73; 1,5 f.
flestir henda at nøkkvi gaman |

allítil er ungs manns gaman | *Mkv. Wis.* 73; 5,1 f.
einum þykkir daufligt saman |

etja vildi jǫfrum saman | *Mkv. Wis.* 75; 22,3 f.
ekki er mér at stúru gaman |

ami : ami.

bráþfengr þykkir brullaups frami | *Mkv. Wis.* 75; 18,7 f.
brigþalengi er hverr enn sami |

amm : amm.

aupsénna er annars vamm | *Mkv. Wis.* 76; 23,7 f.
engi kømsk of skapadǫgr framm |

amr : amr.

gǫrræþi gramr | *Ein. Skúl. Hkr.* 741,20a f.
gjǫfmildr ok framr |

anar : anar.

flugu hjaldrtranar (trana Kt 456. 929. Rk; raner W. |
128. 146. 158. 458. 459) |
of hræs lanar (laner W. 128. 158. 458. 459; *baner* 146) | *Ey. Skall. Wis.*
rǫrut blóþs ranar (raner 128. 146) | 21; 11,1 ff.
benmás granar (graner 128. 146) |

anda : anda.

þrǫng at rym randa | *Þork. Gísl. Wis.* 66; 3,3 f.
til ræsis landa |

neytti herr handa |
hríþ vas snǫrp branda | *Þork. Gísl. Wis.* 67; 6,1 ff.
fúst vas fár randa |
til fjǫrnis landa |

andar : andar.

brustu brandar | *Ey. Skall. Wis.* 21; 7,7.
viþ blár randar |

anga : anga.

búa frák greitt ganga | *Þork. Gísl. Wis.* 67; 8,1 f.
gladdisk svanr hanga |

leiþ eigum vér langa | *Bjarni Kálfss. Kgs.* 73,18 f.
enn lendir menn ganga |

ann : ann.

lof at visa vann
vist mærik þann　　　　　｜ *Eg. Skall. Wis.* 21;
hljóþs biþjum hann　　　　｜ 2,5 ff.
þvit hróþr of fann (nam K: 456. 929. Rk)｜

oll grétu þau eptir hann　　｜ *Mkv. Wis.* 74; 9,5 f.
aukit var þeim hlátrar bann｜

erfitt verþr þeim's illa kann｜ *Mkr. Wis.* 76; 25,5 f.
engan þarf at hjúfra mann　｜

reitkak vist hvat verþa kann｜ *Mkr. Wis.* 76; 28,3 f.
rilla's dælst of heimskan mann｜

anna : anna.

hǫfuþ ok hendr manna　｜ *Þork. Gísl. Wis.* 67; 5,3 f.
hræ nam vargr kanna　｜

ar : ar.

munstrandar mar　｜ *Eg. Skall. Wis.* 20; 1,3 f.
sväs mitt of far　｜

þróask hér sem hvar｜
hugat mælik þar　｜ *Eg. Skall. Wis.* 22; 14,5 ff.
frétt's austr of mar｜
Eiriks of far

auþigr þykkir einn sér hvar｜ *Mkv. Wis.* 75; 15,1 f.
annars róþir margr of far　｜

ara : ara.

traþ Nipt nara　｜ *Eg. Skall. Wis.* 21; 10,7 f.
náttverþ ara　｜

þess m(u)n grepp vara｜ *Gunnl. ormst. Wis.* 38; 3,3 f.
gollhring spara　　　｜

fýsa munk ens fyrra vara　｜ *Mkv. Wis.* 76; 27,7 f.
flestr mun sik til nǫkkurs spara｜

arald : arald.

ekki varþat forþum farald｜ *Mkr. Wis.* 74; 11,5 f. u. ö.
Finnan gat þó örþan Harald｜

arar : arar.

lýtin þykkja skammæ skarar｜
skrautligt kollum nafnit farar｜ *Mkr. Wis.* 75; 19,1 ff.
trautt kallak þann valda's varar｜
verþa menn þeirs uppi fjarar｜

arir : arir.

sagt er frá hvé neflauss narir｜ *Mkr. Wis.* 76; 25,5 f.
nt verþr sumt þaz manngi varir｜

arit : arit.

ekki hefk meþ flimtun farit ⎰ Mkv. Wis. 73; 2,1 f.
fullvel ættak til þess varit ⎱

arla : arla.

barþisk sveit snarla ⎰ Þork. Gisl. Wis. 67; 9,7 f.
á snekkjum jarla ⎱

armr : armr.

fekksk fyrþum harmr ⎰ Ein. Skul. Hkr. 742,25 b f.
fyriskógar garmr ⎱

art : art.

Bjarki átti hugar korn hart ⎰ Mkv. Wis. 74; 7,1 f.
herlið felldi Stǫrkuþr mart ⎱

arþa : arþa.

knúþi hvast harþa ⎰ Þork. Gisl. Wis. 66; 2,1 f.
hljóþu marir barþa ⎱

asta : asta.

báru raukn rasta ⎰ Þork. Gisl. Wis. 66; 3,1 f.
rekka geþfasta ⎱

at : at.

hygg visir at
vel sómir þat
hrëk þylja fat   ⎡ fet : get F. Jónss. ⎤   (fær W. fæte v)   ⎰ Eg. Skall.
ek ef þogn of gat   ⎣   ⎦   (gæti v)   ⎱ Wis. 21;
                                                                        3,3 ff.
orþstir of gat (gar 146)   ⎰ Eg. Skall. Wis. 21; 6,3 f.
Eirikr at þat (þar W. 146. 158. 458. 459)⎱ u. 9,3 f.

þá v(a)s odda at ⎰ Eg. Skall. Wis. 21; 9,1 f.
ok eggja gnat ⎱

jofurr hyggi at
hrëk yrkja fat
gótt þóttumk þat   Eg. Skall. Wis. 22; 19,1 ff.
es þogn of gat

eitt hofþusk at ⎰ Þjóþ. sk. Hkr. 547,8 a f.
Eilifr þar er sat ⎱

ata : ata.

skapleik skata ⎰ Eg. Skall. Wis. 22; 16,3 f.
skal mærþ hvata ⎱

ati : ati.

hjǫrleiks hvati ⎰ Eg. Skall. Wis. 22; 14,3 f.
hann's blóþskati ⎱

auga : auga.

njótiþ bauga ⎰ Eg. Skall. (v) Wis. 22; 21,1 f.
sem Brúnn auga ⎱

aukar : aukar.

gullu hræs haukar
hvassir benlaukar } Þork. Gisl. Wis. 67; 7,1 f.

aupa : aupa.

hirþmenn skulu hlaupa
hér era gott til kaupa } Bjarni Kdlfss. Kgs. 73,16 f.

auþ : auþ.

gld festi auþ
sem gþlingr bauþ } Fin. Skúl. Hkr. 741,24 f.

aþar : aþar.

vasa villr staþar
vefr davraþar
of grams glaþar (gløþom
geirvangs sapar (rgþom } F. Jónss.) } Eg. Skall. Wis. 21; 5,1 ff.

aþr : aþr.

grandvarr skyldi enn góþi maþr
Gizurr varþ at rógi saþr } Mkv. Wis. 75; 22,1 f.

á : á.

flestr maþr of frá
hvat fylkir vá
enn Viþrir sá
hvar valr of lá } Eg. Skall. Wis. 21; 3,5 ff.

þar heyrþisk þá
þaut mækis á
malmhriþar spá
sús mest of lá } Eg. Skall. Wis. 21; 4,5 ff.

gleþi minnar veit geipun sjá
griplur er sem hendi þá } Mkv. Wis. 73; 1,7 f.

annars barn's sem úlf at frjá
óþfúss mundi blindr at sjá } Mkv. Wis. 73; 5,3 f.

afli of deilir sizt viþ sjá
Sgrli sprakk af gildri þrá
stundum þýtr í logni lá
litlu verr at ráþak fá } Mkv. Wis. 74; 13,1 ff.

ástblindir 'ru seggir svá
sumir at þykkja mjgk fás gá } Mkv. Wis. 75; 20,1 f.

érit þykkir viþkvæm vá
vinfengin eru misjofn þá } Mkv. Wis. 75; 21,5 f.

allar girnisk dr í sjá
ekki er manni verra enn þrá } Mkv. Wis. 76; 27,5 f.

ála : ála.

þá réþ þess *ddla* } Þork. Gísl. *Wis.* 67; 12,5 f.
þrymr vas hár *stdla* }

álfr : álfr.

Ásmundr tumþi Gnoþ viþ gjálfr } Mkv. *Wis.* 74; 8,5 f.
gulli mældi Þjazi sjálfr }

ár : ár.

ýmsir bjóþa oþrum fár } Mkv. *Wis.* 74; 6,5 f.
ormar skríþa ór hamsi á *vdr* }

skips *ldta* menn skammar *rdr* }
skatna þykkir hugrinn *grdr* }
tungan leikr viþ tanna *sdr* } Mkv. *Wis.* 74; 12,1 ff.
trauþla 's gengt á ís of *vdr* }

ára : ára.

góþir gunnskára }
gladdisk nagr *sára* }
niþr kom bens *bdra* } Þork. Gísl. *Wis.* 67; 11,3 ff.
Búi nam sér hvára }

drin : árin.

Mdrja líttu klokk á *tdrin* }
. . . . } Eyst. Ásgr. *Wis.* 99; 91,6 u. ß.
Mdrja ber þú smyrsl í *sdrin* }

árri : árri.

Mdrja lifþu sæmd í hárri (ári AD. F·J.) } Eyst. Ásgr. *Wis.* 99;
. . . . } 91,2 u. 4.
Mdrja léttu syndafári }

áru : áru.

vagna váru (sára 145. 426; vára Guelf) } Eg. Skall. (?) *Wis.* 22;
eþr viþi *tdru* (vilie *tdra* Codd.) } 21,3 f.

árum : árum.

blóþ þó bens árum } Þork. Gísl. *Wis.* 67; 9,3 f.
ór bragna *sdrum* }

áþ : áþ.

jafnan segir enn ríki ráþ } Mkv. *Wis.* 76; 23,1 f.
roskvir menn gefa ornum bráþ }

átr : átr.

Mardallar var glýsligr grátr } Mkv. *Wis.* 74; 8,3 f.
gleþr sá maþr er opt er kátr }

efa : efa.

rð skyldu menn reiþi gefa
rannlitit kémsk opt á þrefa | *Mkv. Wis.* 73; 4,1 f.

efask : efask.

allmargr er til seinn at sefask
svd kǫllum vér ráþ sem gefask | *Mkv. Wis.* 74; 14,3 f.

efill : efill.

beit bengrefill
þat v(a)s blóþrefill | *Eg. Skall. Wis.* 21; 8,3 f.

efr : efr.

eik hefr þaz af ǫþrum skefr
ekki margt er slǿgra enn refr | *Mkv. Wis.* 76; 26,5 f.

geta má þess er gengit hefr
gǫrir sá betr er annan svefr | *Mkv. Wis.* 76; 28,1 f.

egar : egar.

upp at eins er ungum vegar
engi maþr er roskinn þegar | *Mkv. Wis.* 76; 23,3 f.

eggi : eggi.

stýfþu liþs leggi
lampi grjót seggi | *Þork. Glsl. Wis.* 67; 7,3 f.

eggja : eggja.

grimt kom él eggja
at gekk liþ seggja | *Þork. Glsl. Wis.* 61; 4,3 f.

egin : egin.

oddar gǫrva jarli megin
útsker verþa af báðrum þvegin | *Mkv. Wis.* 74; 6,3 f.

eginn : eginn.

vas almr dreginn
því v(a)s ulfr feginn | *Eg. Skall. Wis.* 22; 13,3 f.

egir : egir.

. . . . þegir
dylja má þess's einnhverr segir | *Mkv. Wis.* 73; 1,1 f.

egja : egja.

fremr munk segja
ef fírar þegja | *Eg. Skall. Wis.* 21; 7,1 f.

egn : egn.

drap dǫglingr gegn
dreif strengjar regn | *Ein. Skúl. Hkr.* 742,30 a f.

eiddi : eiddi.

klæddan meþ sér lǫngum leiddi
leiddr af móþur faþminn breiddi | *Eyst. Aṅgr. Wis.* 94; 55,5 f.

eiki : eiki.

Óþins eiki
i jarnleiki | *Eg. Skall. Wis.* 21; 8,7 f.

eim : eim.

sitt mein þykkir sdrast hveim
sdttar gørþ er ætluþ tveim | *Mkv. Wis.* 74; 10,1 f.

ein : ein.

engi knettir of annars mein
aldri lætk at munni sein | *Mkv. Wis.* 76; 24,1 f.

einn : einn.

mjǫk fár er sér órinn einn
eyvit týr þótt skyndi seinn | *Mkv. Wis.* 74; 12,5 f.

eir : eir.

hǫfþingjar tveir
hamalt fylktu þeir | *Þjóþ. sk. Hkr.* 547,10 f.

eira : eira.

frágum fleira
til frama þeira | *Eg. Skall. Wis.* 21; 7,3 f.

vǫkþ vas gǫll geira
gegnum liþ þeira | *Þork. Gisl. Wis.* 67; 8,3 f.

eit : eit.

ǫrgranns erum vér lengst á leit
lund vær þykkir bezta sveit | *Mkv. Wis.* 75; 15,3 f.

hugin gladdi heit
hruþusk Engla beit | *Ein. Skúl. Hkr.* 742,16b f.

eiti : eiti.

hrafn enn hvassleiti
hrundi á borþ sveiti | *Þork. Gisl. Wis.* 67; 12,3 f.

eki : eki.

sleit und freki (sualg und dreka W 128. 146. 158.
458. 459)
enn oddbreki | *Eg. Skall. Wis.* 21; 11,5 f.

el : el.

bana þóttusk þeir biþa vel
Brandingi svaf loks i hel | *Mkv. Wis.* 74; 8,1 f.

elja : elja.

sd'r ópinn skal vandan velja
velr svá mǫrg í kvæpi at selja
hulin fornyrþin at trautt má telja
tel ek þenna svá skilning dvelja
\} *Eyst. Ásgr. Wis.* <u>100</u>; <u>98,1</u> ff.

ell : ell.

frétt hefk at fell
folk brustu svell
\} *Ein. Skúl. Hkr.* 742,11 a f.

elli : elli.

frák at felli
fyr fetils svelli (sverþi W)
\} *Eg. Skall. Wis.* 21; 8,5 f.

engr : engr.

eigi at eins í fǫgru 's fengr
fundit mun þaz reynt er lengr
\} *Mkv. Wis.* 75; 17,3 f.

er : er.

vestr fórk of ver
enn ek Viþris ber
\} *Eg. Skall. Wis.* 20; 1,1 f.

varla sýnisk alt sem er
eigi gæfumaþr brýtr gler (ýtum þeim er
    bægir drer Codd.)
\} *Mkv. Wis.* <u>75</u>; <u>17,1</u> f

undrum þykkir gagnsætt gler
glymjandi fellr hrǫnn of sker
\} *Mkv. Wis.* 76; <u>17,3</u> f.

viþ Skǫrpusker
skjaldkónan her
\} *Ein. Skúl. Hkr.* 742,30b f.

erki : erki.

herr bar hátt merki
á Hampis serki
\} *Þork. Gísl. Wis.* <u>66</u>; <u>4,1</u> f.

err : err.

<u>yrkja</u> kann ek vánu verr
vita þykkisk þat maþrinn hverr
\} *Mkv. Wis.* <u>73</u>; <u>2,2</u> f.

gǫfgask mætti af gengi hverr
gǫrva þekkik sút hvé ferr
\} *Mkv. Wis.* 74; 12,7 f.

erþ : erþ.

rauþ siklingr sverþ
sleit gyldis ferþ
\} *Ein. Skúl. Hkr.* 743,1a f.

es : ess.

róa verþr fyrst á et næsta nes
nǫkkut ætlak kyn til þess
\} *Mkv. Wis.* <u>73</u>; <u>2,7</u> f.

est : est.

andaþs drjúpa minjar mest |
magran skyldi kaupa hest¹) | *Mkv. Wis.* 75; 21,3 f.

esti : esti.

steig fyr húf hesti |
hrófs enn þrekmesti | *Þork. Gisl. Wis.* 67; 11,1 f.
fant sèk hvern á hesti | *Bjarni Kálfss. Kgs.* 73,16 f. (vesti
hér er nú siþr hinn ve(r)sti | *Fms.* VIII, 172).

eti : eti.

verpr broddfleti (flære IV 128. 146. 158. |
458; fleire 459) |
meþ baugseti (baugz(s) eire (eyre) 128. | *Eg. Skall. Wis.* 22; 14,1 f.
146. 158. 458. 459) |

eygi : eygi.

stöþsk folk þeygi (hage Kr. 456. 929. Rk.; þeyge |
Gisl. Njál. II, 178; eigi 145. Bj. 426. 252) | *Eg. Skall. Wis.*
fyr fjǫrleygi (fiaullvge K. 456. 929. Rk. fiaul | 22; 18,1 f.
lagi 252) |

eyri : eyri.

hagl vá hvert eyri |
hraut á lǫg dreyri | *Þork. Gisl. Wis.* 67; 9,1 f.

eþit : eþit.

hugga skal þanns harm hefr beþit |
helzti mjǫk's at flestu kveþit | *Mkv. Wis.* 76; 28,7 f.

é : é.

mǫrgum þykkir fullgott fé |
frænuskammr's enn deigi lé | *Mkv. Wis.* 74; 13,5 f.
falls er ván at fornu tré |
fleira þykkir gott enn sé | *Mkv. Wis.* 76; 23,5 f.

ér : ér.

segi hildingr mér |
ef heyrþi sér | *Gunnl. ormst. Wis.* 38; 3,5 f.
margar kunni slægþir sér |
svá nǫkkut gafsk Rannveig mér | *Mkv. Wis.* 75; 18,3 f.
lengi hefr þat lýst fyr mér |
litinn kost á margr und sér | *Mkv. Wis.* 76; 25,3 f.

---

¹) *mest* bei *Wis.* wol Druckfehler.

éttr : éttr.

vasa Læsum léttr ⎱ Þjóþ. sk. Hkr. 547,10b f.
lipsmanna réttr ⎰

ik : ik.

muna gramr viþ mik ⎱ Gunnl. ormst. Wis. 38; 3,1 f.
venr gjǫfli sik ⎰

nǫkkut varþ hón sýsla of sik ⎱ Mkv. Wis. 73; 3,7 f.
svinneyg drós hvé fór viþ mik ⎰

engi of dœmir sjálfan sik ⎱ Mkv. Wis. 74; 10,5 f.
slíkt ætlak nú henda mik ⎰

il : il.

kannk máls of skil ⎱ Gunnl. ormst. Wis. 38; 2,1 f.
hvern mæra vil ⎰

ilja : ilja.

enn munk vilja ⎱ Eg. Skall. Wis. 22; 16,1 f.
frá verum skilja ⎰

vel þvít hér má skýr orþ skilja ⎫
skili þjóþir minn ljósan vilja ⎪
tal óbreytiligt veitt at vilja ⎬ Eyst. Ásgr. Wis. 100; 98,8.
vil ek at drápan heiti Lilja ⎭

ill : ill.

þeygi var sjá aflausn ill ⎱ Mkv. Wis. 76; 29,7 f.
eiga skal nú hverr er vill ⎰

irþa : irþa.

feldi Vagn virþa ⎱ Þork. Gísl. Wis. 67; 12,1 f.
Valdi nái stirþa ⎰

istu : istu.

ferþ hykk friþar mistu ⎱ Þork. Gísl. Wis. 67; 11,7 f.
frökn í hǫnd kistu ⎰

it : it.

hné firþa fit ⎱ Eg. Skall. Wis. 21; 6,1 f.
viþ fleina hnit ⎰

misjafnir 'ru blinds manns bitar ⎱ Mkv. Wis. 76; 26,3 f.
bǫl kǫllum vér ill til litar ⎰

ita : ita.

brýtr bógvita
bjóþr hrammþvita (slyta W. Kt. 128. 146. 158. 456. ⎱ Eg. Skall. Wis.
 458. 459. 929. Rk) ⎰ 22; 17,1 f.

itt : itt.

vel hefr hinn er sitr of sitt ⎱ Mkv. Wis. 76; 22,7 f.
svartflekkót er kvæþi mitt ⎰

itu : itu.

þjóþ spyrr alt þaz þrir menn vitu } Mkv. Wis. 73; 3,1 f.
þeir hafa verr er trygþum slitu }

iþ : iþ.

jǫfurr eyddi friþ } Ein. Skúl. Hkr. 742,11b f.
Apardjónar liþ }

iþi : iþi.

oddamaþr fæsk opt enn þriþi } Mkv. Wis. 74; 10,3 f.
jafntrúr skal sá hvárra liþi }

í : í.

hermdar orþ munu hittask í } Mkv. Wis. 73; 3,6 f.
heimult ák at glaupsa of því }

ífa : ífa.

gnýr vas hár hlífa } Þork. Gísl. Wis. 67; 10,7 f.
hregg ok loptdrífa }

ík : ík.

prútt Þorta lík } Ein. Skúl. Hkr. 743,3a f.
í Þílavík }

íka : íka.

báru á vali víka } Þork. Gísl. Wis. 66; 1,1 f.
vel frák þeim líka }

íkjum : íkjum.

gørþisk grimt fíkjum } Þork. Gísl. Wis. 67; 10,5 f.
at gumnum ríkjum }

íkt : íkt.

rænir flýþu ríkt } Ein. Skúl. Hkr. 741,22b f.
ok reiddu slíkt }

ín : ín.

óx vitnis vín } Ein. Skúl. Hkr. 742,18b f.
valbasta rín }

íþa : íþa.

þar fell valr víþa } Þork. Gísl. Wis. 67; 9,5 f.
vé sá gyld ríþa }

munkak mǫrgu kvíþa } Bjarni Kálfss. Kgs. 73,18 f.
enn matsveinar ríþa }

íþr : íþr.

. . . . . . ta ek um at síþr } Mkv. Wis. 75; 16,7 f.
orþit ferr þds of munn liþr }

oddar : oddar.

brustu broddar }
enn bitu oddar } *Eg. Skall. Wis.* <u>22</u>; <u>13,5</u> f.

glumdu gráir oddar }
grjót ok skotbroddar } *Þork. Gisl. Wis.* 67; 4,7 f.

of : of.

bark þengils lof }
á þagnar rof } *Eg. Skall. Wis.* 22; 20,1 f.

ofa : ofa.

muna hodd-dofa (hoddafa W. <u>128. 146. 158.</u> 458) }
hringbrjótr lofa } *Eg. <u>Skall.</u> Wis* <u>22</u>; <u>17,3</u> f.

ofl : ofl.

heldr hornklofl }
hann's næstr lofl } *Eg. Skall. Wis.* 22; 18,7 f.

ogi : ogi.

gall ýbogi }
at eggtogi } *Eg. Skall. Wis.* 22; 18,3 f.

oginn : oginn.

beit fleinn floginn }
þá v(a)s friþr loginn } *Eg. Skall. Wis.* 22; 13,1 f.

okks : oks.

væri betr at þegþak þokks (þoks Möbius) }
þat hefr hverr er verþr er loks } *Mkv. Wis.* 76; 27,7 f.

okum : okum.

engi of sér viþ ǫllum rokum }
jafnan spyrja menn at lokum } *Mkv. Wis.* 75; 19,7 f.

oll : oll.

hirþ fylgþist holl }
viþ Hjartapoll } *Ein. Skúl. Hkr.* <u>742</u>,18a f.

on : on.

konungmanna kon }
hann's Kvárans son } *Gunnl. ormst. Wis.* 38; 2,2 f.

opt : opt.

bráþgett láta bragnar opt }
bregþr at þeim er heldr á lopt } *Mkv. Wis.* <u>74</u>; <u>14,1</u> f.

<u>orn</u> : orn.

Niþjungr skóf á haugi <u>horn</u> }
helzti eru nú minni forn } *Mkv. Wis.* 74; 8,7 f.

orþ : orþ.

dýrt láta menn dróttins orþ
drekarnir rísa opt á sporþ } *Mkv. Wis.* 73; 5,5 f.

ot : ot.

drók eik á flot
viþ ísa brot } *Eg. Skall. Wis.* 20; 1,5 f.

öl flagþs gota
fárbjóþr Skota } *Eg. Skall. Wis.* 21; 10,5 f.

otit : otit.

ekki er því til eins manns skotit
ýmsir hafa þau dómi hlotit } *Mkv. Wis.* 73; 3,3 f.

otna : otna.

meiddu fjǫr flotna
flest varþ hlíf brotna } *Þork. Gísl. Wis.* 67; 4,5 f.

oþa : oþa.

eyvit mun sjá atfrétt stoþa
allmjǫk er mér lund til hroþa } *Mkv. Wis.* 76; 29,5 f.

ók : ók.

austrvindum ók
í ǫngvan krók } *Þjóþ. sk. Hkr.* 547,8b f.

enn gisla tók
sás gjǫldin jók } *Ein. Skúl. Hkr.* 741,24 f.

ól : ól.

gullormr á sér brennheitt ból
bjartast skinn í heiþi sól } *Mkv. Wis.* 76; 27,1 f.

óru : óru.

Márja lýtin mǫrg þvit vóru
. . . .
Márja græþ þú mein hin stóru } *Eyst. Ásgr. Wis.* 99; 91,5 u. 7

öt : öt.

engi þarf at hræþask höt
heldr kømr opt viþ sáran föt } *Mkv. Wis.* 75; 16,1 f.

ógipt verþr í umbúþ skjót
élin þykkja mǫrgum ljót } *Mkv. Wis.* 75; 19,5 f.

flagþ et forljóta ·
af fingrum skjóta } *Þork. Gísl. Wis.* 67; 10,3 f.

óll : óll.

fílinn gat hann í fylking sóll ⎫ *Mkv. Wis.* 74; 7,7 f.
fullslrǫng hefr sú mannraun þótt ⎭

vann siklingr sóll ⎫ *Ein. Skúl. Hkr.* 741,18b f.
viþ snarpa dróll ⎭

ópa : ópa.

eyþis unnglópa ⎫ *Þork. Gisl. Wis.* 67; 12,7 f.
Eiríkr skip hrjóþa ⎭

ópi : ópi.

þars í blóþi ⎫ *Eg. Skall. Wis.* 21; 5,5 f.
brimils af móþi ⎭

ug : ug.

verit hafþi mér verra í hug ⎫ *Mkv. Wis.* 73; 4,5 f.
var þat nær sem kveisuflug ⎭

ókat þeim né einn á bug ⎫ *Mkv. Wis.* 74; 7,5 f.
Eljarnir var trúr at hug ⎭

ula : ula.

ella mun þat þykkja þulu ⎫ *Mkv. Wis.* 74; 11,3 f.
þannig nær sem hendak mula ⎭

umþi : umþi.

vǫllr of þrumþi ⎫ *Eg. Skall. Wis.* 21; 5,7 f.
und of glumþi ⎭

und : und.

þannig hefr mér lagzk í lund ⎫ *Mkv. Wis.* 76; 24,7 f.
langviþrum skal eyþa grund ⎭

undir : undir.

óxtusk undir ⎫ *Eg. Skall. Wis.* 21,5 f. *(funde* Codd.).
viþ jǫfurs fundir ⎭

unn : unn.

orþa er leitat mér í munn ⎫ *Mkv. Wis.* 76; 29,1 f.
mælgis verþr oss heyrinkunn ⎭

unni : unni.

hrørþak munni ⎫ *Eg. Skall. Wis.* 22; 19,5 f.
af munar grunni ⎭

ut : ut.

klöþk mærþar hlut ⎫ *Eg. Skall. Wis.* 20; 1,7 f.
hugknarrar skut ⎭

ú : ú.

jafnan fagnar kvikr maþr kú
kennir hins at glepjumk nú } *Mkv. Wis.* 73; 4,7 f.

hánum þótti sölbjǫrt sú
slíks dómi verþr mǫrgum nú } *Mkv. Wis.* 74; 11,7 f. u. ö.

úa : úa.

efnum þykkir bezt at búa
brǫgþótt reyndisk gemlu fúa } *Mkv. Wis.* 75; 18,1 f.

fláráþum má trautt of trúa
til sín skyldi enn betra snúa } *Mkv. Wis.* 76; 28,5 f.

úi : úi.

heimi heyrik sagt at snúi
sumir einir hykk at mér trúi } *Mkv. Wis.* 76; 24,3 f.

ún : ún.

brandr gall viþ brún
brent Langatún } *Ein. Skúl. Hkr.* 743,3b f.

yni : yni.

Friggjar þótti svipr at syni
sá var taldr ór miklu kyni } *Mkv. Wis.* 74; 9,1 f.

Yggjar bjór hverr eiga myni
ósýnt þykkir lýþa kyni } *Mkv. Wis.* 76; 29,3 f.

yrju : yrju.

varþ eigi vel viþ styrju
vatnormr í Portyrju } *Anon. Hkr.* 729,9 f.

yrst : yrst.

ýta liþ þótt alt fari byrst
engi læzk því valda fyrst } *Mkv. Wis.* 74; 10,7 f.

ý : ý.

jǫfurr sveigþi ý
flugu unda bý } *Eg. Skall. Wis.* 22; 15,15 f.

hjósk hildar ský
viþ Hvítabý } *Ein. Skúl. Hkr.* 742,25a f.

ýkr : ýkr.

illa hefr sás annan sýkr
eigi veit áþr hefndum lýkr } *Mkv. Wis.* 75; 18,5 f.

ýrum : ýrum.

blá þó hrǫnn hlýrum
hraut of brimdýrum } *Þork. Gísl. Wis.* 66; 2,7.

æ : œ.

kom grlpar læ /*skiæ* : *læ* <u>145</u>. *Bj.* 426. <u>252</u>;\ | *Eg. Skall. Wis.* 22;
á gjalpar skæ (*sæ W.* <u>128</u>. <u>146</u>. <u>158</u>. <u>458</u>. <u>459</u>/ | 12,1 ff.

bauþ ulfum hræ } *Eg. Skall. Wis.* 22; 12,3 f. u. 15,3 f.
Eirlkr of sæ }

elr svdru skæ } *Gunnl. ormst. Wis.* <u>38</u>; <u>1,1</u> f.
Sigtryggn viþ hræ }

æddi : æddi.

gladdist mær þá'r frelsarann fæddi } *Eyst. Ásgr. Wis.* 94; <u>55,3</u> f.
fæddan sveininn reifum klæddi }

breiddr á krossinn gumna græddi } *Eyst. Ásgr. Wis.* <u>94</u>; <u>55,7</u> f.
græddi oss er helstriþ mæddi |

ægi : ægi.

Óþins ægi } *Eg. Skall. Wis.* 22; 19,7 f.
á jǫru fægi |

ælt : ælt.

þannig verþr of mansǫng mælt } *Mkv. Wis.* 75; 20,3 f.
marga hefr þat hyggna tælt }

ær : ær.

leyfþ er lýþum bær } *Ein. Skúl. Hkr.* 741,20b f. *(kær Mork.* 225).
Leikbergi nær }

ærust : ærust.

Mdrja erlu móþir skærust
· · · · · · · · · · · · · · · } *Eyst. Ásgr. Wis.* <u>99</u>; <u>91,1</u> u. <u>3</u>.
Mdrja ertu af miskunn kærust |

ætr : ætr.

vel hefr sás þat liþa lætr } *Mkv. Wis.* <u>74</u>; <u>6,7</u> f.
langar eiga bersar nætr |

ætt : ætt.

stolit væri mér ekki ór ætt } *Mkv. Wis.* <u>73</u>; <u>2,5</u> f.
jafnan þótt ek kvæþa slætt)

flest folk var hrætt } *Ein. Skúl. Hkr.* 741,22 f.
áþr fengi sætt |

æþi : æþi.

seggjum snarræþi } *Þork. Gisl. Wis.* 66; 1,3 f. *(snerreiþi* Codd.).
sverþ ok herklæþi }

hrutu fyr borþ bæþi } *Þork. Gisl. Wis.* 67; 5,1 f.
brustu herklæþi)

œrin : œrin.

sjaldin hiltisk feigs vǫk frœrin | *Mkv. Wis.* 76; 25,1 *(frœrin : kjörin*
fljóþin verþa at ǫldrum kœrin | *Möb.).*

égr : égr.

ekki var hann í hvildum hégr | *Mkv. Wis.* 74; 7,3 f.
Hrómundr þótti garpr ok slégr |

ǫfnum : ǫfnum.

nýtt gafsk nest hrǫfnum | *Þork. Gísl. Wis.* 66; 3,7 f.
Nóregr skipstǫfnum |

ǫl : ǫl.

glaþar flotna fjǫl (fjǫlþ SnE.)
viþ Fróþa mjǫl | *Eg. Skall. Wis.* 22;
mjǫk's hilmi fǫl | 17,5 ff.
haukstrandar mǫl (mjǫl W. 128. 458. 459. 929) |

ǫll : ǫll.

skammœs þykkja ofsin ǫll | *Mkv. Wis.* 75; 15,5 f.
ekki margt er verra enn trǫll [1]) |

ǫllum : ǫllum.

hregg á hefils vǫllum | *Þork. Gísl. Wis.* 66; 2,3 f. *(spjǫllum* Cod
á humra fjǫllum | *Am.* 61 fol.).
hauks vasat friþr fjǫllum | *Þork. Gísl. Wis.* 67; 7,7 f.
í fjǫrnis stǫllum |

ǫndum : ǫndum.

verpr œ brǫndum (*brande : lande* Kt. 456. 929. *Rk*)) | *Eg. Skall. Wis.*
enn jǫfurr lǫndum | 22; 18,5 f.

ǫnn : ǫnn.

ríkt lék viþ rǫnn | *Ein. Skúl. Hkr.* 742,23b f.
rauþsk ylgjar tǫnn |

ǫr : ǫr.

rauþ hilmir hjǫr |
þar v(a)s hrafna gjǫr | *Eg. Skall. Wis.* 21; 10,1 ff.
fleinn hitti fjǫr |
flugu dreyrug spjǫr |

---

[1]) Vgl. *F. Jónsson Aarb.* 1890, S. 260, Änderung der Aussprache
troll in *trǫll*, welche, wenigstens dialectisch, schon ca. 1200 eingetreten
ist. *Nor. aisl. Gr.*[2] § 144 sieht Ablaut in *trǫll : troll.*

ǫrgum : ǫrgum.

viþ nam viþr mǫrgum
vápn eru grimm tǫrgum } Þork. Gisl. Wis. 66; 3,5 f.

ǫrpum : ǫrpum.

ǫrum réþ sér snǫrpum
slíkt es raun gǫrpum } Þork. Gisl. Wis. 67; 10,1 f.

ǫrr : ǫrr.

beit buþlungs hjǫrr
blóþ fell á dǫrr } Ein. Skúl. Hkr. 742,16 a f.

ǫrum : ǫrum.

kunna vildak sjá viþ snǫrum
sjaldan hykk at gyggvi vǫrum } Mkv. Wis. 76; 22,5 f.

ǫrvar : ǫrvar.

báru hǫrvar
af bogum ǫrvar } Eg. Skall. Wis. 22; 13,7 f.

fellu flein bǫrvar
flugu af streng ǫrvar
sungu hátt hjǫrvar
viþ hlífar gǫrvar } Þork. Gisl. Wis. 67; 6,5 ff.

ǫskr : ǫskr.

ǫþlingr skyldi einkar rǫskr
ópa kann í mǫrum frǫskr } Mkv. Wis. 73; 5,7 f.

ǫt : ǫt.

kannk mála mjǫt
of manna sjǫt } Eg. Skall. Wis. 22; 20,3 f.

ǫþ : ǫþ.

buþumk hilmir lǫþ
ák hróþrar kvǫþ
berk Óþins mjǫþ
á Engla bjǫþ } Eg. Skall. Wis. 20; 2,1 ff. (hlod 145. Bj. 426. 252).

ǫþul : ǫþul.

hlam heinsǫþull (Codd. *sódul, saudul, sodul,*
      F. Jóuss. sǫðol)
viþ hjalmrǫþul } Eg. Skall. Wis 21; 8,1 f.

www.ingramcontent.com/pod-product-compliance
Lightning Source LLC
Chambersburg PA
CBHW031040120726
47905CB00007B/2263